Arno Herzig

Jüdische Geschichte in Deutschland

Schriftenreihe Band 491

Arno Herzig

Jüdische Geschichte in Deutschland

Von den Anfängen bis zur Gegenwart

bpb:
Bundeszentrale für politische Bildung

Bonn 2007
Lizenzausgabe für die
Bundeszentrale für politische Bildung

Umschlaggestaltung: Michael Rechl, Kassel
Umschlagbild: Der Sabbat, vor der Synagoge in Fürth, um 1800
Jewish Museum, London
Druck und Bindung: Druckerei C. H. Beck, Nördlingen
ISBN 3-89331-612-4

Inhalt

2. Periode: 1545–1650
Die Juden im Zeitalter des Konfessionalismus
und der frühen Territorialstaaten

III. Die Zeit der Konsolidierung (1650–1806)

1. Periode: 1650–1760
Ein ausgeglichenes Nebeneinander

2. Periode: 1760–1806
Aufklärung und erste Folgen

IV. Der lange Weg zur Emanzipation (1806–1871)

1. Periode: 1806–1850
Emanzipationsansätze

2. Periode: 1850–1871
Der Durchbruch

V. Deutsch-jüdische Geschichte im Kaiserreich und in der Weimarer Republik

1. Periode: 1871–1918
Das Kaiserreich

2. Periode: 1918–1933
Die Zeit der Weimarer Republik

VI. Die Verdrängung und Vernichtung

1. Periode: 1933–1941
Die Verdrängung

2. Periode: 1941–1945
Die Vernichtung des deutschen Judentums

VII. Juden in Deutschland nach 1945

Anhang

Einleitung

Schon zur Zeit, als sich unter den Sachsenkönigen im 10. Jahrhundert das Teutonicum regnum konstituierte, lebte in Deutschland eine jüdische Minderheit. Den Minderheitencharakter einer Gruppe in einer Gesellschaft definiert die Brockhaus-Enzyklopädie (1991) als „Anderssein bezüglich der gesamtgesellschaftlich bestimmenden Merkmale", was sich auf ethnische, sprachliche, religiöse oder soziale Merkmale beziehen kann. Die Erfahrung einer relativ geschlossenen Minderheitengruppe setzt eine Mehrheitsgesellschaft mit relativ gleichberechtigten Mitgliedern voraus; diese gibt es erst seit der Etablierung der modernen demokratischen Gesellschaft. Die mittelalterliche Gesellschaft war im Unterschied dazu eine Privilegiengesellschaft. Der Herrscher verlieh an Gruppen oder an Individuen Rechte, die deren ökonomischen und sozialen Status bestimmten. Auch die Juden erhielten als Gruppe Privilegien und standen sich damit zumindest in der ottonischen und salischen Periode nicht schlecht. Sie bekamen günstige Marktprivilegien, die ihnen in bezug auf Geldgeschäfte fast eine Monopolstellung ermöglichten. Der gravierende Unterschied zur Gesamtgesellschaft bestand in ihrer Religion, die, wenn auch eingeschränkt, im christlichen Kulturkreis als einzige nichtchristliche Religion geduldet wurde. Dieser Unterschied bestimmte den jüdischen Sonderstatus in der mittelalterlichen Gesellschaft. Zur bewußten Trennung von der Gesamtgesellschaft führte dieser Unterschied erst im Hochmittelalter, als im 13. Jahrhundert die Kirche die „servitudo Judaeorum", die Knechtschaft der Juden, festschrieb und diese durch ihre Tracht deutlich gekennzeichnet aus der mittelalterlichen Gesellschaft ausgegrenzt wurden. Sie durften keine Positionen mehr bekleiden, in denen sie über Christen bestimmen konnten. Von nun an waren die Juden in der mittelalterlichen Gesellschaft eine Minderheit, zumal sich die Politik der Staufer diesen Vorgaben anpaßte. Durch die Erklärung zu „Kammerknechten" wurden die Juden zwar direkte kaiserliche Untergebene und Schutzbefohlene, doch war das Interesse der Kaiser bald nur noch ökonomischer Art. Die hohen Abgaben, die die Juden erbringen mußten, garantierten keineswegs einen Schutz, zumal das kaiserliche Recht (Regal) der Kammerknechtschaft – wie andere Privilegien auch – weiterverliehen oder verkauft werden konnte. In der sich zur gleichen Zeit in Deutschland herausbildenden Stadtgesellschaft erfuhren die Juden weitere Einschränkungen. Sie durften keine handwerklichen Berufe ausüben und blieben damit aus den Zünften ausgeschlossen. Auch die Möglichkeit, Grund und Boden zu erwerben, schränkte die Gesellschaft stark ein. Seit dem 13. Jahrhundert verschärfte sich der Minderheitenstatus der Juden in Deutschland. Sie verfügten zunächst jedoch noch über günstige Handelsprivilegien, standen sich ökonomisch recht gut, wurden aber immer stärker aus der städtischen Gesellschaft ausgegrenzt, auch wenn sie ihre Wohnquartiere noch in bester Marktlage behaupten konnten. Die Bettelorden, die in den Städten weitgehend das kirchliche Leben bestimmten, sorgten dafür, daß die religiöse und damit auch gesellschaftliche Differenz größer wurde. Durch die von ihnen propagierte Blutschuldlüge wurden die Juden in der Phantasie der einfachen Bevölkerung zu einer blutgierigen Rotte, die christliche Kinder tötete, um sich durch deren Blut zu reinigen. Die Juden wurden somit zu den „Bösen", die die Christenheit bedrohten. Dieser christliche Fundamentalismus, verbunden mit ökonomischem Neid, aber auch die Angstgefühle angesichts unerklärbarer Katastrophen führten zu wiederholten Konflikten, die ihren Höhepunkt in den sogenannten Pestpogromen um 1350 fanden. In den meisten Städten des Reiches wurde damals die jüdische Minderheit vernichtet oder vertrieben. Wenn sie in den Jahrzehnten danach auch wieder zurückkommen durften, so konnten die Juden kaum noch ihren ehemaligen ökonomischen Status wiedererlangen. Die Ereignisse um die Pestpogrome bilden eine scharfe Zäsur für die jüdische Minderheit in Deutschland, deren Status sich in den folgenden 300 Jahren ständig verschlechterte. Die Kaiser und bald auch die Landesherren sowie die Städte mißbrauchten das Schutzregal für eine rücksichtslose ökonomische Ausbeutung der Juden. Die Bestimmungen des Baseler Konzils verschärften nach 1450 die Ausgrenzungsbestimmungen und führten zur Ghettoisierung der jüdischen Minderheit. Als Kreditgeber verloren sie immer stärker an Bedeutung, so daß sie in der zweiten Hälfte des 15. Jahrhunderts aus den meisten Städten, wenn auch nicht vertrieben, so doch erneut verdrängt wurden.

Wie verhielt sich die jüdische Minderheit in diesem Prozeß?

Trotz aller Ausgrenzungsstrategien der christlichen Gesellschaft zeigte sich die jüdische Minderheit relativ offen. Die Pogrome, die sich seit den Kreuzzügen immer wieder ereigneten, bewiesen zwar eine latente Gefährdung, doch waren sie nicht so bestimmend, daß sie zur totalen Isolierung geführt hätten. Soweit es die Religionsgesetze erlaubten, grenzten sich die Juden keineswegs aus dem städtischen Leben aus, sprachen mit ihrem Westjiddisch fast dieselbe Sprache wie die anderen Einwohner und nahmen am gesellschaftlichen Leben teil.

Auch die Ausgrenzungsbeschlüsse des Laterankonzils von 1215 änderten daran wenig. Der Judenhut, der seit dieser Zeit auf bildlichen Darstellungen überliefert ist, war weniger ein degradierendes Zeichen, eher das Statussymbol einer nicht schlecht gestellten Minderheit. Und so wurde er auch von der christlichen Gesellschaft gesehen, wie Darstellungen von der heiligen Familie oder den Aposteln beweisen. Die Pestpogrome führten auf seiten der Juden zu keinem grundlegenden Wandel ihrer Einstellung. Sie kämpften, wie das Beispiel Frankfurt zeigt, gegen die seit dem Baseler Konzil sich erneut verschärfenden Ausgrenzungen und Ghettoisierungsversuche. Auch wenn die Juden nun immer stärker von den Territorialherren abhängig wurden, setzten sie doch auf den römischen Kaiser als ihren Herrn. Eine tragfähige Basis für ihren politischen Status hatte 1507 der Jurist und Humanist Johannes Reuchlin gefunden. Angesichts der Forderung, den Juden ihre Schriften wegzunehmen und zu verbrennen, vertrat er den

Grundsatz, daß die Juden *concives* (Mitbürger) des Römischen Reiches seien und damit in allem nach kaiserlichem Recht geurteilt werden müßten. Auch wenn das Reichsgericht wiederholt auf diese Formel zurückgriff, konnte das Modell vom jüdischen Mitbürger für die folgenden Jahrhunderte nicht in die politische Realität umgesetzt werden. Unter Kaiser Karl V. (Reg. 1519–1556) erreichten die Juden zum letzten Mal eine korporationsähnliche Stellung, obgleich sie zu dieser Zeit aus den meisten Reichsstädten, von Frankfurt und Worms abgesehen, verdrängt worden waren und sich auf dem Lande mit den Territorialherren arrangieren mußten. Die Juden wählten sich in Josel von Rosheim (1480–1555) einen „Befehlshaber", der auch vom Kaiser in dieser Funktion bestätigt und von ihm als „unser Jud Josel, gemeiner Judenbefehlshaber" bezeichnet wurde. Der „Jüdischheit teutscher Nation", wie sich die jüdische Minderheit nun stolz bezeichnete, sicherte Karl V. durch das Generalprivileg von 1544 die wichtigsten Rechte zu, wenn damit auch kaum die Macht der Territorialherren eingeschränkt werden konnte. Es ist dennoch das „freiheitlichste und großzügigste Privileg, das je den Juden gegeben worden ist", wie die bekannte jüdische Historikerin Selma Stern meint. Von den Nachfolgern Karls ließ sich die „Jüdischheit teutscher Nation" in der Folgezeit dieses Privileg immer wieder bestätigen, ohne freilich verhindern zu können, daß von einigen Territorialherren das durch dieses Privileg zugestandene freie Verkehrsrecht im Reich eingeschränkt wurde. Hin und wieder versuchten die Kaiser, die 1544 garantierten Rechte gegenüber den Territorialherren durchzusetzen, waren damit aber selten erfolgreich. Deren Politik lief seit dem ausgehenden 16. Jahrhundert verstärkt darauf hinaus, die jüdische Minderheit völlig ihrer Hoheit zu unterwerfen, um in ihren frühneuzeitlichen Territorialstaaten die Rechte des Kaisers weitgehend einzuschränken. Das mußte zum Konflikt führen, da die jüdische Minderheit, wenn auch nicht demonstrativ, so doch zielstrebig ihren Status als „Jüdischheit teutscher Nation" zu behaupten suchte.

1603 schufen ihre Vertreter auf einer Zusammenkunft in Frankfurt/M. eine Reichsorganisation, die ähnlich der der

Reichsritterschaft war. Zu deren Etablierung sollten die Juden, die verstreut in Deutschland lebten, eine Abgabe zahlen. Ziel dieser Organisation war es, die deutschen Juden als kulturelle und politische Einheit zusammenzuhalten. Doch sahen dadurch die Territorialherren einen Anlaß gegeben, die „Jüdischheit teutscher Nation“ endgültig zu zerschlagen, was ihnen unter Führung des Erzbischofs Ernst von Köln durch einen sich lang hinziehenden Prozeß auch gelang. Immerhin gaben zumindest die jüdischen Gemeinden der Reichsstädte den Anspruch nicht auf, „die gemeine Judenschaft im Reich“ zu stellen; die Juden in den Territorialstaaten aber mußten sich notgedrungen mit ihren Landesherren arrangieren, wozu deren absolutistische Politik nach dem Dreißigjährigen Krieg kaum noch eine Alternative ließ. Die jüdische Minderheit, die um 1600 im Reich, Prag ausgenommen, nur noch ca. 8000 Seelen betrug, folgte damit gezwungenermaßen dem allgemeinen Trend der deutschen Politik. Das hatte aber auch seine Vorteile; denn der absolutistische Landesherr ließ den Juden in seinem Staat eine weitgehende Autonomie mit eigenen jüdischen Landtagen und freier Rabbinerwahl. Zu Konflikten kam es freilich, wenn der Landesherr mit einem jüdischen Hoffaktor seiner Wahl der Judenschaft in seinem Territorium einen unerwünschten „Befehlshaber“ vorsetzte. Weitgehend gesellschaftlich gegen die übrige Bevölkerung abgegrenzt, entwickelte sich die jüdische Minderheit zur „jüdischen Nation“, so die Eigenbezeichnung im 18. Jahrhundert, oder aber zur „Kolonie“; auch dieser Begriff begegnet uns am Ausgang dieses Jahrhunderts. Die Politik des absolutistischen Herrschers garantierte der „jüdischen Nation“ nicht nur eine relativ große Autonomie, sondern schützte sie auch weitgehend vor brachialen Übergriffen durch die christliche Umwelt. Bestehen blieben jedoch die Vorbehalte der beiden großen christlichen Kirchen, die die Juden gemäß den tradierten Konzilsbeschlüssen aus dem gesellschaftlichen Leben auszugrenzen versuchten und sie verdächtigten, in ihren Gottesdiensten das Christentum zu verhöhnen. Manche Judenordnung, die unter dem Einfluß der protestantischen Prediger entstand, zwang zu einer fast geheimen Religionsausübung.

Die kulturelle Separierung der jüdischen Gemeinden in Deutschland, die nun auch durch die Sprachdifferenz verschärft wurde, ferner die weitgehende Beschränkung auf rabbinische Gelehrsamkeit führten im Zeitalter der Aufklärung zu einer scharfen Kritik der jüdischen Aufklärer (Maskilim) an den bestehenden kulturellen Verhältnissen in den jüdischen Gemeinden. Die Programmschrift des preußischen Aufklärers und Beamten Christian Wilhelm Dohm „Über die bürgerliche Verbesserung der Juden" (1781) sah die gesellschaftliche Separation der jüdischen Minderheit und deren katastrophale ökonomische Situation in den christlichen Ausgrenzungsstrategien seit dem Mittelalter begründet. Der jüdischen Minderheit sollten alle Berufe geöffnet, und sie sollte in die Allgemeingesellschaft integriert werden; dafür war sie aber verpflichtet, die seit Jahrhunderten tradierte Berufsstruktur aufzugeben, die sich fast ausschließlich auf den Handel und die Geldleihe erstreckte. Erst wenn die jüdische Minderheit diese Voraussetzung geleistet hatte, sollte ihr die volle bürgerliche Gleichstellung, oder wie es seit den 1820er Jahren hieß: die Emanzipation, garantiert werden. Im religiösen Bereich aber sollten die Juden ihre volle Autonomie behalten. Die Taufe war für Dohm im Hinblick auf die Emanzipation ohne Belang. Die deutsche Aufklärungselite nahm Dohms Argumentation und Vorschläge zurückhaltend auf, auch politisch blieben sie ohne Folgen, obgleich einsichtige Beamte feststellen mußten, daß durch die einschränkenden Gesetze ein nicht unbedeutendes ökonomisches Potential ungenutzt blieb. Unter den Maskilim aber fanden Dohms Vorschläge eine allgemeine Zustimmung. Auf ihre Ablehnung stieß lediglich sein Vorschlag, den Rabbinern ihre uneingeschränkte Macht in den Gemeinden zu belassen. Nach ihrer Ansicht war es der Ignoranz der Rabbiner zuzuschreiben, daß die jüdische Minderheit den Anschluß an die europäische Kultur ‚verschlafen' hatte. Sie propagierten deshalb eine bessere Bildung für die jüdischen Kinder in öffentlichen Schulen und die Anpassung an die allgemeine Berufsstruktur, da die ausschließliche Beschäftigung mit dem Handel die jüdische Minderheit moralisch korrumpiert habe.

Nur Moses Mendelssohn sah das anders. Weit vorausschauend beurteilte er die Bedeutung der Handelsberufe in einer modernen liberalen Wirtschaft positiv.

Sprachen die Maskilim um 1800 noch weitgehend von der „jüdischen Nation“, die sich der Allgemeinheit angleichen sollte, so machte der Gleichheitsgedanke, der in der Französischen Revolution entwickelt wurde, die Existenz der Juden als eigene Nation problematisch. In der französischen Nationalversammlung versuchte nach 1789 Stanislas de Clermont-Tonnerre die Abgeordneten davon zu überzeugen, daß die „jüdische Nation“ durch Emanzipation aufhöre zu bestehen. In der Emanzipationsdebatte der französischen Nationalversammlung prägte er am 27. September 1791 *die* Formel, die auch für die deutschen Liberalen des 19. Jahrhunderts zum Leitbegriff wurde: Dem Juden als Individuum alles, dem Judentum in seiner Gesamtheit nichts. Im 19. Jahrhundert blieb die jüdische Minderheit in ihrem Selbstverständnis durch zwei politische Positionen bedroht: durch die Forderung der radikalen Liberalen, denen später auch die Sozialisten folgten, das Judentum „als Staat im Staat“ zu beseitigen, den einzelnen Juden aber zu emanzipieren. Die gleiche Position vertraten auf der Gegenseite die Konservativen. Sie versuchten durch die Taufe die Juden in den „christlichen Staat“ zu integrieren. Die Taufe war – wie Heine meinte – das „Entreebillet zur europäischen Kultur“. Kompromißmodelle, wie sie von dem Kant-Schüler David Friedländer dem Berliner Propst Teller vorgeschlagen wurden, nämlich die jüdischen Zeremonialgesetze aufzugeben, hätten wohl kaum zur Rettung des Judentums beigetragen. Eher den Vorschlägen Dohms verpflichtet, blieben die jungen jüdischen Intellektuellen, die sich 1821 in Berlin zum „Verein für Cultur und Wissenschaft der Juden“ zusammengeschlossen hatten und folgende Zielsetzung als ihren „Vereinszweck“ definierten: „die Juden durch einen von innen heraus sich entwickelnden Bildungsgang mit dem Zeitalter und den Staaten, in denen sie leben, in Harmonie zu setzen“. Offen blieb damit die Frage der nationalen Zugehörigkeit. Nach Auffassung der Mitglieder des Culturvereins stand jedoch die jüdische Kulturnation nicht im Gegensatz zum Staat. Es fiel den jüdischen Intellektuellen allerdings schwer, die Rolle der jüdischen Minderheit im bürgerlichen Nationalstaat zu definieren, brachte man das Verhältnis nicht, wie bereits 1819 Leopold Zunz, auf die Formel: „Der Israelit ist nicht mehr Mitglied einer israelitischen Nation, sondern nur eines israelitischen Glaubens", eine Formulierung, die ähnlich auch Gabriel Riesser als Erklärung heranzog. Das Judentum schien damit auf die bloße Konfession reduziert; doch selbst Vertreter des liberalen Judentums wie der Hamburger Pädagoge Anton Ree gingen weiterhin von einer „jüdischen Nationalität" aus, die gleichsam die Summe der von den Juden im Laufe der Jahrhunderte entwickelten Besonderheiten ausmachte.

Die Aufklärungsdebatte hat letztlich der jüdischen Minderheit wenig gebracht. Die kurzfristige Gleichstellung der Juden mit den anderen Bürgern in den napoleonischen Staaten und auch die eingeschränkte preußische Emanzipation von 1812 wurden nach dem Wiener Kongreß wieder rückgängig gemacht. Die zahlreichen pogromartigen Vorfälle in der Biedermeierzeit und im Vormärz richteten sich tendenziell gegen die Emanzipation der Juden. Aber es gab auch bürgerliche Gruppen, die sich für die Emanzipation aussprachen und die trotz der antijüdischen Ausschreitungen von 1848 die zaghaften Gleichstellungsversuche der Revolutionszeit trugen. Sogar in der oktroyierten preußischen Verfassung stand im Artikel 11 der Satz: „Der Genuß der bürgerlichen und staatsbürgerlichen Rechte ist unabhängig von den religiösen Bekenntnissen und der Teilnahme an irgendeiner Religionsgemeinschaft." Doch an der politischen Realität änderte er wenig. Dennoch: als 1855/56 die Konservativen versuchten, diesen Artikel aus der Verfassung streichen zu lassen, initiierten die preußischen Synagogengemeinden einen heftigen Petitionssturm, in dem sie sich deutlich als preußische Staatsbürger bekannten. Durch die Aufhebung des Verfassungsartikels sahen sie sich erneut in einen Loyalitätskonflikt gestürzt, da sie nun, wie eine Gemeinde schrieb, „als Teil des großen Volkes" wieder vor die Entscheidung der Treue entweder „zum Könige und Vaterland" oder

„zum Glauben der Väter" gestellt würden. Für die meisten Juden, zumindest in Preußen, gab es diesen Loyalitätskonflikt nicht mehr. Sie fühlten sich – wie eine andere Gemeinde schrieb – „als Juden der Kirche, jedoch als Preußen dem Staat gegenüber". Der Begriff der „jüdischen Nation" taucht nicht mehr auf. Aber trotz der Formel vom preußischen Staatsbürger jüdischer Konfession bedeutete das Judentum für die meisten Juden mehr als nur eine Religion. Das Judentum bildete eine Subkultur, die ein Teil der Gesamtkultur war. Das Leben in unterschiedlichen Kultursystemen war für die meisten kaum problematisch. Als jüdischer Gemeindevorstand konnte man durchaus auch Bürgerschützenkönig sein.

Als endlich fast neunzig Jahre nach Beginn der Aufklärungsdebatte die juristische Gleichstellung der Juden im Reichstag (1871) gesetzlich verankert wurde, waren die Juden in Deutschland sicher keine sozial marginalisierte Minderheit mehr, wie dies zu Beginn des 19. Jahrhunderts noch der Fall gewesen war. Die meisten Juden hatten sich über Generationen hin in Mittelstandsberufe heraufgearbeitet, dabei aber trotz aller, auch innerjüdischen, Kritik ihre alte Berufsstruktur beibehalten. Die Tradierung der überkommenen Berufsstruktur garantierte geradezu den Aufstieg, während ein Wechsel zu den empfohlenen Handwerks- bzw. bäuerlichen Berufen vermutlich zur Proletarisierung geführt hätte. Lag hierin ein Grund dafür, daß die Juden in Deutschland trotz Emanzipation und Integration eine „Minderheit" blieben? Ist es überhaupt angebracht, nach der rechtlichen Gleichstellung von einer jüdischen Minderheit zu sprechen?

Das „Anderssein bezüglich der gesamtgesellschaftlich bestimmenden Merkmale" war zwar stark reduziert, aber es war nicht so weit gekommen, daß das Judentum nur durch den konfessionellen Unterschied zu den christlichen Konfessionen definiert werden konnte. Es blieb die relativ geschlossene Sozial- und Berufsstruktur dieser Gruppe, jedoch in sozial gehobener Stellung. Die jüdischen Bürger erreichten in ihrer Mehrheit in der sozialen Rangskala Positionen, die vom Mittelstand bis zum Großbürgertum reichten. Im Modernisierungsprozeß waren sie, was Familienplanung, Erziehung der Kinder, vor allem der Mädchen, was Urbanisierung bzw. generell den sozialen Wandel betraf, schneller vorangekommen als die Gesamtgesellschaft. Das verwischte zwar die alten Unterschiede, schuf aber eine „neue Kluft“ (Volkov) zwischen Minderheit und Gesamtgesellschaft. Obgleich vor allem von jüdischen Bürgern der Unterschied auf die konfessionelle Differenz reduziert wurde, entstand so eine „intime Kultur“ der Juden, die dadurch verstärkt wurde, daß die etablierten jüdischen Bürger in den Städten konzentriert in selbstgewählten Wohnbezirken lebten wie am Hamburger Grindel und Rothenbaum. Der Kontakt untereinander blieb sehr stark, die Zahl der Mischehen und Taufen zumindest während des Kaiserreichs relativ niedrig. Es entstand eine neue jüdische Identität, die ihre Wurzeln in der engen Verbindung von jüdischer und allgemeiner Kultur hatte. Nicht nur die wirtschaftlichen Merkmale machten deshalb die jüdische Minderheit als Gruppe erkennbar. Begreift man „jüdische Identität“ des 19. und beginnenden 20. Jahrhunderts aus dem Zusammenspiel von jüdischer und deutscher Kultur, so erübrigt sich die Diskussion um die Formel von der „deutsch-jüdischen Symbiose“, die durch die Vernichtungsstrategien der Nationalsozialisten ausgelöst wurde.

Der Antisemitismus, aber auch jüdische Alternativmodelle wie der Zionismus, führten seit den 1890er Jahren zu einer öffentlichen Debatte über „das Wesen des Judentums“, zu einer erneuten Auseinandersetzung mit der eigenen Kultur. In den politischen Bereich hinein wirkte der Central-Verein deutscher Staatsbürger jüdischen Glaubens (CV), der dafür warb, „selbst im Leben seiner nicht mehr religiösen Mitglieder einen spezifisch jüdischen Inhalt zu bewahren“. Wenn die Zionisten dagegen auf der Existenz einer „jüdischen Nation“ bestanden, so war das die Ansicht einer kleinen Minderheit. Die Mehrheit der deutschen Juden teilte diese Ansicht nicht.

Zur Zeit der Weimarer Republik blieb das Identitätsgefühl erhalten, auch wenn es sehr konträre Positionen gab, was das Judentum nun eigentlich ausmache. Ein breites Vereinswesen mit einem reichen kulturellen Angebot zeugt von der Vitalität deutsch-jüdischer Kultur. Doch gab es auch Auflösungserscheinungen, die für manche das Ende des Judentums in Deutschland signalisierten. Gemeint sind damit vor allem die Mischehen, die ein Drittel der jüdischen Ehewilligen eingingen. Die Kinder aus diesen Ehen waren weitgehend für das Judentum verloren.

Das vorläufige Ende der deutsch-jüdischen Geschichte aber brachten 1933 die Nationalsozialisten und die Konservativen, die bereits mit ihrem Gesetz über das Berufsbeamtentum vom April 1933 die Juden unter ein Sonderrecht stellten. Ihre Politik lief darauf hinaus, die Juden als „Artfremde" aus der deutschen Gesellschaft auszugrenzen, was 1935 durch die Nürnberger Gesetze geschah. Ab 1941 war es das Ziel dieser Politik, die Juden auch physisch zu vernichten. Die jüdische Minderheit vertraute zunächst auf das Recht und hoffte darauf, daß eine moderne Zivilisation physische Vernichtung nicht zulasse. Doch die zunehmenden Bedrängungen seit 1933, die schließlich beim Novemberpogrom 1938 zur Ermordung von einundneunzig Juden führten, veranlaßten zwei Drittel der deutschen Juden, das Land zu verlassen. Von der deutschen Bevölkerung wurden die Ausgrenzungsstrategien der Nazis mitgetragen. Die Deportationen ab 1941 spielten sich vor aller Augen ab. Wer wissen wollte, was mit den Juden im Osten geschah, konnte es von Wehrmachtsangehörigen erfahren. Einen deutschen Widerstand gegen die Vernichtung gab es nicht.

War mit dem Nationalsozialismus die deutsch-jüdische Geschichte zu Ende? Die neuen jüdischen Gemeinden, die sich nach 1945 ohne vorausschauende Planung wieder bildeten, begriffen dies in ihrer Mehrheit so. Der neuen heranwachsenden Generation, deren Eltern weitgehend aus dem osteuropäischen Judentum kamen, fiel es allerdings schwer, sich als deutsche Juden zu sehen und ihre Geschichte als deutsch-jüdische Geschichte zu begreifen. Die Formel „Juden in Deutschland" machte dies deutlich. Doch zeigt sich seit 1990 ein Paradigmenwechsel, so, wenn der Vorsitzende des Zentralrats der Juden in Deutschland für sein autobiographisches Gespräch bewußt den Titel „Ich bin deutscher Staatsbürger jüdischen Glaubens" wählt. Die deutsch-jüdische Geschichte ist nach über 1000 Jahren trotz der Shoa nicht zu Ende.

Das Verhältnis von Minderheit und Gesamtgesellschaft wurde weitgehend durch den Rahmen bestimmt, den die Gesamtgesellschaft setzte, aber ebenso auch von den Chancen, die die Minderheit in diesem Rahmen nutzte. Die Analyse der gegebenen Möglichkeiten und der genutzten Chancen bilden das Raster für die folgende Interpretation einer über tausendjährigen gemeinsamen Geschichte.

Dies führt zu einer besonderen Periodisierung deutsch-jüdischer Geschichte, die auch die Struktur der einzelnen Kapitel bestimmt. Es erweist sich als sinnvoll, eine erste Zäsur mit den Pestpogromen von 1350 zu setzen. Sie führten zum Ende einer langen kulturellen und ökonomischen Blütezeit der Juden in Aschkenas. Die folgenden dreihundert Jahre (1350–1650), die eine weitere Einheit bilden, sind gekennzeichnet durch die Zerstörung urbaner jüdischer Zentren in Deutschland, den damit verbundenen sozialen und demographischen Abstieg und die allmähliche Anpassung an den frühneuzeitlichen Territorialstaat. Zwischen 1650 und 1806 folgte eine Periode der Konsolidierung, an deren Ende, v. a. im friderizianischen Preußen, wiederum eine Phase der Pauperisierung steht. Dies mag u. a. auch zu den „Verbesserungs"-Vorschlägen der deutschen Aufklärer geführt haben, die allerdings vor 1806 kaum politische Wirkung zeigten. Der radikale Wandel kam von außen durch Napoleon, der den in einem Auf und Ab verlaufenden Emanzipationsprozeß einleitete. Staat und Gesellschaft in Deutschland brauchten allerdings fast noch siebzig Jahre, bis um 1870 die bürgerliche Gleichstellung der Juden endgültig gesetzlich verankert wurde. Die folgenden sechzig Jahre des Kaiserreichs und der Weimarer Republik, die die fünfte Periode bilden, bringen für die jüdische Minderheit eine Hochzeit, doch werden sie beeinträchtigt durch den Antisemitismus, der immer stärker bedeutende gesellschaftliche Gruppierungen bestimmte. Die danach zu behandelnde Periode stellt die Zeit von 1933–1943/45 dar, die der jüdischen Minderheit die von der Allgemeingesellschaft getragene und wohl auch gutgeheißene Verdrängung aus dem kulturellen und wirtschaftlichen Leben brachte und den Nationalsozialisten die physische Vernichtung des mittel- und osteuropäischen Judentums ermöglichte.

Der Holocaust ist ein einmaliges Ereignis in der deutschen Geschichte, und kein(e) Historiker(in) kann sich dieser Tragödie entziehen. Doch wäre es verkehrt, die über tausendjährige deutsch-jüdische Geschichte als Einbahnstraße in diese Katastrophe zu rekonstruieren. Trotz der mittelalterlichen Pogrome, die es nicht nur in Deutschland gab, und trotz der von den Antisemiten im 19. Jahrhundert immer wieder propagierten Vernichtungsstrategien führte die Entwicklung der deutsch-jüdischen Geschichte nicht zwangsläufig in diese Katastrophe. Es würde die Leistungen der jüdischen Minderheit erheblich schmälern, sähe man sie nur in einer Opferrolle. Die Juden haben seit dem Mittelalter erheblich zur ökonomischen und kulturellen Entwicklung Deutschlands beigetragen. Diese Leistungen sind nur von einem methodisch integrativen Ansatz her zu deuten, der die Geschichte der jüdischen Minderheit in ihrer engen Wechselbeziehung zur Geschichte der Gesamtgesellschaft versteht.

Inzwischen gibt es eine 50jährige Geschichte der Juden im Nachkriegsdeutschland, die durch eigene Zäsuren wie das jüdische Leben in den sogenannten Displaced-persons-Camps, die Entstehung neuer Gemeinden, den Generationswechsel in den Führungspositionen, nicht zuletzt durch die neue Situation nach der Wiedervereinigung von 1990 geprägt ist. Sie stellt eine eigene historische Periode dar.

Der im Titel ausgewiesene Begriff Deutschland bedarf einer Präzisierung. Bis zum Ende des Dreißigjährigen Krieges bezieht er sich auf die Grenzen des Heiligen Römischen Reichs Deutscher Nation, danach auf die Grenzen des späteren Bismarck-Reiches. Dies erklärt sich aus dem engen Bezug auf die gemeinsame deutsch-jüdische Geschichte und ihre Bedeutung für die Entwicklung unserer politischen Kultur. Eine sektoriale Betrachtung des aschkenasischen Judentums hätte hier ganz andere Grenzen gesetzt und seine Bedeutung bis nach Litauen im Osten berücksichtigen müssen.

Nach Abschluß des Manuskripts erschien im Frühjahr 1996 der 1. Band der 4-bändigen Reihe „Deutsch-jüdische Geschichte in der Neuzeit“. Die Forschungsergebnisse dieser Reihe konnten deshalb bei Abfassung meiner Abhandlung nicht berücksichtigt werden.

Ich danke meinen Mitarbeiter/inne/n Jörg Deventer, Usha Maria Govil, Saskia Rohde und Sabine Schart.

I. Die Juden im mittelalterlichen Deutschland

1. Periode: 800–1240
Erste Niederlassungen und Entfaltung

Voraussetzungen

Die für das Zusammenleben von Juden und Christen im Mittelalter gültigen Rahmenbedingungen waren bereits in der Antike gesetzt worden. Die Trennung von Judentum und Christentum verursachte Abgrenzungsstrategien, die auch in den politischen Raum hineinwirkten. Nachdem die Heidenchristen mit dem Judentum gebrochen hatten und durch die Verwünschungsformel Gamaliels II. um 100 n. Chr. die Trennung vollzogen war, begann der Konkurrenzkampf zwischen Synagoge und Kirche. Als Staatsreligion konnte das Christentum seine Position gegenüber dem Judentum entscheidend verbessern. Die Rechtssammlung Kaiser Theodosius II. (408–450), der sogenannte Codex Theodosianus (438), schränkte die bürgerliche und religiöse Gleichstellung der Juden erheblich ein. Sie durften keine Ämter und Würden, auch keine Posten im Militär mehr übernehmen, wurden also von den städtischen und militärischen Obrigkeitsämtern ausgeschlossen, mußten aber weiterhin Dienste und Abgaben leisten. Ferner wurde ihnen verboten, christliche Sklaven zu erwerben; auf diese Weise wollte man deren Bekehrung zum Judentum verhindern. Erheblichen wirtschaftlichen Schaden erlitten sie durch die Aufforderung, zum Christentum übergetretene Sklaven freizulassen. Doch wurde das Judentum als Religion anerkannt (religio licita).[1]

Die Amtskirche fand durch die Kirchenlehre Augustins (354–430) und Papst Gregors (Reg. 590–604) um 600 eine Auslegung, die den Juden unter Berufung auf den Römerbrief des Paulus die Existenz bis ans Ende aller Tage zusicherte und ihnen auch eine eingeschränkte Kultausübung zugestand. Sie überwand damit Positionen, wie sie die Kirchenväter Ambrosius (339–397) und Johannes Chrysostomos (ca. 350–407) vertraten, die in Konkurrenz mit den jüdischen Gemeinden in ihren Städten deren Vernichtung gefordert hatten. Der Satz des Paulus: „Sobald jedoch die Fülle der Heidenvölker eingetreten ist, wird ganz Israel gerettet werden" (Röm 11.26), ließ das Verhältnis von Juden und Christen in einem Schwebezustand, der je nach Interpretation der führenden Theologen und geistlichen Amtsinhaber zum Vorteil oder Nachteil der Juden verändert werden konnte. Noch für die Reformatoren des 16. Jahrhunderts bot die Berufung auf diesen Satz die Möglichkeit unterschiedlicher Interpretation: Sowohl die Vernichtung des Judentums als auch seine Duldung wurden damit begründet.[2]

Privilegierung

Die karolingische Gesetzgebung ging über diese bloße Existenzzusicherung hinaus. Kaiser Ludwig der Fromme (Reg. 814–840) räumte gegen den Protest des Bischofs von Lyon den Juden Privilegien ein, die ihnen einen herausgehobenen Status als Kaufleute und die Gemeindeautonomie garantierten. Die einschränkenden Gesetze der römischen Kaiserzeit, so das Verbot für Juden, christliche Sklaven zu halten, wurden nahezu aufgehoben. Die Juden waren damit nicht nur eine geduldete, sondern eine hervorragend privilegierte Minderheit, soweit der Begriff, der eine bewußte Aus- bzw. Abgrenzung voraussetzt, hier überhaupt angewendet werden kann.

Die Privilegierung durch Kaiser Ludwig betraf einige jüdische Gemeinden im Westfrankenreich, während im Ostfrankenreich noch keine Juden siedelten. Zwar beriefen sich im Mittelalter einige jüdische Gemeinden in Deutschland auf ihre Entstehung in römischer Zeit – für Köln sind 321 n. Chr. Juden als römische Bürger bezeugt –, doch ist nicht von einer kontinuierlichen Niederlassung bis in die ottonische Zeit auszugehen. Der am Hofe Karls des Großen (Reg. 768–814) lebende Großkaufmann Isaac ist der erste in Deutschland namentlich genannte Jude; doch erst im 10./11. Jahrhundert wanderten jüdische Kaufmannsfamilien aus Italien und Südfrankreich in die rheinischen Städte ein und gründeten hier die ersten Gemeinden. Zur selben Zeit – um 950 – ließen sich Juden, aus Prag kommend, in Magdeburg und Merseburg nieder.[3]

Bestimmend für die jüdischen Gemeinden der ottonischen und salischen Zeit waren die bedeutenden Familien wie die aus Italien stammende Kalonymos-Sippe. Sie waren wirtschaftlich unabhängig und stellten auch Gelehrte, die die Funktion der Rabbiner versahen. Politische und religiöse Autorität waren deshalb in der jüdischen Gemeinde eng miteinander verbunden. Reichtum, Abstammung von den großen Familien, aber auch wissenschaftliche Qualifikation gaben den Ausschlag für die Ernennung zu Rabbinern, die durch Bestimmung der Oligarchen, nicht aber demokratisch erfolgte. Durch die Handelsbeziehungen der großen Sippen mit dem Orient kam es zu einem geistigen Austausch mit den jüdischen Gemeinden Palästinas. Mit der Ausdehnung der Gemeinden im 13. Jahrhundert verloren die Oligarchen an Einfluß. Die Rabbiner wurden nun von den Gemeinden gewählt und auch bezahlt.[4]

Die ottonische und salische Reichspolitik knüpfte an die für Juden günstigen Vorgaben der karolingischen Privilegien an und entwickelte sie zu Bestimmungen des Reichsrechts weiter. So nahm Kaiser Heinrich IV. (Reg. 1056–1106) in seine Judenprivilegien auch die Bestimmung Ludwigs des Frommen auf, daß taufwillige Sklaven der Juden nicht einfach getauft werden durften und dadurch die Freiheit erhielten, sondern aus dem Dienst ihres jüdischen Herrn freigekauft werden mußten. Mit dieser Forderung stand der Kaiser eindeutig gegen die Interessen der Amtskirche, die ihm vermutlich auch verübelte, daß an der Formulierung dieser Privilegien jüdische Interessenten mitgewirkt hatten. Eine solche Mitwirkung ist wohl auch bei der Formulierung des umstrittenen – und von der nationalsozialistischen Propaganda als „Hehlerrecht" diffamierten – Marktschutzrechts anzunehmen. Es bestimmte, daß gestohlenes Gut, das von einem jüdischen Händler erworben und zum

Kauf angeboten wurde, dem rechtmäßigen Eigentümer nicht kostenlos, sondern erst nach Erstattung der Kaufsumme zurückzugeben sei. Bei dieser Regelung sind eindeutig Einflüsse der Mischna, des jüdischen Rechts, festzustellen.

Es ging Kaiser Heinrich dabei um die Erhaltung der Wirtschaftspotenz jüdischer Händler. Unterstützt wurde er in dieser Zielsetzung von den rheinischen Bischöfen, die die Juden als Fernhändler und Kreditgeber benötigten. So hoffte Rüdiger Huozmann von Speyer (Reg. 1073–1090), wie er 1084 äußerte, die Bedeutung des Ortes zu vertausendfachen, wenn er den Juden bei der Erweiterung seiner Stadt Speyer Unterkunft schaffte. Bischof Anno von Köln (Reg. 1056–1075), der die Kreditgeschäfte der Juden in seiner Stadt eifrig nutzte, entwickelte ein solch gutes Verhältnis zu ihnen, daß sein Tod auch in der jüdischen Gemeinde beweint wurde.[5]

Die ersten jüdischen Gemeinden

Die ersten jüdischen Gemeinden Deutschlands entstanden an den wichtigen Handelsstraßen und Flüssen, an Rhein, Mosel, Main, Donau und dem Elbflußsystem. Zwischen den einzelnen Gemeinden bestanden Kontakte und Handelsbeziehungen. Die hebräischen Quellen bezeichnen dieses Gebiet als *Aschkenas*, Kaiser Otto I. (Reg. 936–973), unter dessen Regierung die ersten jüdischen Gemeinden in Deutschland entstanden, als „aschkenasischen König".[6]

Die Chancen für eine ruhige Entwicklung waren bis in die ersten Jahrzehnte des 13. Jahrhunderts nicht ungünstig. So entstanden in Worms und Mainz, später dann auch in Speyer und Regensburg geistige Zentren, die weit über die Grenzen des aschkenasischen Judentums hinaus Anerkennung fanden. Im Gegensatz zu sephardischen Gelehrten, die ein breites Spektrum unterschiedlicher Wissenschaften abdeckten, beschränkten sich die aschkenasischen weitgehend auf die traditionellen jüdischen Studien. In der Tradition des in Worms lernenden und lehrenden Raschi (1040–1105), der die Tora und den gesamten Talmud kommentierte und damit auch die christliche Exegese bis hin zu Luther befruchtete, gewannen die sogenannten Tossafisten mit ihren Gesetzes-Entscheidungen eine große Bedeutung für das abendländische Judentum.[7]

Ein weiterer wichtiger Zweig jüdischer Gelehrsamkeit, der sich um 1200 in Kontakt mit einer ähnlichen Entwicklung im Christentum herausbildete, war die jüdische Mystik. Das „Buch der Frommen“ des Jehuda ha Chassid (1150–1207), des bedeutendsten Vertreters der „Chasside Aschkenas“, der Frommen Deutschlands, ist ein wichtiges Denkmal jüdischer Poesie. Die mystischen Spekulationen dieses Buches über Gott und die Welt basieren auf einem gnostischen Weltbild. In der von Gott ausgeflossenen Welt spielen auch Hexen und Dämonen eine Rolle. Ebenso finden sich apokalyptische Vorstellungen, die die Ankunft des Messias auf das Jahr 1216 festlegten. Diese Jahreszahl erschloß sich aus einer Buchstaben- und Zahlenmagie, die später von der Kabbala aufgegriffen wurde. Ähnlich wie im Christentum entwickelten die Frommen eine Lehre von der Mehrstufigkeit der inneren Läuterung, die ihren Niederschlag in einer Bußdisziplin fand. Entsprechend den Sünden wurden Buße und Tilgung des Sündhaften vorgeschrieben. Zu den Bußübungen der Chasside Aschkenas gehörten die Abstinenz von Fleisch und Wein, Fasten, Sündenbekenntnisse und Bußübungen wie freiwilliges Zerstechenlassen von Mükken und Bienen oder Ausharren in Eis und Schnee bei dünner Bekleidung. Auf die Frommen geht ebenfalls eine Reaktivierung der Theologie des Kidusch-ha-schem, d.h. die Heiligung seines Namens, zurück. Diese Lehre lehnte bei einer Verfolgung die Selbstverteidigung ab, die im Kreuzzugspogrom von 1096 von bewaffneten Juden praktiziert worden war. Sie verlangte dagegen Weltabkehr bis hin zu einer fatalistischen Weltverneinung.

Die Frommen grenzten sich trotz der Korrespondenz mit der christlichen Mystik nicht nur von der christlichen Umwelt ab, sondern ebenfalls von den anderen jüdischen Gemeindemitgliedern, so daß sie auch als Sekte gedeutet werden. Doch lassen die starken Bezüge zur Volksreligion vermuten, daß die hier empfohlenen Lebensweisheiten und Verhaltensweisen gerade auf den einfachen jüdischen Gläubigen gewirkt haben müssen. In diesem Bereich besteht eine starke Parallele zur christlichen Volksfrömmigkeit. Auch in dem Frömmigkeitsideal und den Frömmigkeitsformen (Bußpraxis) scheinen sich die Frommen Deutschlands bewußt oder unbewußt den zeitgenössischen christlichen Idealen angepaßt zu haben. Bei aller Annäherung an gleichzeitige Vorstellungen im Christentum wird allerdings auch eine Distanz gegenüber der christlichen Gesellschaft deutlich, die aus der Erfahrung der vorangegangenen Pogrome herrührt. Dem einzelnen Juden wird geraten, sich gegenüber den Christen sittenhaft zu verhalten, dabei jedoch den Psalmenvers nicht zu vergessen: „Ihr Mund redet Falsches und ihre Rechte ist trügerisch."[8]

Noch stärker als in der Schriftkultur ist die Beziehung zwischen Juden und christlicher Umwelt im Synagogenbau gegeben. Der Streit in der Spätantike, ob Juden als Ungläubige Synagogen bauen dürften, war von Papst Gregor dem Großen dahingehend entschieden worden, daß mit der Existenzberechtigung der Juden auch der Bau von Synagogen zugestanden werden müsse. Als die ersten Synagogen Deutschlands in Köln (1012 oder 1040), Trier (1066), Speyer (ca. 1090), Worms (1174/75) und Regensburg (ca. 1225) gebaut wurden, bestand eine enge Beziehung zum christlichen Sakralbau, so daß der gesamte Formenapparat auch an den dortigen Kirchen zu finden ist. Obgleich in der zweiten Hälfte des 16. Jahrhunderts in Prag zwei jüdische Architekten als Erbauer von Synagogen nachgewiesen sind, ist für das Mittelalter davon auszugehen, daß die Entwürfe und Bauausführung auf christliche Architekten zurückgehen, die gemäß den Anordnungen der jüdischen Gemeinden den Raum nach den Anforderungen der jüdischen Liturgie gestalteten. Das erklärt auch, warum die Apsiden an den Synagogen allmählich verschwanden, da es hier keine Altäre gab. Wurden nach Pogromen Synagogen in Kirchen umfunktioniert wie 1520 in Rothenburg o. T., so mußte an das rechteckige Gebäude („allain das es in ainer virung were") ein Chor für den Altar angebaut werden. Die Architekten für die Synagogen wurden durch die jüdische Gemeinde von den

Dombauhütten vor Ort angeworben, wie das wohl in Speyer und Worms der Fall war; sie konnten aber auch von einer französischen Dombauhütte kommen, wie im Fall Regensburg von der Reimser Kathedrale, so daß durch den Bauauftrag der jüdischen Gemeinde für die Synagoge, die hier 1227 fertiggestellt wurde, zum ersten Mal gotische Formen und die Verwendung der zweischiffigen Halle im Donaugebiet auszumachen sind. Die jüdische Gemeinde übernahm damit eine architektonische Schrittmacherfunktion; die hier verwendeten Knospenkapitelle der gekuppelten Arkaden wurden auch vom christlichen Sakralbau in Regensburg übernommen und tauchen nur kurze Zeit später am Südportal von St. Ulrich und am Kreuzgang von St. Emmeran auf. Wie in der Architektur, so ist auch in der Buchillustration jüdischer Handschriften der Einfluß christlicher Künstler zu erkennen.

Die jüdische Synagogenarchitektur wies im Vergleich zur christlichen Sakral-, aber auch Profanarchitektur bis in die frühe Neuzeit hinein keinerlei Sonderarten auf. Erst im 17. Jahrhundert sonderte sie sich stilistisch von der europäischen Kultur ab, blieb aber mit ihrem Formenapparat den mittelalterlichen Traditionen verhaftet. Renaissance-Synagogen hat es in Deutschland nie gegeben.[9]

Um die Synagoge bildete sich vielfach das Judenquartier, die Judengasse. Vor dem 13. Jahrhundert gab es keine Vorschrift, die die Juden in Deutschland zur Bildung gesonderter Quartiere zwang. Kultische Vorschriften (Sabbatgebot), aber auch das Sicherheitsbedürfnis ließen die Juden zusammenziehen. Letzterem entsprach auch, daß die Speyrer Juden den Bischof Huozmann baten, um ihr Quartier eine Mauer bauen zu dürfen. Sie schützte sie allerdings nicht vor dem Kreuzzugspogrom, so daß sie in der Folgezeit abgetragen wurde und das jüdische Viertel zu einem normalen städtischen Quartier neben anderen wurde. Die jüdischen Viertel lagen zu dieser Zeit in bester Lage, d. h. in den Handelszentren der neuen Städte, und waren auch nicht ausschließlich von Juden bewohnt.[10]

Die Privilegien der Karolinger-, aber auch der Salierzeit wiesen die Juden als bedeutende Kaufleute aus, die, wie zum Beispiel in Magdeburg, fast die gesamte Kaufmannschaft der Stadt stellten. Es handelte sich dabei um wichtige Sippenverbände wie die Kalonymiden in Mainz. Ihre Beziehungen zum Orient bildeten die tragende Säule des Osteuropa- und Orienthandels, der im 10. Jahrhundert von Mainz ausging. Er brachte die deutschen Juden bald mit den Venezianern in Konflikt, die ihre Handelsinteressen mit der Aufforderung an den Erzbischof von Mainz, die Juden zu taufen, gegen die jüdische Konkurrenz abzusichern hofften. Die Privilegien Heinrichs IV. garantierten nicht nur den Besitz von Häusern, Gärten und Weinbergen, sondern auch den Handel mit Kräutern, Arzneien und Wein, was auf die medizinische Tätigkeit der Juden hinweist. Seit dem beginnenden 12. Jahrhundert engagierten sich die jüdischen Kaufleute immer stärker in der Geldleihe. Wenn auch das Zinsverbot für die Christen erst auf den beiden Laterankonzilien von 1179 und 1215 festgelegt wurde, so hatte schon die cluniazensische Reformbewegung des 11. Jahrhunderts scharfe Kritik an der Geldleihe der Klöster geübt, so daß diese sich immer stärker aus dem Zinsgeschäft zurückzogen, die jüdischen Kaufleute sich aber immer mehr darin engagierten. Die sich herausbildenden Städte boten dafür günstige Voraussetzungen, so daß die Juden dort mit ca. 5% einen relativ hohen Bevölkerungsanteil stellten. Da auch Bischöfe als Kreditnehmer auftauchen, hatte dieser Geschäftszweig zunächst kaum etwas Unmoralisches an sich. Doch stilisierte bald die Armutsbewegung die jüdische Zinsnahme zum Antisymbol christlicher Lebensweise. Bernhard von Clairvaux (gestorben um 1130) prägte für die Zinsnahme den Begriff „Iudaizare" und polemisierte damit gegen die christlichen Zinsnehmer. In der neuen Stadtwirtschaft waren Juden zunächst auch als Handwerker, als Müller, Schneider, Bäcker, Schuhmacher und als Metzger tätig. Die Herausbildung der Zünfte als christliche Korporationen beschränkte aber die jüdischen Handwerker weitgehend auf jüdische Kundschaft. Das Geldgeschäft der Juden brachte es auch mit sich, daß die fürstlichen Territorialherren, die zu Beginn des 13. Jahrhunderts ihre Territorialherrschaft u. a. durch eine eigene Münze abzusichern bestrebt waren, jüdische Münzmeister und -pächter heranzogen. Das trifft nicht nur für Bischof Otto von Würzburg (Reg. 1207–1223), sondern auch für die Grafen von Münzenberg oder die von der Mark in Westfalen zu.[11]

Die Kreuzzugspogrome

Mit der Kreuzzugsidee erfaßte eine apokalyptisch-eschatologisch bestimmte Frömmigkeit die einfache Bevölkerung. Sie fand ihren Kristallisationspunkt in der Vorstellung vom himmlischen Jerusalem. Damit verbunden war ein gewisser Fundamentalismus, der die Welt in Gläubige und Ungläubige einteilte und auf die Unterwerfung der letzteren drang. Zu den Ungläubigen zählten auch die Juden. Die 35 Jahre nach dem Kreuzzugspogrom von 1096 entstandenen „Gesta Treverorum" vermitteln recht anschaulich diese Einstellung des einfachen Volkes. Dort heißt es: „In dieser Zeit wollte viel Volk beiderlei Geschlechts aus allen Ländern und Völkern nach Jerusalem ziehen, und sehnsüchtig begehrten sie entweder selbst dabei umzukommen oder die Ungläubigen dem Joche Christi zu unterwerfen. In dieser Erregung nahmen sie sich zunächst vor, in den Städten und Burgen die Juden zu verfolgen und zu zwingen, entweder an unseren Herrn Jesus Christus zu glauben oder in derselben Stunde umzukommen." Diese fundamentalistische Weltsicht und die Gier nach dem Geld der reichen jüdischen Kaufleute führte 1096 zu den ersten Pogromen in Deutschland.[12]

Trotz Warnschreiben der nordfranzösischen Juden an die rheinischen Gemeinden traf diese das Pogrom überraschend. Sie vertrauten auf den Schutz Kaiser Heinrichs IV. und der bischöflichen Stadtherren. In Trier gelang es im April 1096 noch, die Kreuzfahrer unter Peter von Amiens durch die Zahlung reicher Geldgeschenke von einem Pogrom abzuhalten. Anfang Mai kam es jedoch in Speyer zu größeren Ausschreitungen. Elf Juden wurden getötet, eine größere Anzahl zur Taufe gezwungen. Das energische Eintreten Bischof Johannes' (Reg. 1090–1104), der Juden unter militärischem Schutz auf seine Burg bringen ließ, verhinderte weitere Exzesse. Wie Johannes, so versuchten auch die anderen rheinischen Bischöfe die Juden in ihren Städten zu schützen. Der Trierer Bischof Egilbert (Reg. 1079–1101) bot den Juden im Mai/Juni 1096, als neue Kreuzfahrerscharen sie zu vernichten drohten, diesen Schutz in seiner Pfalz an und predigte im Dom zu ihren Gunsten. Als die Kreuzfahrer schließlich ihn selbst bedrohten, konnte er sie nicht mehr schützen. Sie wurden ermordet, soweit sie sich nicht taufen ließen. Besonders mutig zeigten sich die Frauen im Widerstand. Zahlreiche von ihnen zogen den Freitod der Taufe vor. Auch in Worms flüchteten sich die von den Kreuzfahrerhorden verfolgten Juden in die Bischofsburg oder wurden von befreundeten Bürgern versteckt. Die Juden, die keinen Schutz fanden, wurden eine Woche lang von den Kreuzfahrern verfolgt, ermordet oder zwangsgetauft. Als Begründung für das Vorgehen taucht hier zum ersten Mal der Vorwurf auf, die Juden hätten die Brunnen vergiftet, was wohl auch von den einfachen Bürgern von Worms geglaubt wurde, die sich an den Verfolgungen beteiligten. Auch in Worms entzog sich ein Teil der Juden durch den Freitod der Zwangstaufe. In Mainz nahm der Erzbischof Ruthard (Reg. 1088–1109) die Juden zum Schutz in seine Burg auf, wo sie sich zusammen mit der bischöflichen Truppe gegen das Kreuzfahrerheer des Grafen Emicho von Leinigen verteidigten. Doch als der Erzbischof vor der Übermacht floh, wurden die Juden von der Menge überwältigt und niedergemetzelt. Auch hier gaben sich viele Juden bei der Erstürmung der Burg den Freitod. Ein zwangsgetaufter Jude zündete die Synagoge an, damit sie nicht in eine Kirche umgewandelt würde und suchte in den Flammen den Tod. Eine kleine Gruppe der Gemeinde, die sich mit Rabbi Kalonymos in der Sakristei der Bischofspfalz versteckt hatte, konnte durch Bischof Ruthard heimlich nach Rüdesheim gebracht werden und entkam so dem Massenmord. Der Kölner Erzbischof Hermann (Reg. 1089–1099) brachte ebenfalls die Juden seiner Stadt in sieben befestigte Orte seines Stifts, darunter Neuß und Xanten, wo sie aber in den letzten Junitagen 1096 von den Kreuzfahrern und der Landbevölkerung ermordet wurden.

Auch wenn die städtischen Unterschichten und die Landbevölkerung bei den Pogromen aktiv mitgewirkt hatten, so waren die Exzesse doch primär das Werk der Kreuzfahrerhorden. Sie waren vorüber, als diese weiterzogen. Die jüdischen Gemeinden konnten sich bald neu bilden und ihre Synagogen wieder aufbauen. Neuzuwanderer, wie sie für Köln bezeugt sind, glichen die durch die Pogrome verursachten demographischen Verluste aus, so daß die Zahl der Juden, die damals in Deutschland lebten, ziemlich konstant blieb. Aber es bestand weiterhin die Erfahrung einer abrupten Bedrohung, die ihren Niederschlag in der asketischen Lehre der Frommen in Aschkenas fand, die den Selbstmord als Alternative zur Zwangstaufe nicht ausschloß. Das Kidusch-ha-Schem, die Heiligung seines Namens, stand höher als das Leben. Diese Auffassung spiegelt sich sogar in den Erinnerungen des getauften Kölner Juden Judas und späteren Prämonstratensermönchs Hermann von Scheda wider, die dieser 1137 niederschrieb: „Wir ertragen den Schimpf und den Spott der Menschen geduldig und gleichmütig, wenn wir nur bei dem Gesetz Gottes und seinen zeremonialen Vorschriften verharren, denn es ist besser für uns, in der Menschen Hände zu fallen, als uns vom Gesetz Gottes abzuwenden.“[13]

Kaiser Heinrich IV., der zu dieser Zeit in Italien in einen Krieg mit dem Papst verwickelt war, hatte die Juden nicht schützen können; die bischöflichen Stadtherren waren dazu nur bedingt in der Lage. Sie versuchten es jedoch, soweit sie konnten. Auch stellten sie sich gegen die Entscheidung des Papstes, als sie den Zwangsgetauften die Rückkehr zum Judentum erlaubten. Nicht nur in diesem Fall vertraten Kaiser und Bischöfe in Deutschland im 12. Jahrhundert eine andere Politik den Juden gegenüber, als dies die römische Amtskirche mit ihren immer rigider werdenden Ausgrenzungsstrategien tat. So fand in Deutschland weder das von Papst Calixt (Reg. 1119–1124) geforderte Verbot des Synagogenbaus Beachtung noch die Bestimmung einer verstärkten Judenmission. Dem dienten vor allem die öffentlichen Religionsgespräche, die zumeist mit Repressalien gegen die jüdischen Gesprächspartner endeten. Wohl aus diesem Grund warnt auch das Buch der Frommen vor Religionsgesprächen mit Getauften, insbesondere mit Geistlichen. Auf christlicher Seite verbot die Amtskirche den Laien unter Androhung der Exkommunikation, „mit Juden über Artikel des Glaubens zu diskutieren". Die Furcht vor einer Niederlage in dergleichen Kontroversgesprächen führte bis ins 17. Jahrhundert, nach der Reformation auch auf protestantischer Seite, zur ständigen Wiederholung dieses Verbots.[14]

Der verstärkte Judenschutz, um den sich die Kaiser in Deutschland nach dem Pogrom von 1096 im 12. Jahrhundert bemühten, zeigte seine ersten Erfolge, als es im Zuge des zweiten Kreuzzugs 1146 wieder zur Aufhetzung der Massen durch fanatische Prediger kam. Erneut gingen religiöse und wirtschaftliche Motive eng zusammen. Der aus Clairvaux kommende Zisterziensermönch Radulf forderte zum Mord an den „Feinden der christlichen Religion", den Juden, auf. Kaiser und Landesherren stellten den verfolgten Juden befestigte Plätze zur Verfügung, so daß sie dort die Verfolgungen überstanden. Soweit man sie aber außerhalb dieser Plätze antraf, wurden sie ein Opfer der aufgestachelten Massen, die sogar Bernhard von Clairvaux bedrohten, als dieser auf Bitten des Erzbischofs von Mainz den Mönch Radulf ins Kloster zurückschickte.[15]

Ausbreitung und Widerstände

Mit den neuen Stadtgründungen im 12. und 13. Jahrhundert in Deutschland hatten sich auch die jüdischen Gemeinden ausgebreitet und waren zwischen 1100 und 1250 über die frühen Zentren an Rhein, Donau und Elbe vor allem ins Main-Tauber-Gebiet, ins Ems-Weser-Gebiet und nach Thüringen, Sachsen und Schlesien vorgestoßen. Eine kaiserliche Steuerliste von 1241 führt 25 Städte mit jüdischen Gemeinden auf, ist aber kaum vollständig, da die nachweislich zu dieser Zeit vorhandenen Gemeinden in Franken, an der Donau, vor allem aber in Mittel- und Ostdeutschland fehlen. Auch in der zweiten Hälfte des 13. Jahrhunderts waren Juden entscheidend mit an der

Herausbildung der mittelalterlichen Stadtkultur in Deutschland beteiligt und blieben es, solange dieser Prozeß anhielt. So lebten zum Beispiel um 1300 Juden in zehn Städten Westfalens, um 1350 waren es bereits 28 Städte, die Juden beherbergten. Danach wurden jedoch alle jüdischen Gemeinden durch die Pestpogrome vernichtet. Es ist auffällig, daß bis 1250 nördlich von Magdeburg keine jüdischen Gemeinden entstanden. Erst in der zweiten Hälfte des 13. Jahrhunderts kam es zu Gründungen in den norddeutschen Bischofsstädten: Minden (um 1270), Münster (um 1260), Osnabrück (um 1260), in Hildesheim und Paderborn allerdings erst im 14. Jahrhundert. Die Entwicklung der Hanse im 14. Jahrhundert scheint sich eher negativ auf die Ausbreitung der Juden im nördlichen und nordöstlichen Raum ausgewirkt zu haben. Lediglich in Braunschweig entfaltete sich eine Gemeinde, die 1350 ca. 150 Personen umfaßte. Auch Lüneburg hat seit der zweiten Hälfte des 13. Jahrhunderts eine jüdische Gemeinde, deren Niederlassung aber weit von den bedeutenden neustädtischen Marktplätzen entfernt lag. Die jüdischen Gemeinden in Bremen, Stade, Wismar, Rostock und Greifswald konnten sich kaum entfalten und blieben auch in ihrer Handelstätigkeit als Geldleiher bedeutungslos; in Hamburg wurden Juden erst um 1600 ansässig, in Lübeck sogar erst im 19. Jahrhundert. Dagegen entfalteten sie sich in Schlesien, wo sie in erster Linie von der Geldleihe und dem Osthandel lebten. So wird den Schweidnitzer Juden 1205 und 1328 ausdrücklich der Warenhandel erlaubt, der sich wohl auch auf Exportgeschäfte nach Polen bezog. Die Mehrzahl der deutschen Juden lebte nicht mehr vom Warenhandel, auch nicht von den großen Geldgeschäften, sondern von kleinen Darlehen gegen Schuldscheine oder Pfand.[16]

Die Ausgrenzungsstrategien der Kirche gipfelten zu Beginn des 13. Jahrhunderts in den Beschlüssen des 4. Laterankonzils (1215). Es bestimmte, daß sich Juden und Sarazenen beiderlei Geschlechts durch ihre Kleidung von den Christen unterscheiden sollten, um sexuelle Kontakte zu verhindern; es verbot Juden die Übernahme öffentlicher Ämter und wiederholte das Wucherverbot. Diese Ausgrenzungsbestimmungen zeigen, daß sich die Juden in ihrer Lebensweise völlig ihrer christlichen Umwelt angepaßt hatten und nicht darauf aus waren, einen Unterschied zu betonen. Während in England die besondere Kennzeichnung der Juden schon bald nach 1215 verfügt wurde, ließ man sich in Deutschland damit Zeit.

In seinem Brief über die mangelnde Kirchendisziplin in Deutschland beklagte 1233 Papst Gregor IX. vor allem die laxe Haltung gegenüber den Juden. Ihnen sei es erlaubt, gegen das Gesetz christliche Sklaven zu halten und ihnen gewaltsam die Beschneidung aufzuzwingen. Juden und Christen pflegten enge Kontakte, Juden bekleideten öffentliche Ämter und herrschten damit über Christen; in ihren Häusern hielten sie christliche Ammen und Bedienstete und trügen auch nicht die ihnen vorgeschriebenen Zeichen an ihren Kleidern. Zudem verwickelten sie Christen immer wieder in Religionsgespräche und verführten einfältige Christen zu allerlei Irrlehren.

Eine Reaktion auf die päpstlichen Beschwerden schlug sich in dem Beschluß des Mainzer Provinzialkonzils von 1233 nieder, das jedem Christen die Exkommunikation androhte, der bei Juden wohnte und ihnen Dienste leistete. Ähnliche Bestimmungen wiederholten 1267 unter Vorsitz des päpstlichen Legaten Guido die Provinzialsynoden von Wien und Breslau.[17]

Die Abgrenzung gegenüber dem Judentum, das durch die weibliche Gestalt der Synagoge symbolisiert wurde, setzten die kirchlichen Baumeister in die Bildprogramme an den neu entstehenden Domen und Stadtkirchen um. Als biblia pauperum sollten die Darstellungen allen, die nicht lesen konnten – und das waren die meisten –, die wichtigsten Sachverhalte der christlichen Religion vermitteln. Seit dem 12. Jahrhundert wurde die Synagoga mit einer Binde vor den Augen oder mit Marterwerkzeugen dargestellt, wodurch ihre Verblendung bzw. ihre Schuld am Tod Christi deutlich werden sollte. Spätere Beigaben sind die Schlange oder gar der Teufel. In der Bauplastik wurde in Deutschland um 1230 die Gegenüberstellung von Ecclesia (Christentum) und Synagoga (Judentum) zu einem beliebten Motiv. Während die Ecclesia die klugen Jungfrauen anführt und zum himmlischen Mal geladen ist, bleibt die Synagoga an der Spitze der törichten Jungfrauen von diesem ausgeschlossen. Die Figur der Ecclesia ist schlank aufgerichtet, steht mit Krone und königlichem Mantel bekleidet dem Herrn zugewendet, die Synagoga dagegen wendet sich von ihm ab, hat Mantel und Krone verloren, einen gebrochenen Stab in der Hand und eine Binde vor den Augen. Wenn auch die Synagoga als schöne Frau dargestellt wurde – der Glanz Gottes also immer noch auf sie fiel –, waren für die einfachen Menschen eher die negativen Attribute sprechend: die Synagoga – und das hieß: die Juden – waren verdammt und konnten mit ihrer Lehre weder die Menschheit insgesamt noch sich selbst erlösen.[18]

2. Periode: 1240–1350 Ausgrenzung

Entwicklung zur Minderheit

In den sich neu entwickelnden Städten in Deutschland gewann die Kirche zum ersten Mal einen direkten Einfluß auf das einfache Volk. Dieser Aufgabe widmeten sich vor allem die Bettelorden, die Minoriten bzw. Franziskaner und Dominikaner, die aus der Armutsbewegung hervorgegangen waren. Das von ihnen propagierte Armutsideal bildete einen latenten Widerspruch zur Wirtschaftsauffassung und zu den Wirtschaftspraktiken der Juden. Nicht anders verhielt es sich mit den von den Bettelmönchen entwickelten neuen religiösen Formen, die sich vor allem an das einfache Volk wandten. Hierzu zählen die neue Form der Kreuzesdarstellung, die den leidenden Christus hervorhebt, die Verehrung der Eucharistie und der Maria. Die Darstellung Jesu als Christus Pantokrator, als Weltenherrscher, wich immer mehr der Darstellung des leidenden Jesus, dessen Wunden, die ihm nach allgemeiner Auffassung die Juden zugefügt hatten, nun realistisch dargestellt wurden. In der von den Minoriten propagierten neuen Laienfrömmigkeit traten die Juden weitgehend nur noch negativ in

Erscheinung. Einer der bekanntesten Prediger des ausgehenden 13. Jahrhunderts, der Minorit Berthold von Regensburg (ca. 1210–1272), trat zwar für den Schutz der Juden ein, stellt sie aber in seinen Predigten als Gottesmörder hin: „Und jedes Mal wenn ein Christ einen Juden sieht, soll er daran denken: Du bist auch einer von denen, die unseren Herrn Jesus Christus um unser Schuld willen gemartert haben." Ihre Existenz garantiert ihnen zwar Gott bis zum Ende der Zeiten, aber sollten sie sich über die Christen erheben, so muß man sie bekämpfen wie die Heiden. Die Juden wurden aufgrund solcher Predigten in der Vorstellung des einfachen Volkes zu Gottesmördern und potentiellen Feinden der christlichen Gesellschaft.[19]

Die Anschauungen der Kirche waren nicht ohne Einfluß auf die rechtliche Stellung der Juden in Deutschland geblieben. So wird zum ersten Mal 1236 in der Einleitung des Privilegs Kaiser Friedrichs II. (Reg. 1215–1250), das in seinem Kern die Urkunde Heinrichs IV. wiederholt, nun aber für alle Juden in Deutschland Gültigkeit erhielt, von den „infideles" (ungläubigen) Juden gesprochen. Zudem bezeichnet das Privileg sie als „servi camerae regis", als königliche Kammerknechte. Zu verstehen ist darunter ihre „quasi eigentumsrechtliche Zuordnung zur kaiserlichen Kammer" (Battenberg). Wenn damit auch die kaiserliche Kanzlei auf die Leistungen der Juden (servitia) gegenüber dem Reichsoberhaupt abhob, so war dieser Begriff durch die kirchliche Terminologie negativ besetzt. Papst Innozenz III. (Reg. 1198–1216) hatte damit 1205, dann noch einmal auf dem Laterankonzil von 1215, die Unterstellung der Juden unter die Christen beschrieben und so die Ausgrenzung der Juden begründet. Sein Nachfolger Gregor IX. (Reg. 1227–1241) verankerte diese Anschauung 1234 im Kirchenrecht. Auch wenn sie durch die kaiserliche Urkunde ihre alten großzügigen Privilegien behielten und weiterhin Handel mit heidnischen Sklaven treiben durften, so waren sie doch jetzt „als Minderheit von Gläubigen einem Sonderrecht unterworfen" (D. Mertens).[20]

An den alltäglichen Beziehungen zwischen Juden und Christen änderte dies zunächst kaum etwas. Der Status der Kammerknechtschaft wurde von der kaiserlichen Kanzlei zu dieser

Zeit nicht als negative Ausgrenzung der Juden verstanden. Erst Rudolf von Habsburg (Reg. 1273–1291) leitete aus der Kammerknechtschaft ein System jüdischer Unfreiheit ab. Er legte ihnen neue Steuern auf und nahm ihnen das Recht der Freizügigkeit. Friedrich II. hatte die Kammerknechtschaft dagegen als Basis des kaiserlichen Schutzes verstanden, den er gerade in diesen Jahren anläßlich des Fuldaer Pogroms von 1236 effektiv ausübte. Die Kammerknechtschaft als Judenregal wurde bald nur noch unter finanziellem Aspekt verstanden und in dieser Eigenschaft seit dem 14. Jahrhundert an Fürsten und Städte verliehen, verpfändet oder verkauft. Eine Wirkung der kaiserlichen Urkunde von 1236 ist jedoch viel später anzusetzen; die Auffassung von und damit die Beziehung zu den Juden beschreibt für 1233 eher die Rechtssammlung des Eike v. Repgow. Sein Sachsenspiegel kennt den Begriff der Kammerknechtschaft nicht. Nach seiner Auffassung hatte die kaiserliche Oberherrschaft ihren Ursprung in römischer Zeit. Kaiser Vespasian gewährte den Juden als Dank für die ärztlichen Leistungen des Flavius Josephus Rechtsschutz. Als Nachfolger des römischen Kaisers übernahmen die deutschen Könige diese Verpflichtung. Die Juden waren für Eike Freie und somit nicht aus der Gesellschaft ausgegrenzt, auch wenn sie unter besonderem Schutz standen. In den folgenden vierzig Jahren gewann aber immer stärker die Rechtsvorstellung von der Knechtschaft der Juden die Oberhand, wie der um 1275 abgefaßte Schwabenspiegel verdeutlicht. Sein Verfasser war ein Geistlicher streng päpstlicher Haltung, vermutlich ein Minorit, da er sich sehr stark auf die Predigten der Minoriten Berthold von Regensburg und David von Augsburg stützt. Die Juden sind nach seiner Auffassung nicht mehr frei, sondern „eigen“ und des „riches knechte“. Entsprechend fordert der Verfasser die strikte Trennung von Juden und Christen. Sie sollen den spitzen Hut tragen, um sich von den Christen zu unterscheiden, Christen wird verboten, mit Juden zu speisen oder von ihnen Speisen anzunehmen, verboten, Juden zu Hochzeiten oder in eine Wirtschaft einzuladen oder gar Beischlaf mit ihnen zu haben, was mit dem Tod durch Verbrennen bestraft werden sollte.

All diese Bestimmungen kennt der Sachsenspiegel nicht, was den Schluß zuläßt, daß all das, was im Schwabenspiegel verboten wird, bis 1275 und auch darüber hinaus zum alltäglichen Leben gehörte. Die von der Kirche immer wieder geforderte Trennung von Minderheit und Gesamtgesellschaft hatte sich in Deutschland noch nicht durchgesetzt und setzte sich wohl auch bis 1350 nicht durch. Nach wie vor wohnten Christen und Juden in denselben Gassen und Häusern der Städte. Sie hatten den rechtlichen Status von *concives* (Mitbürgern) und verteidigten gemeinsam mit den christlichen Bürgern im Krieg die Stadt, was deutlich macht, daß das im Landfrieden von 1103 erlassene Waffenverbot für Juden nicht eingehalten wurde.

Beide Gruppen sprachen dieselbe Sprache, saßen in denselben Gerichtshöfen und pflegten einen regen Kulturaustausch. Im 13./14. Jahrhundert zeigt sich dies am deutlichsten in der gemeinsamen Architektur der Sakralbauten und in der Rezeption der Heldenepik in der jüdischen Literatur. Der jüdische Dichter Süßkind von Trimberg zählt wiederum im späten 13. Jahrhundert zu den führenden Minnesängern der Zeit. Die von den Päpsten immer wieder geforderte Unterscheidung der Kleidung engt der Schwabenspiegel auf die Forderung nach dem spitzen Hut ein. Eine Unterscheidung mochte dadurch gegeben sein, ein abwertendes oder gar deklassierendes Ausgrenzungssymbol – wie es z.B. für Bettler und Dirnen galt – bedeutet der spitze Judenhut nicht. Es war im Mittelalter allgemein üblich, daß jeder Stand seine eigene Kleidung trug. Der spitze Hut kennzeichnete, wenn man so will, den jüdischen Stand. In einer Darstellung aus dieser Zeit, dem Hildesheimer Taufkessel von 1230, hebt der Künstler damit die Juden des Alten Testaments hervor, die Moses durch das Rote Meer führt. Typologisch als Vorausdeutung auf die Taufe verstanden, konnte diese Darstellung kaum abwertend gemeint sein. Auch die Darstellungen der Juden in den Bilderchroniken des 13. und 14. Jahrhunderts sind wohl unter diesem Aspekt zu sehen. Das Gebot, den verpönten gelben Fleck zu tragen, setzte sich in Deutschland im 13./14. Jahrhundert noch nicht durch. Zahlreiche Gemeinden kauften sich davon frei.[21]

Die Kirche drängte jedoch seit dem 13. Jahrhundert verstärkt auf Ausgrenzung und setzte dafür die Bettelorden in den Städten ein. Papst Nikolaus III. (Reg. 1277–1280) befahl ihnen 1278 ausdrücklich, den Juden in Deutschland das Evangelium zu predigen. Zur Verbrennung talmudischer Schriften, wie sie 1240 in Frankreich durch die Bettelmönche provoziert wurde, kam es in Deutschland allerdings nicht. Auch wenn man davon wußte, wie die Erfurter Annalen zeigen. Das Wissen christlicher Theologen über den Inhalt des Talmud war aufgrund der mangelnden Hebräisch-Kenntnisse äußerst dürftig und führte deshalb zu schlimmen Unterstellungen. So predigte zum Beispiel Berthold von Regensburg darüber: „Zwölf von ihnen (den Juden) haben ein Buch – den Talmud – verfaßt, das voller Ketzerei ist. Es ist ein Übel, daß sie leben", und rückt sie damit in bedenkliche Nähe zu den Ketzern und dem Scheiterhaufen.[22]

Zwei Momente der von den Franziskanern propagierten Volksreligion wirkten sich besonders verheerend auf das Verhältnis zu den Juden aus: die Popularisierung der Passion Christi und die Verehrung der Eucharistie. Ohne daß dies die Minoriten bezweckten, basierte auf dem Eucharistiekult im Volksglauben der den Juden vorgeworfene Hostienfrevel, auf der Verehrung des Bluts Christi der ihnen unterstellte Ritualmord. Beide führten zu zahlreichen Verfolgungen und Morden an Juden. Dem Ritualmord liegt die Anschauung zugrunde, daß die Juden, die das Blut Jesu auf sich herabriefen („Sein Blut komme über uns und über unsere Kinder.", Math 27.26), eben auch das Blut der Christen fordern. Okkulte Vorstellungen spielen hier mit hinein, die ihre Fiktion auch in der Literatur gefunden haben: Der arme Heinrich, der das Blut eines Mädchens benötigt, um sich von seiner Krankheit (Misselsucht = Aussatz) zu befreien. Der Blutkult der Kirche (die Erlösung durch das Blut Christi) wurde in pervertierter Form auf die Juden übertragen: Um sich zu retten, brauchten sie das Blut der Christen. Während der Ritualmordvorwurf 1144 zum ersten Mal in Norwich/England zu Verfolgungen der Juden führte, begegnen wir ihm in Deutschland neunzig Jahre später: 1234 und 1235 in Lauda, in Tauberbischofsheim und mit schweren Folgen bei einem Ereignis in Fulda. Nachdem dort einem Müller die Mühle abgebrannt war, behaupteten anwesende Kreuzfahrer, Juden hätten die fünf Kinder des Müllers ermordet und danach das Haus in Brand gesteckt. Darauf ergriff man die 34 dort wohnenden Juden und ermordete sie. Friedrich II., der sich zu dieser Zeit im Elsaß aufhielt, schickte man zum Beweis die fünf Leichen der Kinder. Dieser befahl, sie zu begraben. Um aber durch kirchliche Autoritäten diesen Wahn aus der Welt zu schaffen, ordnete er die Untersuchung durch eine Kommission an, die aus Fürsten, Äbten, Bischöfen und Theologen bestand, darunter auch jüdische Konvertiten. Das Ergebnis der Kommission war allerdings nicht eindeutig. Der Kaiser verkündete dennoch im Juli 1236 in Augsburg, daß die betreffenden Anschuldigungen haltlos seien und verbot sie unter Androhung von Strafen. Auch Papst Gregor IX., der sonst eine Ausgrenzungsstrategie gegenüber den Juden betrieb, stellte sich vor die verfolgten Juden und verbot ihre Beraubung, Tötung und Zwangstaufe. Papst Innozenz IV. (Reg. 1243–1254) untersagte noch einmal 1247 ausdrücklich in einem Brief an die Bischöfe in Frankreich und Deutschland den Ritualmordvorwurf und alle Legenden, die sich darum rankten, und befahl, die Juden zu schützen.[23]

Das Papsttum hat diese Position nie verlassen, obwohl der Vorwurf in der Volksfrömmigkeit immer wieder erhoben und von manchen Theologen, wie von Thomas von Cantimpré in seinem „Bienenstaat“ (1263), bestätigt wurde. Weder kaiserliche noch päpstliche Verbote konnten jedoch verhindern, daß die Ritualmordlüge zu Pogromen führte, die von einer breiten Volksbewegung getragen wurden und ganze Regionen erfaßten. Die 1287 nach einem angeblichen Ritualmord an dem Gerberlehrling Werner von Bacharach einsetzenden Verfolgungen der Juden forderten im Mittelrhein- und Moselgebiet über 500 Opfer. Den religiösen Kult um den „guten Werner“ versuchten König Rudolf von Habsburg und der Mainzer Erzbischof – allerdings ohne Erfolg – zu unterdrücken. Noch im 15. Jahrhundert gab es Bestrebungen, die auf eine Heiligsprechung des Werner von Bacharach abzielten.

Neben dem Ritualmordvorwurf führte seit dem 13. Jahrhundert der Vorwurf des Hostienfrevels zu wiederholten Pogromen. Das vierte Laterankonzil (1215) hatte neben den Juden-Ausgrenzungsbeschlüssen auch die Lehre der Transsubstantiation zum Dogma erklärt. Diese besagt, daß Jesus nach der Wandlung in der Hostie wahrhaftig gegenwärtig ist. Gefördert wurden dadurch die Ausbreitung des Fronleichnamsfestes und die öffentliche Reverenzerweisung der Eucharistie. Durch die Transsubstantiationslehre war eine Verdinglichung der Sakramentenlehre gegeben. Der damit verbundene Kult intensivierte seit dem 13. Jahrhundert den Kult der wunderwirkenden Hostien. Da die Juden als die Gottesmörder galten, lag es im Volksglauben nahe, ihnen zu unterstellen, sich heimlich geweihte Hostien anzueignen und durch Nadelstiche in die Hostie die Kreuzigung zu wiederholen. Wie bereits bei dem Ritualmordvorwurf, so wurde auch diesmal zuerst in England um die Mitte des 13. Jahrhunderts die Beschuldigung des Hostienfrevels gegen Juden erhoben. Über Frankreich gelangte dieser Vorwurf nach Deutschland, verbunden mit dem Vorwurf, die Juden verhöhnten Kruzifixe und schmähten die Gottesmutter. Das bezog sich fast ausschließlich auf die Kulte, die die Bettelmönche im 13. Jahrhundert propagierten: Fronleichnamsfest, Madonnen- und Kreuzeskult. Latent waren mit diesen Kulten immer wieder Vorwürfe an die Juden verbunden. Pogrome, die bis dahin die erschreckende Ausnahme waren, wiederholten sich vom Ende des 13. Jahrhunderts an nun häufiger und erfaßten weite Regionen, wobei religiöse und ökonomische Motive eng miteinander verbunden waren. In den Städten bildete das Zunftbürgertum, das um seinen politischen Einfluß kämpfte, die Trägerschicht; auf dem Lande der niedere Adel und die Bauern, die mit den Juden ihre Schulden zu beseitigen versuchten. Es begannen die „50 Jahre des Schreckens in Aschkenas“ (Ben Sasson).[24]

Die erste größere Bewegung, die vergleichbar den Kreuzfahrerpogromen im Rheinland zweihundert Jahre zuvor mehrere Gemeinden einer Region betraf, war die Rintfleisch-Bewegung von 1298. Sie fiel in eine Phase höchster Unsicherheit im Reiche, als Adolf von Nassau (Reg. 1292–1298) und Albrecht I. (Reg. 1298–1308) um die Königskrone kämpften. Wie ca. vierzig Jahre später – bei „König Armleder" – setzte sich auch hier ein Adliger aus dem Taubertal an die Spitze der Bewegung. Auszumachen ist eine Verquickung von religiösen, sozialen und auch politischen Motiven. Als religiöses Motiv galt eine angebliche Hostienschändung: Der Leib des Herrn (in der Hostie) sei von Juden mit Nadeln zerstochen und in einem Mörser zerstampft worden. Daraufhin sei ein Wunder geschehen und die Hostie habe angefangen zu bluten. Noch im 14. Jahrhundert wurden Teile dieser Hostie als Reliquie an auswärtige Klöster weitergegeben. Die von dem Adligen Rintfleisch angeführte Menge überfiel die jüdische Gemeinde in Röttingen und erschlug 21 Menschen, zog am 25. Juni 1298 nach Rothenburg o.d.T. weiter, wo sie 32 Menschen und am 18. Juli noch einmal 32 erschlug. 380 Juden flüchteten in die dortige Burg, wo sie zwischen dem 20. und 22. Juli ermordet wurden. Die blutige Spur führte weiterhin durch Franken: Neustadt/Aisch, Windsheim, Iphofen, Mergentheim, Tauberbischofsheim, Ochsenfurt, Kitzingen, Nürnberg, wo 628 Juden ermordet wurden, Bamberg mit 126 Opfern und schließlich Würzburg, wo mit 900 Opfern die höchste Zahl zu beklagen war. Am 19. Oktober 1298 endete diese blutige Spur in Heilbronn. Über Franken hinaus kam es gleichzeitig zu Pogromen in Schwaben, in der Oberpfalz und in Soden und Biedenkopf in Hessen. Beteiligt an diesen Pogromen waren bäuerliche und städtische Unter- und Mittelschichten, geführt von Adligen, die durch einen Vertreter des fränkischen Hochadels, Kraft von Hohenlohe, möglicherweise sogar durch König Adolf von Nassau, gedeckt wurden, der sich damit gegen seinen Rivalen Albrecht von Habsburg durchzusetzen versuchte. Letzterer verkündete am 17. November 1298 in Nürnberg einen Landfrieden, um vor weiteren Greueln abzuschrecken. Den Beteiligten an den Pogromen wurden hohe Geldstrafen auferlegt, wobei der König freilich nicht vergaß, die Hinterlassenschaft der Ermordeten als seiner „Kammerknechte“ für sich zu reklamieren.

Die brisante Mischung von religiösen und sozialen Motiven begegnet vierzig Jahre nach der Rintfleisch-Bewegung auch in der Bewegung des sogenannten „König Armleder“ von 1336. Wieder handelt es sich um bäuerliche und städtische Unterschichten („Pöbel“), die unter Führung eines Adligen eine gefährliche Koalition eingingen. Dies veranlaßte die städtischen Oberschichten, die im Rat das Sagen hatten, zu entschiedener und, wie die Ereignisse in Würzburg zeigen, erfolgreicher Gegenwehr. „König Armleder“ entstammte einer der in dieser Zeit zahlreichen verarmten Ritterfamilien und war des Landes verwiesen worden. Er kann mit Recht als Desperado angesehen werden, der schließlich hingerichtet wurde, dennoch aber in der Dorfkirche seines Herkunftsortes Uissigheim bei Tauberbischofsheim als „beatus Arnoldus“ ein Ehrengrab erhielt, das zu einem Wallfahrtsort wurde. Während „König Armleder“ das Gebiet zwischen Jagst und Tauber heimsuchte, weitete sich die Bewegung in nördlicher und westlicher Richtung bis nach Hessen, an den Mittelrhein und die Mosel aus und fand zwei Jahre später (1338) in den Judenverfolgungen durch Bauern und Stadtbewohner im Elsaß ihren Höhepunkt und Abschluß. Zeitgenössische Chronisten wie Johannes von Winterthur oder der Colmarer Chronist zeigen sich davon überrascht, daß sich Bauern und Handwerker bewaffneten und sich Führer wählten, die sie als Könige bezeichneten. Als Motiv hatten die Elsässer Aufständischen „Rache für den Kreuzestod Christi“ auf ihre Fahnen geschrieben. Der zeitgenössische Chronist Heinrich von Diessenhofen nennt jedoch ausschließlich die Gier der Mörder nach dem Besitz der Ermordeten als Motiv. Dieses Motiv verband sich immer wieder mit dem Vorwurf der Hostienschändung und führte 1337 und 1338 im niederösterreichischen Pulkau und im niederbayerischen Deggendorf und Straubing zur Verfolgung und Ermordung der dortigen Judengemeinden. Der Colmarer Chronist nennt als Motiv für die Armleder-Pogrome in Franken: „Daz man in [ihnen = den Aufständischen] solte ir Pfant widergeben one wucher und one ir Hauptgut." Die jüdische Zinsnahme, die von der Kirche als „Wucher" hingestellt wurde, setzte die Aggressionsschwelle recht niedrig. Während die städtische Oberschicht, Stadtherr, Adel und Kaufleute, die Kredite jüdischer Kaufleute für sich ohne (geistliche) Skrupel in Anspruch nahm, zudem von den jüdischen Abgaben profitierte, galt die Zinsnahme für die Mittel- und Unterschicht, aber auch die Bauern als Sünde, die bestraft werden mußte. Das vermengte sich mit Motiven der Volksfrömmigkeit wie Hostienfrevel oder Ritualmord. Auch der fränkische Desperado Arnold von Uissigheim soll die Rache an den Juden geschworen haben, als er einen Juden die Eucharistie lästern hörte. Die Erfurter Chronik deutet die Pogrome als Rache für den Kreuzestod Christi.[25]

Die Situation im Verhältnis zwischen Juden und Christen spitzte sich in den Regionen zu, in denen der Ausbau der Landes-, aber auch der Adelsherrschaften auf engem Raum miteinander kollidierten und die bäuerliche Bevölkerung und der kleine Adel unter dieser Entwicklung zu leiden hatten. Zu Konflikten kam es auch dort, wo die Stadtwirtschaft so weit entwickelt war, daß die Widersprüche zwischen kapitalorientierter Kaufmannswirtschaft und der am Nahrungsprinzip sich ausrichtenden Handwerkerwirtschaft unüberbrückbar schienen. Diese Gegensätze machten eine Koalition zwischen bäuerlichen und städtischen Unter- und Mittelschichten besonders brisant. Noch standen im 13. und beginnenden 14. Jahrhundert die städtischen Oberschichten auf der Seite der Juden, um diese als Geldquelle zu schützen. Als sich aber auch die Oberschichten Gewinn aus der Verfolgung der Juden versprachen, wie bei den Pestpogromen, wandten sich nun alle Gruppen gegen die Juden und verfolgten sie.[26]

Die sogenannten Pestpogrome brachten in der deutsch-jüdischen Geschichte des Mittelalters und der Frühen Neuzeit den „tiefgreifendsten Einschnitt" (Haverkamp). Die seit dem

7. Jahrhundert in Europa nicht mehr aufgetretene Pest löste eine gravierende Verunsicherung und Angst unter den Menschen aus. Auffällig ist jedoch, daß in den meisten deutschen Städten die Pogrome noch vor dem Ausbruch der Pest stattfanden. Die allgemeine Pogromstimmung wurde vielfach genutzt, um interne politische und soziale Kontroversen auszutragen. Nur in den wenigsten Fällen war die Stadtobrigkeit, wenn sie dazu bereit war, auch in der Lage, die Juden zu retten. Auffällig ist, daß bei diesen Pogromen religiöse Motive fast gänzlich fehlen; weder der Vorwurf des Hostienfrevels noch die Blutschuldlüge tauchen diesmal auf. In der allgemein labilen Stimmung des Frühjahrs 1349 war es jedoch möglich, daß – wie im Fall Eger – die Predigt eines Franziskaners über die Leidensgeschichte des Herrn das Pogrom auslöste. Nur in den seltensten Fällen trifft es jedoch zu, daß die Geißler, die damals durch Deutschland zogen und sich zur Buße öffentlich auspeitschten, die Pogrome in den Städten ihres Auftretens ausgelöst haben.

Die Angst konzentrierte sich auf die Juden, deren von der Kirche immer wieder betonte Außenseiterrolle sie fast notgedrungen zu Sündenböcken prädestinierte. Ihnen traute man zu, durch Brunnenvergiftung die Seuche verursacht zu haben. Die Korrespondenz, die einzelne Städte darüber führten, ist durchaus als Ausdruck einer Pseudorationalisierung zu sehen. Spezifische soziale Trägergruppen dieser Pestpogrome sind nur schwer auszumachen. Unter den Judenschlägern finden sich Vertreter von Adel, Patriziat, Zünften und Stadtarmut. Die städtischen Unterschichten, die zu dieser Zeit zur politischen Handlungsfähigkeit drängten, waren zwar auch beteiligt, bildeten aber nicht die Hauptakteure. In den meisten Fällen war die Vernichtung der Juden mit finanziellen Gewinnen der Kommunen, des Landesherrn, des Kaisers oder aber auch einflußreicher Familien verbunden. Für zahlreiche zeitgenössische Chronisten war deshalb das ökonomische das eigentliche Motiv. Doch haben wir es auch bei diesem Pogrom mit einem Knäuel von Motiven zu tun, so mit ökonomischen, politischen, xenophobischen, weniger aber religiösen, die unter dem Eindruck der Angst zu einer erhöhten Mordbereitschaft führten.

Die ersten Judenverfolgungen und -vernichtungen fanden im Reich im November 1348 in der Schweiz statt und griffen im November/Dezember 1348 auf den schwäbischen, bayerischen, fränkischen, elsässischen und pfälzischen Raum über. Ab Februar 1349 auch auf Norddeutschland, Hessen, Schlesien und Österreich. In über 85 der insgesamt 350 Städte, in denen Juden wohnten, sind Pogrome und Vernichtungen der jüdischen Gemeinde nachzuweisen. Wurden die jüdischen Einwohner nicht ermordet, so wurden sie doch aus fast allen Städten verwiesen. Ein unmittelbarer Zusammenhang von Pest und Ermordung der Juden findet sich in kaum einer dieser Städte. In Basel, Straßburg, Schlettstadt und Konstanz ereigneten sich die Pogrome im Januar/Februar 1349, während die Pest dort erst im Juni/Juli 1349 auftrat. In manchen Städten lösten Naturkatastrophen oder Feuersbrünste die Pogrome aus, wie im April 1349 in Würzburg, wo ein Frosteinbruch fast alle Weinreben vernichtete.

Die Pogrome der Jahre 1348 bis 1350 fielen in eine Zeit sowohl sozialer als auch politischer Unsicherheit. In dem Streit um die Kaiserkrone hatte sich gerade der Luxemburger Karl IV. (Reg. 1347–1378) durchgesetzt. Seine Herrschaft war jedoch noch nicht gesichert. Er versuchte, Parteigänger unter den Adligen, aber auch den Stadtregierungen zu gewinnen, indem er das Judenregal verlieh oder aber die Einnahmen bei eventuellen Vernichtungen der Judengemeinden garantierte. Die Rolle Kaiser Karls IV. ist wegen dieses Vorgehens in der historischen Bewertung sehr umstritten. Während er in seinen eigenen Landen die Juden schützte, gestand er am 6. April 1349 Adligen und Patriziern von Nürnberg die Nutznießung des jüdischen Besitzes zu. Am 2. Oktober 1349 sicherte er dann dem Stadtrat Straffreiheit zu, falls den Juden daselbst etwas geschehe; am 16. November 1349 erwirkten die Nürnberger entgegen bestehenden Verträgen mit den Juden von Karl IV. die Erlaubnis, deren Häuser und Synagoge abzureißen und an ihrer Stelle zwei Plätze und eine Marienkirche anzulegen. Mehrere Patrizier erhielten dort günstig gelegene Judenhäuser. Am 5. Dezember 1349 fand dann in Nürnberg das Pogrom statt. Das Memorbuch der jüdischen Gemeinde nennt die Namen von 560 Ermordeten. Nürnberg aber blieb von der Pest verschont.

Auch den Frankfurtern garantierte Karl IV. Straffreiheit und Wohlwollen im Falle eines Pogroms, wobei er die Stadt verpflichtete, den über 15200 Heller hinausgehenden Betrag zur Verfügung des Königs zu halten. Das war sicher mehr als nur ein „Ausdruck politischer Ohnmacht" (Seibt), wenn sich auch andere Herrscher nicht besser verhielten. Nicht ohne Grund hat man ihn deshalb in der Geschichtsschreibung als „stillen Teilhaber der Greuel" (Seibt) und mit nicht ganz zeitgemäßem Vokabular als „hauptverantwortlichen Schreibtischtäter für die Endlösung im Elsaß, in Frankfurt und Nürnberg" (v. Stromer) bezeichnet. Auf dem Höhepunkt der Kämpfe um den Thron mochte dem König vielfach nichts anderes übrigbleiben, als auf diese Weise im Reich wichtige Parteigänger für seine Kandidatur zu gewinnen, doch hat er auch, nachdem die Auseinandersetzung entschieden war, nur wenig unternommen, um seine Kammerknechte zu schützen. Lediglich in seinem Kronland Schlesien kam es nach dem Pogrom in Breslau zu einer Verurteilung der Verursacher vor dem königlichen Gericht. Karl handelte nicht aus Judenhaß wie einige Reichsfürsten seiner Zeit, so der Wettiner Friedrich II., aber er nutzte den Mord an den Juden aus, um die Kämpfe um den Thron zu seinen Gunsten zu entscheiden. Wenn Karl IV. später angesichts der wirtschaftlichen Bedeutung der Juden im Reich ihren Verlust beklagte und nun zugestand, daß sie unschuldig umgebracht worden seien, so war es doch ebenfalls wieder nur ein ökonomisches Motiv, das ihn zu dieser Einsicht führte.

Kaum auf einen Nenner zu bringen sind auch die stadtinternen Konstellationen und Konfliktsituationen, die zu den jeweiligen Pogromen führten. Die städtischen Führungsschichten, dazu zählten auch die Zünfte, verhielten sich sehr unterschiedlich. In *Basel* ging die Initiative zum Pogrom von Adligen und Patriziern unter den Stadtbewohnern aus. Der Stadtrat, der zunächst deren Wortführer verbannt hatte, mußte einlenken, als die Anhänger dieser judenfeindlichen Adligen offenen Widerstand organisierten und die Verfolgung der Juden forderten. Die Juden wurden verbrannt und selbst die, die sich taufen ließen, später verfolgt. In *Straßburg* richtete sich ein Aufstand gegen das engere Führungsgremium im Rat, das die Vorwürfe der Brunnenvergiftung durch die Juden nicht zurückwies, sondern einige Juden gefangennehmen und zu Tode foltern ließ, um die eigene Macht zu retten. Dabei überging man alle Schutzzusicherungen, die den Juden gegenüber nach dem Armlederaufstand fünf Jahre vorher gemacht worden waren. Auch der Judenschutzbrief Karls IV. vom November 1347 galt nichts mehr. Die Ratsherrschaft, die von den Zünften, dem Stadtadel und bürgerlichen Patriziern getragen wurde, stimmte schließlich der Ermordung der Juden zu.

Auch in *Erfurt* heizten Vertreter des Stadtpatriziats die Stimmung gegen die Juden an; an der Vernichtung beteiligten sich dann die Vertreter der großen Zünfte, unterstützt von einigen einflußreichen Ratsmitgliedern. Daß später gegen die Anführer des Pogroms mit Härte vorgegangen wurde, begründete man nicht mit der Verletzung des Judenschutzes, sondern mit dem Vorwurf der „Samelunge", dem Aufstand gegen den Rat also. Der *Kölner* patrizische Rat stellte sich aus Furcht vor einem Aufstand des Pöbels von vornherein auf einen legalistischen Standpunkt, indem er in einem Schreiben am 12. Januar 1349 an den Straßburger Rat die Pest und das Sterben für eine Strafe Gottes erklärte. Eine Judenverfolgung könne deshalb zu einem „concursus popularis" führen, der die allgemeine Ordnung in Gefahr bringen könnte. Doch auch hier kam es in der Nacht vom 23. zum 24. August zu einem Pogrom, dem die Juden zum Opfer fielen. Nur dem Rat in *Regensburg* gelang es, seine Juden zu schützen.

Die Angst vor der Pest versetzte bei aller Habgier, die nicht so recht zur Angst vor dem Tod paßt, die Menschen in eine labile und hemmungslose Stimmung, die alle rationalen Gegenargumente überging. Am eindeutigsten sprach sich noch Papst Klemens VI. (Reg. 1342–1352) gegen die Verfolgung der Juden aus. Er wies die Beschuldigung der Brunnenvergiftung mit dem stichhaltigen Argument zurück, daß die Pest auch dort auftrete, wo es keine Juden gäbe, sie die Brunnen also nicht vergiftet haben könnten. Doch wurde der Inhalt dieser Bulle wohl kaum von den Predigern dem einfachen Volk vermittelt.

Die Zeugnisse eines friedlichen Nebeneinanders von Juden und Christen in den Städten machen es schwer, eine plausible Erklärung für die brutalen Pogrome zu finden. Man muß dabei in Rechnung stellen, daß seit 1300 in Europa eine Lebensmittelkrise herrschte, der viele, v. a. arme Menschen zum Opfer fielen. Verstärkt wurde diese Krise durch Kriege, Münzverschlechterung und Klimawandel. Die rücksichtslose Aneignung aller Ressourcen mag dadurch plausibel werden, eine voll überzeugende Erklärung bieten diese Ursachen nicht. Die Pest wirkte allgemein demoralisierend auf die gesellschaftlichen Verhältnisse, so daß sogar von einem „gesellschaftlichen Zusammenbruch" (Graus) die Rede ist. In diesen Krisen des 14. Jahrhunderts und der damit verbundenen Angst richteten sich die Aggressionen immer stärker gegen die Außenseiter der Gesellschaft, während der Pest von 1348 vor allem gegen die Juden, denen man die Vergiftung der Brunnen unterstellte, mit dem Ziel, die Christenheit zu vernichten. Das rationale Vorgehen bei der Verteilung jüdischen Besitzes – noch bevor die Pest und die Pogrome akut waren – zeigt allerdings auch, daß nicht nur Angst und Panik das Handeln bestimmten. Die Geißler, die durch die Städte zogen, trugen mit ihren Riten viel zur Emotionalisierung bei, ohne jedoch letztlich die Anstifter der Pogrome gewesen zu sein.[27]

Mit den Pestpogromen endet die erste Periode deutsch-jüdischer Geschichte, in der die Juden erst allmählich in den Status einer Minderheit gedrängt wurden, der nun in den folgenden Jahrhunderten die Geschichte bestimmen sollte.

II. Die lange Krise (1350–1650)

1. Periode: 1350–1545
Wiederaufnahme und allmähliche Verdrängung

Wiederaufnahme

Die schnelle Wiederaufnahme der Juden nach den Pestpogromen in den Städten täuscht zunächst über den tiefen Einschnitt dieses Ereignisses für die jüdische Minderheit hinweg. Wenn auch sehr stark in ihrer Einwohnerzahl reduziert, so bildete sich doch in den 1350er und 1360er Jahren wieder ein Netz von Gemeinden heraus. Da die Juden nicht mehr in alle Orte zurückkkehren durften, blieb ihnen vielfach nichts anderes übrig, als sich in kärgeren und wenig erschlossenen Gebieten wie im Osten Bayerns niederzulassen.

Die politisch-rechtlichen Bedingungen hatten sich nach 1350 erheblich verschlechtert. Besaßen die Juden in den bedeutenderen Städten wie Worms bis zu den Pestpogromen Bürgerrechte und -pflichten, die mit denen der christlichen Bürger fast übereinstimmten, so trat nach der Wiederaufnahme in der zweiten Hälfte des 14. Jahrhunderts eine allgemeine Minderung in ihrem Rechtsstatus ein. Die alten Niederlassungsrechte galten nicht mehr, und Städte räumten den jüdischen Neuzuwanderern nurmehr ein zeitlich begrenztes Aufenthaltsrecht ein. Von dem Nicht-Aufnahme-Recht, dem „ius de non tolerandis judaeis“, dagegen machten in Deutschland im 14. Jahrhundert nur wenige Städte Gebrauch. In Köln, das erst 1372 wieder Juden aufnahm, wurde eine Niederlassung nur für zehn Jahre gewährt. 1384 wurde der Vertrag erneut für zehn Jahre verlängert. Zudem mußten die Juden eine Aufnahmegebühr von 50 bis 500 Gulden und, je nach Vermögen, eine jährliche Steuer von 4 bis 200 Gulden zahlen. In Frankfurt/Main, wo sich 1360 wieder Juden niederließen, durften sie ab 1363 sechs

Jahre lang ungestört wohnen, nachdem ihnen zunächst nur ein Wohnrecht auf Widerruf gewährt worden war. Mit der Aufnahme in die Stadt erwarben sich die Juden ein zeitlich und auch sonst begrenztes Bürgerrecht, das jedoch zum Geldhandel und vielfach auch zum Wohnungsbesitz berechtigte. Im übrigen waren ihre Rechte im Vergleich zu denen anderer Bürger erheblich eingeschränkt. Eine Teilnahme am politischen Leben hatte ihnen nie zugestanden, doch waren sie zur öffentlichen Rechtsprechung herangezogen worden, während sie innerjüdische Streitigkeiten intern regeln konnten. Die Sonderstellung des Juden vor Gericht zeigte sich vor allem in dem besonderen Judeneid, den er schwören mußte. Vom 14. Jahrhundert an nahmen die diffamierenden Formen zu, unter denen dies zu geschehen hatte. So mußte der Schwörende auf einer blutigen Schweinshaut stehen. Unterschiedlich geregelt waren in den einzelnen Städten Erlaubnis und Verbot von Haus- und Grundbesitz und Allmendenutzung.[1]

Die meisten Städte konnten nicht auf die Leistungen jüdischer Geldleiher für den Kapitalmarkt verzichten. Trotz der materiellen Verluste, die die Pestpogrome und die damit verbundenen Verzichtserklärungen gebracht hatten, waren im 14. Jahrhundert die Juden noch immer führend im Geldgeschäft. 1385 verfügten 34 jüdische Geldhändler in Nürnberg über Außenstände in Höhe von fast 80000 Gulden; die vier bedeutendsten, darunter auch zwei Witwen, allein über 51000 Gulden. Zu den Schuldnern zählten Bischöfe, Fürsten, Klöster, aber auch der niedere Adel und Städte. In Ulm verfügten im selben Jahr drei jüdische Geldleiher über Außenstände in Höhe von 17000 Gulden. Im schlesischen Löwenberg verlieh zwischen 1417 und 1427 der jüdische Geldleiher Smoil Summen im Gesamtwert von 43300 Prager Groschen, was dem Wert von fast 39000 Gulden entsprach.

Ökonomischer Abstieg

Zu einem ersten ökonomischen Rückschlag kam es 1385, als König Wenzel 37 Städten gegen eine Zahlung von 40000

Gulden an ihn erlaubte, die Zinsschulden der Juden zu eigenen Händen einzuziehen. Außerdem wurde den betreffenden Städten für die Zukunft die halbe Judensteuer zugestanden. Die Kapitalkraft der reichsten jüdischen Geldleiher war damit jedoch noch keineswegs erschöpft, was wohl auch nicht im Sinne der Städte lag. Politisch hatten König und Städte damit einen gezielten Schlag gegen die Fürsten geführt, die sich nun plötzlich als Schuldner der Städte und nicht mehr als Schuldner der Juden sahen. Um sich aber ebenfalls schadlos zu halten, einigten sie sich mit dem König 1390 auf eine erneute „Juden-Schuldentilgung", die nun alle Fürsten und Herren samt ihren Untertanen von der Rückzahlung ihrer Zinsschulden bei den Juden befreite. Hatten die jüdischen Geldleiher 1385 noch einen Teil ihrer Außenstände retten können, so waren diese nun praktisch völlig verloren, da die Fürsten und Adligen die Hauptschuldner waren. Für Nürnberg bedeutete dies, daß 17 der 34 Juden und Jüdinnen, die als Geldleiher fungierten, abwanderten; darunter vor allem die reichsten, so daß die mittleren und kleinen Geldleiher zurückblieben. Während die Nürnberger Juden ökonomisch nie wieder den alten Stand von 1385 erlangten, überstanden die jüdischen Geldleiher in Frankfurt/Main dagegen die Krise. Sie behaupteten um 1400 den alten Status, da die Stadt beim Kaiser rechtzeitig Vorsorge gegen den Vertrag von 1390 getroffen hatte.

Bei den Frankfurter Juden war 1391 fast der gesamte Adel aus dem Umkreis verschuldet. Zu den finanzkräftigsten Geldleihern zählte auch hier eine Frau, die Witwe Zorline, auf die 41% der insgesamt 17848 verliehenen Gulden entfielen. Zu ihren Kunden gehörte der Mainzer Erzbischof Adolf (Reg. 1381–1390) mit einer Schuldsumme von 1000 Gulden. Die vorsorgenden Maßnahmen des Frankfurter Magistrats zugunsten der Außenstände seiner Juden führten 1394 zu einer judenfeindlichen Stimmung im Land, so daß es dem Magistrat geraten schien, Briefe und Pfänder der Juden selbst in Verwahrung zu nehmen, da die Behausungen der Juden nicht die nötige Sicherheit boten.

Wenn es trotz der Konzilsbeschlüsse zu dieser Zeit auch christliche Geldleiher gab, wie die sogenannten Kawerzen oder Lombarden, so konnten die Juden zunächst die Geldleihe fast monopolartig beherrschen. Die rücksichtslosen Zinstilgungen freilich, dazu die Reichssteuern sowie lokale bzw. territoriale Abgaben mußten auf die Dauer das Geldgeschäft der Juden erheblich beeinträchtigen, zumal im 15. Jahrhundert neben den Kawerzen und Lombarden auch andere Christen als Konkurrenten auf den Markt drängten. So entwickelte sich in Nürnberg, wo bis dahin die bedeutendsten jüdischen Geldleiher saßen, ein großkaufmännisches Kreditwesen, dessen Leistungsfähigkeit den jüdischen Kredithandel nahezu überflüssig werden ließ. Im Rheinland machte sich bereits zu Beginn des 15. Jahrhunderts die oberdeutsche (christliche) Konkurrenz zuungunsten der jüdischen Bankiers bemerkbar.[2]

Nach der Abwanderung der bedeutenden rabbinischen Familien aus Deutschland verloren die alten rheinischen Zentren ihre Bedeutung. Es bildeten sich aber sowohl in Österreich als auch im Westen neue Zentren heraus, bis dann im 15./16. Jahrhundert die Führung des aschkenasischen Judentums endgültig auf Polen überging. Die sich ständig wiederholenden Verfolgungen führten in Deutschland zu einer starken Betonung der Gemeindetradition, vor allem ihrer Gebräuche. Eine wichtige Sammlung der Gebräuche, das Buch „Minhagim“ (Gebräuche), geht auf den wohl bedeutendsten rabbinischen Gelehrten Deutschlands im 15. Jahrhundert, auf Jakob ben Moses Molin Halevi (um 1335–1427), zurück, bekannt unter dem Namen Maharil. Er war von den österreichischen Zentren des Tora-Studiums 1395 nach Köln gezogen, da sich dort ein kleines Zentrum der Kabbalistik herausgebildet hatte; ein gleiches gab es um 1400 in Regensburg. In dem deutschen Zweig der Kabbala herrschte ein starkes „messianisches Moment“ (Yuval) vor, was wohl als Reaktion auf die Verfolgungen zur Zeit des Schwarzen Todes zu deuten ist. Dem bedeutendsten Vertreter der aschkenasischen Kabbala, dem Prager Rabbiner Lipmann Mühlhausen (gest. 1421), ist vermutlich das sogenannte „Sittenbuch“ zuzuschreiben, das um 1400 schon verfaßt wurde, aber eine Wirkung erst durch den 1542 in der Reichsstadt Isny erfolgten Druck erhielt. Es ist eine wichtige Quelle für das zeitgenössische jüdische Leben in Deutschland.[3]

Die Judenpolitik der Stadt- und Landesherren im 15. Jahrhundert

Um 1420 vollzog sich der Umschwung. Die letzte Blüte war vorbei. Der wirtschaftliche Abstieg erfolgte ziemlich rapid. Der „Dritte Pfennig“, den die Juden anläßlich der Kaiserkrönung Sigismunds 1434 zahlen mußten, erbrachte von allen Juden in den Reichsstädten nur noch 24000 Gulden, wobei die Nürnberger Gemeinde mit 4000 Gulden an der Spitze lag, gefolgt von Erfurt mit 3000 Gulden, Mainz mit 2000 Gulden und Frankfurt nurmehr mit 600 Gulden. Die Höhe der Steuern schwankte in den Jahrzehnten des 14. Jahrhunderts, hatte aber sinkende Tendenz.

Infolge der hohen Reichssteuern für Juden mögen manche von ihnen aus den Reichsstädten in benachbarte Territorialstaaten abgewandert sein. Doch auch die Politik der Territorialherren, darunter vor allem der geistlichen, bestand in dieser Periode weitgehend nur darin, den Juden das Geld abzunehmen, ohne darauf zu achten, daß mit dem dadurch bedingten Kapitalschwund diese Quelle immer mehr versiegte. Aus dem Kurstift Trier wurden sie z.B. 1418 durch Erzbischof Otto von Ziegenhain (Reg. 1418–1430) ausgewiesen, da sie seinen finanziellen Interessen nicht mehr Genüge leisten konnten. Erst hundert Jahre später durften sie sich wieder niederlassen. Nach der Vertreibung konfiszierte der Erzbischof ihre Häuser und Friedhöfe und verkaufte sie. Nicht viel anders handelten die Bischöfe von Bamberg und Würzburg, die sich 1422 mit den Markgrafen von Brandenburg zusammentaten, um den in ihren Herrschaftsgebieten wohnenden Juden eine Zinsschuldentilgung abzupressen. Sie drohten ihnen an, ihr Vermögen zu beschlagnahmen und sie aus den Hochstiften zu verjagen. In der Folgezeit verließen die Juden allmählich Würzburg. 1434 wurden die Häuser auf dem Judenplatz abgebrochen, neue durften nicht errichtet werden. Aus Bamberg wurden sie 1452/55 vertrieben, allerdings gegen den Willen des Bischofs, der sie wieder zurückholte, da er offensichtlich auf die Dienste des jüdischen Geldleihers Mayer nicht verzichten konnte. 1478 erfolgte die endgültige Vertreibung aus dem Hochstift Bamberg, nachdem viele Juden wegen der finanziellen Belastung schon vorher abgewandert waren. Wie im Kurstift Trier durften sie sich auch im Stift Bamberg ca. 30 Jahre später wieder niederlassen.

Eine Gradlinigkeit ist hinter dieser Politik nicht zu entdekken. Die Landesherren versuchten rücksichtslos den Juden ihren Besitz abzupressen, soweit diese es nicht vorzogen, das Land zu verlassen wie 1457 die Hildesheimer, die sich heimlich, sogar unter Zurücklassung der meisten Habe und der Kultusgeräte, davonmachten. Je weniger die Juden besaßen, um so uninteressanter wurden sie für die Landesherren, so daß sie bis 1520 aus allen wichtigen Territorien und Städten vertrieben bzw. selbst davongezogen waren. Da mit fortgesetzter Ausplünderung den zurückbleibenden jüdischen Geldleihern in den Städten und Territorien fast nur noch die kleine Pfandleihe und der Trödelhandel übrigblieben, rekrutierte sich nun der Kundenkreis weitgehend aus den Mittel- und den Unterschichten. Auf dem Land waren es die Bauern, die vielfach ihr Getreide auf dem Halm gegen Kredit verpfänden mußten. Dies barg erheblich mehr Konfliktstoff in sich als der große Kredithandel. So kam es in Worms 1431 zu einem Aufstand der Bauern aus der Umgebung, da eine in Aussicht gestellte Zinsschuldentilgung nicht durchgeführt worden war. Der Handel mit den Pfändern führte zudem zu Auseinandersetzungen mit dem Zunfthandwerk, das die jüdische Konkurrenz möglichst los sein wollte. Wenn die Zünfte, die seit dem 14. Jahrhundert vermehrt in den Stadträten mitregierten, auch nicht allein die Vertreibungen/Verdrängungen bewirkten, so waren sie doch allzu gern bereit, dieses politische Ziel tatkräftig zu unterstützen. Die entsprechenden Ratsbeschlüsse wurden dann auch weitgehend einstimmig gefaßt. Die angebliche Sorge um den Lebensunterhalt der kleinen Leute oder der Niedergang des

Handwerks mußten als Argumentation herhalten, um dem Kaiser oder Landesherrn gegenüber die Vertreibung zu begründen: „daz das ungleubig gezüng dem frümen Christenplüt sein narung ... also benemen", führt z. B. der Regensburger Rat 1518 gegenüber dem kaiserlichen Regiment in Innsbruck an. Und auch der Salzburger Erzbischof verteidigte 1498 die Vertreibung der Juden aus seinem Stift mit dem Argument: „darum die arm leut mit ihrem [der Juden] betrug beschwerdt word". Entsprechend versuchte mancher Rat, wie der von Heilbronn, die Eintreibung der noch ausstehenden Schulden durch die schon ausgewiesenen Juden zu verhindern.[4]

Christlicher Fundamentalismus

Das 14. Jahrhundert war trotz der schweren Judenpogrome relativ frei von religiösen Emotionen. Die im 13. Jahrhundert gängigen Vorwürfe des Ritualmords und Hostienfrevels tauchten kaum noch auf. Das änderte sich bald nach 1400, als im schlesischen Glogau (1401) und im schweizerischen Diessenhofen (1401) Juden aufgrund dieser Vorwürfe verbrannt wurden. 1420 diente der Vorwurf des Ritualmords als Grund für die Vertreibung aus Innerösterreich. Wieder wurden die Juden vor die Alternative Taufe oder Tod gestellt. Allein in Wien wurden über zweihundert Juden verbrannt, die übrigen der Stadt verwiesen. Die Austreibung aus Innerösterreich, wie auch zwanzig Jahre später aus Augsburg (1438), hing mit den Unruhen der Hussitenbewegung zusammen, die seit dem Konstanzer Konzil (1414–1418) die Christenheit erschütterte. Die dadurch bedingten Bemühungen um Einheit trafen auch die Juden, denen unterstellt wurde, zu den Hussiten zu halten. Zweifelsohne gab es auf jüdischer Seite Interessen an innerchristlichen Auseinandersetzungen, da man sie als Anzeichen für den Untergang „Edoms", das heißt des Römischen Reiches, und als Vorzeichen für die messianische Wende ansah. Der Kölner Rat rechtfertigte seine Vertreibung der Juden 1424, die eindeutig politische und ökonomische Ziele verfolgte, u. a. auch mit dem Hinweis auf den Ketzerkrieg in Böhmen. Eine ähnliche Begründung, nämlich „daz man an den cantzeln öffentlich von in [den Juden] prediget, wievil übels daraus komme, das man sie in stetten und ouch anderschwo enthielte", gab 1438 der Augsburger Rat für die Vertreibung.[5]

In den Beschlüssen des Baseler Konzils (1431–1437) und den Bestimmungen der diesem folgenden Diözesankonzilien wird erneut ein christlicher Fundamentalismus deutlich, der auf die Ausgrenzung der Juden aus der Gesellschaft abzielte. Zwar gab es schon vor dem Konzil in deutschen Judenordnungen, so in Köln 1384 und 1404, in Bamberg und Würzburg 1422, besondere Kleidervorschriften für Juden, doch die Baseler Beschlüsse verschärften die vorher kaum eingehaltenen Bestimmungen. Nikolaus von Kues (1401–1464) machte sie dann um die Jahrhundertmitte per Dekret zusammen mit einem generellen Wucherverbot für Juden unter Androhung der Vertreibung zum Thema zahlreicher Diözesankonzilien. Nach römischem Vorbild setzte er durch, daß jüdische Männer auf Kleid und Mantel in Brusthöhe aufgenäht einen safrangelben Ring tragen sollten, jüdische Frauen zwei blaue Streifen auf ihren Kleidern und Schleiern anzubringen hätten. Damit der Ring nicht zu klein ausfalle, ordnete er 1452 für Frankfurt/Main die Größe von mindestens „fingerlangem Durchmesser" an. Noch 1437 hatte sich der Mainzer Erzbischof mit dieser Forderung nicht durchgesetzt. Geschenke der Frankfurter Juden ließen ihn auf die Einhaltung dieses Gebots verzichten. Die Absicht, die damit symbolisch zum Ausdruck kommen sollte, verdeutlicht der Mainzer Erzbischof 1457 mit der Feststellung: „Wie sie nun unserem Glauben fremd sind, so sollen sie auch in ihrer Kleidung unterschieden sein."

Neben den besonderen Kleidungsvorschriften für Juden sahen die Baseler Beschlüsse festumrissene Judenviertel vor. Diese Bestimmung gab es zwar seit dem Laterankonzil von 1215. Sie war jedoch in Deutschland trotz ständiger Wiederholungen bis zum 15. Jahrhundert kaum befolgt worden. 1267 hatte z.B. eine Breslauer Synode gesonderte Judenquartiere verordnet; 1338 bestimmte die Trierer Judengassenordnung, die dortigen Juden sollten in einer engen Gasse wohnen mit nur drei Pforten und vier Kellertüren zur übrigen Stadt; die anderen Zugänge mußten zugemauert werden. Nach den Pestpogromen wurden die lokalen Segregationsbestrebungen dann bestimmter. In Nürnberg war schon 1350 das alte Judenviertel abgebrochen, und an seiner Stelle waren zwei Märkte und die Frauenkirche als königliche Hofkapelle errichtet worden. Als bald nach den Massakern die Juden wieder in die Stadt kamen, wies ihnen der Magistrat ein unbebautes Siedlungsterrain am Ostrand der Stadt zu, wo sie ein neues Viertel mit Synagoge, Tanzhaus, Spital, Ritualbad und Schlachthaus errichteten, das sie bis 1499 bewohnten. Am Ende des 15. Jahrhunderts bestand das Ghetto aus fünfzehn Wohnhäusern. In Speyer sah bei der Wiederaufnahme 1354 die Judenordnung vor, daß Juden ausschließlich in ihrem Wohnbezirk zwischen Webergasse und Schulhof wohnen durften. In Frankfurt/Main drängte nach dem Baseler Konzil Kaiser Friedrich III. (Reg. 1440–1493) 1442 darauf, daß die Juden ihr Viertel in der Nachbarschaft zum Dom räumen sollten. Der Rat ließ sich mit der Verlegung jedoch noch dreißig Jahre Zeit. Er war nicht daran interessiert, die Juden aus dem für sie geschäftlich günstig gelegenen Terrain an den damaligen Stadtrand zu verdrängen. Die Argumente der jüdischen Gemeinde gegen die geplante Verlegung waren kaum zu widerlegen: ihr Viertel läge dann zu einsam, böte vor Dieben und Mördern keine Sicherheit. Doch der Rat blieb bei seinem 1460 gefaßten Beschluß, kam aber den Juden im Hinblick auf die Ausgestaltung der Judengasse entgegen. Das Ghetto, das hier ab 1462 entstand, existierte mit seinen Mauern und Toren bis in die napoleonische Epoche hinein. Auch das Wormser Judenviertel, das neben dem Frankfurter als einziges in Deutschland bis in die Neuzeit in seiner Funktion erhalten blieb, entstand nach dem Pestpogrom 1353 an der Stadtmauer. Durch Tore wurde es vermutlich jedoch erst im 15. Jahrhundert abgeschlossen.

Von Frankfurt und Worms abgesehen, haben sich in Deutschland im 15. Jahrhundert keine Ghettos herausgebildet, da die Politik der meisten Städte zu diesem Zeitpunkt bereits auf die Verdrängung der Juden hinauslief. Die Verlegung der

Viertel an den Stadtrand war meistens nur ein Schritt dahin. Als in Würzburg auf Befehl Bischof Johanns II. von Brunn (Reg. 1411–1440) 1434 die Häuser auf dem „Judenplatz" abgebrochen wurden, kamen die restlichen in der Stadt verbleibenden Juden nur noch in der Pleicher Vorstadt unter, bevor sie 1561 die Stadt endgültig verlassen mußten.

Der christliche Fundamentalismus ließ kaum noch Möglichkeiten für ein normales Nebeneinander von Juden und Christen in den Städten. Immer neue Ausgrenzungsforderungen kamen hinzu, nachdem sich die auf dem Konstanzer Konzil 1415 geforderten Zwangspredigten für Juden als recht wirkungslos erwiesen hatten. 1474 predigte in Regensburg der Dominikaner und Hebraist Peter Schwartz (Petrus Nigri) in Anwesenheit des Bischofs siebenmal drei Stunden vor siebzig Juden, blieb damit aber, wie in anderen Städten auch, ohne sichtbaren Erfolg.

Erneut versuchte die Amtskirche – so auf dem Bamberger Diözesankonzil von 1491 – durch Androhung von Kirchenstrafen christliche Ammen und Mägde vom Dienst in jüdischen Familien abzuhalten. Verhindert werden sollte, daß Juden Zeugen christlicher Kulthandlungen wurden, was bei den zahlreichen Prozessionen und dem Gang der Priester zu den Sterbenden für sie eine häufig wiederkehrende Verweisung in ihre Häuser bedeutete. Besonders die „einfachen Leute" sah die Amtskirche in Gefahr, durch Juden zum Judentum bekehrt zu werden. Schon die Kölner Rechtfertigungsschrift von 1431 nennt diesen Sachverhalt als ersten Grund für die Vertreibung von 1424. Auch die Bamberger Konzilsbeschlüsse von 1491 verbieten deshalb strikt das Disputieren der Ungebildeten mit Juden.[6]

Erreichten die auf Absonderung der Juden zielenden Konzilsbeschlüsse in Deutschland nur mäßigen Erfolg, so trat um die Mitte des 15. Jahrhunderts durch die wieder stärker betriebenen Missionspredigten der Bettelmönche gegen die Juden eine zunehmende Emotionalisierung der Volksreligion ein. Da die Amtskirche den Heilserwartungen des Volkes kaum mehr nachkam, suchte es eine Heilsvermittlung in einer starken Verdinglichung des Religiösen. Dazu zählten wiederum Symbole,

Kulte und Reliquien des Eucharistie-, des Marienkults und der Verehrung des heiligen Blutes. Wie schon im 13. Jahrhundert, so richteten sich auch jetzt wieder diese Kultformen vor allem gegen die Juden. In Deutschland fand vor allem der Kult um die beiden angeblich von Juden getöteten Knaben Simon von Trient und Werner von Bacharach große Verbreitung, zu der auch die Erfindungen des Buchdrucks und der Holzschnitttechnik beitrugen. So kolportierten die Schedelsche Weltchronik von 1493 und zahlreiche Drucke der im Mittelalter beliebtesten Legendensammlung, der Legenda aurea, den Bericht des Trienter Arztes Tiberinus, den dieser im Auftrag des Trienter Bischofs verfaßt hatte. Er behauptete, daß die Juden dem Kind das Blut abgezapft hätten, bevor sie es ermordeten. Dieses Blut sei an die verschiedensten jüdischen Gemeinden, auch in Deutschland, verschickt worden.

Die Propagierung solcher Geschichten zielte auf die Trennung der Juden von den Christen ab. Wie der bekannte Franziskaner-Prediger Bernhardin von Siena (gest. 1444), so sahen auch seine Ordensbrüder im Zusammenleben mit den Juden eine Todsünde, die die Christen vom Sakramentenempfang ausschloß.

Es ist kein Zufall, daß immer wieder Bettelmönche auftauchen, wenn von christlichem Judenhaß dieser Zeit die Rede ist. Während die Dominikaner hier vor allem in das intellektuelle Milieu hineinwirkten, fanden die Minoriten mit ihren judenfeindlichen Vorstellungen gerade beim einfachen Volk ein offenes Ohr. In ihren Predigten begegnen die Juden in den unterschiedlichen Bereichen als Antisymbol christlicher Lebensweise, so auch in ihren Vorstellungen von einer christlichen Wirtschaftsethik, die jede Zinsnahme verpönte. Um gegen den jüdischen (aber bald auch christlichen) Wucher, d. h. die Zinsnahme, aktiv vorzugehen, initiierte der Minorit Bernhardin von Feltre um 1460 die sogenannten „montes pietatis“. Das waren Kreditinstitute, die hilfsbedürftigen Personen für ein Jahr zinslose Darlehen gewähren sollten. Bald aber sahen sich die Minoriten gezwungen, mit päpstlicher Erlaubnis ebenfalls einen Zins zwischen 4 % und 10 % zu nehmen. Mit der Einrichtung der christlichen Leihanstalten entsprachen die Minoriten vor allem den Wirtschaftsvorstellungen des Zunftbürgertums. Es gelang ihnen freilich kaum, den Kredithandel der kleinen jüdischen Geldleiher zu verdrängen. Gravierender war allerdings, daß sie in ihren Predigten den angeblichen Wucher der Juden beklagten und damit immer wieder Ausschreitungen provozierten.

Die Minoriten beließen es im 15. Jahrhundert jedoch nicht allein bei ihrer antijüdischen Wirtschaftspropaganda, sondern prangerten in ihren Predigten die Juden vor allem wegen des angeblichen Hostienfrevels an. Im Gegensatz zu den Dominikanern hatten sich die Minoriten sehr stark im Hostienkult engagiert und waren hier für die Wallfahrten zu den eucharistischen Heiligtümern eingetreten. Die brisanten antijüdischen Themen: der Wucher der Juden, der Hostienfrevel und der Ritualmord machte vor allem der Minorit Johann von Kapistran (1386–1456) zu Zentralpunkten seiner Predigten, was 1453 in Breslau zu einem der schlimmsten Autodafés dieser Zeit führte. Unter seiner Leitung wurden den Juden auf der Folter Geständnisse über Hostienfrevel und Ritualmord abgepreßt, die zu ihrem Feuertod bzw. zu ihrer Vertreibung aus fast allen schlesischen Städten führten. Kinder unter sieben Jahren wurden ihren Eltern weggenommen und getauft.

Die Breslauer Judenvernichtung von 1453 zeigt das für die Juden fatale Zusammenspiel eines christlichen Fundamentalismus, der die Massen gegen die Juden aufhetzte, ohne dem Volk jedoch sozial zu helfen; denn die eigentlichen Nutznießer waren der Rat und der König.

Johann von Kapistran, die Geißel der Hebräer, wie ihn seine Freunde nannten, ist sicher ein Extremfall, tendenziell aber vergifteten mit ähnlichen Anschuldigungen auch die weniger bedeutenden Minoritenprediger das Verhältnis von einfachen Bürgern und Juden in den Städten.[7]

Das Bild vom Juden

Die antijüdischen Aktionen sind typisch für die religiöse Unruhe dieser Zeit, die siebzig Jahre später zunächst ein Ende in der Reformation finden sollte. Die Vorwürfe gegen die Juden waren obskur, aber sie wurden geglaubt. Die entehrende Darstellung der Synagoga war seit 1200 ein beliebtes Thema der biblia pauperum. War die Synagoga um 1230 noch als schöne Frau dargestellt worden, so zeigen Darstellungen auf Chorstühlen, die um 1400 entstanden, sie auf einer Sau reitend. Das Bild von den Juden, die an einem Schwein saugen, taucht allerdings schon um 1230 auf einem Kapitell des Doms zu Brandenburg auf. Eine allgemeine Verbreitung fand dieses Motiv dann um 1470, als der Holztafeldruck die Voraussetzung für eine breitere Publikation schuf. Besonders perfid waren die kommentierenden Spruchbänder, die das Schwein als Mutter der Juden personifizierten. Diese Darstellungen prägten das Bild des einfachen Volkes vom Judentum und von den Juden. Verbreitung fanden vor allem die zahlreichen Holzschnitte und Flugbätter, die Hostienfrevel und Kindermord durch Juden und deren Sühnung als Realität darstellten. So in Schedels Weltchronik von 1493, in Thomas Murners „Die Entehrung Mariae durch die Juden“ (um 1500) oder in der ebenfalls Murner zugeschriebenen Erzählung „Ein seltzame kouffmanschatz wie ein man sein leiplich kind Nüwlich den Juden verkaufft hat . . .“ (um 1510). Daneben gab es zahlreiche Einzeldrucke.[8]

Die Ereignisse und Vorwürfe fanden ihren Niederschlag darüber hinaus vor allem in Legenden, Liedern und Passionsspielen, die das Vorgehen rechtfertigten. Wurde im Passionsspiel der Gottesmord durch die Juden oder der Mord an den Kindern in den Vordergrund gestellt, so machte sich Hans Folz in den 1480er Jahren in seinen Fastnachtsspielen über die Messias-Erwartung der Juden lustig. Besonders die Dichtung aus dem Umkreis der Meistersinger, in Form einfacher Lieder gehalten, ferner Satiren wie Sebastian Brandts „Narrenschiff“ (1494) popularisierten die Vorstellung vom sogenannten Judenspieß. Dieses auch in zahlreichen Drucken überlieferte Bild diffamierte den sogenannten Wucher, also die Zinsnahme, als eine Mordwaffe in der Hand der Juden, mit der sie unschuldige Christen niedermetzelten. Dieser Topos ist auch in den Predigten der Bettelmönche zu finden.

Da die Kirchengebote offensichtlich nicht ausreichten, um eine strikte Trennung von Juden und Christen im alltäglichen Leben herbeizuführen, versuchte die christliche Gesellschaft in Bildern, aber auch in den Texten der Judenordnungen des ausgehenden 15. Jahrhunderts die Juden in ihrer körperlichen Erscheinung als andersartig oder gar abstoßend bzw. ekelerregend darzustellen. Zum ersten Mal finden wir 1321 in einer französischen Chronik die „Krummnase" als Charakteristikum für Juden. Nicht viel später, nämlich 1330, folgt darin der rheinische Codex Balduini. Eine Miniatur stellt hier die römischen Juden vor Kaiser Heinrich VII. (Reg. 1308–1313) mit Judenhut und mit Hakennase dar. Die Karikatur von der „Judensau" ging noch weiter. Sie verfolgte unter anderem die Absicht, die Juden abstoßender sexueller Praktiken zu überführen. Nicht nur im Bild, auch in der schriftlichen Überlieferung wird im 15. Jahrhundert auf „jüdische Eigentümlichkeiten" hingewiesen. So versuchte die Judenordnung von Crailsheim aus dem Jahr 1480 getrennte Badetage für Juden und Christen mit dem Argument zu begründen, daß Klerikern und Laien der den Juden anhaftende Geruch zuwider sei.

Man kann darin eine Art Proto-Rassismus sehen, da hier angeblich den Juden anhaftende körperliche Sonderheiten als Begründung für die Ausgrenzungsbestrebungen angeführt werden.

Die Ausgrenzungsbestrebungen gingen im 15./16. Jahrhundert allein von der christlichen Gesellschaft aus. In den Judenschaften gab es dagegen kaum Tendenzen, sich äußerlich von der christlichen Gesellschaft abzusondern. Die ständig wiederholten Aufforderungen, den Judenring zu tragen oder aber gesondert zu wohnen, machen deutlich, daß eine Absonderung nicht im Sinne der Juden lag. Auch gab es ihrerseits keine Abgrenzungsgebote. Es war ihnen weder untersagt, mit Christen zu baden noch zusammen zu speisen; auch durften sie Christen an den Feiertagen besuchen. Man kann davon ausgehen, daß trotz aller Greuelmärchen, die die Christen von den Juden glaubten und die durch die Ausgrenzungsbestrebungen der Kirche unterstrichen wurden, der alltägliche Kontakt zwischen Minderheit und Gesamtgesellschaft ganz normal verlief. Die ständigen Wiederholungen der Ausgrenzungsbestimmungen vermitteln diesen Eindruck. Das Verbot, sich bei christlichen Kulthandlungen auf der Straße zu zeigen, ist ein Beweis dafür, daß eine räumliche Ausgrenzung des Judenviertels wohl nur in den seltensten Fällen gelungen war. Selbst die Fastnachtsspiele, die die Juden häufig lächerlich machten, zeigen, daß die Zuschauer mit den jüdischen Bräuchen gut vertraut waren.[9]

Motive für die Verdrängung und Vertreibung

Im 15. Jahrundert wird die Tendenz immer deutlicher, die Juden aus den Städten und Territorien herauszudrängen. Für die Magistrate und Bürgerschaften, die in der zweiten Hälfte des 15. Jahrhunderts ihre Judengemeinden loszuwerden versuchten, spielten einmal ökonomische Gründe eine Rolle. Zur großen Kapitalleihe waren die Juden im Westen kaum noch in der Lage, dafür gab es inzwischen genügend Christen, die dieser Nachfrage nachkamen. Der kleine Pfandhandel aber führte zu ständigen Konflikten mit den Unterschichten und dem Zunfthandwerk. Das wird besonders bei der (endgültigen) Vertreibung 1499 aus Nürnberg deutlich. Kaiser Maximilian I. (Reg. 1493–1519) hatte der Stadt erlaubt, Wechselbanken einzurichten und über diese Darlehens- und Pfandgeschäfte abzuwickeln. Die nichtjüdische Konkurrenz war deshalb bemüht, die jüdischen Händler nun aus dem für den Mittelstand wichtigen Kreditgeschäft herauszudrängen. Der Magistrat dagegen war an den Liegenschaften des Judenviertels interessiert, die er vom kaiserlichen Schultheißen für 8000 Gulden erwarb. Nach der ersten Enteignung 1348 verloren die Nürnberger Juden 150 Jahre später wiederum „hewser, synagog und ander grundt ... mitsampt dem leychhof" an den Rat und die Bürger (Zitat nach Ulshöfer).

Es waren nicht die Zünfte allein, die die Vertreibung der Juden aus den Städten herbeiführten. Die Stadtobrigkeiten wollten mit der Vertreibung der Juden auch alle Einspruchsmöglichkeiten Außenstehender ausschalten, sei es die des Kaisers, des Landesherrn oder der Kirche, die auf alte Rechtstitel an den Juden verweisen konnten. Das kommunalistische Verständnis des ausgehenden 15. Jahrhunderts, das die Stadt als festgefügte Einheit in eigener Selbstbestimmung verstand, duldete keine Sondergruppen. Soweit sie nicht, wie der Pfarrklerus oder die Bettelmönche, in die städtische Gesellschaft integriert werden konnten und das Bürgerrecht erhielten, wurden sie herausgedrängt. Vor allem die Juden widersprachen dem religiösen Anspruch der Stadtgemeinde, das „corpus christianum im Kleinen" (Möller) zu repräsentieren, sofern sie sich nicht bekehren lassen wollten.

Ähnliche Integrationsprobleme veranlaßten auch die Territorialherren zur Vertreibung der Juden. Sie versuchten damit ihre Souveränität gegen eventuelle kaiserliche Ansprüche zu sichern, wie der Judenvertreibungsversuch Albrechts II. von Mainz (Reg. 1514–1545) 1515/16 zeigt. Er gewann 22 Reichsstände, darunter die Reichsstädte Frankfurt, Worms, Gelnhausen und Wetzlar, für diesen Plan. Letztlich scheiterte er jedoch damit, da Maximilian I. die politische Absicht dieser Aktion nicht verborgen geblieben war, und er sich deshalb auf die Seite der Juden stellte.

Wie die Städte und Territorialherren im 15. Jahrhundert immer stärker die Vertreibung der Juden aus ihren Territorien befürworteten, so waren auf der anderen Seite die Kaiser kaum willens, sich energisch für ihre Kammerknechte einzusetzen. Sie protestierten zwar gegen die Vertreibung der Juden aus den Reichsstädten und den Territorien, wie Kaiser Maximilian I. 1516 gegen die Judenvertreibung aus dem Erzstift Mainz, verlangten Rechenschaft für derartige Aktionen, waren aber letztlich auch bereit, sich, wie im Fall Nürnberg, das Privileg, Juden nicht aufnehmen zu müssen, abkaufen zu lassen. Mit der Verleihung sowohl des Judenregals als auch der davon herrührenden Steuern an die Reichsstände war das Einspruchsrecht des Kaisers stark beeinträchtigt, der Schutzgedanke weitgehend hinfällig. Zur Farce mußte er werden, wenn der Kaiser die Vernichtung der jüdischen Gemeinden, wie 1348, oder die Zerstörung ihrer wirtschaftlichen Potenz, wie 1385 und 1390, zur Erhaltung seiner politischen Macht betrieb. Die jährliche Kopfsteuer, die Ludwig der Bayer (Reg. 1314–1347) 1342 zur besseren Handhabung des Judenschutzes eingeführt hatte und die von jedem über zwölf Jahre alten Juden mit einem Mindestvermögen von zwanzig Gulden entrichtet werden mußte, sollte durch einen von König Ruprecht (Reg. 1400–1410) ernannten Reichshochmeister der Juden eingezogen werden. Doch die jüdischen Gemeinden erkannten ihn nicht an. Ruprechts Nachfolger, Kaiser Sigismund (Reg. 1410–1437), der auf dem Fürstentag 1414 den sogenannten „Dritten Pfennig“, eine neue Reichssteuer, durchsetzte, versuchte es 1426 noch einmal mit der Institution der Judenmeister, die für alle Juden des Reichs zuständig sein sollten. Er scheiterte aber ebenfalls damit. Die Versuche der Könige, den Juden anstelle der an die Reichsstände oder Städte verpfändeten Judenregalabgaben neue Steuern abzupressen, zeigt das einzige Interesse, das der Kaiser an den Juden hatte. Es wirkt wie eine leere Formel, wenn Karl V. (Reg. 1519–1556) in den 1530er Jahren von der Kammerknechtschaft der Juden spricht, doch war er noch am ehesten unter allen Kaisern dieser Epoche bereit, sich dafür einzusetzen. Die in der Folgezeit von den Reichsständen durchgesetzte Territorialisierung des Judenschutzes und der damit verbundenen Einnahmen – so 1548 durch die Reichspolizeiordnung – ließ diese Formel obsolet werden. Als Rest verblieb im 16. Jahrhundert den Juden das Recht, an die kaiserlichen Gerichte zu appellieren; aber auch diese Möglichkeit wurde immer wirkungsloser.

Mit der Vernichtung der letzten großen Judengemeinde in Regensburg hatten die Juden um 1520 den tiefsten Punkt ihrer bis dahin 600jährigen Geschichte in Deutschland erreicht. Die Gemeinden, Träger des kulturellen, sozialen und politischen Lebens, waren aufgelöst, die Familienverbände wurden auseinandergerissen. Für die einzelnen Familien blieb seit dem 15. Jahrhundert nur noch die Möglichkeit der ständigen Migration von Stadt zu Stadt. Hier durften sie allenfalls drei bis sechs Jahre wohnen, mußten dann wieder weiterziehen, um in einer anderen Stadt unterzukommen. Auf längere Sicht bestand für sie ein Niederlassungsrecht nur in den kleineren Herrschaften und Duodezfürstentümern. Hier boten sich allerdings kaum größere Geschäftsmöglichkeiten, so daß sie ständig herumziehen mußten und damit wieder in Konflikt mit den größeren Territorialherren gerieten, die ihnen vielfach den Handel oder gar das Durchzugsrecht verwehrten. Die ständige Bedrohung durch den religiösen Judenhaß dieser Zeit und die weitgehende Kriminalisierung der Zinsnahme, die Verunglimpfung der Juden in der Dichtung und den zahlreichen bildlichen Darstellungen der Holzschnittkunst machten das Leben des einzelnen Juden, der nun auf den Schutz der Gemeinde verzichten mußte, immer riskanter.[10]

Humanismus, Reformation und die Juden

Brachten Humanismus und Reformation, die zur selben Zeit ihren Siegeszug antraten, hier einen grundsätzlichen Wandel? Fingen sie die geistliche Unruhe auf, die sich im sogenannten Hostienfrevel und der Ritualmordlegende gegen die Juden wandte? Garantierten sie der jüdischen Minderheit einen physischen und geistigen Lebensraum, der im Laufe des 15. Jahrhunderts immer mehr verlorengegangen war?

Die christlichen Humanisten nördlich der Alpen waren zwischen 1507 und 1521 durch mehrere Flugschriften des 1504 getauften Juden Johannes Pfefferkorn (1469–1523) herausgefordert worden. In ihnen verlangte der Konvertit die Vernichtung des Talmuds, da diese rabbinischen Gesetzesvorschriften blasphemisch und staatsgefährdend seien. Hatte dieser Vorwurf in Frankreich schon 1240 zur Verbrennung von angeblich vierzig Wagenladungen voller hebräischer Schriften geführt, so wurde die jüdische Minderheit in Deutschland 1507 zum ersten Mal mit dieser Forderung konfrontiert. Pfefferkorn war nicht der erste (und auch nicht der letzte) Konvertit, der in seinem Apostatenhaß mit dieser Forderung das labile Gleichgewicht zwischen jüdischer Minderheit und christlicher Gesellschaft erheblich belastete. Vermutete man doch christlicherseits in den talmudischen Schriften, die kaum ein Nicht-Jude lesen konnte, Blasphemien, d. h. eine Verhöhnung des Christentums. Doch erschöpfte sich damit keineswegs die Bedeutung des „Judenspiegel“, Pfefferkorns Schrift aus dem Jahr 1507. Sie erschien zu einer Zeit, in der die Juden ökonomisch weitgehend durch die Obrigkeiten ausgebeutet waren und die neuen Medien die Ritualmordlüge weit verbreiteten. Trotz der Anerkennung, die Pfefferkorn durch seine Vorwürfe in seiner neuen Gemeinschaft suchte, prangerte er jedoch wie kein zweiter in seinen Flugschriften die miserable Situation der Juden in Deutschland an, in die sie die christliche Habgier gebracht hatte, und wurde damit zu einem ersten Kritiker der Kammerknechtschaft mit ihrem völlig kommerzialisierten Schutzsystem. Und eine weitere Behauptung Pfefferkorns stand völlig im Widerspruch zum allgemeinen christlichen Zeitglauben: Er bestritt den jüdischen Ritualmord.

Im altkirchlichen Bereich griffen seine Parteigänger jedoch nur seine Vorwürfe gegen den Talmud auf, für dessen Vernichtung sich die Universitäten Mainz, Köln, Erfurt und der Inquisitor Jacob van Hoogstraten (1460–1527) stark machten. Als Gutachter war auch der Jurist und Hebraist Johannes Reuchlin (1455–1522) herangezogen worden, der in seinem Rechtsgutachten von 1507 eine Formel fand, die das Verhältnis von jüdischer Minderheit und christlicher Gesellschaft auf ein tragfähiges Fundament gestellt hätte: Die Juden seien *Concives* (Mitbürger) des Römischen Reiches und müßten nach kaiserlichem Recht geurteilt werden. Dieses aber verbiete die gewaltsame Wegnahme von Besitz. Das gelte auch für die Synagogen und für die Bücher der Juden. Um ein größeres Publikum zu erreichen und seinem Gegner Pfefferkorn Paroli zu bieten, publizierte Reuchlin 1511 seinen „Augenspiegel“ in deutscher Sprache, in dem er noch einmal die Rechtsstellung der Juden als Concives betonte. Doch verurteilten dieses Buch die Universitäten Löwen, Erfurt, Mainz und, was besonders gravierend war, die Universität Paris, die die Einziehung des „Augenspiegel“ forderte und die Verbrennung des Talmud empfahl. Hoogstraten verlangte daraufhin von Reuchlin wieder die

Ablieferung des „Augenspiegel“, wogegen der Mainzer Erzbischof Einspruch erhob, da damit der Inquisitor in seine Rechte eingegriffen hatte.

Der literarische Streit, den Ulrich von Hutten (1488–1523) und seine humanistischen Freunde mit ihren „Dunkelmänner-Briefen“ zugunsten Reuchlins eröffneten, trug kaum noch zu dessen ursprünglichem Ziel, der gesicherten Rechtsstellung der Juden und der Rettung ihrer Bücher, bei. Den langen Streit an der Kurie gewann trotz der zahlreichen Humanisten, die sich zugunsten Reuchlins eingesetzt hatten, der Inquisitor Hoogstraten. Der „Augenspiegel“ wurde verboten, und Reuchlin mußte die Kosten tragen.

Reuchlin hatte im Streit mit Pfefferkorn für die Juden einen gesicherten Rechtsstatus postuliert und die Verbrennung des Talmud verhindert, er hatte jedoch in dieser Auseinandersetzung nicht die Position bezogen, die ca. 250 Jahre später Lessing in seiner Ringparabel vertrat. Das Judentum war auch für Reuchlin keineswegs eine dem Christentum gleichrangige Religion. In einem fiktiven Disput seiner Schrift „De arte cabalistica“ (1517) muß der Vertreter des Judentums Baruch mit dem Talmud die Absage an Christus aufgeben. Die Rettung liegt für ihn in der Taufe. Auch für den (christlichen) Humanismus gab es nur eine Wahrheit, die unteilbar war und die das Christentum vertrat. Das Elend der Juden, ihr Exil, aber war die Gottesstrafe dafür, daß sie die christliche und damit einzige Wahrheit nicht erkennen wollten.

Reuchlin hat unter den deutschen Humanisten noch die toleranteste Position vertreten. Erasmus von Rotterdam (1466/69–1536) und Hutten blieben hierin weit hinter ihm zurück. Erasmus neigte sogar zu einem irrationalen Judenhaß. Er unterstellte den Juden, mitschuldig am Bauernaufstand zu sein. Pfefferkorn war ihm u. a. deshalb verdächtig, weil er als getaufter Jude nie ein ganzer Christ sein könne. Er warnte davor, alle Juden in die Kirche aufzunehmen, und stellte damit sogar die Judenbekehrung in Frage. Nicht anders dachte Hutten. Auch für ihn blieb Pfefferkorn trotz der Taufe Jude. Ganz im Gegensatz zu Reuchlin wollte Erasmus auf das Alte Testament verzichten. Es sei ein Buch der Schatten, das seine Bedeutung nur bis zur Ankunft Christi gehabt habe.

Auch die Humanisten vermochten sich nicht von der Angst zu befreien, daß sich in dem Kampf der nach ihrer Ansicht bevorstehenden Endzeit die Juden mit dem Antichrist verbündeten. Damit dämonisierten auch sie die Juden. Auf die antijüdische Stimmung ihrer Zeit haben die Humanisten deshalb nicht besänftigend gewirkt. Reuchlins deutsch verfaßter „Augenspiegel“ erreichte nicht die einfache Bevölkerung, die ihren sozialen Protest nicht nur gegen Stadtobrigkeit, Adel und Territorialherren richtete, sondern auch die Juden mit einbezog, die mit ihrem „Wucher“ an ihrer Misere vermeintlich mit schuld waren. In Regensburg verkündeten zur selben Zeit (1518) die Franziskaner in öffentlicher Predigt, daß die von Päpsten, Kaisern und Königen den Juden zugesagten Freiheiten für die Juden nicht mehr galten. Wer Schulden bei ihnen habe, brauche sie nicht zu begleichen. Die jüdische Gemeinde beschwerte sich daraufhin beim Innsbrucker Regiment, „daß die Prediger des Domstifts und des Barfüßerordens den gemeinen Mann gegen uns bewegen“. Dieser Vorwurf kennzeichnet eher die alltägliche Realität der Juden in den Städten als die wohlwollende Rechtsinterpretation eines Reuchlin. Doch „daß das Judentum in die europäische Rechts- und Kulturgemeinschaft hineingehört“ (Maurer), das hat in Fortsetzung der beiden mittelalterlichen italienischen Rechtsgelehrten Bartolus und Baldus zuerst der christliche Kabbalist Reuchlin vertreten, der in der Kabbala die Offenbarung allgemeiner Glaubenswahrheiten gegeben sah. Seine Position ging allerdings angesichts der späteren judenfeindlichen Äußerungen Luthers und seiner Anhänger unter, wenn sich auch das Reichskammergericht in seinen Rechtssätzen auf ihn bezog. Reuchlin blieb ein Einzelfall.[11]

Luthers anfänglich nicht unfreundliche Position gegenüber dem Judentum, die in seinen Frühschriften anklingt, weckte zunächst Hoffnungen unter den Juden, die harte Position der alten Kirche könnte durch die Reformation einer ausgeglicheneren weichen. Doch dies war ein Mißverständnis. Wenn sich auch der Ton Luthers gegenüber den Juden in einer fast dreißigjährigen Entwicklung erheblich verschärfte, eine grundsätzliche Wende in seiner Anschauung hat es nicht gegeben. Die Kontinuität ist hier größer als die Diskontinuität. Luthers Sicht von den Juden war stark durch seine Endzeiterwartung bestimmt, in der der Antichrist den Kampf gegen die Kirche antrat. An seiner Seite kämpften alle Feinde der Kirche: Türken, Mohammedaner, die Juden, aber auch die abgefallenen Christen. Er teilte nicht die Auffassung seines Freundes Justus Jonas (1493–1555), daß das Licht der Wahrheit am Ende Christen wie Juden erleuchten werde, sondern stand der großen Bekehrung der Juden am Ende der Zeiten recht skeptisch gegenüber.

Seine bis in die 1530er Jahre aufgeschlossene Haltung gegenüber den Juden war bestimmt durch die Erwartung, die Juden würden sich zu Jesus bekehren; nun aber fühlte er eher das Gegenteil eintreten. In der Münsterschen Täuferbewegung, vor allem in der christlichen Sekte der Sabbather, die jüdische Bräuche und Vorstellungen übernahm, sah er die Gefahr, daß das Judentum das Christentum unterminiere. Es gab für Luther kein Heil mehr, das die Synagoge tradierte: Sie war der Weinstock, der nur noch zum Verbrennen taugte, wie er 1533 in den Tischreden äußerte. Ihr Gesetz war durch die Ankunft des Messias aufgehoben, so 1539 in der Schrift „Wider die Sabbather". Die Gültigkeit des Gesetzes bezog sich nur noch auf den Dekalog, den Gott der gesamten Menschheit vermacht hatte. Was mit den Juden zu geschehen hatte, blieb nach Luthers Ansicht der weltlichen Macht anheimgestellt. Doch er fügte in seiner Schrift „Von den Jüden und ihren Lügen" die Drohung hinzu, daß die Obrigkeit den Zorn Gottes auf sich ziehe, wenn sie die Juden in ihren Territorien dulde und sie damit „für Gott schuldig werde alle der Lügen, des Lästerns ... wider die Person unsers Herrn Jesu Christi".

Es lag in dieser Konsequenz, daß Luther bereits 1536/37 die Bitte Josels von Rosheim (1480–1555) abgelehnt hatte, etwas gegen das Vertreibungsedikt des sächsischen Kurfürsten zu unternehmen. Seine Schlußfolgerung, die er in seiner Antwort an Josel (11. 6. 1537) gab, schränkte sogar spätmittelalterliche

Positionen wieder ein: Die Juden sollten sich bekehren, „wo aber nicht, so sollen wir sie auch bey uns nicht dulden noch leiden". Aus dem antijüdischen Schriftgut seiner Zeit, vor allem aus der Schrift „Der gantz Jüdisch Glaub" (Augsburg 1530) des Konvertiten Antonius Margaritha (ca. 1490, Todesdatum unbekannt), machte er sich in der Auseinandersetzung die alten judenfeindlichen Positionen zu eigen. Selbst die Ritualmordlüge taucht in seiner Schrift „Von den Jüden und ihren Lügen" (1543) verdeckt als Beweis für die Mordlust der Juden an den Christen wieder auf. Im Zentrum aber steht der Vorwurf von der jüdischen Abgötterei in den Synagogen: Sie verfluchten die Christen und wünschten alles Unglück auf sie herab. Sie trieben Abgötterei mit Zeichen und Figuren, nennen Christus einen Zauberer, den Fürsten aller Teufel, den Sohn einer Hure, die mit einem Schmied Ehebruch begangen habe. Die „scharfe Barmherzigkeit", die er in dieser Schrift fordert, gipfelt in dem Rat: Ihre Synagogen zu verbrennen, ihre Häuser anzuzünden, ihnen Bibel und Talmud wegzunehmen, den Rabbinern zu verbieten, Unterricht zu erteilen und Gott öffentlich zu loben, um so jede Gotteslästerei zu verhindern. Den Juden selbst aber solle man das Geleit aufkündigen, ihnen den Wucher untersagen und das durch Wucher Erworbene abnehmen, sie schließlich zur Arbeit zwingen oder sie am besten aus dem Land jagen. Als Brüder seien sie nur aufzunehmen, wenn sie sich bekehrten, sonst aber sollten sie nicht gelitten sein. So Luthers letzte Forderung an die Christen am 15. Februar 1546, drei Tage vor seinem Tod.[12]

2. Periode: 1545–1650
Die Juden im Zeitalter des Konfessionalismus
und der frühen Territorialstaaten

Der protestantische Konfessionalismus und die Juden

Spätestens seit den 1540er Jahren zeigte sich, daß weder der Humanismus noch die Reformation für die Juden eine Verbesserung ihrer Situation gebracht hatten. Zwar scheiterten die Versuche von Luthers Gegner Johannes Eck (1486–1543), den altkirchlichen Judenhaß in der Auseinandersetzung mit den lutherischen Reformatoren einzusetzen, aber Luthers unversöhnliche Position bestimmte auch so die Judenpolitik der protestantischen Staaten. Der Reformator hatte kein neues Bild von der Synagoge gebracht, vielmehr die judenfeindliche Tradition des Mittelalters in die Neuzeit hinübergetragen. Worauf er allerdings verzichtete, war der Vorwurf des Hostienfrevels und des Ritualmords. In den lutherisch-reformierten Landen kam es aufgrund dieses Vorwurfs nicht mehr zu Pogromen, wenn auch im protestantischen Bereich trotz Andreas Osianders Schrift über die Blutbeschuldigung die Lüge vom Ritualmord und vom Hostienfrevel nicht gänzlich überwunden war.

Es fiel auch den protestantischen Predigern schwer, die Ritualmordlüge aus der Volksvorstellung zu verbannen. Hieronymus Rauscher (1515–1564/65), Nürnberger Diakon unter Osiander, bezeichnet zwar in seinem Buch „Hundert auserwählte päpstische Lügen“ (1562) die angeblichen jüdischen Hostienfrevel als Unsinn, bleibt aber im Hinblick auf die Ritualmordlüge sehr zurückhaltend; hatte doch auch Luther 1543 in seiner Polemik „Von den Jüden und ihren Lügen“ die „Historien, da sie Kinder gemartert“, herangezogen, um zu beweisen, daß die Juden „unsere täglichen Mörder und blutdürstigen Feinde“ blieben. Auch die lutherischen Prediger brachten die Juden und den Teufel in engste Verbindung, so daß diesen alles zuzutrauen war, wie der lutherische Pfarrer Andreas Hondorff in seinem „Promptuarium exemplorum“ von 1568 behauptet. Es gab im politischen Raum protestantischer Staaten wegen der Ritualmordlüge zwar keine Pogrome mehr, aber der Volksglaube daran blieb auch im protestantischen Milieu bis ins 19. Jahrhundert erhalten. Protestantische Stadtobrigkeiten gingen zumindest im 16. Jahrhundert noch dergleichen Vorwürfen nach, so 1562 in Worms, wo der Jude Abraham zum Bock in dieser Angelegenheit peinlich verhört wurde. Neu war, daß nun auch der Denunziant, ein Sattlergeselle, auf die Folterbank kam. Doch alte Traditionen wurden nur zögernd beseitigt. So baten 1609 die Frankfurter Juden die protestantische Stadtobrigkeit um Abschaffung des „schändlichen“ Gemäldes an der Mainbrücke, das den Pöbel im Wahn bestärkte, „als müßten wir Juden jeder Zeit Christenblut bei uns haben, da unser Glaube es mit sich brächte, daß wir Christenkinder entwenden oder kaufen und ermorden müßten“ (Zitat nach Kracauer). Das Bild hatte auch als Einblattdruck weite Verbreitung gefunden. Doch erst 1612 erreichten sie, daß das Bild wenigstens verdeckt wurde.

Der Vorwurf von der Lästerung Jesu durch die Synagoge gab freilich wiederholt bis ins 19. Jahrhundert hinein Anlaß zu religiös motivierten Pogromen. Doch unterblieben sowohl im 16. wie im 17. und 18. Jahrhundert Massenverfolgungen und -ermordungen von Juden. Insofern brachte die Frühe Neuzeit für die jüdische Minderheit eine Wende. Der im ausgehenden 16. und im 17. Jahrhundert wirkende „Moralismus“, der aus dem Konfessionalismus herrührte, suchte sich andere Opfer: die Hexen zum Beispiel. Die Juden wurden davon nicht betroffen, zumindest was die Massenverfolgungen und -ermordungen betraf.

Auf Luther basierend hatte sich in der evangelischen Kirche eine judenfeindliche Position durchgesetzt. Nicht zum Tragen gekommen waren ausgeglichenere Positionen, wie sie die Reformatoren Andreas Osiander (1498–1552), Wolfgang Capito (1478–1541) und Justus Jonas (1493–1555) vertraten. Zwar gingen auch sie von der Bekehrung der Juden aus, aber sie deuteten dies in einer gemeinsamen Zukunft der endzeitlichen Befreiung von Juden und Christen, erkannten also auch das Judentum als Heilsträger an.

Luthers Position machten sich die meisten evangelischen Reformatoren und Prediger zu eigen, die wiederum Einfluß auf die Territorialpolitik ihres Stadt- oder Landesherren nahmen, wie der Theologe Martin Bucer (1491–1551) 1538 auf den Landgraf von Hessen und 1578 der Theologe Martin Chemnitz (1522–1586) auf den Herzog von Braunschweig. Ähnlich der hessischen Judenordnung von 1539 enthielten auch die anderen protestantischen Staaten scharfe Einschränkungen für den jüdischen Kultus bis ins 18. Jahrhundert hinein. Es war den Juden verboten, neue Synagogen zu bauen, Christus in ihren Gebeten zu lästern, vor allem aber mit den Christen über Glaubensfragen zu disputieren. So bestimmte zum Beispiel 1608 die unter dem Einfluß des lutherischen Superintendenten Heßhusius erlassene Judenordnung für die Stadt Hildesheim: „Erstlich und vor allen Dingen, daß sie [die Juden] unsern christlichen Glauben nicht anfechten oder sich sonsten einer unchristlichen Gotteslästerung, wie und was dieselbe immer geschehen möchte, gelüsten noch in einige Disputation einlassen, auch keine gemeine jüdische Synagoge anrichten, sondern sich dessen ganzlich enthalten“ (Zitat nach Aufgebauer).

Mit der Forderung, die Juden wegen Gotteslästerung und Wucher zu vertreiben, waren die lutherischen Prediger in der zweiten Hälfte des 16. Jahrhunderts in zahlreichen protestantischen Städten und Territorien erfolgreich, so in Braunschweig 1546, wo der Einfluß von Luthers Spätschriften besonders deutlich wird. Zu Vertreibungen der Juden aufgrund der lutherischen Forderungen kam es in den protestantischen Reichsstädten Goslar (1557), Dortmund (1596), in den welfischen Territorien (1591) und in Baden-Durlach (1592). Der Rat, so argumentierte Braunschweigs Geistlichkeit zum Beispiel, sollte sich nicht mitschuldig machen an der Gotteslästerung der Juden. Mit dem Wucher-Vorwurf begünstigten die Prediger die Forderungen der Gilden (Zünfte), die massiv die Ausweisung der Juden verlangten. Ein Konsens zwischen den einzelnen Gruppen zugunsten der Juden war nicht mehr möglich, sobald nun die lutherischen Prediger, wie einst die Bettelmönche, die judenfeindliche Politik der Zünfte unterstützten und dies wohl auch bewußt wie in Celle als politisches Mittel einsetzten. Die theologisch und ökonomisch begründeten Ausweisungen der Juden aus den protestantischen Städten und Territorien waren nicht die Regel, doch erschwerten die Judenordnungen protestantischer Fürsten aus dem Geist Luthers mit ihren strikten Disputationsverboten, Kultus- und Synagogeneinschränkungen und den christlichen Zwangspredigten das jüdische Leben erheblich.

Mit den judenfeindlichen Bestimmungen sollte die junge protestantische Kirche geschützt werden, die Luther dem fürstlichen Landesherrn unterstellt hatte. Gegen die fürstlichen Landesherren und ihre kirchlichen Entscheidungen war kein Einspruch mehr möglich. In den theologischen Fragen sollten nun wieder unter der bischöflichen Obrigkeit des Landesherrn die Theologen zu entscheiden haben. Die „einfeltigen Leyen“ mußten vor jüdischem Einfluß geschützt werden. Sie durften, wie der Laienprediger Sebastian Lotzer 1523 enttäuscht feststellt, „sein heiliges Wort nit haben dürfen bekennen vor den Juden und ungläubigen“ (Zitat nach Güdemann).[13]

Die Judenfrage in der katholischen Gegenreformation

Der sich herausbildende Konfessionalismus, d. h. die Abgrenzung der neu entstandenen Konfessionen gegeneinander, hatte im deutschen Katholizismus, von wenigen Autoren abgesehen, keine ausgeprägt judenfeindliche Note gefunden. Soweit die alten Konzilsbestimmungen wie das Verbot, christliche Ammen anzustellen, oder das Ringzeichen von einzelnen Bischöfen angemahnt wurden, so 1539 von Bischof Valentin von Tetleben (Reg. 1538–1551) auf einer Hildesheimer Diözesansynode, blieben das vereinzelte Fälle, die keine Beachtung fanden. Nur Luthers Kontrahent Eck versuchte die angeblichen Ritualmorde von Pösing (1529) und Sappenfeld (1540) gegen den Nürnberger Reformator Osiander auszuspielen. In Sappenfeld war die verstümmelte Leiche eines Bauernjungen aufgefunden und die sich im Ort aufhaltenden Juden des Ritualmords bezichtigt worden. Osiander hatte 1540, allerdings anonym, eine kleine Schrift zur Verteidigung der Juden publiziert, die er vermutlich schon 1529 nach dem Pösinger Ritualmordvorwurf verfaßt hatte. In ihr wies er die Unsinnigkeit der Blutbeschuldigung zurück: Den Juden sei der Gebrauch von Blut für kultische Zwecke durch ihr Gesetz streng untersagt; von Mördern unter ihnen sei wenig bekannt, zudem würden sie dadurch ihr Aufenthaltsrecht unter den Christen gefährden. Die Geständnisse der Juden darüber, die durch die Folter erpreßt wurden, seien sehr zweifelhaft, das Vorgehen des Grafen von Pösing, der bei den Juden hoch verschuldet gewesen, sehr fragwürdig. Osianders Schrift stellt die wohl bedeutendste Auseinandersetzung mit diesem Thema vor 1600 dar. Er argumentiert theologisch, aber auch historisch, indem er sich nicht nur auf das Kommissionsergebnis unter Kaiser Friedrich II. von 1236 beruft, sondern auch auf die entsprechenden Bullen der Päpste. Ecks Erwiderung „Ains Juden büechlins verlegung" von 1541 ist eine wütende Polemik gegen den anonymen lutherischen „Judenvater", hinter dem er Osiander vermutet. Beide – Osiander und Eck – waren 1539 wegen des lutherischen Katechismus aneinandergeraten. Osianders Schrift, so Eck, biete Herrschaften und Städten die Möglichkeit, daß sie sähen, „was mit lugen/Gotslesterung/Jhr Predicanten umb gand/ und den bösen baum erkennten an seinen bösen früchten/ an schähen Aufrur machen/ an aller leichtfertigkait etc. wie ich jn mein predigt und andern büechern/ nach der leng anzaig". Indem er lutherische Reformation, Judenverteidigung und Aufruhr zusammenbrachte, glaubte er, mit dieser Denunziation alle Übel seiner Zeit der Obrigkeit vorzuführen. Seine Widerlegung ist grobschlächtig und rücksichtslos. Zum ersten Mal werden in dieser polemischen Auseinandersetzung mit dem lutherischen „Judenvater" alle Vorwürfe, die in der alten Kirche gegen Juden virulent waren, u. a. der Ritualmord, der allerdings von den Päpsten als Lüge abgetan worden war, von Eck als Wahrheit ausgegeben. Achtzehn angeblich bewiesene Ritualmordfälle stellt er aus Chroniken, Pamphleten und bildlichen Überlieferungen zusammen, wobei er sich selbst als Zeitzeugen einbringt, indem er einen angeblichen Ritualmord in Freiburg/Br. anführt, den er 1503 als Student miterlebt habe. Er selbst habe die Leiche des Kindes mit den Einstichen „vier wochen nach dem mordt/ mit meinen Finger griffen und angerüert" und die Hinrichtung des Vaters, der das Kind an die Juden verkauft haben sollte, in Buchen miterlebt. Damit täuscht er historische Authentizität vor, denn in keinem der aufgeführten Fälle gab es einen Augenzeugen, sondern nur erpreßte Geständnisse, Denunziationen und angebliche Wunder, die den Vorwurf des

Ritualmords für Eck belegten. Doch wer das Gegenteil behauptete, der war – so Eck – wie Osiander durch jüdisches Geld bestochen worden.

In der katholischen Tradition wurde der Glaube an die Ritualmordlüge immer wieder aktualisiert, so durch Theaterstücke wie das Endinger Judenspiel (1600), durch Lieder, vor allem aber durch Wallfahrten wie die zum (1752 seliggesprochenen) Anderl von Rinn in Tirol. Der Glaube an den jüdischen Ritualmord blieb bis zum Verbot durch den Vatikan 1961 unterschwellig lebendig. Allerdings gab es im katholischen Bereich Deutschlands in der Frühen Neuzeit keine Massenverfolgungen und -ermordungen von Juden mehr, wenn auch in Berufung auf frühere Konzilsbeschlüsse die Kölner Judenordnung von 1614 in ihrer lateinischen Einleitung von dem „Unglauben" (infidelitas) der „verfluchten" (damnati) Juden spricht.

Ecks Versuch, den Judenhaß für die konfessionelle Auseinandersetzung zu nutzen, blieb zumindest für Deutschland ohne größere Wirkung. Nur wenige Autoren der Gegenreformation folgten ihm hierin, ohne dabei seinen krassen Stil aufzunehmen. So behauptete hundert Jahre später der Münsteraner Geistliche Matthäus Timpe, daß vom „jüdischen Dämon" verführt, „viele Sektierer Juden geworden sind". Doch boten die protestantischen Prediger im Hinblick auf die Sympathien mit dem Judentum kaum Angriffsflächen. Sie selbst traten nun in der katholischen Propaganda an die Stelle der Juden als konfessionelles Antisymbol, indem in der katholischen Legende der protestantische Prediger, der ein Marienbild oder eine Hostie verunehrte, zur Strafe vom jähen Tod befallen wurde. Oder aber die Hexen mußten als Antisymbol herhalten. Sie traf v. a. in den geistlichen Territorien der Rigorismus der Gegenreformation. In Würzburg schaffte Bischof Philipp Adolf von Ehrenberg (Reg. 1623–1661) in seinem Territorium die Judenzeichen wieder ab und erleichterte den Juden die Niederlassung im Würzburger Hochstift, war aber auf der anderen Seite einer der schlimmsten Hexenverfolger. Auf protestantischer Seite wiederum fungierten die Juden gemeinsam mit den

Jesuiten als Antisymbol. So richtet sich 1596 eine Eingabe des Hildesheimer Superintendenten Heßhusius und elf weiterer „Diener am Wort“ gegen „beyderley Hauffen, die Judt und die Esauiter (= Jesuiten)“ (Zitat nach Aufgebauer). Den Juden wurde Gotteslästerung, Wucherhandel und „sündhafte Beiwohnung“ vorgeworfen und ihre Vertreibung verlangt. Hier mochten die konkurrierenden konfessionellen Verhältnisse in Hildesheim mitspielen, einer Stadt, in der sich die protestantische Stadtbevölkerung gegen die Politik des bischöflichen Stadtherren, Ernst von Bayern, zur Wehr zu setzen versuchte, der die Jesuiten zur Rekatholisierung in die Stadt geholt hatte und die Juden in der Stadt zu schützen suchte. Gegen die Juden setzte der Rat die Vertreibung durch, die Jesuiten aber blieben.[14]

Nicht in Deutschland, aber im Kirchenstaat machte sich der Konfessionalismus in den judenfeindlichen Äußerungen der gegenreformatorischen Päpste Paul IV. (Reg. 1555–1559), Pius V. (Reg. 1566–1572), Gregor XIII. (Reg. 1572–1585) und Clemens VIII. (Reg. 1592–1605) bemerkbar. Mit dem Pontifikat Papst Pauls IV. begann in Italien für die Juden eine Zeit grausamster Verfolgung und tiefster Erniedrigung. Sie wurden mit Ausnahme von Rom und der Hafenstadt Ancona aus dem Kirchenstaat ausgewiesen. Die Verfolgung galt vor allem den Marranen, den getauften Juden, denen man unterstellte, sie wollten als Kryptojuden das Christentum unterwandern. Der Jesuitenorden verbot deshalb die Aufnahme von getauften Juden als Ordensmitglieder. Dem Druck des Papstes zufolge mußten auch die anderen italienischen Staaten eine repressive Judenpolitik betreiben. Überall wurden Ghettos eingerichtet, so für Rom in Trastevere, in denen die Juden auf engem Raum zusammenwohnen mußten. Das Papsttum der Gegenreformation setzte vor allem auf die Judenbekehrungen.[15]

Die Juden in den geistlichen Territorialstaaten

Doch von den päpstlichen Bannsprüchen, Verboten und Einschränkungen gegenüber den Juden scheint in den geistlichen

Territorialstaaten Deutschlands nicht viel umgesetzt worden zu sein, so daß die Juden hier fast unabhängig und frei leben konnten, unabhängiger als in den protestantischen Staaten. Antijüdische Maßnahmen katholischer Fürstbischöfe haben ihre Motive eher im ökonomischen oder politischen Bereich als im theologisch-religiösen. Eine judenfeindliche Politik wie die Päpste vertraten in Deutschland im Zeitalter der Gegenreformation nur die beiden Würzburger Bischöfe Friedrich von Wirsberg (Reg. 1558–1573) und Julius Echter von Mespelbrunn (Reg. 1573–1617).

Friedrich von Wirsberg hatte 1558 beim Kaiser die Vertreibung der Juden aus seinem Territorium erwirkt; doch hatten die Würzburger Juden beim Kaiser einen Aufschub bis 1560 erreicht. Wirsbergs Begründung für die Aufkündigung des Niederlassungsrechts zeigt Anklänge an päpstliche Äußerungen, vor allem was die Angst vor einer Bekehrung der Christen durch die Juden betrifft. Zwar beginnt er den Verbannungsbefehl mit der Bemerkung: „Wiwohl wir nun ein menschliches christliches Mitleiden mit euch Juden gehabt und getragen", doch läßt er über die Ursache des Mitleids kaum einen Zweifel, wenn er fortfährt: „auch nichts lieber gesehen oder gewünscht haben wollten, als daß ihr von eurem verdampten unseligen verführerischen jüdischen Aberglauben und Blindheit abgestanden und euch zu dem rechten und wahren allgemeinen und christlichen Glauben und Wesen getan und begeben hättet; dieweil wir aber über allen unseren Predigten väterlichen Fleiss, Mühe und Arbeit, so wir zu etlichen Malen neben Anbietung oder größten Gnaden auf den Fall einer Bekehrung mit euch den fürnehmsten Juden in eigener Person und durch unsere trefflichen gelehrten Räte und Theologen gehabt und angewandt haben, aber ungesehen dessen ihr euch auf den rechten Weg nicht habt führen lassen wollen, sondern nichts desto weniger euch auf euren schedlichen unleidlichen jüdischen Glauben verlassen" (Zitat nach Bohrer).

Zumindest in Würzburg scheint es im Zuge der Gegenreformation verstärkte Anstrengungen einer Judenbekehrung gegeben zu haben, sogar der Bischof hatte sich in die Bekehrungsversuche eingeschaltet. Die angekündigte Vertreibung mag freilich weniger mit der gescheiterten Bekehrung zusammenzuhängen als mit der Aussicht, die nicht unerhebliche Wegzugssteuer kassieren zu können. Doch blieb die Ausweisung der Juden aus dem Hochstift insofern wirkungslos, als sie in den zahlreichen Reichsritterschaften, die im Hochstift lagen und in denen die Ritter über das Schutzrecht verfügten, unterkommen konnten. Wirsbergs Nachfolger Julius Echter waren vor allem diese kleinen Herrschaften ein Dorn im Auge, ging es ihm doch darum, auch in seinem geistlichen Territorialstaat alle konkurrierenden Herrschaften auszuschalten. Julius Echter versuchte deshalb, die Adligen durch Restriktionen gegen ihre Juden zu schädigen, indem er den ritterschaftlichen Juden verbot, in seinem Territorium Handel zu treiben, ja darüber hinaus bestimmte, daß die Juden weder für sich noch ihr Vieh auf der Durchreise zu auswärtigen Märkten die Brunnen und Weiden des hochstiftischen Territoriums benutzen durften. Dagegen reklamierten sowohl die Juden als auch die Ritter beim Kaiser. Julius Echter verteidigte sich gegen die kaiserlichen Vorhaltungen in einem 16-seitigen Schreiben, in dem er als Motiv für sein Vorgehen sozial-politische Gründe geltend macht: Es sei besser, wenn die gottlosen Juden litten als seine Untertanen. Seine Mandate enthalten allerdings – im Gegensatz zu denen Friedrich von Wirsbergs – keinerlei religiöse Begründungen für ein striktes Juden-Handelsverbot. Doch machte er kein Hehl daraus, daß er nichts von den „gottlosen Juden" hielt. Er hätte sie, so heißt es in seiner Argumentation, dulden können, aber bei seiner christlichen Gesinnung wolle er keinen Nutzen, wenn andere Schaden litten. Die Verachtung, die er für die Juden hatte, dokumentiert sich deutlich darin, daß er ihnen trotz der zweifelsfreien Besitzrechte, die sie an ihrem Friedhof in Würzburg hatten, diesen wegnahm und auf dem Gelände das noch heute vorhandene Juliusspital baute. Die ihm von den Juden vorgelegte Kaufurkunde erkannte er nicht als gültig an.

In einer eindrucksvollen Beschwerdeschrift protestierte die „gemeine Judenschaft unter der löblichen Ritterschaft im Frankenland“ gegen diesen Vorstoß bei Kaiser Maximilian II. Sie drückte darin ihr Entsetzen darüber aus, daß „in so unmenschlich unerhörter Maßen mit Ausgrabung, Hinschleifen und Umziehen der toten Körper, die vor 500 oder 600 Jahren dahin kommen, verfahren werde“. Dem geistlichen Herrn bewiesen sie mit zahlreichen Bibelzitaten, wie schändlich sein Tun sei, „dieweil dann die toten Körper um Geld zurückzukaufen niemand mächtig ist“. Noch stärker als bei der Zerstörung einer Synagoge war durch diese Maßnahme des Bischofs das religiöse Empfinden der jüdischen Einwohner verletzt worden. Gegen Ende seines langen Episkopats muß Julius Echter jedoch seine rigide Haltung den Juden gegenüber geändert haben, denn obgleich auch sein Nachfolger bei seinem Amtsantritt 1617 dem Domkapitel schwören mußte, „keine weitere Juden“ im Hochstift mehr aufzunehmen, lebten bereits 1623 wieder siebzig Judenfamilien unter landesherrlichem Schutz.[16]

Die Bischöfe Friedrich von Wirsberg und Julius Echter von Mespelbrunn bilden die Ausnahme, was die Judenpolitik der Fürstbischöfe im Zeitalter der Gegenreformation in Deutschland betrifft. Die meisten waren eher bestrebt, die Juden ins Land zu ziehen, um sie für ihre Wirtschaftspolitik einzusetzen.

Sogar Eck hatte trotz seiner polemischen Ausfälle von 1541 in Berufung auf Papst Innozenz III. größere Toleranz gegenüber den Juden verlangt, als dies Luther nach 1530 bzw. seine Prädikanten in der zweiten Hälfte des 16. Jahrhunderts taten. In seiner Schrift forderte er, „das ist das sie mögen leben in jhren gebreüchen unnd gewohnhaiten jhrs gesatz und festen/Daran sie niemants jrren soll: das man sie nit hohmute in jhrn Synagogen/ das sie jhr alten Synagogen mögen bessern/bewlich und wesenlich halten/aber kain newe auffrichten: Jhr freithöf sollen nit vergwaltigt werden/noch jhr todten außgraben werden. An jrem Sabbath oder anderm fest soll man sie nit für recht oder gericht fordern. Niemants soll sie hindern/dann das sie mögen jhr ding mit rath verkaufen: Niemants soll jhn mit gwalt nemmen jhr gelt und gut/sie nit berauben/verwunden/fahen oder tödten/oder zwingen zu ungewonlichen diensten: die juden soll man nit zwingen zu dem tauf oder glauben". Er vergißt aber auch nicht die Segregationsgebote, wie sie von den Konzilien immer wieder erhoben wurden und die ein ungestörtes Zusammenleben erschwerten.

So konnte sich im 16. und 17. Jahrhundert in den geistlichen Territorien innerjüdisches Leben entfalten, zumal viele Fürstbischöfe häufig in Auseinandersetzung mit ihren Domkapiteln und Städten die Juden aus finanziellen Gründen in ihr Land holten und sie durch großzügige Judenordnungen gegen Eingriffe absicherten. Den Anfang machte der Münsteraner Bischof Franz von Waldeck (Reg. 1532–1553), der nach der Niederlage der Täufer die für ihn günstige schwache Situation der Stadt Münster ausnutzte und 1539 dem Juden Simon von Korbach Schutzrecht gewährte, so daß hier bald eine jüdische Gemeinde entstand. Weitere siebzig Juden konnten sich zwischen 1540 und 1550 im Stift Münster niederlassen. Es gelang Waldeck aber nicht, sie gegen den Willen der Zünfte auf Dauer in der Stadt Münster zu halten. Nach seinem Tod (1553) wurden sie trotz der Intervention seines Nachfolgers Bischof Wilhelm von Ketteler (Reg. 1553–1557) aus der Stadt vertrieben, da der Rat nun wieder das ‚privilegium de non tolerandis judaeis' für sich auch in den folgenden Jahrhunderten behaupten konnte. Die norddeutschen Fürstbischöfe blieben nur in den seltensten Fällen gegen die judenfeindliche Politik ihrer zumeist protestantischen Städte erfolgreich. Ernst von Bayern gelang es als Bischof von Hildesheim (Reg. 1573–1612) nur mit Hilfe des Reichskammergerichts, für die 1595 durch den protestantischen Rat aus seiner Stadt vertriebenen Juden 1601 die Wiederherstellung des „vorigen standt[s]" zu erreichen. Sein Nachbar, Bischof Dietrich von Fürstenberg in Paderborn (Reg. 1585–1618), mußte zwar 1607 in einem Landtagsabschied den Städten seines Territoriums versprechen, die Juden nur für vier Jahre zu vergeleiten, d. h. das Schutzrecht zu gewähren, hielt sich aber in der Folgezeit nicht daran.

Entsprechend großzügig waren im Gegensatz zu den Judenordnungen bzw. Geleitsvorschriften der protestantischen

Landesherren von Hessen (1539 u. 1585) oder Braunschweig (1578) die der geistlichen Territorialherren aus der Zeit um 1600. Die bedeutendste darunter ist die des Kölner und Hildesheimer Bischofs Ernst von Bayern von 1599 (Reg. in Köln: 1583–1612). Daß Juden in seinem Territorium wohnen durften, bekräftigte er mit der lapidaren Feststellung, daß sie „schon etliche hundert Jahr über im Erzstift geduldet werden". Freilich bekamen sie Auflagen: Sie durften nicht an Orten wohnen, die nah an christlichen Kirchen lagen oder wo Christen ihre Prozessionen abhielten; auch sollten sie sich „friedfertig, eingezogen und unsträflich verhalten", Christus nicht verspotten und an den hohen Feiertagen in ihren Häusern bleiben, auch sollten sie nicht mit Christen unter einem Dache wohnen. Sonst regelte diese Judenordnung lediglich geschäftliche Belange. Die späteren Kölner Judenordnungen von 1614 und 1700 behielten im wesentlichen diese Bestimmungen bei, wenn auch Ernsts Nachfolger und Neffe, Erzbischof Ferdinand von Wittelsbach (Reg. 1612–1650), auf die antijüdischen Bestimmungen früherer Konzile Rücksicht zu nehmen gewillt war. Im Hinblick auf die Errichtung von Synagogen, die in den Judenordnungen der geistlichen Landesfürsten nie verboten wurde, bestimmte die Kölner Judenordnung von 1700, daß sie „die Synagoge aber, damit der catholische Dienst nicht behindert werde, noch weiter [als vier Häuser] davon [von der Kirche] haben". Die fürstbischöfliche Judenordnung für Minden und Halberstadt von 1621 beschränkte sich auf Vorgaben für den wirtschaftlichen Verkehr mit den Untertanen und enthielt keinerlei sonstige Verhaltensmaßregeln. Ebenso tat es die Bamberger von 1644.

Soweit sich diese Judenordnungen auf das christlich-jüdische Zusammenleben beziehen, wiederholen sie vorreformatorische Konzilsbeschlüsse, verschärfen sie aber nicht, sondern mildern sie eher ab. Der jüdische Kultus blieb unbehelligt, durfte aber in der Öffentlichkeit nicht in Konkurrenz zum christlichen treten. Erst im 17. Jahrhundert kam es dann zu vereinzelten Versuchen, Juden zur Anerkennung katholischer Zeremonien zu zwingen.

Die judenfreundliche Politik der meisten Fürstbischöfe wurde jedoch von den Ständen ihrer Territorien, v. a. den Städten und Domkapiteln, nicht mitgetragen. Diese verlangten im 16. Jahrhundert und auch später von den Fürstbischöfen die Vertreibung der Juden, wofür sie religiöse und ökonomische Motive geltend machten. Als Begründung führten z. B. 1560 die Münsterschen Stände gegen die Juden folgende Klagepunkte an: Gotteslästerung, Schmähung Jesu Christi, verbotenen Wucher, Anstiftung des gemeinen Mannes, des Dienstvolks und von Kindern zur heimlichen Untreue bzw. zum Diebstahl. Unter dem Druck der Stände lehnte Bischof Bernhard von Raesfeld (Reg. 1557–1566) im gleichen Jahr (1560) jede Verlängerung des Aufenthalts für Juden ab und schränkte zeitweilig die Freiheiten der Juden in religiöser und wirtschaftlicher Hinsicht ein, setzte sich aber zwei Jahre später mit neuen Vergeleitungen über Beschlüsse der Stände hinweg. Zu einer definitiven Verweisung aus dem Stift Münster kam es nie. Anders im Erzstift Trier, wo seit 1547 ebenfalls die Stände die Vertreibung der Juden forderten, bis sie damit unter Fürstbischof Jakob von Eltz (Reg. 1567–1581) Erfolg hatten, der 1573 definitiv den Abzug der Juden aus dem Erzstift verlangte, was zu einem zeitweiligen Abwanderungsprozeß aus dem Kurstaat führte. Zwar wurde bis 1600 das Aufenthaltsverbot öfters wiederholt, doch versuchten die Nachfolger Jakob von Eltz' in ständiger Auseinandersetzung mit den Ständen, sich darüber hinwegzusetzen, bis Erzbischof Lothar von Schönborn (Reg. 1599–1623) damit Erfolg hatte. Dem Vorwurf der Stände, die Juden erregten im Erzstift Unruhen und verhöhnten christliche Gebräuche, begegnete er mit der Einschränkung in der Judenordnung von 1618: Die Juden sollten „mit ihren Ceremonien und auch in Rücksicht der christlichen Religion und Feiertage, mit Reden und Handlungen kein Aergernuß geben, auch bei Prozessionen sich in aller Stille verhalten".

Für die geistlichen Territorialherren war es schwieriger als für die weltlichen, sich über derlei Einwände und Beschlüsse ihrer Stände hinwegzusetzen, regierten während der Sedisvakanzen doch die Domkapitel. Die Bischöfe selbst wurden bei ihren Amtsantritten durch die Beschwörung der sogenannten Kapitulationen verpflichtet, den Nicht-Zulassungsbeschlüssen für Juden nachzukommen. In den meisten Fällen setzten sie sich allerdings darüber hinweg.

Die judenfeindliche Haltung ging in den geistlichen Territorialstaaten weitgehend von den Städten aus, in denen die Zünfte und Kaufleute das Sagen hatten, während sich der Adel und seine Vertreter im Domkapitel hier offener zeigten. Doch verzichteten letztere nicht darauf, eine antijüdische Haltung als politisches Druckmittel zu benutzen, wenn dem Fürstbischof aus dem Judengeleit im 17. Jahrhundert und später Einnahmen erwuchsen, über die die Kapitel nicht verfügten. Der Trierer Erzbischof räumte deshalb 1652 seinem Domkapitel einen Anteil an den Judenschutzgeldern ein und entschärfte so den Konflikt. Wo die Domkapitel über eigene Judenschaften auf ihrem Besitz verfügten, gewährten sie ihnen in den meisten Fällen ein großzügiges Niederlassungsrecht. Eines der bedeutendsten jüdischen Zentren des 17./18. Jahrhunderts in Süddeutschland, Fürth, verdankt seine Entfaltung der Privilegierung durch das Bamberger Domkapitel. 1556 gestattete der Dompropst den ersten Juden den Zuzug nach Fürth und ließ sich gegen die Ansprüche der Markgrafen von Ansbach 1573 dieses Recht durch kaiserliches Privileg bestätigen. Durch die großzügige Ansiedlungspraxis der Dompropstei erfolgte nach 1600 der Ausbau dieses jüdischen Zentrums. Eine ähnliche Politik betrieb das Würzburger Domkapitel mit seinen Juden in Heidingsfeld, bzw. das Hildesheimer auf dem Moritzberg vor der Stadt.[17]

Die Juden auf den Adelsgütern

Die Versuche einzelner Bischöfe oder Stände, die geistlichen Territorialstaaten gänzlich den Juden zu verschließen, scheiterten vielfach an der Politik der Reichsritterschaften oder einfacher Adelsherrschaften, die innerhalb dieser Territorien lagen. Die kleinen Adligen waren daran interessiert, Juden auf ihren Gütern anzusiedeln, um von deren Geschäften zu profitieren.

Schon Eck mokierte sich 1541 darüber: „Der Jud gewint jhm übergenug am schaten/under dem tach: mit wuchern. Und ainem sollichen tach rauber hilfft die herrschaft darzu/von ains klainen schnöden gelts wegen/Pfui der schand/man findt ain Edelman/so man jhn anspricht/worumb er die Juden leide in seinem dorf: antwirt er. Ja ich hab drey oder 4 Juden jm dorf: sie tragen mir ain jar mer/dann all mein pauren."

Gerade in dem Zusammenspiel „von reichem Juden und armem Edelmann" sah Eck eine große Gefahr für die einfachen Leute, die durch beide ausgepreßt würden. Ähnlich argumentierten auch die Würzburger Bischöfe Friedrich von Wirsberg und Julius Echter, als sie sich 1567 und 1575 gegen die Adligen wandten, die in „Dörfern und Flecken", die dem Bischof lehnspflichtig waren, Juden ansiedelten. Diese hätten die bischöflichen Untertanen in „wucherlichen Kontrakt" um „Hab und Gut mit Weib und Kindern gebracht". Doch sei – so schreibt Julius Echter 1575 an den Kaiser: „ein jede christliche Obrigkeit schuldig ... seinen Untertanen zum besten zu helfen und sie vor solchem verderblichen Schaden zu schützen". Er selbst, so betont er, „könnte jährlichs ein großes Einkommen von ihnen haben", aber er sei nicht gesonnen, „um christlicher Liebe willen ... mit anderer Leute Schaden reich zu werden".

Trotz der stark eingeschränkten Durchzugserlaubnis für die Juden der Reichsritterschaften durch das Würzburger Territorium ließen sie sich nicht gänzlich aus diesem verdrängen. Das aber widersprach nicht nur der Sorgepflicht des Bischofs, sondern auch seinem politischen Interesse: Alle Nebengewalten sollten möglichst ausgeschlossen werden und das Judenregal – mit oder ohne Juden – nur beim Bischof liegen. Ähnlich war auch die Taktik der Bamberger Bischöfe, die jedoch mit ihren zahlreichen Vertreibungsedikten nie ernst machten. So rechtfertigt sich 1567 Bischof Veit II. von Wuerzburg (Reg. 1561–1577) nach einer Beschwerde seiner Juden beim Kaiser: Es stehe ihm zu, über alle Juden, auch über die auf den Adelsgütern wohnenden, zu bestimmen, da ihm allein nach den Reichsgesetzen von 1530 und 1548 das Regal zustehe, nicht aber dem

Adel. Der Trierer Erzbischof Jakob von Eltz ließ aus diesem Anlaß 1573 bei der Vertreibung der Juden aus dem Erzstift seine Knechte in den Besitz des Ritters Waldbott zu Bassenheim einfallen und die Juden von dort vertreiben, da „auch diese Juden unter seinem Geleit" ständen. Die rechtliche Situation über das Judenregal war den meisten Adligen wohl kaum eindeutig klar. Dem Einspruch der Münsterschen Regierung gegen die Niederlassungsgewährung einer jüdischen Familie in seinem Dorf Lembeck hielt der Ritter Bernhard von Westerholt 1576 entgegen, daß „alle stende des reichs die Judden vergleiden und ich dann in meiner herlicheidt wegen meines dragens lehens auch vergleidingh habe". Nur hatte er dieses Lehen vom Münsterischen Bischof und nicht vom Kaiser, so daß er sich nicht – wie die Würzburger Adligen – auf die Reichspolizeiordnung von 1548 beziehen konnte, die allen privilegierten Reichsständen und damit auch den Reichsrittern das Recht gab, Juden zu vergeleiten.[18]

Versuchte Vereinigung der Juden auf Reichsebene

Gerade im 16. Jahrhundert war unter den Juden in Deutschland das Bestreben sehr stark, den Kaiser auf seine alte Aufgabe als obersten Schutzherrn der Juden im Reich zu verpflichten, um so den Willkürlichkeiten territorialer Judenpolitik einen Schutz entgegenzusetzen. Durch die starke Stellung, die sich zu dieser Zeit Josel von Rosheim als „Vorgänger" und „Befehlshaber" im Reich verschafft hatte, blieb unter den Juden trotz der fortschreitenden Territorialisierung so etwas wie ein „Reichsbewußtsein" erhalten. Im Gegensatz zu dem von König Ruprecht ohne Zustimmung der Judenschaft eingesetzten „Reichsjudenmeister" war Josel durch das Vertrauen der jüdischen Gemeinden in Deutschland in diese Position gekommen. Nach dem angeblichen Pösinger Ritualmord von 1529 hatten sich Vertreter der Juden aus Deutschland im selben Jahr in Günzburg versammelt und Josel von Rosheim in dieses Amt gewählt. Er sollte als Sprecher aller Juden gegen diesen Ritualmordvorwurf auftreten. Josel hatte bis dahin als

Vertreter der elsässischen Judenschaft sehr geschickt agiert, so daß nun alle Juden des Reiches ihn als Anwalt ihrer Angelegenheiten anerkannten. Er selbst bezeichnete sich 1530 als „Befehlshaber gemeiner Jüdischheit teutscher Nation", obgleich auch Karl V. in Worms 1521 einen „Reichsrabbiner", nämlich den Rabbiner Samuel von Worms, eingesetzt hatte. Doch wurde Josel sowohl von der Reichsregierung als auch vom Kaiser in seiner von den jüdischen Gemeinden bestimmten Funktion anerkannt.

Seine Fähigkeiten bewies Josel 1530 auf dem Augsburger Reichstag, als er gezwungen war, in einer Disputation die Thesen des jüdischen Konvertiten Antonius Margaritha zu widerlegen, der behauptete, die Juden verfluchten nicht nur Christus, sondern auch den Kaiser und alle Reichsuntertanen. In Anwesenheit Karls V. gelang es Josel, die Reichsstände von der Haltlosigkeit der Vorwürfe zu überzeugen. Antonius Margaritha wurde als Unruhe stiftender Denunziant gefangengenommen und später aus Augsburg verbannt. Josels Politik lief darauf hinaus, einen Ausgleich zwischen Christen und Juden herbeizuführen und die alten Streitpunkte um Zinsnahme und Handel zu beseitigen. Er hatte deshalb alle Gemeinden und Landjudenschaften aufgefordert, Bevollmächtigte nach Augsburg zu schicken, um eine „ehrbare Ordnung und Satzung" zu beraten und zu beschließen. Diese Ordnung, die Josel im November 1530 dem Reichstag bekanntmachte, setzte für „Wuchergeschäfte" einen engen Rahmen und befahl den Gemeindevorständen, auf strenge Einhaltung dieser Ordnung zu achten. Dieses Angebot der jüdischen Minderheit wurde von der christlichen Gesellschaft nicht angenommen, die aufgrund der konfessionellen Frage am 21. November 1530 den Reichstag in „schriller Dissonanz" (K. Brandi) beendete. Josel gelang es deshalb nicht, die scharfen Bestimmungen der Reichstags-Verabschiedung zu verhindern, die das Geleitrecht bei „Wucher" einschränkten, was quasi einem Verbot gleichkam. Doch erreichte er vom Kaiser 1544 ein Privileg, in dem dieser als „oberster Herr und Richter" über die Judenheit anordnete, daß kein Jude und keine Jüdin, welchen Standes sie auch seien, in

Zukunft gefangengenommen, gepeinigt, gemartert, ihrer Habe beraubt und getötet werden dürften; es sei denn, daß glaubwürdige Zeugen dieses Vergehen (den angeblichen Ritualmord) genügend bewiesen und begründeten. Sollten wiederum solche Beschuldigungen erhoben werden, so sollten sie zuerst dem Kaiser als der „obersten Obrigkeit" der Judenschaft angezeigt und sein Urteil abgewartet werden. Anlaß zu diesem Verbot gab eine Würzburger Anklage wegen angeblichen Ritualmords. Josel versuchte hier, die Hinrichtung durch persönliche Verhandlungen zu verhindern.[19]

Wenn der Kaiser auch im gesamten Reich die Juden nicht mehr zu schützen vermochte, so erhob zumindest Karl V. noch erfolgreich Einspruch gegen besonders eklatante Verstöße. Seine 1548 erlassene Reichspolizeiordnung überließ zwar allen Reichsständen das Judenregal, regelte aber reichseinheitlich die Zinsfrage, indem nun offiziell erlaubt wurde, „fünf vom Hundert zum Wucher zu nehmen". Der Anspruch des Kaisers, die Juden gegenüber den Reichsständen zu vertreten, blieb auch nach dem Tod Josels (1554) und dem Abgang Karls V. (1556) bestehen, wie die Aussagen und Privilegien von Karls Nachfolgern Ferdinand I. (Reg. 1556–1564), Maximilian II. (Reg. 1564–1576) und Rudolf II. (Reg. 1576–1612) zeigen. Auch die jüdischen Gemeinden – wie 1576 die Würzburger – pochten auf ihren Status als Reichsbürger: Selbst wenn sie keine „cives Romani" wären – so argumentierten sie gegenüber Kaiser Rudolf II. –, was sie kraft des kaiserlichen Privilegs doch seien und weswegen ihnen die *commercia* und das Land ebensowenig verboten werden könne wie den Christen auch, seien sie doch schon seit undenkbaren Zeiten als *incolae* in der Stadt Würzburg aufgenommen und toleriert worden.

Obgleich das Judenregal nun weitgehend bei den Landesherren lag, setzte sich der Kaiser weiterhin bei den Territorialherren für die Juden in deren Gebieten ein, wenn auch vielfach ohne Erfolg. Dennoch hofften die deutschen Juden auf den Kaiser, wobei die Zeit freilich vorbei war, da sie mit Josel von Rosheim einen einflußreichen Vertreter aller jüdischen Gemeinden an den kaiserlichen Hof schicken konnten. Diese

Funktion übernahm seit 1590 weitgehend die Prager jüdische Gemeinde beziehungsweise ihre Ältesten, die schon wegen ihrer Nähe zum dortigen Kaiserhof eine günstigere Position hatten.[20]

Nach der Vertreibung der Juden aus fast allen Städten wurde Prag um 1600 das eigentliche jüdische Zentrum im Reich, auch wenn die dortige jüdische Gemeinde eigene Privilegien hatte und im engeren Sinn nicht zur „Jüdischheit teutscher Nation" zählte. Frankfurt oder gar Worms, die alten Zentren, konnten da nicht recht mithalten, war es doch in den ersten Dezennien des 17. Jahrhunderts durchaus noch nicht entschieden, ob sich die jüdischen Gemeinden in diesen beiden bedeutenden Reichsstädten halten konnten.

Die Prager Gemeinde hatte dagegen um 1541 die geplante Vertreibungsaktion überstanden. Nun, um 1600, zählte sie zu den bedeutendsten jüdischen Zentren Mittel- und Mittelosteuropas. Ihre Bedeutung und ihren politischen Einfluß verdankte sie nicht zuletzt der Stellung jüdischer Bankiers wie Mordechai Maisel, ihre geistige Bedeutung Rabbi Loew, dem Mahral von Prag, der als Schöpfer des Golem in die Geschichte eingegangen ist und damit auch moderne Phantasien beflügelt hat. Er paßte mit seiner Philosophie in das Prager Klima einer noch aufrechterhaltenen konfessionellen Toleranz, die zwanzig Jahre später im Dreißigjährigen Krieg untergehen sollte. In seinem Buch „Brunnen des Exils" (Prag 1598) wandte er sich gegen den religiösen Fanatismus und verurteilte die Religionen, die Feindseligkeit und Haß hervorrufen. Er trat gegen die Zensur auf und forderte die Freiheit des religiösen Gewissens. Griff Rabbi Loew damit über die Ghettomauern hinaus in die europäische Debatte um die Toleranz zwischen den Konfessionen ein, so versuchte sein Schüler, der Historiograph und Mathematiker David Gans (1541–1613), der aus dem westfälischen Lippstadt stammte, mit seinem „Zemach David" die Weltgeschichte seinen Mitbewohnern im Ghetto zu vermitteln. Er stand in persönlichen Beziehungen zu den beiden Astronomen am Kaiserhof, Tycho de Brahe und Johann Kepler.[21]

Während im Reich die Rabbiner an Bedeutung verloren, fungierten die „obristen Rabin der P[rager] jüdisch[en] Gemein[de]“ auch für den Kaiserhof als Gutachter in strittigen Angelegenheiten v. a. dann, wenn das jüdische Gesetz in Ehefragen von den christlichen Anschauungen abwich und der Inzestvorwurf erhoben wurde. Dies war 1595 der Fall, als Nathan Schay in Hildesheim nach dem Tod seiner Frau deren Schwester geheiratet hatte. Von den lutherischen Prädikanten in der Stadt Hildesheim aber wurde dies „in etlichen Kirchen auf der Kanzel öffentlich verkündiget und ihm /Nathan Schay/ gar übel ausgeleget“. Der Bruder des Gescholtenen aber bat den Kaiser „unsern obristen Rabinen und Schriftgelehrten, so allhier zu Prag wohnhaftig, gnädig ... /zu/ befehlen, daß sie ... deswegen untertänigliches und glaubwürdiges schriftliches Bericht tun“. Dieses Gutachten muß vom Kaiserhof angefordert worden sein. In ihm bestätigen am 15. September 1595 die „obristen Rabinen“, darunter auch Rabbi Loew, daß sich „in der ganzen Hl. Schrift nicht fand, daß solche Heiraten uns Juden verboten“. In diesem Sinne wandte sich Kaiser Rudolf II. am 6. Mai 1595 an Bischof Ernst von Bayern, den nominellen Stadtherren von Hildesheim, und forderte ihn auf, die Juden „bei Recht ihren jüdischen Gebräuchen ... zu schützen“. Doch erst 1601 kam es hier mit Hilfe des Reichskammergerichts zu einer für die Hildesheimer Juden positiven Entscheidung. Auf dem politischen Sektor setzte sich die Prager Gemeinde in dieser Zeit für die Juden in Norddeutschland ein, denen nach der Vertreibung aus dem Braunschweiger Territorium 1591 erneut das Durchzugsrecht streitig gemacht wurde. Auch hier bedurfte es auf Bitten der Prager Gemeinde mehrerer Briefe des Kaisers an den Herzog Heinrich Julius von Braunschweig-Wolfenbüttel, um den kaiserlichen Privilegien Wirkung zu verschaffen, was dann allerdings erst 1594 geschah.[22]

Mochte den Prager Juden aufgrund ihrer Bedeutung, vor allem aber ihrer lokalen Nähe zum Kaiserhof, in vielen Fällen die Vertretung jüdischer Interessen beim Kaiser zufallen, so gab es doch auch nach 1590 noch eine „gemeine Jüdischheit im

Reich", die in bestimmten Fällen, vor allem bei Auseinandersetzungen in Reichsstädten, ihren „Gesandten" nach Prag schickte. Um 1595 versah diese Funktion Mendel Jud von Frankfurt, der bei Rudolf II. erreichte, daß der Kaiser gegenüber der Reichsstadt Dortmund gegen die dort erschienene judenfeindliche Schrift „Christlicher Unterricht" des Arnd Westhof eintrat. Der Kaiser protestierte sehr scharf gegen die antijüdischen Predigten in der Dortmunder Kirche, die ein Pogrom gegen die Juden provozieren könnten. Das war wohl auch die Befürchtung der Frankfurter Juden, weshalb sie die Sache zu einer Angelegenheit aller Juden im Reich machten. Immerhin konnten sie als Erfolg verbuchen, daß der Kaiser den Frankfurter Rat anwies, alle dort vorhandenen Exemplare dieser Schriften zu konfiszieren, dem Dortmunder Rat aber befahl, alle Exemplare zu verbrennen, den Drucker ins Gefängnis zu werfen, die Prediger zu warnen, sich nicht zu Schritten gegen die Juden hinreißen zu lassen.[23]

Ein letzter Versuch der deutschen Juden, sich um 1603 unabhängig von den Prager Juden auf Reichsebene zu verbünden, endete für sie jedoch mit einem Eklat und machte für die Zukunft eine Realisierung dieser Absicht nahezu unmöglich. In diesem Jahr hatten sich Rabbiner und Gemeindeoberhäupter in Frankfurt/Main versammelt in der Absicht, „eine Art organisatorischer Verbindung der deutschen Judenheit herbeizuführen" (V. Press), wobei der Frankfurter Gemeinde als größter die Organisation und Leitung aller gemeinsamen Angelegenheiten zustehen sollte. In der Urkunde, die darüber aufgesetzt wurde, waren fünf jüdische Gerichtshöfe festgelegt worden, die bei innerjüdischen Angelegenheiten angerufen werden konnten. Es waren dies die Rabbinate in Frankfurt, Worms, Friedberg, Fulda und Günzburg. Von allen Gemeinden sollte zum Besten der deutschen Judenheit eine Steuer erhoben werden. Auch hierfür wurden über Deutschland verstreut liegende „Legstätten" bestimmt: Frankfurt, Worms, Mainz, Bingen, Friedberg, Schnaittach bei Nürnberg, Wallerstein im Ries und Günzburg. Eine interne Judenordnung enthielt Verhaltensregeln für das tägliche Leben, die Religion, aber auch das Wirtschaftsleben. Rabbiner und Vorsteher wollten damit dem antijüdischen Vorurteil des Münzbetrugs, der unehrlichen Schuldenregelung u. a. entgegentreten. Es ist zu Recht daran erinnert worden, daß die Organisation, die sich die deutschen Juden hier schufen, dem Zusammenschluß der Reichsritterschaft vergleichbar ist, die auf diese Weise der allgemeinen Entwicklung zur Territorialisierung entgehen wollte. Doch waren mit diesem Vorhaben der deutschen Juden die Territorialherren keineswegs einverstanden. Der Kölner Kurfürst Ernst von Bayern protestierte gegen diese „Verschwörung" der Juden, da sie weder vom Kaiser noch einer Obrigkeit zu einem Zusammenschluß legitimiert seien. Ernst von Bayern war ein strikter Verfechter einer territorialen Regelung jüdischer Angelegenheiten und hatte ihnen in seinen Territorien Hildesheim und Köln bestmögliche Chancen eingeräumt, wie seine Kölner Judenordnung von 1599 beweist. Die Juden wurden hier also in die Auseinandersetzungen zwischen Kaiser und Territorialherren hineingezogen. Doch Kaiser Rudolf II. und seine Räte waren 1603 im Gegensatz zu Maximilian I. 1515 und Karl V. nicht mehr in der Lage, die deutschen Juden bei diesem Versuch der Etablierung einer Reichskonföderation zu unterstützen. Sie überließen den Territorialherren nun die Juden im Reich, die sich ihrerseits darauf einstellten und mit dem Ausbau der Landjudenschaften bald eine Ersatzorganisation für ihre untergegangene Gemeindestruktur schufen.[24]

Dennoch versuchten die Juden der Reichsstädte, auch nach der gescheiterten Organisation von 1603 und den harten Reaktionen der Landesherren die Organisation „gemeiner Judenschaft im Reich" aufrechtzuerhalten und den Kaiser als ihren „Schutzherrn" in Anspruch zu nehmen. So schwach der Kaiser nach dem Eklat von 1603 sein mochte, er rückte dennoch nicht von seinem Standpunkt ab, letztlich der oberste Herr über alle Juden im Reich zu sein. 1616 hält Kaiser Matthias (Reg. 1612–1619) dem Lippe-Detmolder Landesherren, Graf Simon VII., der die Juden aus seinem Territorium vertrieben hatte, vor, er könne dessen Vorgehen nicht für billig halten, da auch diese Juden „in den Schutz der Judischhait im Römischen Reich" einbegriffen seien. Freilich handelte es sich hier um einen – wenn auch nicht unbedeutenden – Landesherrn eines Duodez-Fürstentums. Es blieb bei dem Anspruch. Aktiv wurde der Kaiser nur noch im Hinblick auf die Juden in den Reichsstädten, so für die Frankfurter und die Wormser Gemeinde nach den Zunftaufständen von 1614 und 1615 bzw. für die Hamburger Gemeinde bei deren endgültigen Bestätigung 1710. Den Anspruch auf die 1342 eingeführte Kopfsteuer für alle Juden im Reich, den sog. Goldenen Opferpfennig, hielt, wenn auch erfolglos, selbst 1721 Kaiser Karl VI. aufrecht.[25]

Niederlassungen der deutschen Juden um 1600 und ihre Territorialisierung

Der Frankfurter Organisationsplan von 1603 gibt einen Überblick über die zu dieser Zeit noch existierenden jüdischen Niederlassungen in Deutschland. Es lebten damals im deutschen Bereich ca. acht- bis zehntausend Juden, davon allein ca. dreitausend in Frankfurt/Main. Der Plan nennt von Norden nach Süden reichend folgende Territorien und Städte: Die Grafschaft Ostfriesland, die westfälische Grafschaft Mark (Hamm), die Fürstbistümer Münster und Paderborn. Diese norddeutschen Gemeinden wurden mit Kurtrier, Gelnhausen, Speyer und im Osten mit dem Fürstentum Ansbach dem Rabbinatsgericht Frankfurt/Main zugeordnet. Zu Worms zählten die Juden des Rheingaus, der Kurpfalz, aus Hessen-Darmstadt und dem Hochstift Speyer. Das Rabbinat in Friedberg/Hessen war zuständig für die Juden in Hessen-Kassel und Hessen-Marburg. Die Juden der Reichsritterschaften wurden dem Rabbinat Günzburg und Wallerstein und die der Reichsritterschaft des Hochstifts Würzburg dem Rabbinat in Fulda zugeteilt. Für die Juden des Erzstifts Köln war Bonn, für die des Erzstifts Mainz Bingen zuständig. Ohne Zuordnung zu einem Rabbinatsgericht blieben die Juden im Hochstift Bamberg, im Herzogtum Westfalen, das zu Kurköln gehörte, und im Herzogtum Jülich. Lokalen Rabbinaten zugeteilt waren die Juden in Hildesheim und in Fürth.

Die wichtigsten jüdischen Zentren Deutschlands lagen um 1600 außer in den Reichsstädten primär in den geistlichen Territorialstaaten Hildesheim, Paderborn, Trier, Köln, Mainz, Speyer, Bamberg und in der Reichsabtei Fulda, wo sich nach den Pestpogromen von 1349 eine Gemeinde herausgebildet hatte, deren Vertreibung sich der Fürstabt 1516 erfolgreich widersetzte. Nicht erwähnt werden in dem Plan die (noch geistlichen) Territorien Minden und Halberstadt und auch der Deutschordens-Staat um Mergentheim, in dem nachweislich jüdische Gemeinden zu dieser Zeit bestanden, desgleichen in der Fürstabtei Corvey. Nachdem die Juden 1596 aus der Reichsstadt Dortmund vertrieben worden waren, gab es jüdische Gemeinden um 1600 nur noch in den Reichsstädten Frankfurt, Worms, Gelnhausen, Wetzlar und Speyer. Nach Frankfurt/Main, das sie infolge des Fettmilch-Aufstands 1614 für anderthalb Jahre verlassen mußten, kehrten sie unter kaiserlichem Schutz 1616 zurück. Auch aus Worms wurden sie zur selben Zeit vertrieben. Dorthin brachte sie Kaiser Matthias Anfang 1616 unter militärischem Geleit wieder zurück; in Speyer lebten sie sehr eingeschränkt, da den dortigen Bürgern 1603 verboten wurde, mit Juden Handel zu treiben. In Friedberg/Hessen, wo der Rat 1530 zwar die Neuaufnahme von Juden untersagte, lebten sie jedoch kontinuierlich vom 16. bis 20. Jahrhundert; ebenso in Gelnhausen, wo von 1599 bis ins 20. Jahrhundert eine Gemeinde existierte.

Landjudenschaften bildeten sich nach der Verdrängung aus den süd- und südwestdeutschen Städten und Territorien, vor allem nach ihrer „Ausschließung“ aus dem Herzogtum Württemberg 1498, in den schwäbischen und fränkischen Reichsritterschaften und Duodezherrschaften. Zu einem jüdischen Zentrum wurde hier das Ries um Nördlingen und die Grafschaft Burgau. In der westfälischen Grafschaft Ravensberg sind seit 1586 in Bielefeld und zur selben Zeit auch im rheinischen Herzogtum Jülich jüdische Einwohner bezeugt.

Der Strukturplan der sogenannten Frankfurter Rabbinerversammlung mit seiner Zuordnung zu bestimmten Rabbinatssitzen hat mehrere Städte und Territorien nicht erfaßt, in denen sich um 1600 wieder Landjudenschaften bzw. kleine Gemeinden gebildet hatten. So vor allem in Ost- und Mitteldeutschland, im schlesischen Glogau (1598) und Zülz (1562) und in Halberstadt. In den meisten Städten Deutschlands durften sich im 16. Jahrhundert einzelne jüdische Familien nur temporär niederlassen. Sie mußten nach fünf oder zehn Jahren die Stadt wieder verlassen. Bei unerlaubter Rückkehr, die vielfach dringend erforderlich war, um noch ausstehende Schulden einzutreiben, drohte Gefangensetzung. Diese Praxis kriminalisierte die jüdischen Geldhändler sehr schnell, zumal dies von den Schuldnern häufig ausgenutzt wurde. In zahlreichen norddeutschen Städten, in denen sich im 16. Jahrhundert vereinzelt neue Gemeinden gebildet hatten, wurden diese durch erneute Vertreibungen wieder zerstört. So in Braunschweig 1546, in Goslar 1549, in Münster 1554, in Einbeck 1581/92, in Göttingen 1590/91, in Hameln 1591, in Hildesheim 1595 und in Hannover 1598. Um 1600 konsolidierten sich aber auch wieder einige Stadtgemeinden oder es kam zu Neugründungen, so in Altona-Hamburg (um 1600). Hier entwickelte sich im Dreißigjährigen Krieg die bedeutendste Gemeinde Norddeutschlands.[26]

Die Doppelgemeinde (später Dreigemeinde) Altona-Hamburg(-Wandsbek) hat zwei Wurzeln: 1584 gewährte der Graf von Schaumburg aschkenasischen Juden in Altona die Niederlassung; deren Partikulargeleit wurde 1612 zu einem Generalgeleit ausgeweitet. Von Altona aus versuchten die Aschkenasim, auch in Hamburg Fuß zu fassen, was im 17. Jahrhundert – wie Glückel von Hameln in ihren Lebenserinnerungen anschaulich schreibt – noch mit zahlreichen Gefahren verbunden war. Unabhängig davon verlief zur gleichen Zeit die Niederlassung portugiesischer Sephardim. Die Entwicklung der sephardischen Gemeinde ist eng verbunden mit dem Aufstieg Hamburgs zur führenden Handelsstadt Deutschlands. Die Orientierung auf den Westhandel im 16. Jahrhundert führte in den 1570er Jahren zum Bruch mit den Traditionen hansischer Wirtschaftspolitik, indem Hamburg nun Fremden Zoll- und Handelsrechte einräumte, die sonst nur den Hansegenossen vorbehalten waren. Als Merchant Adventurers ließen sich im letzten Viertel des 16. Jahrhunderts auch die sogenannten Portugiesen nieder, Marranen, die sich zunächst als Katholiken ausgaben, aber bald zum Judentum zurückkehrten, so daß 1603 die Bürgerschaft vom Rat die Ausweisung dieser portugiesischen Juden verlangte. Es gelang dem Rat jedoch, mit Hilfe von Gutachten der Universitäten Jena, Leipzig, Frankfurt/Oder und Gießen, für die Sephardim ein Bleiberecht gegenüber der Bürgerschaft durchzusetzen. Der Kontrakt vom 19. Februar 1612 garantierte ihnen auf fünf Jahre „aufrechte, redliche Kaufmannshantierung, unsern Bürgern und Einwohnern gleich“, untersagte ihnen jedoch, eine Synagoge zu errichten, heimliche oder gar öffentliche Zusammenkünfte zu halten oder aber Beschneidungen vorzunehmen, erlaubte allerdings, die Toten zum Friedhof in Altona zu überführen.

Die Hamburger Sephardim nutzten die territorialen Rivalitäten an der Niederelbe und sicherten sich „Ausweichprivilegien“ für Stade (vom Erzbischof von Bremen), Glückstadt (vom dänischen König) und Altona (vom Grafen von Schaumburg), ohne aber die dortigen Niederlassungen als Konkurrenz zu Hamburg auszubauen. Dafür mußten sie sich auf die gewagte Münzpolitik der niederelbischen Territorialherren einlassen, die nicht nur, bedingt durch die Reduktion des Edelmetallgehalts der Münzen, die einfache Bevölkerung gegen sie aufbrachte, sondern auch den Hamburger Rat, der 1619 mit der Gründung einer eigenen Bank Münzverschlechterungen auf Kosten Hamburgs ein Ende machte. Dagegen versuchte Fürst Carl von Liechtenstein, der in die Prager Inflationsmanipulationen dieser Zeit verwickelt war, die Hamburger Sephardim in sein schlesisches Fürstentum Jägerndorf zu ziehen, woraus die Juden nach einem überall im Reich Aufsehen erregenden Zaubereiprozeß 1535 vertrieben worden waren. Das für sie ausgestellte Privilegium des Liechtensteiners von 1625 garantierte den Bau einer Synagoge und damit das öffentliche Religionsexercitium, außerdem das Begräbnisrecht, den Gebrauch aller hebräischen Bücher, das Druckrecht und v. a. das Verbot, die Sephardim aufgrund ihrer Herkunft inquisitorisch zu vernehmen, ferner ein weiteres Zuzugsrecht für Sephardim, aber nicht für Aschkenasim, freies Wohnrecht in allen Orten, eigene Gerichtsbarkeit, Appellationsrecht bei den Fürsten, Niederlassung für Ärzte und die Anstellung christlicher Dienstboten. Im ökonomischen Bereich gewährte er die Erlaubnis zum Münz- und Perlenhandel und das Recht, Pfänder nach einem Jahr zu verkaufen.

Die Hamburger Sephardim erhielten alle gewünschten Privilegien, wie sie sie bisher noch nie bekommen hatten. Sie hatten einen Rückzugsort, falls sie aus Hamburg und den niederelbischen Gebieten ausgewiesen wurden. Sie konnten ferner die Privilegien als Ausgangspunkt für Verhandlungen in Hamburg und an der Niederelbe nutzen. Am wichtigsten aber war wohl für sie: Sie erhielten ein Privileg in einem habsburgischen Territorium, wozu Jägerndorf zählte, um sich so den Zugang in „ganz Deutschland und Italien" zu eröffnen, wie ein zeitgenössisches Gutachten dieses Privileg beurteilt. Damit hätten sie sich, ohne Vermittlung der aschkenasischen Prager Juden, einen Zugang zum Kaiserhof verschafft. Soweit bekannt, haben sich Hamburger Sephardim nie in Jägerndorf niedergelassen. Für das holsteinische Glückstadt erreichten sie jedoch 1630 ein Privileg, das ihnen exakt die Liechtensteiner Rechte einräumte. Das Hamburger Privileg von 1650 enthielt demgegenüber erhebliche Einschränkungen, erlaubte nun aber immerhin Gottesdienste in den Privathäusern für vier oder fünf Familien und ein unbegrenztes Wohnrecht, wenn auch mit der Eingrenzung auf die für Geschäftsleute weniger attraktive Neustadt. Trotz der erheblichen Schlechterstellung gegenüber Jägerndorf und Glückstadt zogen die Sephardim die Hamburger Niederlassung aufgrund der günstigen Geschäftsbedingungen vor und nahmen dafür manch tätliche Angriffe des „Pöbels" und die ständigen Beschwerden der Hamburger Geistlichkeit in Kauf, die ihnen sogar einen „christlichen Rabbi" vorsetzen wollten. Für den Fall eines Scheiterns in Hamburg versuchten sie auch in den 1660er Jahren, ihr Niederlassungsrecht in Glückstadt aufrechtzuerhalten, selbst als dort keine vollzählige Gemeinde existierte.

Es fällt auf, daß die Sephardim ihre Belange unabhängig von den gleichzeitigen Bemühungen der Aschkenasim im Reich verfolgten. Geht man davon aus, daß sowohl das Jägerndorfer Privileg (1625) als auch das Glückstädter (1630) auf den Vorgaben der Hamburger Sephardim beruhten, so läßt das in beiden enthaltene strikte Niederlassungsverbot für Aschkenasim darauf schließen, daß die Sephardim ihre Niederlassungspolitik völlig getrennt von der der Aschkenasim im Reich zu betreiben gedachten. Vermutlich taten sie dies nicht nur, um ihre Privilegien nicht zu gefährden, sondern auch, um nicht in die damalige Krise der deutschen Judenheit hineingezogen zu werden.

Diese abgrenzende Haltung der Hamburger Sephardim änderte sich erst allmählich. Als im sogenannten schwedischen Winter (1657) die Aschkenasim aus dem durch den Krieg bedrohten Altona in das sichere Hamburg flüchteten, mußten sie sich – wie Glückel von Hameln schreibt – teils bei den Portugiesen, teils bei Bürgern behelfen. Aus diesen aschkenasischen Flüchtlingen bildete sich die erste Hamburger aschkenasische Gemeinde, die aber im Gegensatz zu der portugiesischen im 17. Jahrhundert in ihrer Existenz bedroht blieb. Andererseits gewährten die Altonaer Aschkenasim 1669 in einem Vertrag den Hamburger Sephardim ein Niederlassungsrecht in Altona; denn durch königliche Konzession war ihnen 1646 ein Mitspracherecht bezüglich der Niederlassung von Juden in Altona zugesprochen worden. Mochten intern die Abgrenzungen zwischen Sephardim und Aschkenasim in Altona/Hamburg weiterhin existieren, die sozialen Unterschiede zwischen den reichen Sephardim und den nicht so begüterten Aschkenasim verwischten sich im 18. Jahrhundert. Für die kaiserliche Regierung waren die Unterschiede kaum gravierend, denn sie privilegierte generell die Judenschaft zu Hamburg „so portugiesisch – als Hochteutscher Nation“.[27]

Innere Entwicklung der Judenheit in Deutschland

Nach dem Frankfurter Desaster der gescheiterten Reichsorganisation von 1603 versuchten die Juden in Deutschland, mit der Bildung der Landjudenschaften und der Landrabbinate verstärkt der neuen Entwicklung zum Territorialstaat Rechnung zu tragen. Jedoch nicht erst die Verdrängung aufs Land hatte zur Einrichtung der Landrabbinate geführt. Ihre Wurzeln reichen bis ins 14. Jahrhundert zurück. Um die Mitte des 15. Jahrhunderts hatte es Ansätze derartiger Organisationen auf Landesebene im Rheinland und in Franken gegeben, die aber durch die Vertreibungen im 15. und 16. Jahrhundert wieder untergegangen waren. Neuansätze sind um 1540 im Elsaß festzustellen. Die Landjudenschaft bildete gleichsam eine Gesamtgemeinde für alle Juden eines Territoriums, die, übers Land verstreut, in den einzelnen Orten kein Minjan, das sind zehn Männer, die für die Abhaltung des Gottesdienstes vonnöten sind, zusammenbrachten. Auf den Versammlungen der Familienoberhäupter, den Landtagen, die zunächst sporadisch, später in festen zeitlichen Abständen stattfanden, wurde versucht, alle gemeinsamen Probleme, vor allem die Aufteilung der Abgaben, zu regeln. Der Landtag bestimmte zudem das Vorsteher-Kollegium, die Beamten (z. B. Steuereinschätzer, Kollektoren, Almosenverwalter) und wählte auch den Landrabbiner. Dieser versah in der Judenschaft das Amt des höchsten Richters. Für Hessen ist der jüdische Landtag zum ersten Mal für 1650 nachgewiesen, aber er muß bereits im ersten Viertel des 17. Jahrhunderts entstanden sein; desgleichen auch im Fürstbistum Münster, wo für 1628 der erste Judenschaftsvorsteher erwähnt wird.

Im 17. Jahrhundert waren die einzelnen Landrabbinate als Gerichtshöfe auch für Juden der Territorien zuständig, in denen es keine Rabbinatssitze oder Rabbiner gab. Mitunter führte das zum Protest einzelner Landesherren, die auf eine weitgehende territoriale Abschließung auch ihrer Judenschaften drängten. In der ersten Hälfte des 17. Jahrhunderts beschleunigten deshalb das Scheitern der Frankfurter Versammlung von 1603 und das dezidierte Interesse der Landesherren die Bildung neuer Rabbinate; in der zweiten Hälfte dieses Jahrhunderts und im 18. Jahrhundert folgten dann weitere.

Von den im 16./17. Jahrhundert in Deutschland wirkenden Rabbinern haben nur wenige ein Profil entwickelt, das sie über die Grenzen Deutschlands hinaus bekannt gemacht hätte. Eine Ausnahme bilden hier die schwäbischen Landrabbiner in Günzburg.[28]

Das Gemeindeleben prägten im 17. Jahrhundert sehr stark die Gemeindevorsteher, Vorsänger und Lehrer, von denen einige weit bekannt waren. So rejudaisierte zum Beispiel Feibisch ben Josef Halewi nach dreißigjähriger Vorbeter-Tätigkeit in Emden ab 1601 die Amsterdamer Marranen und organisierte den Aufbau der dortigen portugiesisch-jüdischen Gemeinde. Über die Vorbeter und Rabbiner blieb auch im 17. Jahrhundert der Kontakt zwischen den in unterschiedlichen Territorien abgeschlossenen Gemeinden bestehen. Viele dieser Rabbiner kamen weit in Europa herum. Zudem konnte jüdische Tradition seit dem 16. Jahrhundert auch durch den Buchdruck verbreitet werden, da die Lesefähigkeit jüdischer Männer sehr groß war und weit über der ihrer christlichen Zeitgenossen lag. Seit etwa 1531 existierte in der sonst für Juden verschlossenen Reichsstadt Augsburg eine Druckerei des Wanderdruckers Chaim Schwarz, die jüdische Gebetbücher herausbrachte. Im 17. Jahrhundert folgten weitere, mitunter auch von christlichen Unternehmern betriebene Druckereien für hebräische Bücher, so z. B. in Altona.

Trotz oder vielleicht gerade wegen des Drucks von außen, unter dem die Landjudenschaften und auch die wenigen städtischen Gemeinden lebten, blieben innergemeindliche Querelen nicht aus. Nach dem sogenannten Fettmilch-Pogrom zerstritt sich z.B. die Frankfurter Gemeinde wegen einer demokratischen Gemeindereform. Die Gemeindemehrheit setzte diese Reform mit Hilfe des Frankfurter Rats durch, riskierte damit aber für die Zukunft dessen stärkeres Mitspracherecht und eine Beschneidung der Gemeindeautonomie. Vorweggenommen scheint hier die Konfliktstruktur, die in der zweiten Hälfte des 17. Jahrhunderts im Zuge des Ausbaus absolutistischer Strukturen auch für die Gemeinden und Landjudenschaften typisch sein wird. Der absolutistische Landesherr versuchte die Judenschaft unter die Befehlsgewalt eines von ihm abhängigen Vorgängers zu bringen, der gegen den erklärten Willen der Judenschaften die internen Angelegenheiten zu seinen und seines Fürsten Gunsten zu regeln trachtete. In Frankfurt war es freilich umgekehrt: hier gingen die Eingriffe des Rats zugunsten einer Demokratisierung der Gemeindestruktur; in den Landjudenschaften unternahm es dagegen der Vorgänger, mit Einverständnis des Landesherren die demokratische Gemeindestruktur zu beseitigen und sich selbst mit unbeschränkter Befehlsgewalt an die Spitze zu sezten.[29]

Christlich-jüdisches Zusammenleben

Soweit es die Judenordnungen zuließen, entwickelte sich im ausgehenden 16. und beginnenden 17. Jahrhundert ein normales Zusammenleben zwischen Juden und Christen in Deutschland. So verbot zwar 1623 eine Bamberger Verordnung recht weitläufig, daß Christen mit Juden viel verkehrten oder mit ihnen zusammen kneipten; doch wie wenig solche Verordnungen eingehalten wurden, zeigt eine Beschwerde des Bamberger Rats aus dem gleichen Jahr beim Fürstbischof, daß die Judenkinder mit den Christenkindern auf der Gasse und in den Häusern zusammen spielten und Gemeinschaft pflegten, ja sogar in die christliche Schule geschickt würden. Es lag nicht im jüdischen Interesse, sich stark abzugrenzen, lebten die Juden doch vorwiegend in Dörfern, in denen es keine Judenviertel gab. Der Kontakt mit den Christen war also viel enger, als dies ehemals in den Städten der Fall war. Sie wollten, so heißt es in einer Eingabe der Breisgauer Juden aus dem 16. Jahrhundert an den habsburgischen Landesherrn, mit ihren Nachbarn „lieber ruwig und friedlich leben“, als sich in irgendwelche Auseinandersetzungen einlassen. Doch wurde ein konfliktfreier Umgang, vor allem im Geschäftsverkehr, auf dem Land durch Kreditleihe an die Bauern, die häufig nicht zurückzahlen konnten und deshalb Haus und Hof verloren, in Frage gestellt. Für die einfache Landbevölkerung war der „Wucher“ der Juden daran schuld. So kam es sogar vor, daß Bauern deshalb bis vor das Reichskammergericht in Speyer gingen, wie 1606 der Bauer Wichardt aus Steinheim/Westfalen, dessen Schulden bei dem Juden Samuel 209 Taler betrugen. Daß Samuel in Speyer recht bekam, verdrängte jedoch keineswegs das Vorurteil vom betrügerischen Juden. In den Städten, in denen noch oder wieder Juden lebten, versuchten die Zünfte und Kaufmannsgilden auf den Ständeversammlungen eine erneute Vertreibung durchzusetzen.

Zu ernsten Konflikten zwischen Juden und Zunftbürgertum kam es 1614 in Frankfurt und in Worms, wo Zunftangehörige die Judengasse überfielen und die Juden aus der Stadt vertrieben. In Frankfurt war es unter Leitung des Lebkuchenbäckers Vinzenz Fettmilch zu dem nach ihm benannten Aufstand gekommen. Angehörige der Zünfte erstürmten nach regelrechter Belagerung das Ghetto und plünderten die Häuser. Als die reichen Frankfurter Familien um ihren eigenen Besitz fürchten mußten, setzten sie Militär ein, das die Plünderer aus der Judengasse vertrieb. Die Juden, die sich auf den Friedhof geflüchtet hatten, wurden von Fettmilch aus der Stadt vertrieben.

In Frankfurt führte dieser Aufstand zu einer Systemkrise. Die Zünfte übernahmen die Macht, stießen damit aber beim Kaiser auf Widerstand, der über die Rädelsführer die Reichsacht verhängte. Sie wurden gefangengesetzt und hingerichtet. Die Juden durften in das Ghetto zurückkehren. Der Kaiser nahm sie in seinen und des Heiligen Römischen Reiches Schutz auf. Zum Zeichen dafür wurden an den drei Ghettotoren Reichsadler angebracht. Der Schaden von 176 000 Gulden, den die Juden errechneten, wurde ihnen vom Rat nicht ersetzt. Schließlich verzichtete die jüdische Gemeinde auf eine Wiedergutmachung. Die Wormser erhielten von der Stadt einen Schadensersatz, mußten aber für den Wiederaufbau der Synagoge selbst aufkommen.[30]

Die Juden in der Ökonomie

Auch wenn die Stadtwirtschaft im Zuge der sich herausbildenden Territorialstaaten immer mehr an Bedeutung verlor und die Landesherren im 16. und 17. Jahrhundert die Ökonomie nach kameralistischen Grundsätzen auf der Basis des geschlossenen Territorialstaates organisierten, blieben die städtischen Märkte doch der Hauptumschlagplatz für die Güter des alltäglichen Lebens. Hier aber stießen die jüdischen Händler auf entschiedene Ablehnung durch die Zünfte und die Krämergilden, die weitgehend die Ratspolitik mitbestimmten. Diese setzten nach der Verdrängung und Vertreibung der Juden aus den Städten alles daran, den aus den Vororten oder Dörfern in die Stadt kommenden Juden den Markt zu verwehren. Einzelne Städte lockerten zwar bisweilen das strikte Aufenthaltsverbot für Juden; doch war es noch in der zweiten Hälfte des 17. Jahrhunderts für jüdische Händler sehr riskant, in den Städten zu verkaufen, da sie vielfach angepöbelt oder gar angegriffen wurden. Große Probleme bereitete es trotz der Hilfe der Obrigkeiten, Außenstände einzutreiben, da manche Stadtobrigkeit die Rückzahlung von ausstehenden Schulden an Juden verbot.

Es ist schwierig, Besitzverhältnisse und Kreditmöglichkeiten der jüdischen Händler im 16. Jahrhundert richtig einzuschätzen. Als anläßlich des Schmalkaldischen Krieges 1547 das Vermögen der acht Würzburger Judenfamilien aufgeschrieben wurde, lag das höchste Vermögen bei 735 Gulden. Im Durchschnitt entfielen auf jede der dreißig Personen 80 Gulden. Das Vermögen aller Judenfamilien in Braunschweig lag um 1540 bei 900 Gulden. Die Zeiten, da die Juden in den niedersächsischen Städten noch Kreditsummen von 4000 Gulden Rheinisch aufzubringen vermochten, wie selbst noch im 15. Jahrhundert, waren vorbei. Allerdings sagt die Höhe einer Kreditsumme, die ein jüdischer Geldleiher zur Verfügung stellen konnte, nicht unbedingt etwas über seinen Besitz aus. Er konnte voluminöse Kreditgeschäfte auch für christliche Geldgeber übernehmen, die damit nicht an die Öffentlichkeit treten wollten. So gab es vereinzelt auch im 16. Jahrhundert schon jüdische Geldleiher, die mit ihrer Tätigkeit auf die späteren Hoffaktoren verweisen. Zu ihnen zählt in Norddeutschland die etwas zwielichtige Figur des „reichen Michel“ von Derenburg (gest. 1549), der in der Hildesheimer Stiftsfehde (1519–

1523) für den Hildesheimer Bischof gekämpft hatte. Er vermittelte dem Brandenburger Kurfürsten Kredite bis zu 25000 Gulden zu 5 Prozent. Luther führt ihn in seiner Schrift „Von den Jüden und ihren Lügen“ als Prototyp des jüdischen Wucherers an: „Ich lasse mir sagen, Es soll ein Reicher Jude itzt auf dem Lande reiten mit zwelff Pferden der wil ein Kochab [= Messias, Aufrührer] werden und wuchert Fürsten, Herrn, Land und Leute aus das grosse Herrn scheel dazu sehen.“

Eine ähnlich schillernde Persönlichkeit wie der „reiche Michel“ war der jüdische Münzmeister Lippold aus Prag. Seit 1550 war er am brandenburgischen Hof tätig. Der Kurfürst ernannte ihn zum Schatullenverwalter, Kammerdiener, Münzmeister, schließlich zum Verwalter der kurfürstlichen Münze. In dieser Funktion prägte er ca. 376000 Gulden, wofür er das Edelmetall besorgen mußte. Als sein Zeichen verwendete er auf den Münzen den Davidstern. Nach dem plötzlichen Tod des Kurfürsten (1573) wurde Lippold verhaftet und des Mordes am Kurfürsten bezichtigt. Obwohl ihm keine Schuld nachgewiesen werden konnte, wurde er im selben Jahr in Berlin gerädert und gevierteilt. Nach seiner Hinrichtung wurde allen Juden „auf ewige Zeiten“ der Aufenthalt in der Mark Brandenburg untersagt.

Hofagenten wie Michel und Lippold bilden im 16. Jahrhundert noch die Ausnahme. Allerdings entwickelten die Kaufleute im Frankfurter Ghetto bereits um 1570 wieder einen bedeutenden Warenhandel mit Luxusgütern. Sie profitierten von der Frankfurter Messe; denn viele Kaufleute ließen die Waren, die sie nicht loswurden, als Pfänder bei den Frankfurter Juden zurück. Die Gebrüder Oppenheim sollen um 1575 bereits über ein Geschäftskapital von 80000 bis 100000 Gulden verfügt haben. Einzelnen Frankfurter Juden gelang es auch wieder, sich in der Kreditleihe gegenüber den christlichen Geldleihern zu behaupten bzw. mit ihnen zusammenzuarbeiten, wie Joseph zum Schwan, der 1655 den Fuggern 25000 Gulden lieh.

Die übrigen jüdischen Kreditgeber lagen mit ihren Leihsummen jedoch weit darunter. Zu den bedeutenderen unter ihnen zählten, z.B. 1570 Israel aus Lübbecke, der dem ostfriesischen Grafen Edzard II. Kredite in einer Höhe von 1800 Gulden verschaffte, oder der Braunschweiger J. Lazarus in den Jahren nach 1539 mit Krediten von maximal 3055 Gulden. Der Durchschnitt der Kredite jüdischer Geldleiher in Braunschweig lag um diese Zeit bei 50 Gulden, wobei gegen Ende des 16. Jahrhunderts ein deutlicher Anstieg erfolgte. In Worms betrug 1559 die Gesamtverschuldung der Wormser Bürger bei den dortigen Juden immerhin 15649 Gulden. Damals lebten ca. 300 Juden in Worms. Zu den bedeutendsten jüdischen Geldleihern Norddeutschlands zählten um 1600 die Mitglieder der Familie Gans in Minden, die 1609 für einen auf zwölf Jahre bemessenen Schutzbrief 1000 Gulden aufbrachten; ferner die Mitglieder der Familie Schay in Hildesheim.[31]

Allgemein scheint sich um 1600 ein allmählicher ökonomischer Aufstieg der aschkenasischen Juden in Deutschland anzubahnen, wobei die hier aufgeführten Ausnahmen eher die Entwicklung zu einer sozialen Differenzierung der Juden in Deutschland aufzeigen als eine generelle Besserstellung.

Der Dreißigjährige Krieg

Die ständige Bedrohung jüdischer Bürger, die, wie am Beispiel der beiden größten Gemeinden Frankfurt und Worms deutlich wird, sich immer wiederholen konnte, fand eine Steigerung im Dreißigjährigen Krieg, als die Heerführer bald auf die Juden stießen, von denen sie hohe Summen für ihre Kriegsführung zu erpressen versuchten.

Während die ersten vier Jahre bis 1622 glimpflich verlaufen waren und die jüdische Minderheit schon den Eindruck gewonnen hatte, daß die Krieger „unseren Glaubensgenossen mehr Gutes getan als ihren eignen" – so der Frankfurter Rabbiner Joseph Hahn –, entdeckten nur wenig später die Heerführer beider Seiten die Juden als willkommene Quelle für ihren enormen Geldbedarf. Trotz rechtlicher Regelungen, die auch im Krieg gültig waren, setzten die meisten dabei, gestützt auf ihre militärische Macht, auf regelrechte Erpressung. Besonders der „tolle Christian", Söldnerführer auf protestantischer Seite, tat sich darin hervor. Als (katholischer) Administrator der Bistümer Halberstadt und Minden hatte er 1621 Judenordnungen erlassen, die diesen eine günstige wirtschaftliche Entwicklung in diesen (noch katholischen) geistlichen Territorialstaaten ermöglichten. Als Heerführer verlangte er von den Frankfurter Juden dagegen 30000 Taler oder forderte vom Hildesheimer Rat, die dortigen Juden gefangenzusetzen und ihnen 5000 Taler abzunehmen. Von den Paderborner Juden wollte er ebenfalls 30000 Reichstaler haben. Je nach Kriegsglück waren die Feldherren mit dieser Auspowerung der Juden auch erfolgreich. Neben diesen Erpressungsversuchen erhöhten sich für die Juden die Abgaben, so für Verteidigungszwekke ihrer Städte. Die bedeutendste jüdische Gemeinde Deutschlands, die im Frankfurter Ghetto, erlebte dadurch seit 1630 einen deutlichen Rückgang ihrer Einwohner und auch ihres Wohlstands. Doch noch während des Krieges um 1645 besserten sich wieder ihre Erwerbsverhältnisse: Obgleich 1648 die Einwohnerzahl um 20% niedriger lag als 1624 (1624: 409, 1648: 329 jüdische Haushalte), war die Gesamtbesitzsumme höher. Dagegen verarmte die jüdische Gemeinde in Hildesheim infolge der Kriegsforderungen auch über 1648 hinaus. Bereits 1633 hatte sich der Hoffaktor Nathan Schay angesichts der hohen Forderungen des „tollen Christian" „wegk und aus dem Staube gemacht". Nach 1632 konnten die Hildesheimer Juden kaum noch zu Steuerleistungen herangezogen werden.

Andere Gemeinden waren dagegen am Ende des Krieges durchaus noch in der Lage, den ausgebluteten Städten größere Summen zum Wiederaufbau zur Verfügung zu stellen, wie die jüdische Gemeinde in Wimpfen. Wurden die jüdischen Kaufleute auf der einen Seite durch Heerführer, Landesherren und Magistrate über die Maßen zu Zahlungen herangezogen, so verdienten von ihnen jedoch auch zahlreiche am Krieg, sei es durch Fouragelieferung, Pferdehandel, Geldwechsel, wohl auch an Glücksgeschäften. Ebenso beteiligten sie sich an den Kipper- und Wippergeschäften. Manche Hoffaktoren-Familie legte im Krieg den Grundstein für ihren späteren Wohlstand wie die Familie Gomperz, die 1610 als arme Familie in Kleve vergeleitet wurde, am Ende des Krieges aber bereits zu den führenden jüdischen Familien in Brandenburg-Preußen zählte. Dagegen ist die in Hildesheim begüterte Familie Schay zu den kriegsbedingten Absteigern zu rechnen. Zu den im Dreißigjährigen Krieg reich gewordenen Juden gehörte auch der Schwiegervater der Glückel von Hameln, Josef Hameln, der aus dem schaumburgischen Stadthagen stammte.

Schon früh zeigte sich unter den Arrivierten die Tendenz zu engen Familienverbindungen, wofür die Memoiren der Glückel ein beredtes Zeugnis ablegen. Doch heirateten die aschkenasischen Aufsteiger nicht in die reichen sephardischen Familien Hamburgs ein, die ebenfalls am Krieg durch den Spanienhandel bei Ausschluß der holländischen Konkurrenz und durch die Verbindungen zur dänischen Krone verdient hatten. Der Grundstock ihres Reichtums rührte allerdings aus der Zeit vor dem Dreißigjährigen Krieg, als sie 1619 durch die Gründung der Hamburger Bank, der ältesten in Deutschland, Hamburger Kaufleuten den Zugang zu den internationalen Geldmärkten eröffnet hatten. Fast ausschließlich in den Händen der Hamburger Sephardim lag während des Krieges der Handel mit Rohrzucker. Doch blieben die Hamburger Sephardim, auch verglichen mit den aschkenasischen Aufsteigern, die Ausnahme. Fourage- und Kriegslieferungen, vor allem der Handel mit Pferden, konnte jüdischen Händlern einen leidlichen Wohlstand garantieren, den es über die unsicheren Kriegszeiten hinwegzuretten galt.

Die unsicheren Kriegszeiten hatten zu einem Strukturwandel der Wirtschaft jüdischer Kaufleute geführt. Da es zu riskant war, Geldleihe zu betreiben, waren die meisten von ihnen auf den Warenhandel umgestiegen. Die reichsten Juden unter den siebzig jüdischen Hausständen, die 1623 im Hochstift Würzburg aufgeschrieben wurden, lebten vom Textil-, Pferde-, Geschmeide-, Wein- und Eisenhandel und verfügten über ein Vermögen von 800 bis 2000 Gulden. Die Ausnahme bildeten hier die Pferdehändler mit einem Vermögen von ca. 10000 Gulden. Über ein Vermögen von 1000 bis 2000 Gulden verfügten 1623 zwölf vergeleitete Juden, drei über ein Vermögen von 2000 bis 4000 Gulden und der reichste über einen Besitz von nahezu 10000 Gulden. Nach dem Dreißigjährigen Krieg (1655) besaßen im Hochstift von den 65 mit Vermögen angeführten Schutzjuden nur noch vier ein Vermögen von 1000 bis 2000 Gulden, sieben ein Vermögen von 500 bis 1000 Gulden. Auch im Frankfurter Ghetto war die Zahl der über fünf Gulden zahlenden Einwohner, das bedeutet der über 15000 Gulden besitzenden, zwischen 1624 und 1643 von 19 (= 5,3 %) auf fünf (= 1,5 %) zurückgegangen, während die Zahl der über 900 Gulden verfügenden von 90 (= 25 %) auf 126 (= 36 %) angestiegen war. In Minden waren die jüdischen Pfandleiher und Bankiers infolge des Krieges zu Trödlern und Hausierern abgestiegen.

Insgesamt kann man davon ausgehen, daß die Mehrzahl der jüdischen Einwohner Deutschlands durch den Krieg ärmer geworden, einer kleinen Gruppe aber der ökonomische Aufstieg gelungen war, so daß mit dem Dreißigjährigen Krieg sich die soziale Differenzierung unter den Juden fortsetzte.

Umstritten bleibt, ob bereits zu Kriegszeiten ein gravierender jüdischer Bevölkerungsanstieg erfolgte und unter den angeblich zahlreichen neuen Gemeinden, die entstanden, die Re-Urbanisierung der Juden eingeleitet wurde. Zu beobachten ist, daß die Heerführer sich im Hinblick auf die Niederlassung jüdischer Einwohner aus einsichtigen Gründen großzügiger verhielten als die betreffenden Magistrate. Sie benötigten jüdische Händler für die Infrastruktur des Krieges. Zudem vereinfachten die unruhigen Kriegszeiten ein „Einschleichen“, worüber sich 1642 z.B. der Bamberger Rat beim Bischof beschwerte, der wiederum eine Vertreibung der Juden anordnete, die jedoch nach bewährter Manier nicht durchgeführt wurde. Die von Juden erpreßten hohen Steuersummen führten in zahlreichen Fällen zu einer Steuerflucht, so daß Juden sich nun in Orten niederließen, wo sie vorher nicht wohnen durften. Dafür waren die Einwohnerzahlen ehemaliger Gemeinden rückläufig, manche, wie die in Hildesheim, wurden aufgelöst. Nicht vergessen werden darf, daß die Juden in Deutschland ebenso unter der kriegs- bzw. seuchenbedingten Bevölkerungsreduktion litten wie die Gesamtgesellschaft auch. Ein Anstieg der jüdischen Bevölkerung erfolgte in Deutschland erst nach 1650, bedingt durch die Chmelniecki-Pogrome in Osteuropa. Auch eine Re-Urbanisierung fand vor 1650 noch nicht statt. Wo Juden aus Sicherheitsgründen während des Krieges in Städten Aufnahme gefunden hatten, wurden sie vielfach wieder ausgewiesen. Am deutlichsten ist dies in Hamburg zu beobachten, wo die Aschkenasim aus Altona „sofort aufgekündigt und zu Ostern 1648 ausgeschafft werden" sollten, was dann auch wirklich geschah, wie wir aus Glückels Memoiren wissen. Die Tendenz, die Juden aufs Land zu verdrängen, hielt auch während des Dreißigjährigen Krieges an, wie das Beispiel Hessen-Darmstadt zeigt. In Darmstadt reduzierte sich die Zahl der dort wohnenden jüdischen Familien zwischen 1626 und 1642 von sieben auf eine.[32]

Der Dreißigjährige Krieg brachte noch keine grundsätzliche Wende für die Situation der Juden in Deutschland. Sie erfolgte erst im Anschluß an den Krieg, als die Fürsten darangingen, ihre Territorien wieder aufzubauen und dabei gezielt die Juden in die wirtschaftliche Reorganisation einbezogen. Am deutlichsten wird dies in der absolutistischen Politik des Großen Kurfürsten Friedrich Wilhelm von Brandenburg-Preußen (Reg. 1640–1688), der in seinen neuen Westprovinzen gut organisierte Judenschaften vorfand, die er mit großzügigen Privilegien ausstattete. Andere Fürsten folgten diesem Vorbild.

III. Die Zeit der Konsolidierung (1650–1806)

1. Periode: 1650–1760
Ein ausgeglichenes Nebeneinander

Die Judenordnungen

Seit dem Westfälischen Frieden (1648) waren die Juden endgültig dem jeweiligen Landesherrn unterstellt. Den politisch-rechtlichen Rahmen regelten in den einzelnen Territorien – wie auch schon früher – die Judenordnungen. Durch diese versuchten die Landesherren, verstärkt nach dem Dreißigjährigen Krieg, die unterschiedlichsten und in den einzelnen Territorien widersprüchlichsten Belange zwischen jüdischer Minderheit und Gesamtgesellschaft zu regeln. Als Prioritäten galten dabei
– die Einnahmen des Fürsten bzw. des Staates und damit die Entwicklung der Wirtschaft
– die Berücksichtigung der ökonomischen Interessen der christlichen Untertanen und damit die Vermeidung von Konflikten
– die Vorherrschaft der christlichen Religion und damit die Zurückdrängung der jüdischen Religion, vereinzelt auch
– die Abschließung der Territorien.

Je nach Entwicklung des einzelnen Staates und seiner ökonomischen Infrastruktur, aber auch nach Konfessionen unterschiedlich, verlief dabei die Akzentsetzung. In keinem Staat gelang es, die gegensätzlichen Interessen zu beseitigen, so daß die Widersprüche, die deshalb in den Judenordnungen ihre Spuren hinterließen, durch ständig sich wiederholende neue korrigierende Bestimmungen ausgeräumt werden mußten. Die Etablierung des Finanzstaates und seine Weiterentwicklung zum merkantilistisch bestimmten absolutistischen Staat verlief in den einzelnen Territorien sehr unterschiedlich. Viele der kleinen Duodezstaaten oder adligen Staatsgebilde erreichten nie das Niveau eines organisierten Steuerstaates, sondern blieben mehr oder weniger auf Zufallseinnahmen angewiesen. Es waren häufig diese Staatsgebilde, in denen die Juden die Staatseinnahmen weitgehend decken mußten. In den Mittelstaaten leisteten dabei die jüdischen Hoffaktoren entscheidende Hilfe. Zu einer vollen Entfaltung der wirtschaftlichen Aktivitäten jüdischer Einwohner kam es jedoch nirgendwo. Versucht hat es der Große Kurfürst und damit den Juden eine einmalige Chance geboten, doch seine Nachfolger schränkten die Freiheiten bald wieder ein. Die Intentionen jüdischer Händler, die über die Landesgrenzen hinausreichten, gerieten in Konflikt mit den Grundsätzen einer merkantilistischen Wirtschaftspolitik, die sich an der (vielfach unrentablen) Produktion im eigenen Land orientierte und die Einfuhr fertiger Produkte unterband. Obgleich die Güter gewinnbringend verkauft werden mußten, um Geld in die Staatskasse zu bringen, galten Handelsaktivitäten als zweitrangig, wenn nicht gar schädlich. Die erzwungene Investition des Kapitals jüdischer Händler in die Produktion erwies sich vielfach als äußerst nachteilig. Die stärksten Einschränkungen der wirtschaftlichen Aktivitäten jüdischer Kaufleute rührten jedoch von der widersprüchlichen Sozialordnung her, die durch die Monopolstellung der Zünfte und Krämergilden gegeben war. Jede Konkurrenz verteufelten sie als Zerstörung dieser – wie sie und die Prediger meinten – von Gott gesetzten Ordnung. Kein absolutistischer Herrscher des 17./18. Jahrhunderts hat es gewagt, ihre Monopolstellung in der Produktion, vor allem aber auch im Handel einzuschränken. Bei Konflikten wurden dagegen die Handelssparten jüdischer Händler begrenzt. Brach daraufhin die Güterversorgung zusammen oder fehlten den bäuerlichen Produzenten die Abnehmer für ihre Produkte, wurden die Einschränkungen wieder gelockert, bis es zum nächsten Konflikt kam. Verketzert wurden dabei vor allem die sogenannten jüdischen Handelspraktiken, was nichts anderes meinte, als daß sich die jüdischen Händler am Markt orientierten, keinen Verteilungs-, sondern einen Angebotshandel betrieben. Vor allem der Hausierhandel galt als anstößig, da er Frauen und Jugendliche – so das Argument – zu leichtfertigem Kauf verführe. Verpönt war aber auch der Straßenhandel. Jüdische Händler sollten keine Waren auf der Straße anbieten, ja nicht einmal durch Reklame auf ihr Geschäft oder ihre Ware aufmerksam machen dürfen. Erst in der Aufklärung wiesen einsichtige Beamte die Forderungen der Zünfte und Gilden als Gruppenegoismus zurück, ohne damit aber die Wirtschaftsordnung grundsätzlich zu ändern. Sie überdauerte das Ancien régime. Auch die aufgeklärte Wirtschaftstheorie des Physiokratismus änderte nichts zugunsten der von den Juden betriebenen Ökonomie. Da die Physiokraten vor allem die landwirtschaftliche Produktion zu fördern bestrebt waren, verurteilten sie die Kreditvergabe auf Landprodukte oder Bauernhöfe. Auch die Physiokraten erkannten nicht die Bedeutung, die der Korn- und Viehhandel jüdischer Kaufleute für die Landwirtschaft besaß. So blieben im 17./18. Jahrhundert die ökonomischen Entfaltungsmöglichkeiten der jüdischen Händler ungenutzt, da sie die dem absolutistischen System und seiner Sozialordnung inhärenten Widersprüche verschärften.

Neben den ökonomischen waren es die religiösen Vorgaben, die Weite oder Enge der Judenordnungen bestimmten. Der Konfessionalismus war auch nach Ende des Dreißigjährigen Krieges noch lange nicht überwunden und provozierte vor allem in den protestantischen Staaten neue Unterdrückungsmechanismen. Auch im 17./18. Jahrhundert trat in Deutschland die lutherische Orthodoxie als die entschiedenste Gegnerin des Judentums auf. Wenn sich die Juden schon nicht taufen lassen wollten, so sollte doch ihre Kultur eingeschränkt werden. Das bezog sich vor allem auf das Abhalten der Gottesdienste, die nur im Geheimen stattfinden durften. Der Bau von öffentlichen Synagogen wurde vielfach untersagt, nur die Benutzung von Stuben-Synagogen zugestanden. Die Judenordnungen katholischer Territorialstaaten sind wie schon im 16./17. Jahrhundert auch im 17./18. Jahrhundert hierin großzügiger, doch gehen auch sie nicht von dem alten Konzilssatz ab, daß die christliche Freiheit der jüdischen Dienstbarkeit überlegen sein müsse. Das bedeutete, daß in den meisten Judenordnungen – z. B. in der Kölner Judenordnung von 1700 – den Juden die Beschäftigung christlicher Mägde und Knechte, vor allem Ammen, wieder verboten wurde. Sie nahmen aber wegen der jüdischen Gesetze dabei den Dienst am Sabbat aus. Verboten wurde in katholischen Judenordnungen ferner das Wohnen von Juden und Nicht-Juden unter gemeinsamem Dach, das Betreten der Straße an Sonn- und Feiertagen und der Handel am Sonntag. Im 18. Jahrhundert mehren sich die Verbote für Juden, bei Prozessionen zuzuschauen, bzw. die Aufforderung, dem Eucharistie-Sakrament, wenn es durch die Straßen getragen wurde, die Reverenz zu erweisen. Im Gegensatz zu den protestantischen Ordnungen blieb jedoch die Ausübung des jüdischen Kultus unbehelligt, der Bau von Synagogen weitgehend uneingeschränkt. Das Disputationsverbot für einfache Leute, das in den altkirchlichen und protestantischen Judenordnungen eine große Rolle spielt, taucht lediglich in einer Münsteraner Ordnung von 1663 auf. Die „Verführung" zum Judentum mag für die einfache katholische Bevölkerung keine große Gefahr gewesen sein.

Im Gegensatz zur protestantischen Kirche betrieb die katholische Kirche in Deutschland keine gezielte Judenmission. Es gab zwar Konvertiten, die, wie in Bamberg im 18. Jahrhundert, nach ihrer Taufe sozial hochgestellte Positionen bekleideten, doch fehlen weitgehend Denunziationen ihrer ehemaligen Glaubensgenossen durch Konvertiten, die im protestantischen Bereich sich erneut gegen die angeblichen Lästerungen im Talmud richteten. Die entscheidenden und folgenschwersten antijüdischen Schriften, wie die von Eisenmenger, Schudt, Johannes Müller, stammen aus dem evangelischen Milieu.

Die Judenordnungen konnten nur grob die Rahmenbedingungen abstecken. Schon wegen der vielfachen Widersprüchlichkeiten, die sie enthielten, war eine stringente Durchführung kaum möglich, zudem waren die Bedingungen in den einzelnen Territorien doch zu unterschiedlich, wie die folgenden drei Beispiele – Brandenburg-Preußen, der Stadtstaat Hamburg und das geistliche Territorium Paderborn – verdeutlichen mögen.

Aus dem Kurfürstentum *Brandenburg-Preußen* waren nach der Hinrichtung des Münzmeisters Lippold die Juden 1573 für „ewige Zeiten" vertrieben worden. Die Stände achteten streng auf die Einhaltung dieses Verbots. Doch mit den territorialen Neuerwerbungen im 17. Jahrhundert (Kleve, Mark, Ravensberg, Magdeburg, Minden, Halberstadt) übernahm der preußische Staat auch die dortigen Judenschaften. Für das Kernland Brandenburg selbst konnten die Stände 1641 eine Neuaufnahme von Juden noch verhindern, doch 1670/71 ließ sich der inzwischen absolutistisch regierende Große Kurfürst Friedrich Wilhelm (Reg. 1640–1688) in dieser Beziehung keine Vorschriften mehr machen. Nach der aufsehenerregenden Vertreibung der Juden aus Wien, die die dortigen Zünfte und Geistlichen gegen das finanzielle Interesse des Kaisers 1670 durchgesetzt hatten, gab der Große Kurfürst seinem Wiener Residenten den Auftrag, vierzig bis fünfzig österreichische Judenfamilien nach Brandenburg zu vermitteln, „sofern es reiche und wohlhabende Leute seien". In dem berühmten Judenprivileg vom 21. Mai 1671, der „Magna charta der Brandenburger Juden" (S. Stern), war fünfzig Familien gegen Zahlung eines Schutzgeldes für zwanzig Jahre der Aufenthalt in der Mark, der freie ungehinderte Handel sowie der Kauf und die Miete von Häusern gestattet worden. Gleichzeitig wurde auch den Juden aus Hamburg, Polen und den übrigen preußischen Provinzen der Zuzug nach Brandenburg erlaubt. Mit Rücksicht auf die lutherischen Untertanen und ihre Geistlichkeit hatte der Große Kurfürst den Bau öffentlicher Synagogen nicht zugestanden. Trotz der absolutistischen Staatsdoktrin war Brandenburg-Preußen kein Einheitsstaat. Es gab keine gesamtstaatliche Ständevertretung, und auch die Judenschaften waren in den einzelnen Provinzen autonom organisiert. Soweit die Stände der einzelnen Provinzen unter dem Großen Kurfürsten politisch noch nicht bedeutungslos gemacht worden waren, versuchten sie die Zugeständnisse an die Judenschaften möglichst zu begrenzen. Den Magdeburgern gelang es sogar, eine Aufnahme von Juden in dieser Provinz zu verhindern, die Brandenburger dagegen versuchten den Kurfürsten zu erneuten Ausweisungen der Juden zu bewegen. Ihre Argumente boten die herkömmliche Verquickung ökonomischer und religiöser Motive: Die Juden verursachten als „Unchristen" und Feinde der Christen angeblich eine gänzliche Zerrüttung des Handels und der Nahrung des Landes. Der Große Kurfürst nahm auf dergleichen Einwände keine Rücksicht. Ihm war es wichtiger, die Aufnahme kapitalkräftiger bzw. wirtschaftlich versierter Ausländer zu betreiben, um in Überwindung der alten Wirtschaftskonzepte Brandenburg-Preußen zu einem modernen, merkantilistisch bestimmten Wirtschaftsstaat zu machen. Seine Politik leitete die Entwicklung Preußens zu dem wohl bedeutendsten Staat des aschkenasischen Judentums in der Neuzeit ein. Die nach den Chmelniecki-Pogromen aus Osteuropa zuwandernden Juden fanden hier Aufnahme, so daß allein in der Kurmark mit Berlin die Zahl der jüdischen Familien zwischen 1696 und 1708 von 101 auf 277 anstieg. In Berlin zählten die ca. 113 jüdischen Familien um die Jahrhundertwende mit 15268 Reichstalern Steuern zu den wichtigsten Akzisezahlern. Die Steuern mußten sie neben den 1701 für Berlin festgesetzten Schutzgeldsummen von 5000 Reichstalern entrichten. Für die Judenschaften aller Staaten der Monarchie war eine Gesamtsumme von 20000 Reichstalern festgesetzt worden. Die Juden hatten zwar hohe Summen zu zahlen, erfuhren aber sonst zunächst kaum Einschränkungen.[1] Diese folgten jedoch bald nach dem Regierungsantritt des Soldatenkönigs Friedrich Wilhelm I. (Reg. 1713–1740), der die Juden am liebsten wieder aus Brandenburg-Preußen vertrieben hätte, wohl eine der wenigen Absichten, die er mit seinem „aufgeklärten" Sohn Friedrich II. (Reg. 1740–1786) teilte. Ihm hatte er in seinem Testament geraten: „Was die Juden betrifft, seien leider sehr viel in unseren Ländern, die von mir keinen Schutzbrief haben. Die müsset Ihr aus dem Lande jagen, denn die Juden Heuschrecken eines Landes ... ruinieren die Christen ..." Friedrich Wilhelm I. strebte im Zuge seiner Verwaltungsreform auch eine Generalregelung für alle Juden im Staat an, die er 1730 in seinem Generalprivilegium zu erreichen versuchte. Zum ersten Mal erfuhren die Juden Preußens nun erhebliche Einschränkungen. Die Zahl der Schutzjuden wurde definitiv festgelegt. Für Berlin waren es 100 Familien. Die Zahl wurde 1737 auf 120 Familien heraufgesetzt zuzüglich 250 Diener, was immerhin eine nicht ganz legale Niederlassung neuzuwandernder Juden in Berlin ermöglichte. Die Schutzgeldsumme wurde für das gesamte Königreich auf 15000 Reichstaler veranschlagt. Die Aufteilung (Repartition) der Gesamtsumme auf die Familien in den einzelnen Provinzen hatte 1728 ergeben, daß im Königreich insgesamt 1173 jüdische Familien (legal) lebten, davon 180 in Berlin. Bedeutendere Judenschaften gab es damals in Halberstadt (192 Familien), Kleve-Mark (175 Familien), Kurmark (100 Familien), Neumark (127 Familien). Immerhin kamen die kleinen Herrschaften wie Hohenstein, Derenburg, Gröningen, Homburg, Ackersleben und Oschersleben, die inzwischen an Brandenburg-Preußen gefallen waren, auch auf insgesamt 102 Familien. Für Berlin bedeutete die Neuregelung, daß 1737 387 Juden ausgewiesen wurden, um die vorgegebene Zahl zu erhalten.[2]

Friedrich II. folgte mit weiteren Einschränkungen der Politik seines Vaters und verschärfte durch das berüchtigte Reglement von 1750 noch die Bestimmungen. Er nahm mit seiner unterschiedlichen Privilegierung von Generalprivilegierten, ordentlichen Schutzjuden, außerordentlichen Schutzjuden, „publiquen" Bedienten, Tolerierten/Geduldeten und den Privatdienstboten eine Ständeeinteilung vor, die zu einer starken sozialen Differenzierung der preußischen Juden beitrug und auf Kosten der jüdischen Mittel- und Unterschichten ging. Der ersten Gruppe gehörten die meisten Hof- und Finanzjuden an, die den christlichen Kaufleuten gleichgestellt wurden und damit bereits im 18. Jahrhundert ihre Emanzipation erreichten. Aus dieser Gruppe, die sich als „gleichberechtigte Partner eines aufgeklärten Bürgertums und nützliche Glieder des Staates" (Rürup) sahen, rekrutierte sich im Austausch mit den Vertretern der Aufklärung die Elite der Berliner Haskala, der jüdischen Aufklärung. Sie öffneten das Judentum für die entstehende moderne europäische Gesellschaft.[3]

Die Schutzjuden waren dagegen, was ihre ökonomische Entfaltung und die Vererbung ihres Status an die Kinder betraf, erheblich eingeschränkt. Ihr Handel sollte den „christlichen" nicht stören und sich möglichst auf den Import von Rohstoffen oder aber auf Altkleider- und Trödelhandel beschränken. Diese Bestimmung, die entgegen aller aufgeklärten Politik Rücksicht auf die städtischen Zünfte und Krämergilden nahm, mußte immer wieder gelockert oder gar aufgehoben werden, da der Vieh- und Kornhandel zum Erliegen kam oder der Finanzbedarf ohne das Wechselgeschäft nicht gedeckt werden konnte. Da auf der anderen Seite jedoch die Abgaben sukzessive heraufgesetzt wurden, verarmten vor allem nach dem Siebenjährigen Krieg (1756–1763) immer mehr Juden, während die Generalprivilegierten zur wirtschaftlichen Elite Berlins aufstiegen. Zudem galt für alle Schutzjuden eine Solidarhaftung, das hieß, die Gemeinschaft mußte für die Schulden der einzelnen aufkommen.

Noch zu Lebzeiten Friedrichs II. forderten die Berliner Aufklärer die „bürgerliche Verbesserung der Juden"; aber außer der Abschaffung des entwürdigenden Leibzolls und der Solidarhaftung zeitigten sie in den zwanzig Jahren zwischen dem Tod Friedrichs II. (1786) und dem Zusammenbruch Preußens (1806) keinerlei Erfolg. Erst unter dem Zwang einer „defensiven Modernisierung" kam es in (Rest-)Preußen 1812 zu dem bedeutenden Schritt einer (noch nicht vollständigen) Emanzipation.[4]

Die Entwicklung in *Hamburg* zeigt im 17./18. Jahrhundert ähnliche Widersprüche, wobei die Rücksichten auf die orthodoxe lutherische Geistlichkeit, die auch in der Stadtpolitik mitzubestimmen hatte, noch weitergehende Einschränkungen als in Preußen erforderten. Doch setzte sich in der politischen Kultur der Stadt immer wieder der nüchterne Kaufmannssinn durch, der zumindest im 18. Jahrhundert eine Vertreibung der Juden nicht mehr erlaubte. Schon die zum Judentum zurückgekehrten Sephardim verdankten dieser ökonomischen Prioritätensetzung ihr Bleiberecht, hatten sie doch erheblich zur Gründung der Hamburger Börse, zum Überseehandel und zur medizinischen Versorgung der Bürger beigetragen. Es bedurfte einiges Geschicks des Rats, sich mit seiner Politik gegen die gehässigen Äußerungen des Hauptpastors von St. Peter und Senior der Hamburger Geistlichkeit, Johannes Müller, durchzusetzen, der 1649 in einer Schrift „Bedenken wegen Duldung der Juden“ die altkirchlichen Verdächtigungen gegenüber den Juden mit gehörigen Neidkomplexen verband: Den Hamburger Juden unterstellte er, daß sie ihre christlichen Ammen und auch andere „Christenweiber“ schändeten, in die christlichen Kirchen gingen und dort das Bild des gekreuzigten Christus beschimpften, auf ihren Hochzeiten mit vollen Schüsseln und Konfekt praßten, zudem wie die Obrigkeit in Karossen mit Vorreitern führen.[5]

Der Rat versuchte, dagegen zwei Gutachten der Universitäten Jena und Altdorf ins Feld zu führen, und konnte in seinem Reglement vom 6. Juli 1650, das eine Ergänzung des ersten Vertrages von 1612 bildete, der „Portugiesischen Nation“ die Errichtung einer Gemeinde zugestehen, mußte aber den Bau einer Synagoge verbieten. Wohl im Hinblick auf die Vorwürfe Müllers bestimmte er, daß „sie keine ärgerliche Üppigkeit treiben“ sollten und sich nur in der (damaligen) Neustadt, dem heutigen Gebiet zwischen Altem Wall und Rödingsmarkt, niederlassen durften.[6]

Die Situation im Hamburger Raum war insofern einmalig, als in dem benachbarten Flecken Altona die hier bis 1640 regierenden Grafen von Holstein-Schaumburg um 1600 aschkenasische Juden ansiedelten, die bald ihre Geschäfte und versuchsweise auch ihre Wohnungen nach Hamburg verlegten. Die Schaumburger räumten den Juden großzügige Rechte ein, wovon auch die Hamburger sephardischen Juden profitierten, die in Altona seit 1611 den jüdischen Friedhof mitbenutzen durften. In Altona entstand 1680 auch die erste öffentliche Synagoge. In Hamburg wurden die aschkenasischen Juden allerdings noch nicht geduldet und 1649 noch einmal ausgewiesen, obgleich sich unter ihnen auch bessergestellte Juden mit einem Vermögen von 10000 Reichstalern befanden. Bleiben durften nur die Dienstboten der „Portugiesischen Nation“, die

die Keimzelle der aschkenasischen Gemeinde Hamburgs bildeten. In der zweiten Hälfte des 17. Jahrhunderts wanderten dann weitere aschkenasische Juden aus Altona und Wandsbek zu. Mit seiner Judenordnung von 1710 beendete der Rat gegen den Widerstand der lutherischen Geistlichkeit und Bürgerschaft diesen halblegalen Zustand und schuf damit sowohl für die aschkenasischen wie auch sephardischen Juden ein Grundgesetz, das bis auf die religiösen Einschränkungen recht großzügig gehalten war. Für den Geldhandel bestimmte es einen angemessenen Zinssatz. In ihrer Berufsausübung wurden die Juden allerdings durch die Ämter (= Gilden, Zünfte) eingeschränkt, mit deren Handel sie nicht konkurrieren durften. Auch wenn beiden Hamburger Judengemeinden, der sephardischen wie der aschkenasischen, nur kleine Betstuben zugestanden wurden, so erhielten sie doch in ihren internen Gemeindeangelegenheiten eine große Autonomie eingeräumt. Es lag in ihrer Macht, wer in die Gemeinde aufgenommen oder schon am Stadttor durch einen speziell bestellten jüdischen Aufpasser abgewiesen wurde. Über die Aufnahme entschied primär die ökonomische Leistungsfähigkeit des Betreffenden, da die Juden die Anteile des Abgabenfixums an die Stadt in eigener Regie aufteilen mußten. Trotz der bisweilen rigiden Einschränkungen der jüdischen Gemeinde für Neuzuwanderer entwickelte sich die Hamburger Gemeinde zur größten jüdischen Gemeinde im 18. Jahrhundert. Um 1800 erbrachte die erste Zählung, die durchgeführt wurde, 6000 jüdische Einwohner, dazu kamen noch einmal ca. 3000 in Altona und Wandsbek.

Mit der allgemeinen Verarmung der Juden in Deutschland in der zweiten Hälfte des 18. Jahrhunderts wurde es für die Hamburger Juden freilich immer schwieriger, ein „Einschleichen“ zu verhindern. Das führte zu fortgesetzten Konflikten mit dem Rat, der nach Einrichtung der Hamburger Armenanstalt von 1788 das öffentliche Betteln verboten hatte, für die jüdischen Bettler aber die jüdischen Gemeinden verantwortlich machte. Konflikte konnten bei der allgemein gehaltenen Regelung der Judenordnung auch mit den Ämtern nicht ausbleiben, die sich vor allem durch den Trödel- und Hausierhandel beeinträchtigt fühlten. Der Rat entschied dabei zumeist zugunsten der Ämter und verbot den Juden den Straßenhandel.

Auch wenn die Hamburger Juden nicht durch so kleinliche Schikanen wie die preußischen Schutzjuden gegängelt wurden, so blieb ihnen doch der gesellschaftliche Kontakt mit der Gesamtgesellschaft bis weit ins 19. Jahrhundert verschlossen. Noch um 1860 weigerten sich die Zünfte, Juden als Mitglieder aufzunehmen. So waren in Hamburg die Stimmen recht vereinzelt, die zehn Jahre nach der Verbürgerlichungsdebatte in Berlin in den 1790er Jahren in Hamburg für eine Aufnahme der Juden in die Gesellschaft plädierten.[7]

Als Beispiel für die Entwicklung in einem geistlichen Territorialstaat des 17./18. Jahrhunderts sei hier das Fürstbistum *Paderborn* dargestellt. Schon im 16. Jahrhundert war der damalige Fürstbischof Dietrich von Fürstenberg (Reg. 1585–1618) bestrebt, den Städten und Adligen seines Territoriums das Judenregal, über das diese verfügten, wieder zu entziehen. Gegen alle Einwände der Landstände versuchten seine Nachfolger, die Juden im Land zu halten. Daß sie damit trotz aller einschränkenden Zusagen an die Stände erfolgreich waren, zeigt der Anstieg der jüdischen Familien von 67 (1649) auf 144 (1677). Was im Hinblick auf den Kultus und die ökonomische Entfaltung erlaubt bzw. verboten war, regelten zunächst die Generalgeleite, die alle zehn Jahre erneuert wurden. Um das für den Landesherrn zurückgewonnene Regal effektiv zu nutzen, übertrug Fürstbischof Dietrich Adolf von der Recke (Reg. 1650–1661) nach dem Vorbild des Großen Kurfürsten die Einziehung und Ablieferung der Tributgelder am 6. März 1651 dem Obervorgänger Berend Levi, der dieses Amt auch in den preußischen Westprovinzen und dem Fürstbistum Münster ausübte. Obgleich von der Paderborner Judenschaft selbst in das Amt des Vorgängers gewählt, kam es bald zum Konflikt zwischen Judenschaft und dem nicht im Fürstentum Paderborn wohnenden Vorgänger, der in seinem Amt mehr an eigene Vorteile dachte als an die Belange seiner Glaubensbrüder.

Die erste Judenordnung für dieses Territorium erließ 1719 nicht ein Fürstbischof, sondern das Domkapitel, das während einer einjährigen Sedisvakanz die Regierungsgeschäfte führte. Es beschränkte zwar die Zahl der Familien auf 125, traf aber keinerlei Anstalten, die ca. hundert Familien, die es darüber hinaus gab, aus dem Land zu vertreiben. So stieg im 18. Jahrhundert kontinuierlich deren Zahl auf schließlich 404 Familien (1803). Das Domkapitel stellte sich damit auch gegen die übrigen Stände, vor allem die Städte, die noch 1794 in einem Rezeß forderten, die Zahl der jüdischen Familien auf die 1719 vorgeschriebene Zahl von 125 zu reduzieren.

Die ständig ansteigende Zahl der jüdischen Einwohner darf nicht darüber hinwegtäuschen, daß die Abgaben in den geistlichen Territorialstaaten relativ hoch lagen, da die Judenschaft bei jedem Thronwechsel unabhängig von der abgelaufenen Zeit des zehnjährigen Generalgeleits ein neues erwerben mußte. Daneben erhöhten sich die Abgaben durch zahlreiche außerordentliche Zahlungen, Sonderabgaben und kommunale Steuern. Die Korporation der Paderborner Juden mußte sich deshalb durch Kredite hoch verschulden, so daß ihre Verpflichtungen 1802 bei der Säkularisation des Fürstbistums 60000 Reichstaler betrugen.

Nach dem Siebenjährigen Krieg fielen immer mehr Schutzjuden in Armut; nach Angaben des Rabbiners war es 1779 bereits ein Drittel aller Familien.[8] Ein ähnlicher Prozeß ist auch im Fürstbistum Bamberg zu beobachten. Waren schon in dem „Wirtschafts"-Staat Preußen die Wirtschaftsvorschriften für Juden recht widersprüchlich und ohne weitreichende Perspektive, so noch viel mehr in den geistlichen Territorialstaaten, wo beim Protest der Städte der Bischof nur zu schnell geneigt war, die Juden vom Markt fernzuhalten. Sobald aber der Handel stockte und die Versorgung in Frage gestellt war, wurden dergleichen Einschränkungen bald wieder aufgehoben.

Im Gegensatz zu den protestantischen Staaten und Städten unterlagen die Juden in den geistlichen Territorialstaaten in ihren religiösen Belangen nur wenigen eingrenzenden Vorschriften. Der Bau von öffentlichen Synagogen blieb ihnen trotz mancher verfügten Einschränkung im ganzen gestattet. Ihre Zeremonien waren keinen Vorschriften unterworfen. Im 18. Jahrhundert erfolgten dann vereinzelt Einschränkungen, vor allem was die Berücksichtigung des christlichen Kultes betraf. Meist erfolgten sie auf Beschwerden katholischer Geistlicher hin wie der eines Pfarrers aus der Diözese Würzburg, der sich 1724 darüber beschwerte, daß „sogar einmal ein Jud sich unterstanden hat, auf dem heiligen Ostertag durch die Stadt mit einer angesteckten Tabakspfeife bei verschiedenen an den beschilten Wirtshäusern vorbei zu reiten und nächst bei dem an der Kirche gelegenen hohen Wirtshaus auf dem Pferd still zu halten und ein Glas Bier öffentlich mit seinem neben sich gehabten Christen Boten zu trinken, wo man gleich zur Kirche geleutet hat". Den Juden wurde daraufhin wieder strikt verboten, an Sonn- und Feiertagen die Straßen zu benutzen, was wohl den Schluß zuläßt, daß dergleichen Verbote kaum beachtet wurden. Vereinzelt kam es jedoch in den geistlichen Territorien zur Bestrafung von Juden, die sich nicht weiter um die christlichen Zeremonien scherten. Auf der anderen Seite aber verbot zum Beispiel die kurkölnische Regierung in Arnsberg den Bürgern von Werl 1725, die Juden zur Herbeischaffung des für das Osterfeuer benötigten Holzes zu zwingen.[9]

Regelten in den größeren Staaten die Judenordnungen einigermaßen das Zusammenleben von Minderheit und Gesamtgesellschaft, so war in den kleinen Duodezstaaten eine Regelung weitgehend nur durch die Texte der Geleitbriefe gegeben. So schrieben zum Beispiel in der acht Kirchspiele umfassenden Grafschaft Limburg in Westfalen die Geleitbriefe den Juden vor, welchen Gewerben (z.B. Schlachten, Kaufen, Verkaufen) sie nachgehen durften. Im übrigen hieß es recht pauschal, sie sollten sich „nach jüdischer Ordnung mit Gewohnheit wie in andern Landen und sonsten im Heiligen Römischen Reich" verhalten.[10]

Das innerjüdische Leben

Die Judenordnungen und die internen jüdischen Religionsvorschriften bestimmten im 17./18. Jahrhundert weitgehend den

Entfaltungsspielraum in den einzelnen Staaten. Bis in die Aufklärung hinein entwickelten sich das innerjüdische Leben und die jüdische Kultur relativ unabhängig von der Gesamtgesellschaft. Doch bildete das Judentum weder im 17. und schon gar nicht im 18. Jahrhundert – trotz der Sprachbarriere – ein geschlossenes kulturelles System. Auch war das Judentum zumindest in dem neuen jüdischen Zentrum Altona-Hamburg in zwei Kulturkreise, den sephardischen und aschkenasischen, aufgeteilt, die nur wenig Berührungspunkte hatten.

Die Entwicklung des deutschen Judentums wurde in dieser Phase entscheidend durch externe Ereignisse bestimmt. Zeitgleich mit dem Westfälischen Frieden, der im mitteleuropäischen Raum fürs erste die unsicheren Zeiten beendete, brach in der Ukraine der Kosaken-Aufstand unter Chmelniecki aus, der das gesamte Polen erschütterte und sich vor allem gegen die Juden richtete. Zum ersten Mal seit den Pestpogromen wurden wiederum in einem Land die jüdischen Gemeinden weitgehend zerstört, die jüdischen Einwohner ermordet. Nach Deutschland wirkte dieser Aufstand insofern hinein, als nun eine Rückwanderung der aschkenasischen Juden aus Polen und Litauen in den Westen einsetzte, so daß trotz der Verluste im Dreißigjährigen Krieg die jüdische Bevölkerung in Deutschland anstieg. Für Deutschland ist in der zweiten Hälfte des 17. Jahrhunderts von einem Anstieg auf ca. 60000 jüdische Einwohner auszugehen, das waren jedoch noch nicht einmal ein halbes Prozent der Gesamtbevölkerung. Bis 1848 steigt der Anteil auf 1,24 %. Wie sich der Zuwachs im 17./18. Jahrhundert auf die einzelnen deutschen Staaten verteilte, bleibt unbestimmt.[11]

Die Vernichtung der jüdischen Gemeinden in Polen und Litauen hatte erheblich zu einer Verunsicherung im Judentum beigetragen. So erklärt sich, daß der in den 1660er Jahren im Orient als „Messias des Gottes Jakobs“ auftretende Sabbatai Zwi (1626–1675) in Deutschland zahlreiche Anhänger fand. Glückel von Hameln berichtet in ihren Memoiren von der damaligen Sabbatai-Bewegung, die in Hamburg sowohl sephardische als auch aschkenasische Juden erfaßte. Wie ihr Schwiegervater, so haben „manche Haus und Hof und alles Ihrige verkauft, da sie hofften jeden Tag erlöst zu werden". Zwar trug die Apostasie Sabbatai Zwis, der zum Islam übertrat, zu einer allgemeinen Ernüchterung bei, doch verunsicherte die sabbatianische Sekte immer wieder die jüdischen Gemeinden und trug so nicht unwesentlich zu den „Auflockerungserscheinungen im 17. Jahrhundert" (Graupe), ja eigentlich zur Krise des traditionellen Judentums in der Haskala bei. Der in den 1750er Jahren in Hamburg ausbrechende Amulettenstreit, der den letzten Anstoß zu einer Neudefinition des Judentums und zur jüdischen Aufklärung gab, basierte auf dem Vorwurf, der Altonaer-Hamburger Oberrabbiner Jonathan Eibeschütz (ca. 1690–1764) verteile Amuletten mit sabbatianischen Symbolen. Der Streit verbreitete sich unter den Rabbinern in Deutschland, die sich gegenseitig die Kompetenz absprachen und bannten.[12] Dies zeigte nicht nur die Krise, in die der Rabbinismus als geschlossenes kulturelles System in Mitteleuropa geraten war, sondern führte auch zur Entfremdung vieler aufgeschlossener Juden gegenüber dem traditionellen Judentum. Die Abschließung der traditionellen jüdischen Wissenschaften gegenüber den europäischen wurde dadurch verschärft, daß die meisten Rabbiner in Deutschland aus Osteuropa stammten und schon die fehlenden Latein- und Deutschkenntnisse einen Zugang zu den europäischen Wissenschaften verhinderten. Zudem hatte das aschkenasische Judentum im Gegensatz zu dem sephardischen der europäischen Kultur und Wissenschaft distanziert gegenübergestanden. Auch der Hauptantipode von Eibeschütz im Amulettenstreit, der Rabbiner Jakob von Emden (1697–1776), der wegen seines Rationalismus zu den Wegbereitern der Berliner Haskala zählt, war dieser Tradition verhaftet. Er empfahl zwar, die Kinder in lateinischer Schrift, Rechnen, Morallehre, Grammatik und Medizin zu unterrichten, warnte aber davor, über dem Lesen von Büchern in fremden Sprachen das Lernen der Tora zu vernachlässigen. In seinen aufschlußreichen Lebenserinnerungen bekennt er, daß er die Schriften des Aristoteles auf der Toilette gelesen habe, da es dort streng verboten sei, über die Worte der Tora nachzusinnen.[13]

Trotz aller Warnungen hatten es die Rabbiner nicht verhindern können, daß sich schon im 17. und dann verstärkt im 18. Jahrhundert die jüdische Elite der europäischen Kultur öffnete. Zu ihr zählten einmal die Hoffaktoren, die sich, auch wenn sie dem Judentum treu blieben, den Hofsitten in Sprache, Kleidung und Festen anpassen mußten. So geht 1688 aus einem Bericht des Schweriner Schloßvogts Lekholdt hervor, daß der dortige Hofjude Michael Hinrichs zur Beschneidung seines Sohns Joseph neben seinen Hamburger Verwandten auch die führenden Hofbeamten eingeladen hatte, die – soweit sie danach noch blieben – „mit Confect und ... Wein tractiert wurden". Freilich mochte das „Zusehen" der Hofbeamten – der Bericht hebt extra hervor, daß keine Frauen der Beamten und keine Bürger aus der Stadt daran teilgenommen haben – auch eine gewisse Kontrolle des jüdischen Hoffaktors bedeutet haben, da offiziell Juden in Schwerin nicht geduldet wurden.[14]

Eine weitere Gruppe bildeten die jüdischen Ärzte, die zumeist in Padua die Universität besucht hatten, bevor ihnen der Große Kurfürst 1678 mit Frankfurt/Oder die erste deutsche Universität für das Medizinstudium öffnete. Weitere deutsche Universitäten außerhalb Preußens folgten. Außer der medizinischen war jüdischen Studenten die Artistenfakultät zum Besuch freigegeben. Sie bildete mit ihrem philosophischen Grundstudium die Voraussetzungen für das Medizinstudium.

Schon David Gans, der in seinem Zemach David (1592) den jüdischen Lesern das kopernikalische System und einen Abriß der Weltgeschichte vermittelte, hatte die Unterlegenheit der jüdischen Wissenschaften gegenüber den europäischen beklagt und empfohlen, nach dem Vorbild der (spanischen) jüdischen Denker den gesunden Kern der Philosophie eines Aristoteles herauszuschälen, die Schale aber wegzuwerfen. Nicht anders sah es der jüdische Arzt Tobia Cohen, der bereits 1708 eine jüdische Enzyklopädie verfaßte, in der er in frühaufgeklärter Weise eine Übersicht zu bieten versuchte. Nicht die Rabbiner, sondern diese jüdischen Ärzte der Frühaufklärungszeit strebten nach einer Harmonie von Tora und moderner Wissenschaft. Traditionelles Judentum, dem sie streng verpflichtet blieben, und moderne Naturwissenschaften mußten sich nach ihrer Auffassung nicht widersprechen, sondern sollten eine Einheit bilden. Der letzte Vertreter dieser Richtung ist der seit 1782 als Arzt in Hamburg tätige Mordechai Gumpel Schnaber (1741–1797). Er fand mit seinem Versuch, Philosophie, Naturwissenschaften, Tora und Kabbala auf einen Nenner zu bringen und dies in der hebräischen Sprache zu vermitteln, bei der nicht viel jüngeren Generation der Berliner Haskala jedoch kaum Verständnis. Im Gegensatz zu ihm gewann der viel bigottere Jakob von Emden aber deren Anerkennung, da er strikt die Kabbala bekämpfte und damit dem Rationalismus den Weg ebnete.[15]

Nicht die rabbinischen Autoren, sondern die jüdischen „Encyclopädisten" Deutschlands wie Tobia Cohen und Gumpel Schnaber suchten den Kontakt zur zeitgenössischen Literatur. Ohne daß es für das 17. Jahrhundert vielfältige Belege gibt, ist wohl auch von einem belletristischen Interesse in den jüdischen Gemeinden auszugehen. Glaubt man den Altonaer Gemeindestatuten, so gab es bereits 1686 ein reges Interesse der Hamburger Juden an der Komödie und der Oper. Es war in einer Großstadt wie Hamburg nicht so einfach, die jüdischen Gemeindemitglieder von dem kulturellen Leben zu isolieren und sie auf das traditionelle Judentum zu verpflichten. Selbst im traditionsgebundenen Dorfjudentum zeigten sich in der zweiten Hälfte des 18. Jahrhunderts Auflösungserscheinungen. Der jüdische Arzt und Theologe Salomon Ludwig Steinheim (1789–1866) berichtet von einem Urgroßonkel, der in einem kleinen westfälischen Dorf in der Nähe von Höxter einerseits einen polnischen jüdischen Gelehrten in seinem Haus unterhielt, andererseits aber auch Rokoko-Bilder sammelte.[16]

Noch stärker waren die Beziehungen von jüdischer und Allgemeinkultur im architektonischen Bereich des Synagogenbaus, der allerdings weitgehend durch externe Faktoren bestimmt wurde. So achtete vielfach der Landesherr darauf, daß die Synagoge in seiner Residenzstadt in ihrem Äußeren der

Repräsentationsarchitektur entsprach. Es entstand deshalb eine Reihe sogenannter Residenzsynagogen, von denen die von Leopold Retti 1744/45 in Ansbach erbaute wohl die bedeutendste ist. Ähnliche Einflüsse sind auch an der 1712 bis 1714 von Michael Kemeter errichteten Synagoge an der Heidereutergasse in der Stadtmitte Berlins festzustellen. Verlangte es eine Gemeinde nach einem repräsentativen Barockbau, so konnte dieser nur in zähen Auseinandersetzungen mit den lokalen Behörden durchgesetzt werden. Das beste Beispiel hierfür bietet Halberstadt, wo trotz der Politik des Großen Kurfürsten Friedrich Wilhelm die 1650 erbaute Synagoge bereits 1669 auf Befehl der städtischen Obrigkeit zerstört wurde. 1699 bis 1712 gelang es jedoch dem einflußreichen polnischen Residenten und Halberstädter Gemeindevorsteher Behrend Lehmann, einen sowohl innen wie außen äußerst prachtvoll gestalteten Bau durchzusetzen. Halberstadt ist eine Ausnahme, denn in den meisten (vor allem protestantischen) Städten verhinderte nach wie vor die Ortsobrigkeit unter dem Einfluß der protestantischen Prediger den Bau von öffentlichen Synagogen. So entstand in Hamburg die erste öffentliche Synagoge 1788, also zweihundert Jahre nach Niederlassung der Juden in der Hansestadt. Auch dann noch durften es keine aufwendigen Bauten sein, wenn es nicht das Interesse des Herrschers anders befahl. Sollte in Hamburg wirklich E. G. Sonnin der Architekt der Synagoge von 1788 sein, so unterscheidet sich dieser nach außen hin durch seine Fenstergliederung wie ein Wohnhaus wirkende Baukörper doch erheblich von dem nur wenige Meter entfernten christlichen Repräsentationsbau desselben Architekten, dem Hamburger Michel (ab 1752).

Die Synagogen mußten nach außen schlicht sein, sollten nicht den Kirchen gleichen und, wenn möglich, in einem Hinterhof gebaut werden. Deshalb gibt es aus dem 17./18. Jahrhundert wenig repräsentative Stadtsynagogen. Die 1680 erbaute, 1711 abgebrannte und bald darauf wieder aufgebaute Altonaer Synagoge gilt als die damals größte in Deutschland. Sie war in ihrer äußeren Form im zeitgenössischen Barock errichtet, im Innern aber als quadratischer Zentralbau in gotischen

Formen gehalten. Gleiches galt für die 1616/17 neu errichtete Synagoge in Frankfurt/Main mit ihrer altertümelnden nachgotischen Gewölbeform im Innern. Die Orientierung am traditionellen gotischen Formenapparat mochte wohl der in Deutschland stark ausgeprägten Gemeinde-Tradition entsprechen. Auch für die 1620 in Worms und 1711 in der Frankfurter Judengasse wieder aufgebauten Synagogen gilt das. Von ihnen stand vor allem die Wormser Gemeinde ja in einer besonders ausgeprägten Tradition.

Bestimmend für das 17./18. Jahrhundert sind die Dorf- und Kleinstadtsynagogen, mit ihrem schlichten Äußeren kaum von den Wohnhäusern zu unterscheiden. Auch für sie bestand weitgehend die Vorschrift, sich von den christlichen Kirchen zu unterscheiden, wobei es – wie im oberschlesischen Zülz zum Beispiel (Jesuitenbarock) – auch Ausnahmen gibt. Im Innern bestimmen Funktionalität und talmudische Vorschriften die Ästhetik und prägten im weitesten Sinne einen Formentyp, der – wenn überhaupt – an einem stark heraufgezogenen Walmdach, dem rechteckigen Grundriß und dem Toraschrein-Erker zu erkennen war. Im Gegensatz zur Altar-Architektur zeitgenössischer Kirchen waren für die Architektur des Aron Hakodesch eher zeitgenössische Portalbauten vorbildlich.

Stärker als in der Architektur orientierten sich die jüdischen Gemeinden in der Ausstattung der Kultusgegenstände am barocken Zeitgeschmack. Silber- und Goldschmiedearbeiten oder textile Kunstwerke waren weitgehend das Werk jüdischer Künstler. Auch die wenigen Ausmalungen, die es in deutschen Synagogen im Widerspruch zu eindeutigen Responsen gab (z.B. Horb), gingen auf jüdische Künstler aus Polen zurück. In diesen Bereichen zeigt sich am ehesten die Korrespondenz der jüdischen Künstler mit der zeitgenössischen Kunst. Jüdische Architekten sind jedoch auch für diese Periode – von einer nicht gesicherten Ausnahme in Rendsburg abgesehen – nicht auszumachen. Eine „jüdische Synagogenarchitektur" gibt es in Deutschland erst im 19. Jahrhundert.[17]

Die jüdische „Ständegesellschaft"

Entscheidend für die jüdische Geschichte in der Phase zwischen 1650 und 1806 war die starke soziale Differenzierung, die nur im Kontext mit zeitgenössischen sozialen und politischen Entwicklungen zu verstehen ist. Der Dreißigjährige Krieg hatte hier einen Prozeß eingeleitet, der, wie das preußische Beispiel zeigt, durch die politischen und ökonomischen Vorschriften der Landesherren verfestigt wurde und zu einer ständisch gegliederten jüdischen Gesellschaft führte. Fast in allen Territorien gab es eine schmale jüdische Oberschicht, die weitgehend die Hoffaktoren stellten. Darunter die ordentlichen Schutzjuden, mit lebenslänglichem und vererbbarem Geleit ausgestattet, ferner die rechtlich nicht so sicher gestellten außerordentlichen Schutzjuden. Außerhalb der eigentlichen vergeleiteten Judenschaft die Bediensteten, eine sozial nicht genau bestimmbare Gruppe, da es sich dabei häufig um nicht vergeleitete Familienmitglieder oder Mitarbeiter in einflußreicher ökonomischer Position handeln konnte, wie das Beispiel Moses Mendelssohn zeigt. Die Unterschicht stellten die Armen/Verarmten, die von den jüdischen Gemeinden mitgetragen, vielfach aber auch ausgewiesen wurden, sich den herumziehenden Bettlerscharen anschlossen und dabei nicht selten ins kriminelle Milieu abglitten.

Von Interesse für die zeitgenössische Literatur und später dann für die Geschichtsschreibung waren vor allem die beiden Extremfälle in der jüdischen Sozialordnung: die Hoffaktoren und die Gauner. Besonders die Literatur über den Sturz des Württemberger Hofagenten Jud Süß Oppenheimer nach dem Tod des Herzogs Carl Alexander (1737), herbeigeführt durch die Stände, prägte bald die entsprechenden Metaphern vom „Werkzeug des Teuffels", vom „fallenden Lucifer", obgleich der „Titular-Geheimrat" Süß nur die 27. Position der 145 Klassen umfassenden württembergischen Rangordnung bekleidet hatte. Christliche Bescheidenheit und Anspruchslosigkeit in einer von Gott gesetzten Ordnung wurden hier durch den „untugendhaften Aufstieg des Unedlen" in Frage gestellt.

Leistung bedrohte die ererbte Vorrangstellung; das war unchristlich, eben „jüdisch". Die alte Metapher vom Rad der Fortuna traf sicher für das Schicksal eines manchen Hoffaktors zu, doch den meisten Hoffaktorenfamilien gelang der Aufstieg in die Geld- (und reale) Aristokratie des 19. Jahrhunderts.[18] Figuren wie der Münzmeister Lippold, Jud Süß oder der Detmolder Hofagent Joseph Isaac, der 1736 von seinem Landesherrn ins Gefängnis geworfen wurde, um auf diese Weise eine Tilgung der enormen fürstlichen Schulden zu erpressen, bilden eher die Ausnahme.[19] Die Etablierung des Hoffaktorentums erfolgte parallel zur Herausbildung des Finanz- bzw. absolutistischen Wirtschaftsstaates nach dem Dreißigjährigen Krieg. Die meisten Hoffaktoren hatten in diesem Krieg als Heeres- und Hoflieferanten, Geldwechsler oder Verkaufsagenten für Kriegsbeute Einfluß gewonnen. Ihre Aufgabe bestand auch danach weitgehend in der Warenbeschaffung, Kreditvermittlung, Münzherstellung, bisweilen auch in diplomatischen oder sogar politischen Diensten. Friedrich II. zwang nach dem Siebenjährigen Krieg die erfolgreichen Berliner Hoffaktoren zur Gründung oder Übernahme von wenig erfolgversprechenden Fabrikbetrieben. 37 der 46 unter seiner Herrschaft gegründeten Unternehmen wurden von jüdischen Entrepreneurs recht erfolgreich geführt. Ihren Wünschen entsprach diese Tätigkeit allerdings nicht.[20] In den kleinen Staaten, die kaum ein perspektivisches Wirtschaftskonzept hatten, lag ihre Aufgabe primär in der Kreditbeschaffung, was ihnen den Haß der Stände zuzog, die damit ihr Etatbewilligungsrecht ausgehöhlt sahen. Das machte die Stellung der Hoffaktoren relativ unsicher, da sie von dem einzelnen Fürsten abhängig waren, dessen Verbindlichkeiten von dem Nachfolger oder den Ständen nicht akzeptiert werden mußten. Schon seit dem 17. Jahrhundert heirateten die Hoffaktorenfamilien sehr eng untereinander – Glückel von Hameln schildert das sehr anschaulich –, um auf diese Weise ein Netz für die Kreditbeschaffung bzw. -sicherung herzustellen. Doch reichten die Verbindungen wiederum nicht so weit, daß es bei nicht eingehaltenen fürstlichen Verpflichtungen zu einer solidarischen Kreditverweigerung gekommen wäre. Wie die zeitgenössische Berichterstattung zum Sturz Jud Süß' zeigt, hatten die Hoffaktoren in der Bevölkerung keinen guten Ruf. Er konnte zum Haß in der Bevölkerung führen, wenn sie im Auftrag des Fürsten zur Münzverschlechterung und damit zur allgemeinen Verarmung beitrugen, wie während des Siebenjährigen Kriegs der Hoffaktor Veitel Heine Ephraim in Berlin. Ausgeglichen wurde dies jedoch durch die – zumindest in Berlin – erfolgte Gleichstellung mit den christlichen Kaufleuten, die eine wichtige Voraussetzung für die Berliner Aufklärungszirkel der 1770er/80er Jahre bildete. In Hamburg kam es nicht zu dieser Gleichstellung, und noch Salomon Heine konnte trotz seiner Verdienste um den Wiederaufbau der Stadt nach dem Großen Brand von 1842 nicht Mitglied der Ehrbaren Kaufmannschaft werden. Hierin mag auch ein Grund dafür liegen, daß sich in Hamburg keine christlich-jüdischen Aufklärungszirkel bildeten. Trotz der sozialen Voraussetzungen, die die Hoffaktoren in Berlin für den Aufklärungsdiskurs erfüllten, in der eigentlichen Emanzipationsdebatte traten sie nicht hervor. Hier ist ihre Bedeutung in der älteren Literatur überbewertet worden. Sie gaben sich mit ihrer bereits erfolgten Gleichstellung zufrieden.[21] Ihre Bedeutung lag nach heutiger Einschätzung weniger in ihren Leistungen für den absolutistischen Wirtschaftsstaat, eher in ihren Leistungen für die sich im 19. Jahrhundert herausbildende kapitalistische Wirtschaft, für deren Infrastruktur sie durch die Etablierung großer Bankhäuser in Baden, Bayern, Hamburg oder Berlin hervortraten.

Die andere Gruppe, die die Zeitgenossen über Gebühr unter den Juden interessierte, waren die Betteljuden, vor allem die sogenannten jüdischen Gaunerbanden. Sie rekrutierten sich aus den Juden, die im 18. Jahrhundert ihr Geleitgeld nicht mehr zahlen konnten, damit aus dem sozialen Netz der Gemeindeversorgung herausfielen und schließlich auf der Straße landeten. Die jüdische Armenfürsorge der einzelnen jüdischen Gemeinden, die sie mit ihren Garküchen und Schlafstätten wenigstens für eine Nacht oder über den Sabbat versorgte, bevor sie wieder abgeschoben wurden, ermöglichte Kontakte mit der jüdischen Gemeinschaft, auch wenn die Betteljuden nicht mehr zu Gemeinde gehörten. Zur Abschaffung der strukturellen Armut konnte diese Armenfürsorge jedoch kaum beitragen. Immer mehr Juden sanken in der zweiten Hälfte des 18. Jahrhunderts in Armut, so daß am Ende dieses Jahrhunderts wohl über die Hälfte der Juden in Deutschland dazu zählte. Einer großen, freilich nicht objektiven Publizität erfreuten sich die jüdischen Gauner oder Gaunerbanden. Der Übergang von den Betteljuden zu den Gaunern war insofern fließend, als diese vielfach Hehler- und Spionierdienste in den jüdischen Gemeinden leisteten. Überraschenderweise hielten sie trotz ihrer Gewalttätigkeiten gegenüber jüdischen Gemeindemitgliedern – Steinheim berichtet darüber in seinen Memoiren – vielfach treu zum Judentum und beachteten dessen Gebote. Die Gewalttätigkeiten sind allerdings erst eine Erscheinung der 1790er Jahre, als die Beseitigung der Duodezstaaten eine effektive Polizei mit größerem Aktionsradius ermöglichte, die dem Bandenwesen, auch dem jüdischen, wie der „Niederländischen Bande", ein Ende bereitete. Die Bedeutung der jüdischen Gaunerbanden ist schon von den Zeitgenossen überschätzt worden. Der Historiker Hermann Arnold zählt fünf jüdische Banden in hundert Jahren.

Wie es zu der allgemeinen Verarmung unter den Juden kam, was mit den Armen geschah und wie sich deren Leben abspielte, ist noch kaum erforscht. Ähnlich den Vertretern der bürgerlichen Aufklärung schätzten auch die jüdischen Aufklärer die Armut mit ihren Folgen nicht objektiv ein, da sie sie fast ausschließlich unter moralischem Aspekt sahen.[22] Trotz dieser Distanz ist davon auszugehen, daß die meisten Gemeinden – soweit es möglich war – für ihre Armen das Schutzgeld mitbezahlten. Doch schon aus der ersten Hälfte des 18. Jahrhunderts gibt es Beispiele dafür, daß Gemeinden vom Landesherrn die Ausweisung ihrer verarmten Juden, die das Geleitgeld nicht mehr aufbringen konnten, verlangten. Da das Geleitgeld in den meisten Territorien als Fixum von der jüdischen Korporation gezahlt werden mußte, ging dies zumeist zu Lasten der vergeleiteten Schutzjuden. Diese lebten weitgehend vom Waren-, zumeist vom Trödelhandel, auf dem Lande auch vom Vieh- und Agrarhandel. Da ihnen in den Städten offene Läden verboten blieben, waren sie auf Märkte, Messen und den ambulanten Verkauf auf der Straße angewiesen. Aber auch da kam es immer wieder zu Konflikten mit den Krämergilden, die z.B. in Hamburg bei der Obrigkeit 1766 das Gebot durchsetzten, „daß sich die Juden in der Elbstraße und dem Kreutzwege, wie bisher misbräuchlich geschehen, nicht zusammenrottiren, noch den Vorübergehenden die Passage verstellen oder durch Geschrei und Zusammenlauff molestiren mögen". Man fühlte sich dabei als „Opfer einer jüdischen Schamlosigkeit".[23] Unter diesen Umständen blieb es schwierig, die geforderten Schutzgeldsummen aufzubringen, um das Geleitrecht zu behaupten. Dieses wurde im 18. Jahrhundert zu einem Privileg, das vererbt, verkauft, beliehen, aber auch gegen unterprivilegierte Glaubensgenossen behauptet wurde. Darin unterschieden sich die Schutzjuden in ihrer Mentalität kaum von der feudalistisch geprägten Umgebung. Zwar verteidigten sie auf der einen Seite die Marktfreiheit gegen die Ansprüche der Gilden und Ämter, pochten aber auf der anderen Seite auf ihr Monopol gegenüber den Handels- und Packjuden, die von auswärts auf die Märkte drängten.

Wer die zahlreichen Suppliken der Betroffenen, aber auch der Ortsobrigkeiten aus dem 18. Jahrhundert liest, kann verstehen, welche Bedeutung für den einzelnen Juden die hundert Taler bekamen, die ihm ein Bleiben garantierten. Die Eingaben vermitteln ein eindrucksvolles Bild von ehemals wohlhabenden Schutzjuden, die durch „Unglücksfälle", Betrug, aber auch die schlechte Zahlungsmoral des Hofes in Not geraten waren und denen in ihrem Alter trotz Arbeitsunfähigkeit und Krankheit die Vertreibung aus der Gemeinde drohte, da sie ihr Schutzgeld nicht mehr aufbringen konnten. Die Not war sicher nicht vorgespielt, denn die Ortsobrigkeiten attestierten in den meisten Fällen überzeugend, wie 1776 in Göttingen, „daß der Supplicant würklich über 70 Jahre alt, daneben schwach und von schlechten Vermögens Umständen, [...] übrigens aber gegen dessen Aufführung bislang, keine Beschwerde geführt worden [sei]“.[24] Je stärker nach dem Siebenjährigen Krieg die Zahl der Armen in den jüdischen Gemeinden stieg, um so schwieriger wurde es, die sozialen Gegensätze im Konsens auszugleichen, und die Konflikte nahmen zu. Dergleichen innerjüdische Auseinandersetzungen aber waren nichts Neues. Sie begegnen schon bald nach dem Dreißigjährigen Krieg. Die sich herausbildende jüdische „Ständegesellschaft“, die analog zur allgemeinen Ständegesellschaft nach dem Dreißigjährigen Krieg entstand, trug zu der Entwicklung bei. Schon vor dem Dreißigjährigen Krieg, dann aber verstärkt bei Herausbildung des Absolutismus, versuchten unter dem Schutz des Landesherrn zahlreiche Hoffaktoren-Familien die Judenschaften diktatorisch zu bestimmen. Der Landesherr sah durch die Hoffaktoren die pünktliche Ablieferung der Geleitschutzsumme gewährleistet, ohne damit seinen Beamtenapparat zu belasten. Diese Vorgänger, die den Gemeinden aufgedrängt wurden, versuchten sich ihrerseits an ihren Glaubensgenossen schadlos zu halten. Den meisten Judenschaften gelang es, diese Vorgänger, die meistens nicht zur betreffenden Landjudenschaft gehörten, wieder loszuwerden. Doch war damit die demokratische Struktur keineswegs gerettet. Denn auch die aus der eigenen Judenschaft stammenden Vorgänger und die besser situierten Familien waren geneigt, zu Ungunsten der weniger gut gestellten, ihr eigenes Abgabe-Soll zu drücken. Das führte bisweilen zu unerquicklichen Szenen auf den jüdischen Landtagen und entsprechenden Beschwerden beim Landesherrn, die die Solidarität der jüdischen Gemeinden schwer erschütterten. Zudem kam es zu Eingriffen der vom Landesherrn deshalb ernannten Judenkommissionen in die Gemeindeangelegenheiten. Die großen Gemeinden wiederum wie Berlin oder Hamburg hatten nicht nur das Privileg, sondern auch die Verpflichtung, über die Aufnahme neuer Mitglieder in die Gemeinde zu entscheiden. Die von ihnen bestellten Torwächter verhinderten deshalb mit allen Mitteln das „Einschleichen“ armer Juden, für die sonst die Gemeinde aufkommen mußte. An den zahlreichen Territorialgrenzen aber, wo selbst vergeleitete Juden angehalten wurden, um den entwürdigenden Leibzoll zu zahlen, drohten den „einschleichenden“ Betteljuden schwere Strafen. Nicht erst die Verbindung zu den Gaunerbanden, sondern schon der bloße Aufenthalt führte sehr leicht zur Kriminalisierung der jüdischen Unterschichten.[25]

Das ausgehende 18. Jahrhundert zeigt die deutsche Judenheit trotz ihrer seit 1650 erfolgten Konsolidierung in einer tiefen Krise. Die Rabbiner hatten durch ihre Inkompetenz und Negierung der zeitgemäßen Bedürfnisse ihrer Gemeindemitglieder an Ansehen erheblich eingebüßt. Durch den Bann versuchten sie ihre Macht jedoch zu behaupten, was zu einer allgemeinen Entfremdung der Mitglieder von den Gemeinden führte. Zum anderen bedrohte die steigende Armut immer mehr die jüdische Solidarität.

Christlich-jüdisches Zusammenleben

Die christliche Umwelt hatte in den hundertfünfzig Jahren von 1650 bis 1800 ihre krasse Feindseligkeit überwunden, aber die Ablehnung beibehalten. Die judenfeindliche Haltung des lutherischen Konfessionalismus warf einen langen Schatten und der katholische Konfessionalismus aktivierte bei Bedarf sein schon in altkirchlichen Zeiten geprägtes negatives Judenbild. Nicht überwunden war der ökonomisch motivierte Haß auf die Juden, der von den Zünften und Krämergilden vehement vertreten wurde. Kaum in Erscheinung trat während dieser Zeit ein ausgesprochener Judenhaß bei der Landbevölkerung, so daß trotz der Pogrome, die sich 1699 im Fürstbistum Bamberg ereigneten, die Periode von 1650–1815 als die wohl ausgeglichenste in der deutsch-jüdischen Geschichte gesehen werden kann. Das friedliche Leben war das Normale, der Konflikt die große Ausnahme. Dennoch soll den Konfliktstrukturen hier nachgegangen werden, da sie nicht überwunden, sondern nur überdeckt waren, um dann in der ersten Hälfte des 19. Jahrhunderts wieder zum Ausbruch zu kommen.

Das wohl schwerste Pogrom dieser Periode ereignete sich im April/Mai 1699 zunächst in der Stadt und dann im Hochstift Bamberg. Hier scheinen Motive und Aktionsformen vorweggenommen, wie sie hundert Jahre später zwischen 1790 und 1850 im Rahmen des Sozialen Protests noch häufiger begegnen werden. Die Legitimation dieser Aktion bildete die Anschauung einer moral economy, die von der Obrigkeit verlangte, daß in Notzeiten der Markt nicht durch kapitalistische Mechanismen bestimmt werde. Solange Mangel herrschte, sollten keine Lebensmittel exportiert, diese dafür auf dem lokalen Markt zu einem „angemessenen" Preis angeboten werden. War die Obrigkeit nicht fähig, dies zu gewährleisten, die Händler nicht bereit, zum „angemessenen" Preis zu verkaufen, so waren nach Ansicht der einfachen Bevölkerung gewaltsame Gegenaktionen erlaubt, die auch zur Bestrafung der Händler führen konnten. Dabei wurde streng darauf geachtet, daß nicht willkürlich bestraft wurde, sondern die Aktion gezielt gegen den durch „Wucher" reich gewordenen Kaufmann gerichtet blieb. In der Stadt Bamberg verliefen im April 1699 die Proteste genau nach diesem Muster. Ausgelöst wurden sie durch die Ignoranz der Regierung unter Bischof Lothar Franz von Schönborn (Reg. 1693–1729), der gleichzeitig auch Kurfürst von Mainz war. Trotz immer größer werdenden Kornmangels im Lande hatte die Regierung über jüdische Zwischenhändler in Bamberg eine größere Kornmenge an einen jüdischen Kornagenten in Holland verkauft. Weil damit „dem Bürgersmann die Nahrung an dem lieben Brod entzogen und nicht mehr an Korn zu feihln Markth gebracht wurde", stürmte die Menge die Schiffe, auf die das Korn verladen wurde. Als offensichtlich der „von ihnen [gemachte] Preis" nicht akzeptiert wurde, „raubten" sie große Mengen und vernichteten auch einiges, indem sie es in den Fluß schütteten. Diese Vernichtungsaktionen, als Teil einer Strafe, zählen ebenfalls hundert bzw. hundertfünfzig Jahre später zum Ritual des Sozialen Protests. In Bamberg kam es 1699 darüber hinaus zu weiteren „Bestrafungen", indem das „liederliche Gesindel" sich am Nachmittag dieses Tages zusammenrottete, in die Häuser der beiden jüdischen Zwischenhändler eindrang und deren Inventar zerstörte. Das Militär stellte schließlich die Ruhe wieder her und verhaftete die Rädelsführer.[26] Doch setzten sich in den nächsten Wochen dergleichen Aktionen auf dem Lande fort, wobei von den über Land ziehenden Plünderern die Wertmaßstäbe der moral economy nicht mehr eingehalten wurden und die „Bestrafung" den Charakter allgemeiner Plünderungszüge annahm. Der Haufen wälzte sich unter Führung eines Malers von Dorf zu Dorf fort und suchte die jeweiligen Dorfbewohner in die Plünderungsaktionen mit einzubeziehen. Die Horde plünderte dabei nicht nur die Häuser der Juden und entwendete dort Geld und Wertgegenstände, sondern stürmte auch die Synagogen und zerstörte die heiligen Schriften und Bücher. Wie schon siebenhundert Jahre vorher bei den Kreuzzugspogromen suchten auch nun die Juden Schutz auf den Burgen (Giech und Greifenstein), die von der Rotte belagert wurden. Mit Militärgewalt stellte die Obrigkeit die Ruhe wieder her, da die Unruhe – wie Christian Ernst von Bayreuth befürchtete – „zu einem völligen Bauern-Krieg" ausarten konnte.

Zu den Trägerschichten dieser Plünderungsaktionen gehörten nicht nur Arme und „liederliches Gesindel", sondern bei der Belagerung der Burgen auch reiche Bauern und das kleinstädtische Bürgertum. Die Bürger von Kronach begründeten ihr Verhalten mit dem Argument: „Dieses verderbliche Judengesindel hat mit ihrem [!] vermögen und mit ihrer handtierung derartige seuche und pest dem armen bürgersmann gebracht, daß er in höchste armut und äußersten notstand abgestürzt ist. Die Juden entrichten schlechtes schutzgeld und mit ihren zinsen saugen sie dem bürger das blut aus. Deshalb fordern wir, daß die Juden aus Kronach fortgeschafft werden."

Auch in Bamberg spielte bei den Krämern und Händlern der Konkurrenzneid eine wichtige Rolle, da die Juden Lebensmittelhandel und auf dem Land Vieh- und Landwarenhandel betrieben. Die Motive der Bauern bei diesen antijüdischen Aktionen brachte der Bürgermeister von Burgellern auf die schlichte Formel: „Weiln er [der Jude] die Bauern verringert, so wollten sie es ihm ingleichen wieder thun." Worin die „Verringerung" bestand, wird freilich nicht deutlich. Und wenn man den Juden die Kapitalgrundlage, nämlich Geld, Gold und Schmuck wegnahm, so mochte das für manchen Bauern unredlich erworbenes Wuchergut bedeuten, den Kaufleuten und Händlern aber war klar, daß sie damit die wirtschaftliche Basis der Juden vernichteten – und darauf kam es ihnen an.[27]

Der Konkurrenzneid der Krämergilden und Zünfte begegnet in den nächsten einhundert Jahren in den Städten noch häufiger als auslösendes Moment für Konflikte mit Juden. Der bäuerliche Protest tritt dagegen in der Folgezeit ganz zurück. Es ist typisch, daß die Obrigkeit, der Kurfürst Lothar Franz von Schönborn, die Konfliktsituation ein Jahr später durch eine restriktive Politik gegenüber den Juden zu beseitigen hoffte. Ein Erlaß vom 8. Mai 1700 schrieb die Reduktion ihrer Niederlassungen und die „Einschränkung der Juden-Gewerbschaften" vor. Verboten wurde der Handel mit Lebensmitteln, ausdrücklich der mit Getreide, Fleisch, Obst, Schmalz, aber auch mit Hopfen und rohen Häuten. Daß diese einschränkenden Handelsbestimmungen zum Vorteil der Bauern waren, muß bezweifelt werden: Die christlichen Händler hatten sich ihre Konkurrenz vom Halse geschafft und bestimmten nun die Preise. Protest kam dagegen nicht nur von der Judenschaft, sondern auch der Reichsritterschaft, die wie bereits hundertdreißig Jahre zuvor unter Julius Echter von Mespelbrunn in Würzburg durch diese Bestimmungen politisch getroffen werden sollte. Protest erfolgte aber bald auch von den Bamberger Gärtnern, die ihren Samen an die jüdischen Händler nicht mehr absetzen konnten; ferner von den Bierbrauern, denen der Hopfen fehlte; schließlich auch von den Bauern, die ihr Vieh nicht loswurden. Die kurzsichtige bischöfliche Politik von 1700 war bald obsolet. Die Infrastruktur der agrarisch geprägten Gesellschaft Bambergs brach ohne die jüdischen Händler einfach zusammen. 1713 mußte deshalb eine bischöfliche Ordnung folgendes eingestehen und damit den Erlaß von 1700 korrigieren: „Was die Christen nicht führen und handeln können oder wollen, absonderlich auffm Land, das solle denen Juden erlaubt seyn."[28]

Neben den ökonomischen Motiven hatte das Bamberger Pogrom von 1699 auch einen religiösen Hintergrund: Gestürmt wurden nicht nur die Häuser der Juden, sondern auch die Synagogen, zerstört nicht nur der Besitz, sondern auch die heiligen Schriften. Die jahrhundertealte Diffamierung des Judentums durch die christlichen Kirchen bestimmte hier die Aggressionen gegen jüdische Heiligtümer. Die Theologen gaben auch im 18. Jahrhundert hierin den Ton an. Sie bestimmten das Bild vom Juden, das dann vom Volk in eigenen Vorstellungen verarbeitet wurde. Auch in der zweiten Hälfte des 17. Jahrhunderts hatten die Vorwürfe lutherischer Theologen nichts von der Schärfe der Reformationszeit verloren. Vor allem Johannes Andreas Eisenmengers Buch „Entdecktes Judenthum", dessen Publikation die Frankfurter Juden durch Protest beim Kaiser verhinderten, dessen Druck aber der preußische König Friedrich I. (Reg. 1688–1713) 1711 ermöglichte, prägte mit seinen Verzerrungen in den nächsten hundert Jahren die Vorstellungen der Gebildeten von den Juden. Obgleich Calvinist, wiederholte Eisenmenger die tradierten Lügen von der Brunnenvergiftung und dem Ritualmord. Aufgrund willkürlich aus dem Zusammenhang herausgegriffener Talmud-Zitate versuchte er die ständige Feindschaft der Juden gegenüber dem Christentum zu beweisen. Es ging ihm dabei nicht wie anderen protestantischen Theologen um die Bekehrung, sprich Taufe der Juden, sondern nur um Verleumdung. Diesem Zeitgeist entsprachen die inquisitorischen Befragungen der Juden in Brandenburg-Preußen, die unter Friedrich I. 1703 durchgeführt wurden und die eruieren sollten, „ob sie [die Juden] dem Herrn Jesum Christum in ihren Schulen und Synagogen, wie auch Morgens und Abends in ihren Häusern nicht lästern?"[29]

Besonders der niedere Klerus in beiden Konfessionen schürte den Haß, wobei in Brandenburg-Preußen auch konfessionalistische Motive mitspielten. So warf der lutherische Prediger Varnhagen in Iserlohn indirekt seiner (calvinistischen) Obrigkeit vor, sie leugne wie die Juden die Auferstehung des Herrn und verbiete deshalb die Osterfeuer. Nachdem man die Feuer unter „Anreizung" der Pfarrerstochter dennoch abgebrannt hatte, stürmte die Menge die Häuser der Juden und eine „Jüdin wäre gesteinigt worden, wenn sie sich nicht im Bettkasten" verkrochen hätte, wie es in dem Bericht des Amtsdieners

1707 heißt. In der katholischen Kirche befürchtete der niedere Klerus durch die Anwesenheit der Juden eine ständige „Lästerung“ des „Sanctissimi“ bei Prozessionen, wie 1773 in Würzburg. Katholische Pfarrer, so im Kurkölner Lenhausen, vertrieben in den 1780er Jahren brutal die Juden in der Karwoche aus dem Dorf und schändeten gleichzeitig die Synagoge.[30]

Ein positives Bild vom Judentum entwickelte in den christlichen Religionsgemeinschaften dagegen der Pietismus durch seinen stark alttestamentarischen Bezug.[31]

Das Volk verarbeitete das durch die Geistlichkeit tradierte negative Bild von den Juden auf eigene Weise, wie eine aufschlußreiche Episode 1727 aus dem Würzburgischen belegt. Ein Bänkelsänger und seine Frau hatten im Oktober in den Dörfern eine „erschröckliche Tragödi von fünfunddreißig Strophen vorgetragen / so fünff reiche Juden (darunter ein alter vornehmer Rabin wäre) ... in der Stadt Schwabach ... am heiligen Char=Freytag ... in eines Judens seinem Garten mit einem braunen Budl [Pudel] Hund vorgenommen ... den gantzen Passion mit zwölff Figuren gespielt / und den Hund an statt Gott gekreutziget haben“. Das Lied war 1727 in Nürnberg gedruckt, und fünfhundert Exemplare waren verkauft worden.

In 35 Strophen schildert das Lied die von Juden nachgespielte Passionsszene, wobei der Hund vor Annas, Kaiphas, Herodes und Pilatus geführt, danach gegeißelt und an ein Kreuz genagelt wird: „Sie schreyn all mit Schand und Spott/Da hängt der Hund, der Christen Gott.“ Als der Rabbiner schließlich noch eine Tafel mit der INRI-Inschrift anbringen wollte, wurde seine Hand angeblich schwarz und krumm. Der Schinder, der den Hund begraben sollte, habe die Juden schließlich bei der Obrigkeit denunziert und sie seien daraufhin eingekerkert worden.

Die alten Topoi, die sonst im Zusammenhang mit dem Hostienfrevel verbreitet wurden, projizierte dieses Lied auf die Lästerung Christi. Aufschlußreich, daß dieses Lied sowohl in protestantischen wie in katholischen Dörfern vorgetragen und offensichtlich auch geglaubt wurde.

Die bischöfliche Regierung in Würzburg ließ den Bänkelsänger Jörg Hierlein und seine Frau auf Antrag der Veitshöchheimer Juden verhaften. Im Verhör gab dieser an, er habe nichts Unrechtes getan, „weiln er ohne dieß mit geistlichen Liedern seine Gewerbschaft treibe, habe er solches auch hierzu fail getragen". Durch Edikt verbot Bischof Christoph Franz von Hutten (Reg. 1724–1729) strikt unter Androhung von Strafe die Verbreitung dieses Liedes, weil demselben „ein nit geringer glauben beygemessen", obgleich die Untersuchungen ergeben hätten, daß nichts daran wahr sei. Der „gemeine Pöbel" habe sich gegen die Juden „dahin erfrecht, daß selbige bereits mit Ungemach zugezogen auch mit Mordt- und Todtschlag bedrohet worden". Er warnte davor, daß die Juden, die seinen Schutz erhalten hatten, durch seine Untertanen beleidigt würden.[32]

Ähnlich früh-aufgeklärte Zeugnisse geistlicher Obrigkeiten zum Schutz ihrer Juden vor Beleidigungen oder Tätlichkeiten durch die Christen finden sich noch häufiger, wodurch die kleinen Dorfpogrome aber wohl nicht verhindert wurden. Energische Auseinandersetzungen mit der noch immer latent fortlebenden Ritualmordlüge und der angeblichen Hostienschändung waren eher die Ausnahme, solange im katholischen Bereich die angeblichen Märtyrer und Reliquien durch Wallfahrten, Bilder und Altäre mit entsprechenden Inschriften wie in Deggendorf verehrt, ja noch im 18. Jahrhundert – wie das Anderl von Rinn – kanonisiert wurden. Ins allgemeine Bewußtsein drangen deshalb wohl kaum Abhandlungen, die diese Lüge widerlegten, so 1681 das Buch Tela Ignea Satanea (Teuflische Feuergeschosse) des Altdorfer Orientalisten Johann Christian Wagenseil oder das Gutachten der theologischen Fakultät Leipzig von 1714. Letzteres widerlegte in nüchterner Art alle Motive, die (wie sie seit dem Mittelalter in der Literatur aufgeführt) die Juden angeblich zum Mord an Christen veranlaßten. Auch hier deutet sich der Wandel durch Aufklärung an, wenn die Verfasser darauf verweisen, daß die angebliche Grausamkeit der Juden „nicht wohl glaublich sey", da „dergleichen entsetzlichen Handlungen ... sich Vernunfft und Humanite widersetzen". In den Köpfen der einfachen Leute mochte das tradierte Bild vom Juden fortleben, für den Alltag war es nicht entscheidend. Die Juden waren zwar aufgrund ihrer Sitten und

Gebräuche Außenseiter in der städtischen und ländlichen Gesellschaft, aber ein Mord an einem Juden wie der an Sostmann Behrens – Annette von Droste-Hülshoff nahm ihn als Sujet für ihre „Judenbuche" – erregte unter der christlichen Bevölkerung großes Entsetzen. Doch bedurfte es schon des Wandels durch Aufklärung, um im Juden den Menschen und nicht den Juden zu sehen, wie es einer ihrer Protagonisten, C. W. Dohm, formulierte.[33]

2. Periode: 1760–1806
Aufklärung und erste Folgen

Wandel durch Aufklärung

Ein Wandel zu einem neuen Bild von den Juden ist um 1750 in der Belletristik festzustellen, so in Gellerts Roman „Das Leben der schwedischen Gräfin von G***" (1746) und in Lessings Jugendstück „Die Juden" (1749). Die Juden werden hier nicht mehr – wie sonst in der zeitgenössischen Literatur üblich – als Zerrbild der Gesellschaft interpretiert, sondern als moralische Menschen. Zumindest in der Berliner Gesellschaft bildeten sich zum ersten Mal in der langen deutsch-jüdischen Geschichte gemischte Zirkel, an denen Juden als gleichberechtigte Partner teilnehmen durften. Dem aufgeklärten Diskurs, der sich hier zwischen Juden und Nicht-Juden anbahnte, entsprang auch die wohl bedeutendste staatspolitische Schrift zum Thema Juden in der Gesellschaft, nämlich Christian Wilhelm Dohms (1751–1820) Abhandlung „Über die bürgerliche Verbesserung der Juden" (1781). Um den „Sonderstatus" der Juden in der Gesellschaft aufzuheben, verlangte er für diese Zugang zu den bisher für sie verschlossenen landwirtschaftlichen und handwerklichen Berufen. Er erwartete dadurch eine allmähliche Anpassung der spezifischen jüdischen Sozialstruktur an die allgemeine. Die von ihm vorgetragenen Verbesserungsvorschläge waren nicht liberal, sondern aufgeklärt absolutistisch: Die Entwicklung sollte nicht in das Belieben des einzelnen Juden gestellt werden, sondern der Staat sollte den Umerziehungsprozeß in die Hand nehmen und damit eine sittliche Verbesserung der jüdischen Minderheit herbeiführen. Die Schuld an dem Zustand der jüdischen Minderheit schrieb Dohm eindeutig der Gesamtgesellschaft zu, die im Verlauf der verflossenen Jahrhunderte die jüdische Minderheit aus dem Gesamtverband herausgedrängt hatte, indem sie die Erwerbsmöglichkeiten dieser Gruppe fast ausschließlich auf den niederen Handel beschränkte. Er plädierte keineswegs dafür, der jüdischen Gruppe ihre Autonomie zu nehmen, sondern setzte sich sogar dafür ein, den Rabbinern das Ausschließungsrecht für die Gemeindemitglieder zu belassen.[34]

Mit diesem Ansatz vertrat die deutsche Aufklärung eine führende Position in der Frage der Aufhebung des jüdischen Sonderstatus. Sie wurde aber darin bald überholt, als die französische Revolutionsgesellschaft – freilich auch erst nach einer längeren Diskussion – 1791 die völlige Gleichstellung der Juden als Staatsbürger gesetzlich festlegte und damit ein Gegenmodell zu dem der deutschen Erziehungsemanzipation schuf.

Die Reaktion auf Dohms Schrift in Deutschland zeigt, wie klein die aufgeklärte Elite hier war, die sich mit diesem Problem befaßte, und wie weit sie selbst noch von dem Dohmschen Konzept einer Erziehungsemanzipation entfernt war. Bereits in der Rezeptionsdebatte um Dohms Buch, die 1781 einsetzte und die Dohm in seine Neuausgabe 1783 aufnahm, wurden Argumente gebracht, die später in der 1. Hälfte des 19. Jahrhunderts zum geläufigen Argumentationsarsenal der Gegner einer Judenemanzipation gehörten: die Rolle des christlichen Staats und die jüdischen „Sondereigenheiten“. Deutlich wird in dieser Diskussion, daß die deutschen Aufklärer nicht bereit waren, den Juden als Juden zu akzeptieren. Er sollte alles ablegen, was dem herkömmlichen Bild des Juden entsprach: seine jiddische Sprache, sein Äußeres, seine Geschäftspraktiken und auch seine orthodoxe Religionsauffassung. Am eindrucksvollsten belegt dies die Charakteristik, die der Aufklärer Freiherr Knigge in seinem Buch „Über den Umgang mit Menschen" (1788) gibt. Den Juden, den er akzeptieren konnte, war der, „der sich nach den Sitten der Christen umgebildet hatte", wobei hier die Bezeichnung „Christ" wohl nicht nur den „Nicht-Juden" meint, sondern durchaus auch die Vorstellung einer christlich geprägten Kultur beinhaltet. Schon in den aufgeklärten Diskurs des ausgehenden 18. Jahrhunderts spielt ein Moment hinein, das den modernen bürgerlichen Staat des 19. Jahrhunderts ankündigt, der zwar die Gleichheit aller Bürger forderte, auf der anderen Seite aber unfähig war, Minderheiten und ihre Subkultur zu tolerieren. Zum Programm wird dies interessanterweise 1793 in Fichtes anonym erschienener Schrift „Beitrag zur Berichtigung der Urteile des Publikums über die Französische Revolution", in der er die Auflösung aller Untergruppierungen im Staate, darunter Kirche, Armee, Handwerkerzünfte, vor allem aber der Judenheit, forderte. Gerade gegen die letztere Gruppe wandte er sich mit scharfer Polemik.

Es scheint paradox, daß gerade die Rezeption des französischen Gleichheitsgedankens durch Fichte 1793 zu einer gnadenlosen Polemik gegen den jüdischen „Staat im Staate" führte. Dieselbe Einschätzung veranlaßte schon 1784 den Aufklärer Johann Heinrich Schulz zu der Forderung, die Juden wegen ihrer angeblichen Intoleranz von jeglicher Toleranz auszuschließen. Für Fichte befand sich dieser jüdische „Staat im Staate" in einem ständigen Kriegszustand mit den übrigen europäischen Staaten. Fichte begnügte sich deshalb nicht mit der Taufe als Lösung, sondern forderte in einem vielzitierten Satz: „Man solle allen Juden, um sie von jeder jüdischen Idee zu befreien, in einer einzigen Nacht den Kopf abschlagen, ihn aber sofort wieder vom Jüdischen gereinigt aufsetzen."[35]

Die jüdische „Insonderheit", so sahen es die meisten Aufklärer, war verursacht durch die Einschränkungen, die die christliche Gesellschaft im Lauf der Jahrhunderte dieser Minderheit auferlegt hatte. Sie war zu beseitigen, wenn man diese Einschränkungen aufhob und die Juden in einem allmählichen Entwicklungsprozeß an die durch die Aufklärung bestimmte Gesellschaftsauffassung anglich. Nicht das Judentum sollte emanzipiert werden, sondern lediglich der einzelne Jude, wenn er sich diesen Vorstellungen anpaßte. Für viele Aufklärer, selbst Wilhelm von Humboldt, bot dafür die Taufe die beste Voraussetzung. Die aufgeklärte Assimilationsidee, aus der sich die liberale Emanzipationsidee des 19. Jahrhunderts entwickelte, enthielt deshalb von vornherein einen Geburtsfehler: Es war die Unfähigkeit, die Juden als Gruppe in die bürgerliche Gesellschaft zu integrieren. Dennoch darf der hier einsetzende Wandel nicht zu gering eingeschätzt werden, leitete er doch einen Akkulturationsprozeß ein, in dem sich das „moderne Judentum ... nicht länger von der Umwelt abkapselte, sondern sich als aktiver, mitgestaltender Teil der entstehenden modernen Gesellschaft verstand" (Rürup).[36]

Im politischen Bereich zog sich dieser Prozeß allerdings noch lange hin. Trotz der Vorreiterrolle, die hier Kaiser Joseph II. mit seinen Reformedikten von 1781/82 übernahm, die einen allerdings eingeschränkten Zugang zur Allgemeingesellschaft ermöglichten, erfolgte in Deutschland nur sehr zögerlich eine Änderung des alten Status. In Preußen setzte zwar nach dem Tod Friedrichs II. (1786) eine ausführliche Debatte über die „Verbesserung" der Juden ein, an der sich auch die jüdische Elite beteiligte, sie brachte aber außer der Abschaffung des für die Juden entehrenden Leibzolls (1788) und der Aufhebung der Gesamthaftung jüdischer Gemeinden für kriminelle Vergehen ihrer Mitglieder keine wesentliche Verbesserung. Neben einigen Versuchen, Dohms Konzept in die Realität umzusetzen – so in dem Duodezstaat Schaumburg-Lippe -, erfolgte eine Weiterentwicklung erst nach der durch Napoleon ausgelösten politischen Umbrüche ab 1806. Doch zeigen manche Gutachten aufgeklärter Beamter, daß in ihrem Denken doch ein positiver Wandel eingesetzt hatte, der zu einer realistischen Einschätzung der jüdischen Situation führte.

Die jüdischen Aufklärer

Die Aufklärer gingen bei ihrer Reformdiskussion von dem Erscheinungsbild der jüdischen Aufklärungselite in Berlin aus, die auch weitgehend mit der jüdischen Aufklärungselite in anderen deutschen Staaten die Akkulturations- und Emanzipationsdebatte mitbestimmte. Die Maskilim um Mendelssohn waren wie die nichtjüdischen Aufklärer davon überzeugt, daß die christliche Gesellschaft in der Vergangenheit der jüdischen Nation zwar Sonderrechte, darunter auch die rabbinische Gerichtsbarkeit, eingeräumt, sie aber durch die sonstigen Einschränkungen vom Berufs- und Kulturleben abgeschnitten habe. Nach ihrer Auffassung hatte diese Isolation die Rückständigkeit der jüdischen Kultur verursacht, die aber bei Öffnung der Gesellschaft für das Judentum bald aufgeholt werden konnte. Es kam den Anhängern der Haskala darauf an, das Judentum gegen den Widerstand der Rabbiner als vernunftgemäße Religion herauszustellen, die mit den Wahrheiten der modernen Philosophie nicht in Widerspruch stand. Als Vernunftreligion bot das Judentum seinen Mitgliedern eine aufgeklärte moralische Basis. In seiner gereinigten Form schloß es die „Liebe zum Vaterland" und „die Nützlichkeit gegenüber dem Staat" nicht aus. Dieses Judentum als Vernunftreligion galt es gegen alle orthodoxen Einsprüche zu verteidigen. Für Aufklärer wie Moses Mendelssohn, Moses Wessely und Isaac Alexander war die Beibehaltung des Zeremonialgesetzes nicht problematisch, da „kein Nachtheil für den Staat daraus erwächst" (I. Alexander), problematisch dagegen erschien ihnen die Autonomie der jüdischen Gemeinden, die den Rabbinern ein nicht unbedeutendes Maß an Macht zuwies. In dieser Beziehung stellten sie sich gegen Dohms Forderung. Unterschiedlich beurteilten die jüdischen Aufklärer in der Auseinandersetzung mit Dohm jedoch die Bedeutung der spezifisch jüdischen Berufsstruktur. Während Mendelssohn den jüdischen Handel unter liberalen Aspekten beurteilte, seine Wichtigkeit für die allgemeine Wirtschaft betonte und deshalb freie Konkurrenz, uneingeschränkte Freiheit und Gleichheit in den Rechten des Kaufs und Verkaufs forderte, lag für Isaac Alexander und auch die anderen jüdischen Autoren, die sich zu Wort meldeten, die moralische Verderbtheit der Juden in ihrem „erniedrigenden Gewerbe" begründet. Die für die Juden zugelassenen Gewerbe hätten diese nicht nur moralisch korrumpiert, sondern auch ökonomisch verarmen lassen. Daher griffen sie zustimmend Dohms Forderung auf, den Juden alle Berufe zu öffnen und ihren sittlichen und bürgerlichen Zustand zu bessern.

Das Zusammenleben von jüdischer Minderheit und Gesamtgesellschaft stellte sich für die jüdischen Aufklärer der 1780er Jahre relativ problemlos dar: Die jüdische Nation sollte sich auf der Basis ihrer Vernunftreligion, die die traditionelle jüdische Lebensweise durchaus ermöglichte, wie Mendelssohn zeigte, zu moralisch hochstehenden Bürgern und guten Untertanen entwickeln und dem Staat nützlich sein. Sie sollten sich in ihrer Sprache der Allgemeingesellschaft anpassen, weshalb Mendelssohn gegen den Widerstand zahlreicher orthodoxer Rabbiner eine deutsche Bibelübersetzung schuf. Der Akt der Taufe erübrigte sich, da ja das Judentum als Vernunftreligion mit seiner gereinigten Moral dem Christentum nicht nachstand.

Die jüngere Generation der jüdischen Aufklärer, für die David Friedländer (1750–1834) sprach, sah das Problem schon anders. Für sie stand das Judentum als Vernunftreligion nicht mehr gleichrangig neben dem Christentum, dafür war es durch seine orientalischen Zeremoniengesetze zu sehr entstellt. Wenn aber das Zeremonialgesetz fiel, so war es kein weiter Weg mehr zur Taufe. Stärker als die jüdischen Aufklärer der 1780er und beginnenden 1790er Jahre brachte Friedländer dabei den politischen Aspekt in die Diskussion. Galt für die früheren Aufklärer die Aufhebung aller drückenden Sonderlasten und damit die wirtschaftliche Gleichstellung mit den anderen Untertanen als das zu erstrebende Ziel, so waren für Friedländer die bürgerlichen Rechte, die den Juden versagt blieben, das Entscheidende. Mit dieser Einschätzung des Judentums, das für Friedländer noch Vernunftreligion, aber auch schon säkularisierte Weltanschauung war, bildete er die Verbindung zur nächsten Generation, die das Judentum stärker denn die Aufklärer als kulturellen Faktor bewertete und damit das Verhältnis von jüdischer Minderheit und Gesamtgesellschaft stärker unter dem Aspekt der Akkulturation sah.[37]

Die Modernisierung des Judentums, die für Friedländer und seine Anhänger sogar eine Verbindung mit dem Christentum als Vernunftreligion nicht ausschloß, führte in eine ernste Krise, die zahlreiche jüdische Aufklärer dem Judentum entfremdete und zum Übertritt verleitete. Zumindest in den städtischen Gemeinden war diese Entfremdung vom jüdischen Gemeindeleben offenkundig, auch wenn man sich nicht taufen ließ. Einen Ausweg bot sich hier zu Beginn des 19. Jahrhunderts durch die Gründung der Tempelgemeinden und durch eine frühe Reform der Orthodoxie, wie sie in Hamburg seit 1821 unter dem Chacham Isaac Bernays (1791–1849) erfolgte. Den Titel Oberrabbiner vermied er bewußt und benutzte dafür die sephardische Bezeichnung. Die Juden auf dem Land und wohl auch die jüdischen Unterschichten in den Städten lebten weiterhin orthodox-konservativ in ihren Gemeinden und beachteten streng die religiösen Gebote, soweit es die sozialen und politischen Veränderungen zuließen.[38]

Mit den napoleonischen Siegen nach 1806 endete für zahlreiche westliche Staaten des Alten Reiches die überkommene Judenpolitik. Wenn auch nicht in allen die (vorübergehende) Gleichstellung der Juden mit den übrigen Bürgern herbeigeführt wurde, so galt es doch im Sinne eines modernen Territorialstaates die zumindest wirtschaftliche Gleichstellung der Juden anzustreben.

IV. Der lange Weg zur Emanzipation (1806–1871)

1. Periode: 1806–1850 Emanzipationsansätze

Die politisch-rechtlichen Rahmenbedingungen

Nach 1806, also unter dem direkten Einfluß Frankreichs, kam es zunächst in einigen Rheinbundstaaten zu Reformgesetzen für die Juden. In der einen oder anderen Form enthielten alle diese Gesetze, von den beiden Modellstaaten Berg und Westfalen abgesehen, im Hinblick auf die bürgerliche Gleichstellung der Juden Erziehungsvorschriften bzw. Einschränkungen. Frankfurt erkannte unter dem Großherzog Dalberg den Juden gegen Zahlung von 240000 Gulden das volle Bürgerrecht zu.

Das preußische Emanzipationsgesetz von 1812, das nur – auch nach 1815 – für das 1806 reduzierte rechtselbische Preußen galt, erklärte die Juden in einem vagen Doppelbegriff zu „Einländern und preußischen Staatsbürgern". Zu Recht interpretiert Reinhart Koselleck den Rechtsstatus der preußischen Juden nach diesem Gesetz dahingehend, daß sie Staatsbürger nicht als politische Mitglieder des Staates, sondern als Teilhaber der freien Wirtschaft wurden.[1] Nach Hardenbergs Konzept sollte der preußische Staat nach dem Fiasko von 1806 auf eine solide wirtschaftliche Basis gestellt, den Juden aber als Wirtschaftsbürgern keine Fesseln angelegt werden. Von wenigen Ausnahmen abgesehen, taten sich die preußischen Beamten, vor allem nach 1815, recht schwer, die Rechtsgleichheit der Juden anzuerkennen.[2]

Die deutschen Staaten, die nach dem Frieden von Campo Formio (1797) an Frankreich fielen, bekamen gleichsam über Nacht das neue revolutionäre Recht von oben verordnet, darunter auch die bürgerliche Gleichstellung der Juden. Die Teile, die infolge der Neuordnung nach 1806 annektiert wurden, erhielten, von Hamburg abgesehen, nur noch die durch das „Schändliche Dekret“ von 1808 eingeschränkte Gleichstellung. Die reiche jüdische Oberschicht Hamburgs hatte es über den Staatsrat Chaban erreicht, daß die Hamburger Juden von den Bestimmungen dieses Dekrets ausgenommen wurden, das eine Einschränkung des Handels und der Mobilität für jüdische Bürger vorsah.[3] In dem Modellstaat Westfalen bestimmte allerdings die von Napoleon 1808 oktroyierte Verfassung in Artikel 10 die „Gleichheit aller Unterthanen vor dem Gesetz“. Die Umsetzung dieses Grundsatzes zugunsten der Juden regelte das Emanzipationsdekret vom 27. Januar 1808. Es sah im Gegensatz zur Regelung in den neuen französischen Gebieten die Verordnungen gemäß dem französischen Revolutionsdekret vom September 1791 vor, d.h. die uneingeschränkte und vorbehaltlose bürgerliche sowie staatsbürgerliche Gleichstellung der Juden. Dies war nicht zuletzt das Verdienst der Minister Siméon und Beugnot, des Schweizer Historikers Johannes von Müller, der als Minister-Staatssekretär nach Kassel berufen worden war, und Christian Wilhelm Dohms, der aus preußischen Staatsdiensten in die westfälischen übergewechselt war, hier aber nicht zur direkten Führungsspitze des Staates zählte.[4]

Für den zweiten Modellstaat, das Großherzogtum Berg, sah ein Edikt vom 22. Juli 1808 vor, „die Juden allmählich in die nämlichen Rechte und Freiheiten zu setzen, deren die übrigen Bewohner des Großherzogtums genießen“. Der bergische Innenminister von Nesselrode interpretierte das einschränkende „allmählich“ folgendermaßen: Darin „liege deutlich der Vorsatz, sie diesen [den christlichen Einwohnern], wenn anders nicht hindert, auf einmal zu assimilieren, und nur in dem Fall, daß sich etwa – nicht von seiten des Staats, sondern der Juden selbst – Schwierigkeiten ergeben sollten, ‚allmählich‘ zu verfahren. Der Staat assimilierte sie durch die Generalverordnung vom 22. Juli [1808] nicht allmählich, sondern von nun an zu allen directen und indirecten Personal- und Reallasten im gleichen Verhältnisse mit den übrigen Unterthanen.“ Interessant, daß hier der Emanzipationsvorgang als Assimilation an die Gesamtgesellschaft verstanden wird.[5]

Die auf dem Wiener Kongreß (1815) von den Hansestädten durchgesetzte Änderung des Artikels 16 der Bundesverfassung, daß den Juden nicht die *in,* sondern *von* den Bundesstaaten verliehenen Bürgerrechte erhalten bleiben sollten, hob die unter Napoleon erfolgte bürgerliche Gleichstellung der Juden weitgehend auf und machte diese wiederum zu einer rechtlich benachteiligten Minderheit. Der Artikel 16 erlaubte z. B. dem wiederhergestellten Stadtstaat Lübeck, dessen Gebiet von 1810 bis 1813 zum Französischen Kaiserreich gehörte, daß die Juden, die sich hier in der napoleonischen Ära niedergelassen hatten, wieder – wie im Mittelalter – vertrieben wurden. Preußen hingegen verzichtete darauf, das im Zuge der „defensiven Modernisierung" erfolgte Emanzipationsedikt von 1812 gleichmäßig auf alle Teile der Monarchie auszudehnen. Die Regierung restituierte über zwanzig alte Judenordnungen, die z.T. noch aus dem Mittelalter stammten, aber vor und auch während der napoleonischen Phase in dem betreffenden Landesteil gültig waren. Völlig unzulänglich blieb die gesetzliche Regelung in *der* Provinz Preußens, die die meisten jüdischen Einwohner hatte: in Posen. Bis 1847 durften die Posener Juden nicht in die anderen preußischen Provinzen übersiedeln. Als sich dann die Möglichkeit eröffnete, wanderte fast ein Drittel der jüdischen Einwohner nach Schlesien oder Berlin ab. Nach den bayerischen Juden stellten die Posener bis 1871 die größte Zahl der Auswanderer in die USA. Gegen alle Regeln der Staatsraison, die ja auf die Schaffung eines einheitlichen preußischen Staates abzielte, war man im Hinblick auf die Juden von diesem Grundsatz abgegangen. Dort, wo die napoleonische Gesetzgebung gültig blieb, wie im Rheinland und in Teilen Westfalens, griff man bis 1847 auf die Ausnahmeregelung des „Schändlichen Dekrets" zurück bzw. schuf wie in den vier westfälischen Kreisen Warburg, Höxter, Büren und Paderborn Sondergesetze. Hardenberg, der 1815 noch versucht hatte, die Hansestädte für die preußische Lösung im Sinne des Edikts von 1812 zu gewinnen, gab, was die Judenemanzipation betraf, alle Reformbestrebungen auf. Die von einer ja nur kleinen Elite getragene Reformpolitik sah sich im Hinblick auf die Judenemanzipation einer breiten Phalanx unterschiedlicher Gesellschaftsgruppen, vom Adel über das handwerklich bestimmte Kleinbürgertum bis hin zu den Bauern, konfrontiert, gegen die es die Fortführung der Judenemanzipation nicht durchzusetzen wagte. Ihrem „›Eindringen‹ in die den Bürgern vorbehaltene[n] Räume [wurde] besonders erbitterter Widerstand entgegengesetzt" (Rohrbacher). Ideologisch wurde diese Opposition zusammengehalten durch die „Deutschtümelei", die im Kampf gegen Napoleon aufgekommen war und die die Juden aus dem „deutschen Volkskörper" auszugrenzen bestrebt war.[6]

Die anderen Bundesstaaten neben Preußen sahen sich zu einer Rücknahme judenemanzipatorischer Ansätze kaum gezwungen, da sie sich auch in der napoleonischen Phase nicht sehr weit auf diesem Gebiet vorgewagt hatten. Am besten waren da noch die Juden in Baden (1,7 % der Bevölkerung) gestellt, wo sie durch die Konstitutionsedikte 1808 und 1809 zwar zu erbfreien Staatsbürgern erklärt wurden, damit aber nicht automatisch das Ortsbürgerrecht erhielten. Auch die Reformlandtage der 1830er Jahre brachten hier keine Verbesserung, verschlimmerten vielmehr die Situation, da nun nur noch Juden in den Gemeinden den Status von Schutzbürgern hatten. In Bayern (ca. 1,4 % der Bevölkerung) hatte das sogenannte Matrikelgesetz von 1813 fast den Status des alten Judengeleits wieder eingeführt. Das Gesetz postulierte zwar die Gleichstellung der Juden mit der übrigen Bevölkerung, hob sie aber durch zahlreiche Einschränkungen, so v. a. im Hinblick auf die Niederlassungsfreiheit, wieder auf: „Die Zahl der Judenfamilien an den Orten wo sie dermal bestehen, darf in der Regel nicht vermehrt werden, sie soll vielmehr nach und nach vermindert werden, wenn sie zu groß ist." Nur wer eine Matrikelstelle, die der Magistrat verlieh, erhielt, durfte sich niederlassen. Damit war die freie Entfaltung erheblich eingeschränkt, zumal auch der Eigentumserwerb von Häusern und Grundstücken nahezu unmöglich gemacht wurde. Die eingeschränkte Mobilität veranlaßte deshalb zahlreiche Juden, aus Bayern in die USA auszuwandern. In zahlreichen anderen Staaten (z.B. Hessen) wurde nach dem Grundsatz der Erziehungsemanzipation verfahren und das Staats- und weitgehend auch das Ortsbürgerrecht nur an „vermögende und produktive Juden“ verliehen.[7]

Es ist nicht recht einzusehen, warum die meisten Staaten sich in ihrer Entwicklung zum modernen Wirtschaftsstaat gerade im Hinblick auf die wirtschaftlich aktive jüdische Minderheit Fesseln anlegten und damit wie in Preußen einen ungeheuren Verwaltungsaufwand provozierten. Der Grund hierfür lag wohl einmal in der Rolle, die die Juden für weite Teile der Bevölkerung in dieser einschneidenden Phase des wirtschaftlichen und gesellschaftlichen Umbruchs als Antisymbol spielten. In symbolischer Verkürzung verkörperte die jüdische Minderheit für die meisten Gesellschaftsgruppen die Nachtseiten dieses neuen Systems mit seinen unüberwindbaren Schwierigkeiten. Offensichtlich nahmen die meisten Regierungen auf diesen verkürzten Erklärungsansatz Rücksicht und wagten es nicht, die Gleichstellung und damit die Integration weiter voranzutreiben, zumal parlamentarische Gremien, soweit es sie gab, sich in ihrer Mehrzahl dagegen aussprachen. In den ländlichen Gemeinden des Südens und Südwestens befürchteten die Einwohner zudem, durch die Verleihung des Ortsbürgerrechts zur Teilung des Gemeindebesitzes mit den Juden gezwungen zu werden. In Preußen forderte man die Begrenzung des Marktes für Juden und schränkte deshalb den bereits erreichten Freihandelsstatus wieder ein. Dazu trug bei, daß die Regierung mit den Reformkonzepten gescheitert war und die Unruhe in der Bevölkerung durch antijüdische Maßnahmen, so 1836 durch die Einschränkung des jüdischen Handels in Ostwestfalen, zu beseitigen hoffte. In diesem Fall – dem Ausnahmegesetz für Ostwestfalen – kam hinzu, daß der Adel der Gewinner dieser Sondergesetze war, dem bei Versteigerungen von in Konkurs gegangenen Bauernhöfen jüdische Aufkäufer als Konkurrenten in die Quere kamen. Die „defensive Modernisierung“ hatte hier ihren schwächsten Punkt, schaffte es doch auch eine „offensive Modernisierung“ wie die zur Zeit der Französischen Revolution nicht, die Juden sofort zu Staatsbürgern zu machen.

Im Vormärz versuchte man in Deutschland mit Hilfe der Ideologie vom „christlichen Staat" die Forderung nach Integration der jüdischen Minderheit zu umgehen. Nach Auffassung dieser Ideologie basierten alle europäischen Staaten auf den Grundsätzen des Christentums. Ein Nicht-Christ sollte und konnte deshalb keine entscheidende Position im Staat besetzen. Der preußische König Friedrich Wilhelm IV. wollte sogar soweit gehen, die den Juden bis dahin gewährten staatsbürgerlichen Rechte wieder aufzuheben und sie als eigenständige Korporation aus dem Staatsverband herauszunehmen. Damit scheiterte er jedoch in dem Allgemeinen Preußischen Landtag von 1847, dem bei allen Vorbehalten gegenüber den Juden eine segmentierte Staatsgesellschaft doch zu sehr der modernen Entwicklung widersprach. Als geeignetes Mittel wurde von zahlreichen preußischen Politikern, sogar von Wilhelm von Humboldt und auch von den südwestdeutschen Liberalen, die Taufe angesehen. Damit wäre nun jede jüdische Identität beseitigt gewesen, wobei man in Rechnung stellte, daß es trotz Taufe noch Generationen dauern würde, bis das „typisch Jüdische" endgültig überwunden sei. Taufe und Sondergesetze als Lösung blieben jedoch Illusion, auch wenn man, von der Überlegenheit der christlichen Religion überzeugt, hoffte, „daß der jüdische Glaube als solcher allmälig verschwinde". Diese Ansicht, von Graf Yorck 1847 auf dem Vereinigten Preußischen Landtag geäußert, teilten vermutlich auch zahlreiche liberale Abgeordnete.[8]

Die innerjüdische Entwicklung

Die Emanzipationsgesetze von 1806 stellten nur äußerlich einen gravierenden Einschnitt für die jüdischen Gemeinden dar. Einmal änderte in den französischen Teilen Deutschlands das „Schändliche Dekret" mit seinen Handelsbeschränkungen kaum etwas an dem bisherigen Status, zudem zweifelten viele Juden daran, daß die napoleonische Neuordnung von langer Dauer sein könne. Eine gewisse Loyalität zu den Mächten des Ancien régime ist nicht zu übersehen. Die Feiern und überschwenglichen Gebete in der Synagoge bei der Wiederkehr der ehemaligen Landesfürsten (Kassel, Bonn, Paderborn im Hinblick auf Preußen) machen das deutlich. Die Begeisterung für Napoleon hielt sich in Grenzen. In den Synagogen begrüßte man jedoch, „daß Gott den größten Kaiser und gerechtesten König zu unserem Beherrscher bestimmt hat, der uns die Gnade ertheilt, die Religion unserer Väter frei auszuüben und dem Staat gleich übrigen Unterthanen unsere Dienste leisten zu dürfen". Auch die Befreiung aus alten Unterdrückungen erkannten die jüdischen Gemeinden in ihren Eingaben an die Regierungen von Berg und Westfalen dankend an.[9]

Die jüdische Oberschicht nutzte die Möglichkeit, als gleichberechtigte Staatsbürger an der politischen Macht zu partizipieren, soweit dieses die napoleonischen Verfassungen erlaubten. So wurden in Hamburg die beiden Juden Moses Isaac Hertz und Jacob Oppenheimer in den dreißig Personen umfassenden Munizipalrat berufen. In Kassel erlangte Israel Jacobson hohe Ämter und Ehren, so als Präsident des (staatlichen) Konsistoriums der Israeliten, als Mitglied des westfälischen Reichstages und als Ritter des Ordens der westfälischen Krone.[10]

Die jüdische Mittel- und Unterschicht machte sich, soweit möglich, die Mobilitätschancen zunutze und zog in die neuen bzw. in die bis dahin für sie verbotenen alten Handels-, Verwaltungs- und Gewerbezentren, eine Tendenz, die sich dann in der Frühindustrialisierungsphase fortsetzte. Soweit Reaktionen von nicht-jüdischer Seite auf die Gleichstellung der Juden vorhanden sind, richteten sich diese primär gegen solche Mobilitätsschübe. Die seit der Aufklärung immer wieder beschworene berufliche Umschichtung kam in dieser ersten Emanzipationsphase (und auch später) nicht zustande. Es blieb die Präferenz für die tradierten Handelsberufe.

Das neue kapitalistische Wirtschaftssystem brachte im 19. Jahrhundert den Juden die Chance, die seit Jahrhunderten unter den schwierigsten Umständen gesammelten Erfahrungen als Kaufleute und Geldverleiher erfolgreich anzuwenden und all die Umerziehungskonzepte außer acht zu lassen, die ihnen seit Dohm auch von den jüdischen Aufklärern, Mendelssohn ausgenommen, ans Herz gelegt wurden: Sie sollten Bauern und Handwerker werden; doch damit veranlaßte man sie, Berufe zu ergreifen, die durch die neue Wirtschaftsordnung ebenfalls in die Krise geraten waren. Die ausbleibende Umorientierung gab immer wieder dem scheinheiligen Argument Nahrung, die Juden wollten wie seit jeher lieber auf Kosten der anderen leben als selbst arbeiten. Auch die intellektuellen Vertreter des Judentums hatten dieses Scheinargument so verinnerlicht, daß sie sich nicht nur durch Vereine und andere Institutionen aktiv für eine Umschulung einsetzten, sondern alle Mißerfolge wortreich wegzuinterpretieren versuchten. Die Hartnäckigkeit der meisten Juden, nicht den Beruf zu wechseln, sondern die neue Chance für die traditionellen Berufserfahrungen zu nutzen, zahlte sich aus, und so erfolgte im 19. Jahrhundert für viele ehemalige arme jüdische Trödeljuden in den Städten der Aufstieg in die geachtete Position eines Kaufmanns. Auf dem Lande stellten die Juden vielfach die Vieh- und Getreidehändler. Doch zog sich dieser Prozeß über Generationen hin. Wie Jacob Toury überzeugend errechnet hat, befanden sich um 1848 noch bis zu 50 % der Juden in Deutschland in einer sozial marginalen, das bedeutet nicht-verbürgerlichten Existenz, worunter wohl in erster Linie die Juden auf dem Lande zu suchen sind. Immerhin zählt er für diese Phase 15–30 % der jüdischen Minderheit in Preußen und Bayern zum Groß- und Mittelbürgertum und entsprechend 25–40 % zum Kleinbürgertum.[11]

Neben der ökonomischen Krise, die eine Tendenz zum Besseren zeigte, belastete die deutsche Judenheit in dieser Phase eine essentielle Identitätskrise. Mochte sich die Infragestellung des traditionellen deutschen Judentums durch die jüdischen Aufklärer noch im intellektuellen Bereich abgespielt und den Durchschnittsjuden vermutlich gar nicht berührt haben, so waren durch die Abschaffung der alten Landjudenschaften und ihrer Institutionen doch neue Fakten geschaffen worden. Eine erste Urbanisierungswelle, die in der napoleonischen Periode einsetzte und trotz aller staatlichen Gegenstrategien auch nach 1815 nicht aufzuhalten war, stellte das traditionelle jüdische

Landleben in Frage. Ein neues jüdisches Selbstverständnis, wie es die Vertreter des Reformjudentums anboten, wurde von den meisten Gemeinden, vor allem den Landgemeinden, nicht angenommen, und die Konzeption einer sogenannten Neuorthodoxie erfolgte erst in den 1870er Jahren. Als Essentials für die Pflege des orthodoxen Judentums in den Gemeinden galten das Vorhandensein einer Synagoge, einer Religionsschule, eines Ritualbades sowie die Versorgung mit koscherem Fleisch. Diese Minimalbedingungen schrieb 1869 der orthodoxe Würzburger Rabbiner und anerkannte Talmudist und Hachalist Seligmann Bär Bamberger vor und rettete so ein orthodoxes „Milieujudentum“ auf dem Lande. Es blieb allerdings ein Problem, daß es bis in die 1870er Jahre in Deutschland keine Möglichkeit für die Ausbildung orthodoxer Rabbiner gab.

Erste Ansätze zur Reform des traditionellen Judentums finden sich bald nach der Jahrhundertwende, als der Braunschweigische Hoffaktor Israel Jacobson (1768–1828) 1801 in Seesen eine Reformschule gründete, in deren Räumen der Gottesdienst nach einem dem protestantischen Kultus angeglichenen Ritus gefeiert wurde. Das hatte zur Folge, daß nun auch das Innere des 1810 in Seesen errichteten Tempels radikal umgestaltet wurde. Die Bima (das Lesepult) wurde von der Mitte des Raums in eine Nische verlagert, in der Mitte dagegen eine Kanzel für den Prediger aufgestellt. Der Seesener Tempel wurde von den späteren Tempelbauten – so in Hamburg (1818) und Berlin (1815) – nachgeahmt.

Als Präsident des 1808 in Kassel von König Jérôme für das Königreich Westfalen eingerichteten jüdischen Konsistoriums drängte Jacobson auf eine Neuorganisation der Gemeinden und ihres Zusammenschlusses auf staatlicher Ebene. Das Konsistorium sollte v.a. die Neuorganisation des jüdischen Schulwesens vorantreiben. Nach Auflösung des Kasseler Konsistoriums wirkte Jacobson in Berlin, wo sein Reformbethaus jedoch bereits 1823 auf Befehl der preußischen Regierung geschlossen wurde, was sicher auch den Wünschen der orthodoxen Rabbiner entsprach, die wie der Breslauer Salomon Tiktin (1791–1842) kompromißlos gegen die Breslauer Reformbewegung unter Abraham Geiger (1810–1874) vorgingen. Dort, wo die Reformideen in den Stadtgemeinden aufgenommen wurden, versuchten seine Vertreter eine gelungene Synthese von Tradition und neuen Kultusformen, wie dies in der Iserlohner Gemeindeordnung von 1819 deutlich wird, in der es heißt: „Eine feierliche Stille erhöhet die Andacht sehr, und unsere prachtvolle hebräische Sprache mit den vortrefflichsten Dichtungen die nur irgend eine Kraftsprache zu erzeigen vermag, würde Gesang und Orgel ersetzen wenn das bis jetzt noch üblich, orientalische Singen von Ankündigen, durch Schreyen willkürlicher Singereyen nicht so abscheulich misbraucht würde. Um diese Andacht stöhrende Uebel einiger Maßen zu heben, wird hiermit festgesetzt, daß ohne irgend eine Singerey die Gebete still und ruhig verrichtet werden sollen und da wo das Gesetz ein lautes Nachbeten des Vorsängers gebeut als Schma Israel [= Höre Israel], Amen; Baruth Hu [= Gesegnet sei er]; Kduscha [= Heilig] und dergleichen soll dieses mit einem gemäßigten Gleichlaut ohne Schreyerei und willkürliche Singerey geschehen."[12]

Auch wenn es in den Gemeinden nur vereinzelt zu handfesten Auseinandersetzungen zwischen Reformern und den Anhängern des traditionellen Kultus kam, so waren doch auch *die* Juden in ihrer gesamten Lebensweise verunsichert, die sich als sogenannte „volkstümliche Orthodoxie" dem traditionellen Judentum verpflichtet fühlten. In der öffentlichen Emanzipationsdebatte des Vormärz trat die volkstümliche Orthodoxie und damit das Gros der Judenheit kaum in Erscheinung. Erst das Jahr 1848 brachte auch für diese Gruppe die „innerjüdische Wende" (Toury). Sie fühlten sich trotz der traditionellen Bindung nicht mehr einem geschlossenen kulturellen System verpflichtet, sondern nahmen immer stärker am allgemeinen kulturellen Leben in den Städten, aber auch auf dem Lande teil. Die jüdischen Wortführer in der Emanzipationsdebatte wie Ludwig Philippson und Gabriel Riesser standen dem Reformjudentum nahe und zählten die liberalen Gemeinden zu ihren Anhängern. Trotz der Rückschläge nach 1815 hatten diese nicht ihre Hoffnung aufgegeben, daß der Emanzipationsprozeß weiterlaufen würde. In der Tradition des Berliner Kulturvereins versuchten sie, das traditionelle Erbe des Judentums in die europäische Kultur einzubringen. Die angebliche Rückständigkeit der jüdischen Kultur führte bei ihnen zu einer gewissen Überkompensierung in der Akkulturation. Erfolge bestanden für sie in der Akzeptanz jüdischer Bürger durch die Allgemeingesellschaft, die sich in der Aufnahme jüdischer Mitglieder in Vereine, Gesellschaften oder Stadtparlamente dokumentierte.[13]

Unter den jüdischen Intellektuellen der nachnapoleonischen Phase war das Bewußtsein von der Rückständigkeit der jüdischen Kultur in Deutschland besonders stark ausgeprägt. In dem 1819 unter der Ägide des Juristen Eduard Gans gegründeten Vereins für Cultur und Wissenschaft der Juden versuchten sie – wie es in den Statuten heißt –, „die Juden durch einen von innen heraus sich entwickelnden Bildungsgang mit dem Zeitalter und den Staaten, in denen sie leben, in Harmonie zu setzen". Akkulturation bedeutete für sie keineswegs die Preisgabe der jüdischen Kultur zugunsten der europäischen bzw. deutschen Kultur. Deshalb sammelten und publizierten sie die alten hebräischen Schriften, um die jüdische in die europäische Kultur einzubringen. Der Religion aber wollten sie, wie Eduard Gans 1821 erklärte, ihren eigenen Bezirk und der klaren und reinen Vernunft in ihrem Gebiet die Herrschaft lassen. Sie war eine Sache des Gemüts und gehörte in den Bezirk des Familienlebens, wie selbst Leopold Zunz (1794–1886), von 1820 bis 1822 Prediger am reformierten Jacobsonschen Tempel in Berlin, meinte. Damit reduzierten sie zwar die jüdische Religion zu einer Konfession, nicht aber das Judentum, das als eigenständiger kultureller Faktor in die europäische Kultur eintrat.[14]

Neben den Reformen des Kultus, sowohl in den Tempelgemeinden wie auch – in Hamburg seit 1821 – in der Orthodoxie, fanden die Akkulturationsbestrebungen ihren Niederschlag in der Synagogenarchitektur, die zu Beginn des 19. Jahrhunderts den klassizistischen Vorbildern verpflichtet war, bevor sie auch hier, dem Zeitgeist folgend, die Neoromanik bevorzugte. Die große Akkulturationsleistung aber erfolgte auf sprachlichem Gebiet. Hatten die Eltern noch das Judendeutsch gesprochen, so zählten Vertreter der nächsten Generation schon mit zu den führenden deutschen Literaten. Überproportional zur Gesamtgesellschaft stieg auch die Zahl der jüdischen Gymnasialbesucher.[15]

Gesellschaft und Judentum

Es waren nicht primär die Regierungen, die nach 1815 die Entwicklung zur bürgerlichen Gesellschaft, in der die Juden einen gleichberechtigten Platz haben sollten, bremsten, vielmehr waren es *die* Schichten, die als ehemals privilegierte des alten Wirtschaftssystems sich jeder Neuordnung widersetzten und dabei die Juden zu Nutznießern oder aber zu Initiatoren des neuen Systems stilisierten. Eine Erscheinung tritt hier zutage, die für alle mobilen Industriegesellschaften typisch ist. Die sozialen Absteiger machen die sozialen Aufsteiger für ihre Misere verantwortlich. In der Entwicklung zur deutschen Industriegesellschaft zählte die jüdische Minderheit zu den Aufsteigern. Auf sie konzentrierten sich nun verstärkt die Aggressionen der vom sozialen Abstieg Bedrohten. Tradierte Feindbilder boten sich als symbolische Verkürzung an und erübrigten eine rationale Begründung für die Verhinderungsstrategien. Dabei wurden häufig religiöse Motive vorgeschoben, um ökonomische zu verdecken. Die bis ins Mittelalter zurückreichenden Aggressionen des Zunfthandwerks und der Krämergilden auf der einen gegen die „Freihandel" treibenden Juden auf der anderen Seite bestimmten weitgehend die Protestfälle der Restaurationsphase und des Vormärz.[16] Die Hep-Hep-Krawalle von 1819, die in Würzburg begannen und hier bis in die 1820er Jahre fortdauerten, richteten sich, wie eine Flugschrift der „Guten und Gerechten" verdeutlicht, gegen die Juden, die gegen die „altherkömmlich ehrenwerten fränkischen Gesetze" verstießen, indem sie „öffentliche Läden" errichteten. Diese Gruppe der Krämer und vermutlich auch der Zunfthandwerker, die vor brutalen Aktionen nicht zurückschreckte, machte sich zum Sprecher aller „Guten und Gerechten“ und fühlte sich „stark genug, jedem zu widerstehen“ und „mit Feuer, Dolch und Schwert [. . .] uns von dem jüdischen Ungeziefer zu reinigen“. Das Flugblatt endet mit dem Aufruf an den „Erhalter und Hersteller des Rechts“, dessen „Segen über uns und über unser theures Frankenland“ angefleht wurde.[17] Flugblätter dieser Art fanden den „größten Beifall“ in den Kaffeehäusern, die, wie in Hamburg der Alsterpavillon, nicht nur 1819, sondern auch 1830 zum Ausgangspunkt von antijüdischen Exzessen wurden. Kleinkaufleute und Zunfthandwerker, die neben den Bauern die Hauptträgerschicht fast aller antijüdischen Aktionen zwischen 1815 und 1848 bildeten, waren eine relativ kleine Gruppe. Es kam deshalb darauf an, den aktionswilligen „Pöbel“ mit in die Protestaktionen einzubinden, auch um diesen nach erfolgter Aktion als den eigentlichen Schuldigen vorzuschieben. Soweit die Unterschichten dabei mitwirkten, verfolgten sie – wie in Hamburg – vielfach eigene Ziele, die mit den Zielen der Krämer und Handwerker nichts zu tun hatten.[18]

Beim Unterschichten-Protest der Jahre zwischen 1815 und 1848 sind antijüdische Motive nicht sehr häufig zu finden. Sie begegnen vereinzelt bei Hungerprotesten oder beim Maschinensturm, letzteres aber nicht in Deutschland, sondern 1844 in Prag und im Zuge der beginnenden Revolution im März 1848 in den Wiener Vororten. Hier waren es v.a. deklassierte Handwerker, die durch den Maschinensturm bei den jüdischen Fabrikanten ihren sozialen Abstieg zu verhindern suchten. Galt es, bei den antijüdischen Aktionen der Krämer und Zunfthandwerker einmal eine breitere Aktionsfront herzustellen – und wenn es nicht gelang, sich auf eine angeblich große Schar zu berufen, die die Proteste unterstützte –, so war man darüber hinaus bestrebt, religiöse Motive vorzuschieben, um damit die ökonomischen zu verschleiern. Als die Mindener Krämer 1844 gegen die Juden zu Pogromen aufriefen, war für sie das „Verderben der Juden“ dadurch gerechtfertigt, daß sie sowohl „die Verräter unseres Heilandes“ als auch „die Blutsauger der Christen waren“.[19]

Wollten die Kleinkrämergilden und das Zunftbürgertum gemäß den alten Vorstellungen von einer „gerechten Nahrung" ihre Privilegien behaupten, so war für die antijüdischen Aktionen der bäuerlichen, v.a. der unterbäuerlichen Bevölkerung vielfach die Angst um die nackte Existenz ausschlaggebend. Antijüdische Proteste unterbäuerlicher Schichten setzten erst im Zuge der Agrarreform ein, als für die hohen Abfindungen fast ausschließlich jüdische Geldleiher zur Verfügung standen. Bei den Protestaktionen griffen die Akteure vielfach auf die Strafaktionsformen des Sozialen Protests zurück, entwendeten Schuldbriefe und zerstörten in den jüdischen Wohnungen die Symbole des nach Ansicht der Bauern zu Unrecht erworbenen Reichtums wie Möbel und Federbetten. In katholischen Gebieten legitimierte man die Aktionen vielfach in Berufung auf die mittelalterliche Ritualmordlüge, die aber auch in protestantischen Gebieten noch ihre Wirkung tat, wie wir aus manchen Lebenserinnerungen wissen. Griffen kleinbürgerliche und unterbäuerliche Schichten auf das Mittel des Protests zurück, um einmal die eigenen Privilegien oder die Existenz zu retten und um dadurch den vermeintlich Schuldigen, den Juden, zu bestrafen, so gingen der Adel, das gehobene Bürgertum und die Intellektuellen in dieser Periode taktisch geschickter vor, um eine Integration der Juden in die Gesellschaft zu verhindern. Den jüdischen Salons der späten Aufklärungszeit, in denen die Standes-, Geschlechter- und Religionsbarrieren aufgehoben schienen, folgte als Gegenentwurf die christlich-deutsche Tisch-Gesellschaft, die „im Modell reformständischer Staatsauffassung" (Frühwald) nun wieder Geschlecht und Religion zum Aufnahme- bzw. Ablehnungskriterium machte. Die Juden sollten kulturell ausgegrenzt werden. Verhöhnt wurden wie bei Brentano nicht nur die „jüdischen Teetische mit Theaterzetteln und ästhetischem Geschwätz", sondern generell „Humanität und Aufklärung".[20] Die Figur Nathans des Weisen wurde in einem Stück von Julius von Voß (1804) „auf das Niveau des alten, schmuddeligen und kleinkarierten Krämers zurückgestuft" (Bayerdorf), sprachlich aber auf ein pedantisch mit Hebraismen angereichertes Judendeutsch festgelegt, wofür Voß dann auch gleich das Glossar lieferte. In wohlgesetztem Kontrast zum Auftreten des Vaters steht das bildungsbeflissene Bühnendeutsch Rechas, das nicht nur wegen des Kontrasts zum Judendeutsch des Vaters zur Karikatur wird. Hier wie in dem von Hardenberg verbotenen Stück „Unser Verkehr" von Sessa wurden alle Akkulturationsbemühungen der Juden zynisch zur Farce gestempelt, Akkulturationsbemühungen, die nach Ansicht dieser Autoren und des ihnen Beifall spendenden Publikums nur Besitzgier, Machtlust und Gewinnsucht verdecken sollten.[21]

Rahel Varnhagen hat in einem Brief an ihren Bruder Ludwig Robert (24. 8. 1819) diese kulturellen Ausgrenzungen durch Arnim, Brentano und das Stück „Unser Verkehr" für den Judensturm dieses Jahres verantwortlich gemacht und dies auch auf die „Deutschtümelei" der Professoren Rühs und Fries und die neue Frömmigkeit der Romantik bezogen. Es muß offenbleiben, inwieweit es hier direkte Bezugspunkte gab. Doch trugen Intellektuelle und Dichter ganz erheblich zu einer judenfeindlichen Stimmung bei, die die Hemmschwelle gegenüber Juden besonders tief setzte.[22]

Es bleibt die Frage, was diese intellektuellen Pamphletisten zu ihren antijüdischen Orgien veranlaßte. Warum die Hinwendung zu „Deutschtümelei" und „christlichem Staat", die allen positiven Ansätzen der Aufklärung ein Ende machte? Neben allen ökonomischen und mentalen Schwierigkeiten, die die neue Wirtschafts- und Gesellschaftsordnung mit sich brachte und die man auf den Juden als Antisymbol projizierte, sah man paradoxerweise den entstehenden bürgerlichen Staat durch das Judentum als „Staat im Staat" gefährdet. Fichte verknüpfte bereits 1793 in seiner Verteidigung der Französischen Revolution den gefährdeten bürgerlichen Staat mit der Vorstellung von dem „mächtigen feindselig gesinnten jüdischen Staat, der mit allen übrigen in beständigem Krieg stehe und fürchterlich schwer auf die Bürger" drücke. Diese Vorstellung verband sich mit dem Phantom des „typisch jüdischen Wesens", das sich in Geiz und Habsucht dokumentiere, worin ja auch zahlreiche bürgerliche Demokraten wie Marx die Essenz des

Judentums verkörpert sahen. Physische Vernichtungsstrategien, wenn auch als Metapher, hatte, wie erwähnt, schon Fichte gefordert.[23]

Die ersten politischen Gruppen, die sich bildeten, basierten auf liberalem Programm. Es verwundert nicht, daß sich auch hier die in der Gesellschaft virulenten negativen Anschauungen wiederfinden und in der Tradition der Aufklärung – von wenigen Ausnahmen wie den Liberalen im Rheinland und dem südwestdeutschen Liberalen Welcker abgesehen – nicht die sofortige Gleichstellung der Juden, sondern die Erziehungsemanzipation gefordert wurde. Den Liberalen schwebte das „Ideal [...] einer mittelständischen Bürgergesellschaft [vor] ohne allzu krasse Unterschiede des Besitzes, der Bildung und der gesamten Lebensführung" (Langewiesche). In ihr sollten die Juden zwar volle Rechtssicherheit besitzen, aber dennoch einen politischen Minderheitenstatus behalten, bevor ihre Angleichung zu „Bürgern" erreicht war. Dabei waren Vertreter des Liberalismus wie Carl von Rotteck nicht abgeneigt, entgegen den sonstigen Forderungen, dies der Obrigkeit zu überlassen.[24]

Trotz dieser Vorbehalte, die in den Debatten der 1830er Jahre geäußert wurden, setzte sich in den 1840er Jahren in der bürgerlichen Gesellschaft immer stärker die Einsicht durch, daß es in ihr keine Bürger zweiter Klasse geben dürfe, zumal wenn es sich dabei um aktive und wirtschaftlich innovative Bürger handelte. Diese Einsicht griff zunächst auf lokaler Ebene, wo jüdische Bürger am wirtschaftlichen, gesellschaftlichen und parlamentarischen Leben aktiv beteiligt waren. Petitionen und Eingaben an parlamentarische Vertretungen oder aber die Voten in denselben zeugen davon. Nachdem im rheinischen Landtag 1843 der Durchbruch gelungen war und sich achtundfünfzig Abgeordnete (bei fünf Nein-Stimmen) für die Emanzipation der Juden ausgesprochen hatten, folgten in Preußen Stadtverordnete, Magistrate und Bürger unterschiedlicher Städte wie Königsberg, Bielefeld, Paderborn oder Hamm/Westf. mit ihren Voten für die Gleichberechtigung der Juden. Überall verwiesen die Petenten auf den Gleichheitsgrundsatz, der – so die Argumentation im Düsseldorfer Landtag – seit Erlaß des Code Napoléon, also seit vierzig Jahren, im Rheinland Gültigkeit habe. Gegen die Verfechter der christlichen Staatstheorie wendete man ein, daß diese Theorie eine Idee der „modernen Philosophie“ sei und eigentlich dem christlichen Grundsatz der allgemeinen Gleichheit widerspreche. Im Hinblick auf die Germanomanen verwies man auf die Opfer, die die Juden in den napoleonischen Kriegen auf deutscher Seite gebracht hätten, obwohl dies nur Nachteile für sie zur Folge gehabt habe. Was den Vorwurf der angeblichen Gewinne jüdischer Spekulanten infolge der neuen Wirtschaftsordnung betraf, so argumentierte man mit dem Verweis auf die zahlreichen armen Juden und vor allem auf die, die durch Geldleihe ihren Besitz eingebüßt hatten.[25]

Trotz der antijüdischen Pamphletflut, die nach dem Beschluß des rheinischen Landtags 1843 aufbrandete, setzte sich bei vielen Bürgern immer stärker der Gleichheitsgedanke durch, der auch für Juden zu gelten habe. Die von den Gegnern immer wieder behauptete nationale Unzuverlässigkeit der Juden wiesen die Befürworter mit dem Hinweis auf die Leistungen jüdischer Politiker in Holland, Frankreich, England und nicht zuletzt auch mit dem Verweis auf die jüdischen Vertreter in zahlreichen Parlamenten preußischer Städte zurück. Hinter der Forderung nach Gleichheit und Gerechtigkeit für die Juden in Deutschland, eine Forderung, die nach 1848 in den meisten Bundesstaaten zur (wenn auch noch nicht völligen) Gleichstellung der Juden führte, stand letztlich die Einsicht, daß der moderne bürgerliche Staat die Gleichheit aller Bürger bedinge.[26]

Die Revolution 1848/49 als „innerjüdische Wende“

Bei Ausbruch der Revolution von 1848 war die Situation widersprüchlich. Neben Befürwortern einer bürgerlichen Gleichstellung der Juden in den Städten gab es auf dem Lande erhebliche Gegenkräfte, die erneut mit einer Welle antijüdischer Exzesse alle Zugeständnisse zu verhindern suchten. Die Zentren dieser antijüdischen Exzesse lagen mit Hessen, Baden und Württemberg im Westen und Südwesten Deutschlands. Über ein Drittel spielte sich in Baden ab. Mit der Revolution direkt haben sie nichts zu tun. In Preußen, wo zu diesem Zeitpunkt über die Hälfte der Juden Deutschlands lebte, ereigneten sie sich eher punktuell. Eine Ausnahme bildet hier die Provinz Posen, wo die Juden zwischen die Fronten des Nationalitätenkonflikts zwischen Polen und Deutschen gerieten.[27] Auf jüdischer Seite, auch auf orthodoxer, wurden diese Exzesse nicht als gravierend gewertet, sogar als „Blutweihe für deutsche Freiheit" abgetan. Einen stärkeren Eindruck machten die Zulassung zum aktiven und passiven Wahlrecht, ferner die Entsendung jüdischer Deputierter in das Nationalparlament und in die Parlamente der Einzelstaaten.[28] Schon in das Vorparlament waren jüdische Vertreter berufen worden, die im Kultur-, aber auch im politischen Leben einen anerkannten Ruf hatten, so der Dichter Berthold Auerbach, der Berliner Verleger Moritz Veit, der Leipziger Orientalist Julius Fürst wie auch der langjährige Streiter für die Judenemanzipation Gabriel Riesser und der radikaldemokratische Königsberger Arzt Johannes Jacoby, der sich im Vormärz wegen seines Eintretens für eine konstitutionelle Monarchie des öfteren vor Gericht verantworten mußte. Er galt in der Revolution als Vertreter der radikalen Demokratie, was ihm aber weder die Stimmen seiner jüdischen Glaubensgenossen noch der recht konservativen Königsberger für die Wahl in die Paulskirche einbrachte. Die sieben jüdischen Abgeordneten, die hier Einzug hielten, darunter Riesser, Veit und Ludwig Philippson, zählten eher zum politischen Zentrum. Diese Richtung entsprach wohl auch weitgehend der der jüdischen Wähler, die, wie Toury schätzt, zur Hälfte konservativ, wenn nicht sogar monarchistisch eingestellt waren.[29]

Die Märzbegeisterung hatte auch die jüdischen Jugendlichen erfaßt. Sie engagierten sich, wie Ferdinand Lassalle in Düsseldorf, in den neu entstehenden politischen Vereinen, traten als Parteiredner auf und nahmen in Berlin auch am Kampf auf den Barrikaden teil. Unter den Berliner Märzgefallenen waren zahlreiche Juden. Zum radikalsten Flügel zählten ungefähr 15 %, darunter zahlreiche Ärzte, die nach dem Scheitern der Revolution dem Bund der Kommunisten beitraten. Die liberalen jüdischen Wähler, die ungefähr ein Drittel ausmachten, neigten eher zur konstitutionellen Richtung. Wenn sich die deutschen Juden 1848/49 je nach politischer Couleur weitgehend mit den allgemeinen Zielen der Revolution identifizierten, so ging es ihnen doch auch um die bürgerliche Gleichstellung im Staate, die bundeseinheitlich für alle Staaten geregelt werden sollte. „Unsere Sache [. . .]", so schreibt der Frankfurter Rabbiner Leopold Stein in der Allgemeinen Zeitung des Judentums, „ist eins mit der Sache des Vaterlandes, sie wird mit ihr siegen oder fallen."[30]

Trotz der antijüdischen Exzesse, die es 1848 in Deutschland gab, war die allgemeine Stimmung für die bürgerliche Gleichstellung günstig. Kleinere Staaten wie Hessen-Homburg oder die Anhaltiner erklärten schon im März 1848 die Juden zu vollberechtigten Staatsbürgern; Oldenburg und Braunschweig folgten. Entscheidend war der Grundrechtsbeschluß der Paulskirche am 20. Dezember 1848, der für Juden die vollständige rechtliche Gleichstellung und die uneingeschränkte Glaubens- und Gewissensfreiheit proklamierte. Doch selbst unter den Linksliberalen war diese Entscheidung keineswegs selbstverständlich. Der Abgeordnete der gemäßigten Linken Moritz Mohl hatte in der Diskussion um dieses Gesetz eine Einschränkung der Grundrechte für Juden beantragt. Den Ausschlag zugunsten einer für Juden positiven Fassung führte der stellvertretende Präsident der Paulskirche Gabriel Riesser durch eine bemerkenswerte Rede herbei.[31]

Als die Grundrechte beschlossen wurden, war die Revolution bereits in ihrem Niedergang. In Preußen hatten der König und sein Minister Graf Brandenburg im September 1848 mit der Verlegung des Nationalparlaments nach Brandenburg gezeigt, wer das Sagen hatte, und es war fraglich, ob die Einzelstaaten die Grundrechte übernahmen, wie es das Paulskirchengesetz vorsah. Zwanzig Einzelstaaten, darunter Preußen, akzeptierten schließlich die Grundrechte. Die oktroyierte preußische Verfassung vom 5. Dezember 1848 erklärte den Genuß der bürgerlichen und staatsbürgerlichen Rechte für unabhängig von dem religiösen Bekenntnisse. Baden und Sachsen übernahmen die Grundrechte mit geringfügigen Abweichungen, während sich Bayern gänzlich sperrte. Auch nach der Revolution blieb zunächst die Frage offen: Gab es nun eine bürgerliche Gleichstellung oder nicht? Das Ziel der Emanzipation, das viele Juden in Deutschland 1848 endlich erreicht wähnten, wurde in den folgenden Jahren wieder in Frage gestellt. Insgesamt brachte die Revolution nicht den Wendepunkt, der ihr bisher immer zugeschrieben wurde. Der Emanzipationsprozeß, der mit der Aufklärung begonnen hatte, wurde nicht wesentlich beschleunigt. Doch hatten die jüdischen Gemeinden, auch die orthodoxen, ein stärkeres Selbstbewußtsein bekommen. Freilich mußten auch sie sich jetzt dem Wandel zur modernen Gesellschaft stellen.[32]

2. Periode: 1850–1871
Der Durchbruch

Erneute Restauration in den 1850er Jahren

Preußen, der für die deutschen Juden wichtigste Einzelstaat, hatte im Artikel 12 seiner Verfassung den „Genuß der bürgerlichen und staatsbürgerlichen Rechte [für] unabhängig von dem religiösen Bekenntnisse" erklärt. Im Artikel 14 verfügte dieselbe Verfassung allerdings, daß die christliche Religion all denjenigen Einrichtungen zugrunde liege, die mit der Religionsausübung in Zusammenhang stehen. Das bedeutete, daß Juden auch unter dieser Verfassung der Zugang zu Staatsämtern, zum Justiz- und Schuldienst verschlossen blieb. Verfassungsanspruch und Verfassungswirklichkeit klafften also weit auseinander.[33]

Wo die Grundrechte in die Landesverfassung übernommen worden waren, konnte ihre Geltung im allgemeinen aufrechterhalten werden. Dazu zählten die Staaten Hessen-Darmstadt, Schaumburg-Lippe und die Stadtstaaten Hamburg, Bremen und Frankfurt. Mit Einschränkungen auch die Länder Sachsen, Sachsen-Weimar und das Fürstentum Schwarzburg-Sondershausen. Die politische Realisierung der Grundrechte wurde jedoch vielfach auf dem Verwaltungswege verschleppt. Auch hier „stand das Erreichte auf tönernen Füßen" (Zimmermann), zumal der neu etablierte Bundesrat am 23. August 1851 die Grundrechte der Paulskirchenverfassung offiziell aufgehoben hatte. Eine konsequente Durchführung der Emanzipation erlaubten sich in den 1850er Jahren nur fünf Einzelstaaten, und davon profitierten lediglich 12000 jüdische Einwohner. Das Gros, nämlich 265000 jüdische Einwohner, lebte in Staaten, die das bereits Erreichte wieder rückgängig zu machen oder aber einzuschränken versuchten. Das waren über die Hälfte der ca. 415000 in Deutschland lebenden Juden. Toury berechnet, daß nur für 20% von ihnen (83000 Seelen) die Revolution eine fühlbare Verbesserung ihrer Lage gebracht hatte. Unter dem Einfluß Preußens aber wurde in den Staaten mit dem größten jüdischen Bevölkerungsanteil, darunter auch Bayern, der Emanzipationsstatus auf den Stand der Vormärzzeit zurückgestuft.[34]

Innerjüdische Entwicklung

Es steht außer Zweifel, daß die Revolution von 1848/49 die Säkularisation im Judentum beschleunigt hat; einen Verlust der jüdischen Identität bedeutete dies jedoch nicht. Die jüdischen Milieus in den Städten, aber auch auf dem Lande erlebten diesen Prozeß relativ unbeschadet. Den meisten Juden gelang in der nun einsetzenden Periode des wirtschaftlichen Take-off der soziale Aufstieg. Doch gab es in zahlreichen Gemeinden bis in die 1870er Jahre durchaus noch eine Unterschicht. Die Gruppenidentität blieb davon weitgehend unberührt. Die von den jüdischen Intellektuellen geforderte Anpassung der jüdischen Minderheit an die allgemeine Berufsstruktur war gescheitert; der Anteil der Juden am Handwerk war seit den 1850er Jahren eher rückläufig. Unter dem nun entstehenden Fabrikproletariat waren sie kaum vertreten. Bevorzugt wurden von jüdischen Lehrlingen „Handwerkszweige mit einer starken Handelskomponente" (Richarz), die ein Abwandern in die traditionellen Handelsberufe offen ließen. Bedeutungslos blieb mit einem Anteil von 1,4%, auf Preußen bezogen, der Agrarsektor. Gerade hier war die Diskrepanz zur christlichen Bevölkerung, die noch zu 70% in diesem Sektor tätig war, besonders auffällig. Eine Etablierung in diesem Sektor gelang vielfach nur auf dem obersten Level als Gutsbesitzer. Die Existenz als Bauer mit einer Einbindung in die stark traditionell bestimmte Dorfgesellschaft brachte für Juden fast unüberwindliche Schwierigkeiten. Gelang sie in vereinzelten Fällen, so blieben jüdische Bauern Außenseiter und konnten kaum mit nachbarlicher Hilfe rechnen, worauf ja gerade die bäuerliche Gesellschaft angewiesen war. Auch unter den neuen industriellen Bedingungen der Hochindustrialisierungsphase blieb die Ausrichtung auf die herkömmlichen Handelsberufe; doch war die Aufstiegstendenz eindeutig. Aus jüdischen Hausierhändlern wurden Geschäftsleute, aus Pfandleihern kleine Bankunternehmer, die weitab von den Metropolen als vielfach einzige Bankgeschäftsleute für die Entwicklung einer industriellen, aber auch urbanen Infrastruktur eine wichtige Rolle spielten. Verbunden war damit eine starke Urbanisierungswelle, so daß 1850 bereits 8,5% der Juden in Großstädten lebten, während der Anteil bei christlichen Einwohnern gerade erst 1% betrug. Doch darf die wirtschaftliche Bedeutung der weiterhin auf dem Lande lebenden Juden für den Agrar- und Viehhandel nicht unterschätzt werden. Vor allem in Bayern, Baden und Württemberg spielten sie auf diesem Sektor bis in die 1930er Jahre eine wichtige Rolle.

Soweit sich jüdische Unternehmer als Industrielle etablierten, geschah dies weitgehend in der Konsumgüterbranche, vor allem in der Textilindustrie. Vielfach entwickelten sie hier den tradierten Verlagshandel mit Textilprodukten zu einem Industrieunternehmen weiter, wobei sie sich durch Innovationen im technischen Bereich hervortaten. Die zahlreichen Heimgewerbetreibenden, die sie bisher beschäftigt hatten, konzentrierten sie in Fabriken. Eher die Ausnahme sind die jüdischen

Unternehmer, die sich, wie in Schlesien die Pringsheims, in der Verbrauchsgüterbranche und in der Verkehrsindustrie etablierten.

Die relativ geschlossene Sozialstruktur mit ihrer eindeutigen Präferenz für Handelsberufe bzw. für den tertiären Sektor trug sicher dazu bei, daß die Juden auch über die Emanzipation hinaus als eine geschlossene Gruppe bestehen blieben. Die jüdischen Einwohner in Württemberg entsprachen in ihrer beruflichen Zusammensetzung viel eher den Juden in Preußen und in den Hansestädten als der württembergischen Gesamtgesellschaft. Von nicht-jüdischer Seite wurde der jüdischen Minderheit diese Entwicklung immer wieder als gesellschaftliches Manko vorgeworfen. Auch von der jüdischen Minderheit wurde sie weitgehend so aufgefaßt, obgleich die industrielle Entwicklung zeigte, wie wichtig gerade der tertiäre Sektor war.[35]

Mochten die politischen Ereignisse der Revolution von 1848/49 die Juden in Deutschland enttäuscht haben, so hatte dieses Ereignis doch erheblich zur Herausbildung einer jüdischen Öffentlichkeit beigetragen. Diese artikulierte sich primär in der jüdischen Presse, an deren Spitze die von dem liberalen Magdeburger Rabbiner Ludwig Philippson seit 1837 herausgegebene Allgemeine Zeitung des Judentums (AZJ) stand. Sie erschien einmal in der Woche und wurde in fast allen jüdischen Gemeinden gelesen. Ihr Herausgeber engagierte sich für die jüdische Reform, vor allem aber nach 1850 für die Emanzipation. Enttäuscht von der neuen restaurativen Tendenz nach 1849 hatte Philippson 1850 in der AZJ gefragt: „Was nennt ihr Emanzipation? Etwa jene paar Worte, die da besagen: von jetzt an seid ihr zum aktiven und passiven Wahlrecht berechtigt und zum Staatsdienst befähigt? Fürwahr, das ist nur die letzte Konsequenz der realen Emanzipation. Wisset ihr aber nicht, daß dieser längst die Emanzipation vorausgegangen ist? Ihr emanzipiert die Juden nicht, sie selbst haben sich längst emanzipiert, ihr vollendet nur die äußere Emanzipation.“[36] Die „Selbstemanzipation“, die Philippson hier postuliert, stieß freilich im politischen Raum auf erhebliche gesellschaftliche und politische Widerstände. Die Emanzipation mußte in mühsamen kleinen Schritten erneut erkämpft werden, wie auch Philippson erkannte. Um eine drohende Rückentwicklung des Emanzipationsstatus zu verhindern, mobilisierte er 1856/57 einen Petitionssturm der jüdischen Gemeinden in Preußen gegen die Versuche der Konservativen, den Artikel 12 aus der Verfassung zu beseitigen. Die Rückkoppelung zu den Gemeinden erfolgte über die zahlreichen Korrespondenten und Kolporteure seiner Zeitung, die in den Gemeinden lebten und ein wichtiges Glied der jüdischen Öffentlichkeit bildeten. Die Texte der Petitionen verraten viel vom jüdischen Selbstverständnis in dem auf Vereinigung drängenden Deutschland. In ihnen wird auf den Loyalitätskonflikt hingewiesen, in den die Juden nun wieder hineingezogen würden, wenn sie „als Teil des großen Volkes vor die Entscheidung der Treue entweder zu König und Vaterland oder zum Glauben der Väter" gestellt würden. Das in den Petitionen immer wiederkehrende Bekenntnis, daß gerade die Juden „streng loyale Untertanen" seien, war sicher keine Schutzbehauptung, sondern ehrliche Überzeugung.[37]

Der Kampf um die Emanzipation war auch zu einer Sache der Orthodoxen geworden, wie die Streitschrift des orthodoxen Würzburger Rabbiners Bär Seligmann Bamberger auf die Ergebnisse der Emanzipationsdebatte im bayerischen Abgeordnetenhaus und die fast jährlich erfolgenden Eingaben des orthodoxen Münsteraner Oberrabbiners Abraham Sutro an das preußische Abgeordnetenhaus beweisen. Hierin forderte Sutro, die Juden gemäß der Verfassung zu allen Staatsämtern zuzulassen und den entwürdigenden Judeneid abzuschaffen. Bamberger verlangte bezeichnenderweise, den Juden die „lang entbehrte[n], in vollstem Maße verdiente[n] Rechte" zurückzugeben. Auch die Orthodoxen befürchteten keinen Identitätsverlust mehr durch die Emanzipation, wie das bei Sutro noch 1846 der Fall gewesen war.[38]

Verglichen mit dem Katholizismus, der sich in diesen Jahren in der Öffentlichkeit formierte, stellte das Judentum in Deutschland eine weitaus offenere Formation dar. Die jüdische Öffentlichkeit repräsentierte sich am eindruckvollsten in der eigenen Presse, aber es fehlte ihr eine politische Repräsentanz, wie sie analog die Katholiken in der Zentrumsfraktion besaßen. Die Vorherrschaft der Konservativen im politischen Leben während der 1850er Jahre verhinderte weitgehend eine Mitarbeit im politischen Bereich. Mit knapp einem Prozent Anteil an der deutschen Bevölkerung war die jüdische Minderheit zu schwach, um bei dem weitgehend herrschenden Zensuswahlrecht mit einer eigenen Partei zu reüssieren. Die unterschiedlichen Richtungen im Judentum hätten wohl auch eine gemeinsame politische Linie verhindert. Diese notgedrungene politische Abstinenz änderte sich erst in der sogenannten ‚Neuen Ära' nach 1860, als sich jüdische Bürger nun wieder verstärkt an den Wahlen zu den Stadtverordnetenversammlungen beteiligten, so daß der Antisemit Otto Glagau gegen die jüdische „Beherrschung" der Stadtparlamente polemisierte.[39]

Das jüdische Vereinswesen spielte in den 1850er und auch 1860er Jahren als Vertretung jüdischer Interessen in der Öffentlichkeit keine Rolle, so wichtig es für die innerjüdische Entwicklung auch sein mochte. Die in den 1850er und 1860er Jahren gegründeten jüdischen Vereine betätigten sich vor allem auf dem sozialen Sektor, wie der in Hamburg ins Leben gerufene „Verein zur Speisung armer Reisender" oder die 1856 in Westfalen durch Fanny Nathan initiierte jüdische Waisenhausstiftung. Deutlich wird hier die Tendenz, die jüdischen Armen und Sozialfälle selbst zu versorgen und sie nicht im Rahmen der bürgerlichen Emanzipation den öffentlichen Armenkassen überantworten zu müssen. Zurückgegangen war während der restaurativen 1850er Jahre die Teilnahme am öffentlichen Vereinswesen. Die Berichterstattung in der AZJ zeigt hier eine deutliche Lücke. Das politische Vereinswesen der Revolutionszeit, an dem sich jüdische Bürger intensiv beteiligt hatten, war bald nach 1850 zerschlagen worden. Als aber um 1860 politische Vereine als Vorläufer der modernen Parteien gegründet wurden, gehörten sowohl im bürgerlichen Nationalverein wie auch im sozialdemokratischen Allgemeinen Deutschen Arbeiterverein Juden zu ihren wichtigsten Initiatoren.[40]

So bereitwillig die Juden an allgemeinen gesellschaftlichen Einrichtungen oder Veranstaltungen teilnahmen, so stolz waren sie aber auch auf ihre eigene Kultur, die sie als Teil der Gesamtkultur begriffen. Dazu zählte neben dem Presse- und Vereinswesen vor allem der Synagogenbau und das allmählich erwachende Interesse an einer eigenen deutsch-jüdischen Belletristik.

Trotz der Akkulturationsbestrebungen werden gerade im Synagogenbau der 1850/60er Jahre Züge einer eigenen Identität deutlich. Diese zeigen sich einmal in der stilistischen Distanz zum zeitgenössischen Kirchenbau, vor allem zur Neugotik, die seit dem Kölner Dombau der 1840er Jahre zum bevorzugten christlichen Sakralstil wurde. Bis in die 1850er Jahre greifen jüdische Gemeinden in ihren Stilvorgaben weitgehend auf den Schinkelschen Rundbogenstil zurück, der zwar für den christlichen Sakralbau gedacht war, hier aber kaum reüssiert hatte. Damit wird eine Distanz deutlich, die primär auf ein jüdisches Selbstverständnis schließen läßt und nicht durch die Befürchtung bestimmt war, durch allzu große stilistische Anpassungstendenzen auf Widerstand der christlichen Umwelt zu stoßen. Das beweist auch der bewußte Rückgriff auf die mittelalterliche romanische Synagogenarchitektur, der beim Neubau der Bamberger Synagoge 1852/53 festzustellen ist. Dieser jüdische Historismus betont einmal die eigene Geschichte, zum anderen aber die enge Verknüpfung mit der Geschichte der Gesamtgesellschaft. Die Betonung einer eigenen Identität trotz der akkulturativen Tendenzen wird bei der Bamberger Synagoge ferner deutlich in der Verwendung einer eigenen jüdischen Kultsymbolik, sei es des Symbols des Löwen oder der Türme des Tempels. An letztere erinnern die Eckpilaster an den Westfassaden, die über dem Dachansatz in Türmchen übergehen und damit ebenfalls in deutlicher Distanz zu den christlichen Doppelturmanlagen stehen. Wenn auch noch kaum in der äußeren Architektur, so aber doch bei der Gestaltung des synagogalen Innenraumes greifen Architekt und Künstler auf maurische Stilelemente zurück. So bleibt bei allen Akkulturationsbestrebungen doch eine gewisse eigene Identität gewahrt.[41]

Der Synagogenbau der 1850er Jahre setzt einen besonderen Akzent jüdischer Öffentlichkeit und damit auch der Emanzipationsbehauptung angesichts der stark restaurativen Bestrebungen dieser Zeit. Auf die Tradition protestantischer Obrigkeiten ging weitgehend die Bestimmung zurück, daß Synagogen nur in Hinterhöfen gebaut werden durften, um den jüdischen Kultus aus der Öffentlichkeit zu verdrängen. Das galt besonders für die Großstädte Berlin und Hamburg. In Hamburg aber bestand gerade die orthodoxe Gemeinde in den 1850er Jahren auf einem „öffentlichen Gebäude". Vom Rat verlangte sie die Erlaubnis für eine „freiliegende" Synagoge, „wie man dies von einem stattlichen, öffentlichen Gebäude beansprucht". Nach 1842 durfte der reformierte Tempel in der Poolstraße nicht an der Straße gebaut werden. Im Jahr 1855, als die Juden Hamburgs zumindest dem Gesetzesanspruch nach gleichgestellt waren, kam ein Kompromiß zustande. Albert Rosengarten, der erste jüdische Architekt, der in Deutschland Synagogen baute, durfte die Synagoge an den Kohlhöfen noch nicht ganz frei und noch nicht an der Fluchtlinie der Straße errichten, doch war sie deutlich als repräsentativer Kuppelbau in ihrem Zentralteil von der Straße her zu erkennen und dokumentierte damit den Öffentlichkeitsanspruch, der von der Presse auch so anerkannt wurde. Mit dem Rundbogenstil und der Orientierung an der oberitalienischen romanischen Architektur distanzierte sich Rosengarten von dem zeitgenössischen neugotischen Stil, der in Hamburg in diesen Jahren beim Neubau der Nikolaikirche als (durchaus) auch protestantischer Stil akzeptiert worden war.[42]

Ein jüdischer Historismus im Kontext des Historismus der Allgemeingesellschaft, wie bereits 1853 in Bamberg festzustellen, ist auch bestimmend für die Synagogenbauten des bedeutendsten jüdischen Architekten im 19. Jahrhundert, des Schlesiers Edwin Oppler. Oppler begreift die jüdische Subkultur, die sich zu seiner Zeit primär in der Architektur äußerte, als Teil der Gesamtkultur. Mit Verweis auf die mittelalterlichen Synagogen von Worms und Prag schreibt er in seinen architekturtheoretischen Abhandlungen: „Wir entnehmen aus diesen

Beispielen und ihren Formen, daß schon im hohen Mittelalter die Juden Gotteshäuser in dem gerade herrschenden Baustile des Landes errichteten. Wievielmehr ist es unsere Aufgabe, diesem Beispiel zu folgen und bei Synagogen fremde Stilrichtungen zu vermeiden, welche wie die in neuerer Zeit leider so vielfach angewandte maurische oder arabische in gar keiner Beziehung zu dem Judenthum der Neuzeit stehen." Ein Identitätsverlust war für Oppler mit diesem Historismus nicht verbunden. Im Gegenteil: Die Behauptung einer eigenen jüdischen Kultur im Kontext der christlichen Kultur zeugte von ihrer historischen Bedeutung. Es war für die Betonung der jüdischen Identität nach Oppler nicht nötig, durch Verwendung maurischer Stilelemente diese eigene Identität zu betonen. Auf freien Plätzen baute Oppler in der zweiten Hälfte der 1860er Jahre in Hannover und Breslau seine wohl bedeutendsten Synagogen und betonte damit die jüdische Identität, auch wenn diese Synagogen wie Zitationen des Wormser Doms wirken. Jüdische Identität – das wird am Beispiel der Opplerschen Synagogen deutlich – ist zu verstehen als deutsch-jüdische Identität. Die neue jüdische Identität basierte nicht auf der alten jüdischen Kulturtradition, sondern entstand im engen Wechselspiel von jüdischer Kultur und Allgemeinkultur. Es war eine eigene Subkultur, deren Grenzen zur Allgemeinkultur freilich durchlässig waren.[43]

Von einer deutsch-jüdischen Literatur, die beides betont, das Jüdische und das Deutsche, kann erst in Ansätzen die Rede sein. Sie findet sich im Feuilleton der AZJ Ludwig Philippsons, dokumentiert sich aber vor allem in der Heine-Rezeption. Heine wird – allerdings nicht durch Philippson, der ihn als „jüdischen" Dichter nicht schätzte – gleichsam zum Symbol deutsch-jüdischer Literatur und deutsch-jüdischer Identität.[44] Vor allem Berthold Auerbach wird in der AZJ als „tüchtiger jüdischer Literat" gefeiert und seine Wirkung „auf und für seine Glaubensgenossen" hervorgehoben, auch wenn seine teilweise unehrerbietige Schilderung der alten jüdischen Religion bemängelt wird. Noch stärker als die „Vereinnahmung" bedeutender jüdischer Autoren der Nationalliteratur zeugt die

Entwicklung einer eigenen jüdischen Erzählliteratur erbaulichen Inhalts in den Spalten der AZJ von der Betonung der eigenen Identität. Die Schilderung der solidarischen Leidensfähigkeit und Leidensbereitschaft der Juden beabsichtigt eine Stärkung des jüdisch-religiösen Zusammengehörigkeitsgefühls, wobei Ludwig Philippson die poetische „Verklärung" für die jüdische Belletristik als wichtig hervorhebt. Die Betonung der heroischen Kämpfe der Juden in der Geschichte sind durchaus im Kontext der preußisch-deutschen Kriege während der 1860er Jahre zu verstehen.[45]

Stellung der Gesellschaft zur Judenemanzipation

Es ist auffällig, daß es zwischen 1849 und 1871 fast keine literarische Diskussion über die „Judenfrage" gibt. Die Auseinandersetzungen fanden in den Länderparlamenten statt.[46] Im Preußischen Abgeordnetenhaus, wo in den 1850er Jahren die Konservativen die Mehrheit hatten, setzte sich überraschenderweise die Katholische Fraktion für die Beibehaltung des im Artikel 12 zugestandenen Grundrechts ein. Die Katholiken fühlten sich in Preußen ebenfalls als Minderheit und handelten gemäß der Devise eines ihrer führenden Köpfe, August Reichenspergers: „Minoritäten müssen sich gegenseitig schützen." Mit dieser Zielsetzung stieß die Katholische Fraktion auf Ablehnung ihrer Wähler im Rheinland und in Westfalen, die sich damals in der einzigen überregionalen katholischen Zeitung, der „Deutschen Volkshalle", artikulierte. Sie berief sich auf die jahrhundertealte antijüdische Haltung der Päpste. Es gehe nicht an – so ihre Argumentation –, daß die Katholiken in Preußen den Juden solidarisch die Hand darreichten, „um [sich] [. . .] gemeinschaftlich gegen den protestantisch-christlichen Staat zu wehren".

Trotz dieser Gegenstimmen behielt die Katholische Fraktion in den 1850er Jahren die einmal eingenommene Position bei und trat weiterhin für die verfassungsgemäßen Rechte der Juden ein, wenngleich ihre Redner immer wieder betonten, daß sie die „schädlichen Einflüsse" der Juden durchaus nicht übersähen, daß sie aber von den Juden immer wieder mit der Bitte um Vertretung ihrer verletzten Rechte bestürmt worden und dafür auch eingetreten seien. Ludwig Philippson wußte die Bedeutung dieser Haltung zu schätzen und betonte in einem Artikel, daß „es in der Gegenwart von großer Wichtigkeit [ist], wenn kirchlich-gläubige Männer sich für die Gleichberechtigung aussprechen, als wenn die Sätze der allgemeinen Gerechtigkeit und Humanität noch so glänzend verteidigt werden".[47] Bis 1858 blieb es die Überzeugung der Katholischen Fraktion in Preußen, daß sie durch ein Eintreten für die in der Verfassung garantierten Rechte der jüdischen Minderheit auch die eigenen Rechte verteidigte. Sie änderte jedoch ihre Haltung, als nach 1858 die Liberalen einen Sieg errangen und die Konservativen in der ‚Neuen Ära' ihren Einfluß verloren. Bei der Abstimmung der Petition des Rabbiners Sutro gingen die katholischen Abgeordneten mit den Konservativen. Sie beriefen sich dabei auf das Gesetz von 1847, das die Tätigkeit der Juden im öffentlichen Dienst dahingehend einschränkte, daß sie keine richterliche, polizeiliche oder exekutive Gewalt und keine ständischen oder Patronatsrechte ausüben durften.[48] Der Artikel 12 der Verfassung, dessen Aufhebung August Reichensperger 1856 für die Katholische Fraktion „als ungerecht, unpolitisch und unrational" und dessen Weginterpretierung er als „unmoralisch und [. . .] mit dem klaren Gesetze und mit dem ausdrücklichen Wortlaut der beschworenen Verfassung im Widerspruch stehend" abgelehnt hatte, sollte nach Meinung des Abgeordneten Mallinckrodt nur noch in Verbindung mit Artikel 14 gesehen werden, „insofern dieser den christlichen Charakter der Einrichtungen sichert". Die Katholische Fraktion hatte damit eine neue Position bezogen, die sie auch in Zukunft gegenüber der Judenemanzipation behielt und die vor allem die antijüdische Haltung des Zentrums im Kulturkampf bestimmte. Ihre Attacken richteten sich nun gegen die Liberalen, die angeblich als Befürworter der Judenemanzipation den christlichen Charakter des Staates in Frage stellten.[49]

Im bayerischen Landtag dagegen, wo die katholischen Abgeordneten sich keineswegs in einer Minderheitenposition befanden, argumentierten sie nach der Revolution in Berufung auf das „unverdorbene" Empfinden des „einfachen Volkes" gegen die „widernatürliche" Gleichheitsideologie, wobei der Abgeordnete Sepp durchaus schon rassistische Töne anschlug, indem er auf die „Volkseigentümlichkeit" der Juden verwies und die Abgeordneten davor warnte, „diesen anorganischen Bestandteil [. . .] in den Organismus des deutschen Staatslebens auf[zu]nehmen". Der Vergleich mit einem Bandwurm, der sich dieser Auslassung anschloß, steht in der Tradition antisemitischer Metaphorik. Bedenklicher als diese antisemitischen Ausfälle eines katholischen bayerischen Abgeordneten war die Tatsache, daß die katholische Geistlichkeit in Bayern ihre Gemeinden gegen die Emanzipation der Juden zu mobilisieren versuchte und sich dabei auf das katholische Vereinswesen stützen konnte. Der latente katholische Judenhaß wurde in Bayern also schon relativ früh gegen die Gleichstellung der Juden instrumentalisiert.[50]

Auch im protestantischen Milieu gab es in den 1850er Jahren eine judenfeindliche Tendenz, die sich in der Verhinderungsstrategie der Konservativen dokumentierte. Desgleichen war im Bereich der Kunst die Judengegnerschaft keineswegs ausgestanden und wirkte auf das Bildungsbürgertum. Richard Wagners Polemik von 1850 über „Das Judentum in der Musik" sprach den Juden jede Fähigkeit zur Kunst ab. Die synagogale Musik verunglimpfte er als „Sinn und Geist verwirrendes Gegurgel, Gejodel und Geplapper" und erklärte die Musik zu einem „Produkt des Christentums". Zwar verschwanden dadurch Felix Mendelssohn-Bartholdy und Giacomo Meyerbeer nicht von den Konzert- und Opernspielplänen, aber es blieb die Ausgrenzung. Jüdische Künstler, selbst wenn sie konvertiert waren wie Mendelssohn, sollten nicht zur deutschen Kultur gehören.[51] Hatte sich Wagner nach seinem Eintreten für die Emanzipation der Juden in der Revolution 1848 von dieser „abstrakten Idee", wie er es nannte, bereits 1850 abgewendet und aus seinem Judenhaß nie einen Hehl gemacht, so überrascht ein latenter Antijudaismus doch bei Autoren wie Wilhelm Raabe und Gustav Freytag, die in der öffentlichen Debatte nach 1848 für die Emanzipation der Juden eingetreten waren. In ihren Romanen verengt sich das Berufsspektrum jüdischer Akteure auf Hausierer, Trödler, Agenten, Intellektuelle, Bankiers und Hofjuden. Ihre Aktionsfelder sind der Schacher, die Spekulation und die Intrige. Jüdische Charaktere sind eher Typen als Individuen. Sie bleiben allen akkulturativen Bemühungen zum Trotz „die Juden" oder gar eine „Judenbande".[52]

In den 1850er Jahren erhielt der rassistische Antisemitismus mit Gobineaus vierbändigem Werk „Versuch über die Ungleichheit der Menschenrassen" eine angeblich wissenschaftliche Fundierung. In Deutschland wurde diese gefährliche Variante des Judenhasses in den 1860er Jahren rezipiert. Der demokratische Hamburger Abgeordnete Wilhelm Marr verfaßte 1862 einen „Judenspiegel", in dem er den großen „Unterschied zwischen Germanen und Orientalen [...] in der Race" betonte, aber sich dennoch für eine „fleischliche Vermischung" aussprach; denn durch Mischehen – so führt er an – konnten die Juden germanisiert werden. Wenn Marr damit für die demokratischen Parteigänger zwar unmöglich wurde, so beweist der Vorgang doch, wie virulent selbst im liberalen Lager die Vorurteile waren.[53]

Für liberale Politiker blieb die Gleichstellung der Juden eine unausweichliche Konsequenz liberaler Ideen; aber es war für sie eine Sache des Verstandes, nicht des Herzens. Seit der Aufklärung bzw. der Französischen Revolution hatte sich nichts an ihrer Einstellung geändert, daß die Emanzipation nicht dem Judentum gelte, sondern nur dem einzelnen Juden, der bereit war, sich aus seinen jüdischen Lebenszusammenhängen zu lösen und sich total zu assimilieren. Das „Jüdische", wie es in der zeitgenössischen Literatur immer noch als typisch dargestellt wurde, sollte er total überwinden. Nur so entsprach er den Wunschvorstellungen der Emanzipationspolitiker. Die liberale bürgerliche Gesellschaft in Deutschland war unfähig, Minderheiten in ihrer kulturellen Eigenart zu tolerieren, selbst wenn sie zu hohen akkulturativen Leistungen bereit waren.

Die Emanzipation der 1860er Jahre war eine lange fällige politische und ökonomische Entscheidung des Staates, die von der Mehrheit zwar nicht getragen, der aber in der Phase eines breit wirkenden ökonomischen Aufschwungs nicht mehrheitlich widersprochen wurde. Der durch die Hamburger Verfassung von 1861 garantierten Gleichstellung der Juden und der Emanzipationsgesetzgebung im badischen Landtag (1862) folgte 1867 sogar Bayern mit einer vollständigen Gleichstellung der dortigen Juden. Für den Bereich des Norddeutschen Bundes entschied 1869 ein Gesetz mit nur einem Paragraphen über die Aufhebung der Beschränkung der bürgerlichen und staatsbürgerlichen Rechte, die bisher aus der Verschiedenheit des religiösen Bekenntnisses hergeleitet wurde. Zum ersten Mal bekleideten Juden nun auch hohe Ämter. Gabriel Riesser wurde bereits 1860 zum Mitglied des Obergerichts in Hamburg gewählt. 1868 wurde Moritz Ellstätter der erste jüdische Minister in Deutschland, und zwar Finanzminister in Baden.

Doch trotz der politischen Gleichstellung, die für das gesamte Reich 1871 verwirklicht wurde, blieben die gesellschaftlichen Vorbehalte, was nicht unbedingt bedeutet, daß die Emanzipation der Juden in der bürgerlichen Gesellschaft von vornherein zum Scheitern verurteilt war. Es gab erhebliche Widerstände in der Gesellschaft, aber sie waren selbst in Phasen des rüdesten Antisemitismus nie mehrheitsfähig. Die politische Kultur war in Deutschland allerdings auch noch nicht so weit entwickelt, daß die Mehrheit gegen den nun entstehenden Antisemitismus aktiv vorgegangen wäre. Doch trotz des latenten Antisemitismus bilden die folgenden sechzig Jahre die große Zeit der Juden in Deutschland.

V. Deutsch-jüdische Geschichte im Kaiserreich und in der Weimarer Republik

1. Periode: 1871–1918
Das Kaiserreich

Die politischen und gesellschaftlichen Rahmenbedingungen

Zum ersten Mal seit dem hohen Mittelalter gab es für die jüdische Minderheit in der deutschen Gesellschaft keine Gesetze mehr, die sie gegenüber der Gesamtgesellschaft rechtlich benachteiligten. Doch was unter der kurzen Hochblüte des Liberalismus in den 1860er Jahren nach jahrzehntelangem Ringen endlich erreicht worden war, wurde bald durch den sich ausbreitenden Antisemitismus in der Gesellschaft in Frage gestellt. Die mit dem Gründerkrach einsetzenden Wirtschaftskrisen führten zu zyklisch auftretenden Antisemitismuswellen. Der Antisemitismus bestimmte die gesellschaftlich wichtigsten Milieus. Wir finden ihn im politischen Katholizismus, unter den Studenten, im Bund der Landwirte, im Handlungsgehilfenverband und, was für das akkulturierte jüdische Bürgertum am schwersten wog, auch im protestantischen Bildungsbürgertum. Nur die Sozialdemokratie bot hier ein Gegenlager, auch wenn an der Basis und bei einzelnen Funktionären, die aus dem Handwerk kamen, bisweilen antijüdische Gefühle deutlich wurden. Nach einer Phase in den 1870er und 1880er Jahren, in der die SPD noch hoffte, dort zu ernten, wo die Antisemiten säten, kam es auf dem Parteitag von 1891 unter Führung Bebels zu einer strikten Abgrenzung gegenüber dem Antisemitismus. Dieser wurde nun eindeutig zum „kulturellen Code" (Volkov) einer (rechts)bürgerlichen Subkultur, die weit in den Liberalismus hineinreichte und gegen die im bürgerlichen Lager nur die Linksliberalen gefeit waren.[1]

Im politischen Katholizismus, der durch die liberale Kulturkampfpolitik bald zu einem großen geschlossenen Lager wurde, wirkten die judenfeindlichen Traditionen der katholischen Kirche nach, verstärkt durch den ökonomischen Neid einer im Hochindustrialisierungsprozeß sozial zurückgebliebenen Bevölkerungsgruppe. Schuld an dieser Entwicklung war nach der in der Parteipresse veröffentlichten Meinung der Liberalismus, der von den katholischen Propagandisten mit dem Judentum gleichgesetzt wurde. Daß in den späten 1880er und 1890er Jahren der Antisemitismus im politischen Katholizismus, wenn auch nicht überwunden, so aber doch tabuisiert wurde, ist das Verdienst des Zentrumsführers Windthorst, der von dieser Absage sein Verbleiben in der Partei abhängig gemacht hatte.[2]

Die Angst, im gesellschaftlichen Dynamisierungsprozeß zu verproletarisieren, machte auch zahlreiche Studenten empfänglich für antisemitische Parolen. Dies wurde 1878 im sogenannten Berliner Antisemitismusstreit deutlich, als der bekannte Historiker Heinrich von Treitschke in seiner Schrift zur ‚Judenfrage' die Juden nicht nur als Gefahr für den sozialen Aufstieg der Studenten, sondern generell als Gefahr für die deutsche Kultur ausmachte. Seine griffige Formel „Die Juden sind unser Unglück" rief zwar den Protest seiner Kollegen hervor, wurde aber von den Studenten geglaubt und machte somit den Antisemitismus in akademischen Kreisen salonfähig. Die antijüdische Gesinnung des (künftigen) protestantisch geprägten Bildungsbürgertums hat hier ihre Wurzeln.[3]

Im protestantischen Milieu des Kleinbürgertums wirkte der Hofprediger Adolf Stoecker mit seinen antisemitischen Parolen. Sein ursprüngliches Ziel, mit seiner christlich-sozialen Arbeiterpartei die Arbeiter den Sozialdemokraten abspenstig zu machen, erreichte er zwar nicht, fand aber mit seinen antisemitischen Parolen Anhänger im Kleinbürgertum, unter der bäuerlichen Bevölkerung und unter den Studenten. Mit Stoekker war der Antisemitismus zu einer politischen Bewegung geworden, von der auch andere Antisemiten wie Bernhard Förster, Max Liebermann von Sonnenberg und Ernst Henrici profitierten. 1881 organisierten die Antisemiten einen Petitionssturm mit dem Ziel, die Gleichstellung der Juden wieder rückgängig zu machen. 225000 Anhänger unterstützten sie. 1893 gewannen die diversen Antisemitengruppen, darunter auch die Antisemitische Volkspartei von Otto Böckel, der vor allem unter der hessischen Landbevölkerung agitierte, sechzehn Reichstagssitze. Sie konnten diese politische Macht aber nicht stabilisieren. Unter dem Einfluß der Antisemiten-Parteien hatte der Antisemitismus auch Einfluß auf die Konservativen gewonnen, die 1892 auf dem sogenannten Tivoli-Parteitag einen antijüdischen Paragraphen in ihr Programm aufnahmen, der den Kampf gegen „den vielfach sich vordrängenden und zersetzenden Einfluß auf unser Volksleben" forderte.[4]

Gegen die Antisemiten regte sich jedoch auch Widerstand. 1881 verfaßten 76 Wissenschaftler, darunter Theodor Mommsen, Johann Droysen, Rudolf von Gneist und Rudolf Virchow, gegen die Antisemiten-Petition eine Gegen-Erklärung. 1890 gründeten führende Politiker, darunter 56 Reichstagsabgeordnete, den „Verein zur Abwehr des Antisemitismus" (Abwehrverein). Seine 12000 Mitglieder unterstützten die Kampagnen zur Bekämpfung des Antisemitismus; doch zählten nicht alle Mitglieder zum aktiven Kreis. Immerhin waren die Abwehrstrategien so erfolgreich, daß an der Gleichstellung der Juden nichts mehr geändert wurde.[5]

Die Verfassungszusage der Gleichstellung boykottierten vor allem die Verwaltung und die Armee. Sie kehrten gleichsam die Verfassung um, wie der Jurist Rudolf von Gneist es formulierte. Juden hatten auch nach ihrer Gleichstellung keine Chancen, Diplomaten oder aktive Offiziere zu werden, selbst zu Reserveoffizieren wurden sie zwischen 1885 und 1914 nicht mehr befördert. An den Universitäten erreichten sie allenfalls ein Extraordinariat. 1909 waren von den (unbesoldeten) Privatdozenten 10% jüdisch. Unter den Extraordinarien waren es 7%, unter den Ordinarien nur noch 2%. Auch im Justizdienst erreichten Juden kaum das Richteramt oder die Funktion eines Staatsanwalts. Der Staat sollte nach wie vor christlich geprägt sein und durch Christen verwaltet werden. Eine „christliche

Obrigkeit und christliche Lehrer" forderte 1892 auch das Tivoliprogramm der Konservativen. Im Schuldienst bot sich für jüdische Lehrer im Volksschulbereich allenfalls eine Stelle an den wenigen Simultanschulen. In Stadtparlamenten, in Breslau z. B., versuchten die Vertreter des Zentrums und der Konservativen die Anstellung jüdischer Lehrer zu verhindern. Diese sollten vor allem keine „Gesinnungsfächer" wie Deutsch und Geschichte unterrichten können. Der Schulrat beruhigte deshalb bei der Einstellung von vier jüdischen Volksschullehrern die Breslauer Öffentlichkeit mit dem Hinweis, kein christlicher Volksschüler werde einen jüdischen Deutsch- oder Geschichtslehrer haben. Damit verhinderte er alle Versuche der liberalen Stadtverordnetenversammlung, eine höhere Zahl jüdischer Lehrer und Lehrerinnen einzustellen. Etwas günstiger war die Situation für Bewerber im höheren Schuldienst, wo sie in den Großstädten an den kommunalen Gymnasien unterrichten konnten. Vorbildlich war hier das 1872 gegründete Breslauer Johannesgymnasium, dessen Schülerzahl sich bis 1933 traditionell zu je einem Drittel aus evangelischen, katholischen und jüdischen Schülern zusammensetzte.[6]

Verwaltung und Armee gelang es, unterstützt von den zahlreichen antisemitischen Verbänden, ihre Ausschlußpraktiken gegenüber Juden während des Kaiserreichs kontinuierlich aufrechtzuerhalten. Selbst noch im Ersten Weltkrieg, in dem sich über 10000 Juden freiwillig zum Kriegsdienst für Deutschland meldeten, erreichten die antisemitischen Verbände durch ihre Propaganda, daß der preußische Kriegsminister am 7. Oktober 1916 eine statistische Erhebung über die Dienstverhältnisse im Krieg anordnete. Mit dieser „Judenzählung" sollte bewiesen werden, daß Juden sich vor dem Kriegsdienst drückten bzw. nur in der Etappe ihren Dienst taten. Als die Befragung den Vorwurf nicht bestätigte, wurden die Ergebnisse nicht veröffentlicht.[7]

Der Antisemitismus der Bismarckära war zur Ideologie der mit der ökonomischen und sozialen Entwicklung der Hochindustrialisierungsphase Unzufriedenen bzw. der durch diesen Prozeß Benachteiligten geworden. Für sie hatte der einflußreiche Journalist der „Gartenlaube“ Otto Glagau das griffige Schlagwort geprägt: „Die soziale Frage ist die Judenfrage.“ In den zyklisch auftretenden Wirtschaftskrisen verzeichneten die antisemitisch bestimmten Parteien immer wieder Stimmenzuwächse. Eine noch gefährlichere Note gewann der Antisemitismus, als er sich in der Wilhelminischen Ära mit nationalistischen und rassistischen Ideologien verband und die politische Kultur des Bürgertums bestimmte. Diese zeigte um 1900 stark atavistische Züge. Sie war trotz (oder vielleicht wegen) der Modernisierung, die die Gesellschaft in Deutschland erlebte, antiliberal und antisozial. Das Ideal war nicht die demokratische, sondern die völkische Gemeinschaft. Gesellschaftliche Gegensätze wurden übertüncht, dafür bestimmte gesellschaftliche Gruppen wie die Juden zu Außenseitern und Feinden des Volkes stilisiert. Sie trugen die Schuld für alle Fehlentwicklungen. Diese Ideologie bildete die Basis einflußreicher Verbände wie des Alldeutschen Verbandes, des Bundes der Landwirte oder des Deutschnationalen Handlungsgehilfenverbandes und überdeckten dort die internen sozialen Gegensätze.[8]

Der rassistische Antisemitismus leitete sich von zwei unterschiedlichen, zum Teil widersprüchlichen Ideologien her: von der Rassentheorie des Franzosen Gobineau (1855) und den biologischen Theorien des Engländers Darwin, die auf die menschliche Gesellschaft übertragen wurden. Nach Gobineau bestand die Menschheit ursprünglich aus drei reinblütigen Rassen: der weißen, der gelben und der schwarzen. Nur die weiße sei zu kulturschöpferischen Leistungen fähig, aber sie sei, durch die Vermischung mit anderen Rassen bedingt, dem Untergang nahe. Übrig bleibe eine mediokre Gesellschaft, die – so die fatalistische Sicht – zu keinen großen kulturellen Leistungen mehr fähig sei. Dagegen betonte Darwin 1859, daß im Kampf ums Dasein die Tüchtigsten überlebten. Die „Reinheit der Rasse“ spielte dabei keine Rolle. Auf die menschliche Gesellschaft übertragen, begründete Darwins Theorie die Herrschaftsansprüche von Machteliten, Nationalstaaten oder Kolonialmächten. Trotz der Widersprüche vermischten gegen Ende des 19. Jahrhunderts Populärwissenschaftler wie der Zoologe und Naturphilosoph Ernst Haeckel in seinem überaus erfolgreichen Buch „Die Lösung der Welträtsel" die Gobineauschen und Darwinistischen Theorieelemente. Auch die Antisemiten übernahmen das rassistische Vokabular für ihre Agitation und stützten sich dabei auf die 1881 erschienene Abhandlung „Die Judenfrage als Racen-, Sitten- und Culturfrage" des Berliner Privatdozenten für Philosophie und Nationalökonomie Eugen Dühring. Dieser betonte als Grundlage seiner Theorie „die naturwissenschaftliche Betrachtungsart" und gab damit dem rassistischen Antisemitismus einen pseudowissenschaftlichen Anstrich. Neben den rassentheoretischen Vorstellungen griffen die Antisemiten auf deutsch-völkische Ideen zurück, die in ihren Ursprüngen auf die „Politische Romantik" zurückgingen. Sie räumten dem deutschen Volk eine absolute Vorrangstellung vor allen anderen Völkern ein. Dieses „unvergorene Gebräu widersprüchlicher Gedanken" (Berding) beherrschte Ideologie und Agitation der Antisemiten im Kaiserreich und bestimmte auch die Anschauungen des spätwilhelminischen Bildungsbürgertums.[9]

Trotz ihrer sozial günstigen Stellung stießen die Juden im Kaiserreich immer wieder an die Grenzen des antisemitischen Vorurteils, das bereits pseudoreligiöse Züge trug und die gesellschaftlichen und politischen Gegensätze auf den germanisch-jüdischen Rassenantagonismus zurückführte.

Demographische, wirtschaftliche und soziale Entwicklung der jüdischen Minderheit

Trotz der Diversifikation der Wirtschaft in der Hochphase der Industrialisierung blieb die jüdische Minderheit im Kaiserreich eine sozial relativ geschlossene Gruppe. Wenn auch regional unterschiedliche Entwicklungstendenzen vorhanden waren, so unterscheidet sich die jüdische Minderheit in ihrer Gesamtentwicklung doch deutlich von der Gesamtgesellschaft. Das bezieht sich einmal auf ihre Mobilität und die damit verbundene Urbanisierung. 1871 lebten knapp 20% aller Juden, aber nur 4,8% der Gesamtbevölkerung in Großstädten. 1910 liegen die

Werte bei 58,3% bzw. 21,3%. Vor allem Berlin wirkte als Magnet. Wohnten hier 1871 nur 9,6% der jüdischen Reichsbevölkerung, so waren es 1910 bereits 26,9%. Trotz des demographischen Abwärtstrends der jüdischen Bevölkerung zwischen 1871 und 1910 blieb der Anteil jüdischer Einwohner in Berlin mit 4,3% konstant. Dagegen ist, von Leipzig (1,1%–1,6%) und Nürnberg (2,2%–2,3%) abgesehen, der relative Anteil in anderen Städten eher rückläufig, so in Breslau (6,4%–3,9%) und Hamburg (6,4%–3,9%), nicht so stark in Frankfurt/Main (7,1%–6,3%) und Köln (2,4%–2%). Berlin profitierte vor allem von der Zuwanderung aus den preußischen Ostprovinzen.[10]

Der rückläufige Bevölkerungsanteil der jüdischen Minderheit lag einmal in der Zahl der steigenden Mischehen begründet. Deren Nachwuchs ging zumeist für das Judentum verloren. 1911 kamen im Reichsdurchschnitt 38 Mischehen auf hundert jüdische Ehen. Ein weiterer Grund war die stark rückläufige Kinderzahl jüdischer Ehen, die hier dem allgemeinen Entwicklungstrend hin zur modernen Kleinfamilie voraus waren. Frappant beweisen dies die Zahlen für Preußen: Lag der allgemeine Geburtenüberschuß 1875–1880 bei 13,8 pro eintausend Einwohnern, so bei den jüdischen entgegen der Entwicklung bis 1875 nurmehr bei 13,4%. Zwischen 1905 und 1910 stieg die allgemeine Rate auf 15,4%, bei den jüdischen Einwohnern ging sie dagegen auf 1,7% zurück. Der Rückgang der dadurch bedingten jüdischen Einwohnerzahl konnte durch die größere Fertilität der aus dem Osten zuwandernden Juden in etwa ausgeglichen werden. Auch war die Mortalitätsrate zwischen 1906 und 1909 bei jüdischen Einwohnern mit 13,9 von hundert Juden deutlich niedriger als die der allgemeinen Bevölkerung mit 17,7%. Hierbei spielt einmal die niedrigere Säuglingssterblichkeit, aber auch die höhere Lebenserwartung eine Rolle.[11]

Noch deutlicher war die Differenz zwischen Minderheit und Allgemeingesellschaft im Hinblick auf den höheren Sozialstatus. Mehr als 60% der jüdischen Einwohner gehörten zum mittleren und gehobenen Bürgertum und nur ein Viertel zum

Kleinbürgertum. Den jüdischen Gemeinden war es gelungen, durch gezielte Hilfsmaßnahmen wie die Bereitstellung von Kapital zur Gründung oder Unterhaltung einer eigenen Existenz die Zahl der Juden in den Unterschichten zu reduzieren und ihnen den Aufstieg ins Kleinbürgertum zu ermöglichen. Wie in Hamburg, wo 1832 noch 35% der Juden am Rand des Existenzminimums lebten, reduzierte sich auch in anderen Städten in den 1860er Jahren die Zahl der jüdischen Almosenempfänger auf eine kleine Gruppe, die zumeist zur Altersarmut zu rechnen ist. Steuertabellen einzelner Städte dokumentieren die für die jüdische Minderheit günstigen Einkommensverhältnisse, die deutlich über den Durchschnittseinkommen der Gesamtbevölkerung lagen. In Breslau rangierten 15% (Nichtjuden 2%) und in Hamburg 27% (Nichtjuden 12%) in den obersten Einkommensteuerklassen, während der Anteil der jüdischen Steuerzahler in den untersten Steuerklassen halb so hoch war wie der der nichtjüdischen. Ähnlich in Frankfurt/Main, wo die jüdischen Bürger proportional aufgrund ihrer Einkommen viermal soviel Steuern zahlten wie die protestantischen und sogar achtmal soviel wie die katholischen Bürger.

Insgesamt läßt sich festhalten, daß die Juden in Deutschland während des Kaiserreichs wirtschaftlich gesicherte und gehobene Positionen innehatten. Der von der Forschung konstatierte rückläufige Trend des jüdischen Wohlstands im beginnenden 20. Jahrhundert, der primär auf Erhebungen für das Rheinland basiert, kann für Deutschland nicht verallgemeinert werden, zumal sich für Berlin dieser Trend vor dem ersten Weltkrieg keineswegs abzeichnet.[12]

Nicht die seit der Aufklärung immer wieder geforderte Berufsumschichtung hatte seit der Jahrhundertmitte zum Aufstieg aus der sozialen Marginalität geführt, sondern die Beibehaltung der alten Berufsstruktur mit dem Schwerpunkt auf den Sektoren Handel und Verkehr. Zu dieser Sparte zählten nach der Erwerbsstatistik von 1895 56% der jüdischen Einwohner; 1907 waren es nur noch 50,6%. Dagegen stieg der Anteil in der Rubrik Industrie und Gewerbe von 19,3% auf 21,9% (Vergleichszahlen der Gesamtgesellschaft: 36,1%–37,2%) und die der Selbständigen ohne Berufsangabe von 16,7% auf 19,2%. Fast bedeutungslos blieb nach wie vor der Anteil in der Landwirtschaft mit 1,4 bzw. 1,3%, während hier der Anteil der Gesamtbevölkerung 36,2% bzw. 32,7% ausmachte. Charakteristisch für die jüdische Minderheit war ferner die hohe Zahl der Selbständigen, die 1907 54% betrug, bei der Gesamtbevölkerung dagegen nur mit 29% zu Buche schlug.[13]

Dieses recht einheitliche Erscheinungsbild darf nicht über die dahinter verborgene soziale Differenzierung hinwegtäuschen. Zu der Gruppe der Selbständigen zählten sowohl die kleine Elite der großen Unternehmer und der Direktoren als auch die jüdischen Schneider oder Schankwirte, in deren Betrieben allenfalls die Familie mitarbeitete. Ferner gehörten hierzu auch die jüdischen Hausierer, deren Anteil in Preußen 1895 allerdings nur noch 8,7% der im Handel tätigen Juden ausmachte. Die Erfolge der jüdischen Großunternehmer, die als Beweis für den sozialen und ökonomischen Aufstieg dieser Gruppe immer wieder zitiert werden, sollten nicht verkennen lassen, daß es sich hier um eine sehr kleine Gruppe handelte. Jüdische Unternehmer begegnen vor allem in der Bekleidungsindustrie. Regionale Unterschiede zeigen sich vor allem bei jüdischen Unternehmen in der Montanindustrie. Während in Schlesien Juden als Kohlenindustrielle begegnen, beschränkte sich im Westen ihre Funktion in diesem aufblühenden Zweig der Schwerindustrie auf die Rolle der Finanziers. Auch hier wirkten regional unterschiedliche Traditionen fort. Schon im 18. Jahrhundert hatten die schlesischen Wirtschaftsmagnaten, die aus dem Hochadel kamen, die Juden an der industriellen Entwicklung beteiligt. Im Westen waren es vielfach ehemalige Hoffaktoren wie auch jüdische Händler auf dem Lande, die das Kreditgeschäft zum Bankgeschäft weiterentwickelt hatten. Die hohen Investitionssummen, die die Hochindustrialisierung erforderte, führte allerdings gegen Ende des Jahrhunderts zu einer starken Konzentrierung im Bankgeschäft und zur Bildung von Aktienbanken. Zahlreiche kleinere jüdische Privatbankiers brachten ihre Geschäfte in diese Aktiengesellschaften ein, bekleideten dort aber die Positionen von Bankdirektoren und Betriebsleitern. 1895 waren in Preußen 37% aller Bankinhaber oder -direktoren Juden.

Eine rassistisch begründete Theorie braucht man dafür als Erklärung nicht zu bemühen, wie das 1911 der bekannte Nationalökonom Werner Sombart in seinem umstrittenen Buch „Die Juden im Wirtschaftsleben" tat. Von seiten der Historiker wies bereits damals Georg von Below auf die Unhaltbarkeit dieser pseudowissenschaftlichen Theorie hin. Es genügt der schlichte Hinweis auf die Bedeutung des tertiären Sektors im Industrialisierungsprozeß, um verständlich zu machen, warum die Juden nicht in die angeblich „produktiven" Berufe überwechselten, sondern den tertiären Bereich weiterentwikkelten, in dem sie aufgrund der Vorgaben der Gesellschaft seit Jahrhunderten tätig gewesen waren.

Allerdings betonten bis in die 1960er Jahre gerade jüdische Forscher die Rolle der Juden in den sogenannten „produktiven" Berufen, um damit der antisemitischen Polemik von den Juden in den „raffenden" und der übrigen Gesellschaft in den „schaffenden" Berufen entgegenzuwirken. Heute ist die Forschung von dergleichen apologetischen Positionen abgerückt und betont stärker die Bedeutung, die jüdische Unternehmer auf dem tertiären Sektor im Modernisierungsprozeß der Wirtschaft in Deutschland im 19. Jahrhundert einnahmen. Das gilt für die Entwicklung im Großhandel, wo jüdische Unternehmer wie die Gebrüder Tietz die im Vergleich zu den westeuropäischen Ländern rückständige Entwicklung im Bereich der Kaufhauskonzerne voranbrachten. Dasselbe trifft auch für den Versandhandel und die Entwicklung des (Buch-) Verlagswesens zu.[14]

Von der Forschung kaum beachtet blieb bisher die Rolle der jüdischen Kaufleute, die weiterhin auf dem Lande lebten und hier im Vieh- und Getreidehandel, aber auch in Geldgeschäften tätig waren. Die im Vergleich zu der Agrarproduktion in den USA unrationell betriebene deutsche Landwirtschaft führte zu einer lang andauernden Agrarkrise in den achtziger und neunziger Jahren. Bei den trotz Schutzzöllen fallenden

Getreidepreisen verarmten viele Bauern, die sich zur Rettung ihrer Höfe Kredite bei jüdischen Geldleihern besorgten. Kam es dann zum Bankrott, führte der Aufkauf der Höfe vielfach zur Aufteilung des Areals und zu einem gewinnsteigernden Weiterverkauf durch die Aufkäufer. Die Antisemiten, die sich vor allem in der Landagitation hervortaten, machten die Juden für diese „Güterschlächterei" verantwortlich, was ihnen die in Not geratenen Bauern gern abnahmen. Sogar der von den sogenannten Kathedersozialisten initiierte „Verein für Sozialpolitik" verbreitete in einer sogenannten Wucherenquête 1885/87 diese antijüdische Propaganda.

Die Verfechter der sogenannten Produktivierungsthese, die davon ausgingen, daß sich immer mehr Juden der allgemeinen Berufsstruktur anpaßten und deshalb in Handwerksberufe überwechselten, haben dem Sektor Handwerk und Industrie besondere Aufmerksamkeit gewidmet, in dem 1907 fast 22 % aller Juden beschäftigt waren. Doch auch hier gab es prägnante Abweichungen zur allgemeinen Entwicklung. Während in diesem Sektor allgemein die Industriearbeiter überwogen, machte diese Gruppe in der jüdischen Minderheit nur 0,5 % aus. Die meisten jüdischen Handwerker arbeiteten im Alleinbetrieb, vor allem als Schneider und Metzger.[15]

Im ausgehenden 19. Jahrhundert vollzog sich eine rasche Akademisierung der jüdischen Jugend, was unter anderem auch als Folge eines forcierten Gymnasialbesuchs jüdischer Söhne in der zweiten Hälfte des 19. Jahrhunderts zu sehen ist. Mit einem Anteil von 8% aller Studierenden in Deutschland waren die Juden bei nur 1% Anteil an der Gesamtbevölkerung in diesem Bereich stark überrepräsentiert. Der hier zu konstatierende „Bildungsdrang" (Kampe) erfaßte auch zahlreiche Familien des jüdischen Klein- und Mittelbürgertums, in denen es zuvor keine Akademiker gegeben hatte. Unter den jüdischen Akademikern ist eine starke Tendenz zur selbständigen Berufspraxis, vor allem als Ärzte und Rechtsanwälte, festzustellen. Dies mochte auch damit zusammenhängen, daß ihnen eine Karriere im Justizdienst, aber auch an öffentlichen Schulen und an den Universitäten versagt war. Für promovierte

Geisteswissenschaftler blieb vielfach nur die Karriere als Journalist, Literat und Verlagsangestellter, vereinzelt auch als Funktionär in den linken Parteien und Gewerkschaften, während Naturwissenschaftlern die zahlreichen Forschungsinstitute von Staat und Industrie offenstanden.[16]

Das Judentum im Kaiserreich

Nach außen hin bildete die deutsche Judenheit – wie Norbert Elias dies für die jüdische Gesellschaft Breslaus konstatiert – „eine eigene festgefügte Schicht des Bürgertums", die vielfach gar nicht mehr bemerkte, daß sie in den Augen der anderen eine „Gesellschaft zweiten Ranges" geblieben war. Aus der eigenen Sicht aber war sie in der Kaiserzeit weder im sozialen noch im religiösen Sinne eine monolithische Einheit, sondern differenzierte sich stark, so daß die Orthodoxen die Mitglieder der Reformgemeinden kaum als Juden akzeptierten und von „unjüdischen Juden" sprachen. Im religiösen Bereich herrschte die liberale Richtung vor, die als ein Zweig aus dem Reformjudentum hervorgegangen war und in den meisten Gemeinden den Ton angab. Den Gottesdienst bestimmte neben dem Hebräischen die deutsche Sprache, die Gemeinden sangen mit Orgelbegleitung, akzeptierten aber die Frauen nicht als gleichberechtigte Gemeindemitglieder. Einer der führenden Reformrabbiner war Abraham Geiger, der seit 1870 in Berlin wirkte und hier ein Rabbinerseminar und die „Hochschule für die Wissenschaft des Judentums" initiiert hatte. Die dort ausgebildeten Rabbiner begriffen das Judentum nicht als unveränderbare Offenbarungslehre, deren Interpretation der Talmud enthielt, sondern versuchten, als spekulative Theologen „die Idee eines sich entwickelnden Judentums in Beziehung zum herrschenden Philosophiesystem zu setzen wie auch gegenüber christlichen Theologen zu rechtfertigen" (M. A. Meyer). Selbst das Reformjudentum stellte keine Einheit dar. Neben der liberalen Mitte gab es einen rechten Flügel unter dem Rabbiner Zacharias Frankel, dem Leiter des „Jüdisch-Theologischen Seminars" in Breslau. Zum linken Flügel zählte fast ausschließlich die radikale Berliner Reformgemeinde, die den Sabbat auf den Sonntag verlegte und nur noch einen kurzen deutschsprachigen Gottesdienst abhielt. In den Gebetbüchern der Gemeinden, die aus dem Reformjudentum hervorgegangen waren, fehlten die Gebete, die eine Hoffnung auf die Rückkehr in das Land Israel und eine Wiedererrichtung des alten Tempels ausdrückten. Auch waren die Stellen getilgt worden, die als gegen das Christentum gerichtet verstanden werden konnten.[17]

Die Reform hatte während des 19. Jahrhunderts in zahlreichen Gemeinden zu erheblichen Auseinandersetzungen mit den Orthodoxen geführt, da der Staat, vor allem Preußen, eine Trennung der Gemeinden nicht duldete. Doch auch das orthodoxe Judentum, das nicht nur in den Landgemeinden vorherrschte, sondern auch in Großstädten wie Frankfurt/Main und Hamburg wichtige Zentren hatte, konnte sich auf Dauer der Reform nicht verschließen. Die Neoorthodoxie, die sich unter dem Einfluß des Rabbiners Samson Raphael Hirsch (1808–1888) herausbildete, sprach sich nach wie vor für eine strenge Einhaltung der religiösen Gebote aus, befürwortete aber auch weltliche Kenntnisse und weltliche Kultur als integrale Bestandteile jüdischer Weltanschauung. Wenn auch das Talmud-Tora-Studium in den Schulen das Zentrum bildete, öffneten sich die Neoorthodoxen den weltlichen Wissenschaften und der Allgemeinkultur (Derech Erez) und führten im Gottesdienst Deutsch als Predigtsprache ein. Doch blieben Gebetbuch, Liturgie und Ritual fast unberührt, wenn auch der Gottesdienst stark formalisiert wurde. Zwar war die Orgel verpönt; gleichwohl wurden Männer- bzw. Knabenchöre zur Hebung der Synagogenmusik eingeführt. Auch hier war, wie bei den Reformern, eine Ästhetisierung des Gottesdienstes unverkennbar.

Die Konflikte in den Gemeinden verringerten sich, als durch das preußische Austrittsgesetz von 1876 die Möglichkeit geschaffen wurde, separate orthodoxe Gemeinden zu gründen. In nicht-preußischen Großstädten wie Hamburg blieb der Gemeindeverband zwar bestehen, aber die drei Richtungen: der

Reform-, der orthodoxe und der liberale Verband, konnten sich in eigenen Synagogen völlig unabhängig voneinander entwickeln. Zwar gehörte nach dieser Konstruktion der Oberrabbiner der orthodoxen Richtung an, aber er war nicht der Vorgesetzte des liberalen bzw. des Reformrabbiners.[18]

Waren zunächst die orthodoxen Stadtgemeinden durch die Verstädterung der Landjuden gewachsen, so nahm die Zahl der Orthodoxen seit den 1880er Jahren durch die Zuwanderung der sogenannten „Ostjuden" vor allem aus Rußland zu. Diese wurden jedoch von den neoorthodox ausgerichteten Stadtgemeinden kaum integriert, bildeten sie doch gegenüber den kulturellen Vorstellungen der Neoorthodoxie eine eigene Subkultur. 1910 stellte diese Gruppe bereits 11% der Juden in Deutschland. Ihr Zentrum war vor allem Berlin, wo sie im sogenannten Scheunenviertel an der Grenadierstraße ein eigenes Quartier hatten. Nicht nur durch ihre kulturellen Vorstellungen, sondern auch durch ihre Sozialstruktur unterschieden sie sich von der deutschen Judenheit. Zwar überwogen auch bei ihnen die Handelsberufe, doch gab es eine größere Gruppe Handwerker und eine beträchtliche Zahl proletarischer Handarbeiter. Dazu kam eine große Zahl Studenten, die sich sehr schnell akkulturierte oder aber zu intellektuellen Wegbereitern des sozialistischen Zionismus wurden. Wenn die „Ostjuden" auch von den traditionellen deutschen Gemeinden nicht integriert wurden, so waren die Anstrengungen der Gemeinden im Rahmen des jüdischen Wohlfahrtswesens für diese Neuankömmlinge doch bemerkenswert. Dahinter steckte wohl auch die Absicht, sie zur Weiter- bzw. Auswanderung anzuhalten. Doch ist eine gewisse Faszination, die diese noch echt jüdische Kultur vor allem auf die jüdischen Intellektuellen in Deutschland ausübte, unverkennbar; vielfach führte gerade diese Faszination zu einer Besinnung auf das eigene Judentum.[19]

Die jüdischen Gemeinden bildeten den Kern der deutschen Judenheit im Kaiserreich. Aber es zählten auch die dazu, die kaum noch Kontakt zu den Gemeinden hatten, auf der anderen Seite aber trotz Austrittsgesetz nicht aus den Gemeinden austraten oder gar konvertierten. Die Übertritte zum Christentum, vor allem zum Protestantismus, hielten sich in Grenzen, wenn sie auch eine steigende Tendenz aufwiesen und in Preußen 1903 mit 453 Konversionen einen Höchststand erreichten. Der Antisemitismus mochte zu diesen Konversionen zwar beitragen, provozierte sonst aber eher ein gegensätzliches Verhalten, das die Zeitgenossen als „Trotzjudentum“ charakterisierten. Selbst wenn man sich dem religiösen Judentum entfremdet hatte, blieb vor allem der persönliche Kontakt zu anderen Juden sehr eng. Die Freundes- und Heiratskreise waren zumindest während der Kaiserzeit auch bei Nicht-Religiösen noch stark auf jüdische Partner konzentriert. Es existierten zwar keinerlei staatliche Vorgaben mehr, dennoch blieben auch in den neuen Stadtvierteln, wie in Hamburg um den Grindel und den Rothenbaum, die jüdischen Wohnquartiere recht geschlossen.[20]

Jüdische Identität

Die von den deutschen Juden angestrebte Akkulturation hatte die jüdische Identität nicht aufgehoben. Auch nach 1870 sahen die meisten von ihnen in ihrem Judentum mehr als nur eine Religion. Akkulturation bedeutete – wie es der jüdische Dichter Jakob Loewenberg im Titel seiner Memoiren ausdrückt – ein „Leben [gespeist] aus zwei Quellen“. Elemente der eigenen Kultur waren mit den Elementen der Mehrheitskultur eine Bindung eingegangen und hatten etwas Neues geschaffen. Trotz aller negativen Erfahrungen durch den Antisemitismus blieb dieses Bewußtsein, so daß sich wohl viele in dem Satz wiederfinden konnten, den 1913 der Sozialist Gustav Landauer an Martin Buber schrieb: „Mein Deutschland und Judentum tun einander nichts zu leid und vieles zu lieb [. . .]. Ich erlebe dieses seltsame und vertraute Nebeneinander als ein köstliches.“[21] Selbst überzeugte Zionisten wie der Breslauer Studienrat Willy Cohn bekannten sich auch nach 1918 zu dieser doppelten Erbschaft. Die Grenzen zwischen dem eigenen kulturellen System und dem allgemeinen bildeten keine hohe Mauer, auch für Orthodoxe nicht, die Theater, Opern und sogar

Kabaretts besuchten. Die Zugehörigkeit zu jüdischen wie allgemeinen Vereinen war für den einzelnen Juden eher der Normalfall als die Ausnahme. Gerade dieses Bewußtsein, in beiden Kulturen zu Hause sein zu können, begünstigte im liberalen Judentum die Besinnung auf die Wurzeln der eigenen jüdischen Kultur, wie 1893 der Zusammenschluß diverser „Vereine für jüdische Geschichte und Kultur" deutlich macht. Auch hier ging die Initiative von der „Allgemeinen Zeitung des Judentum" aus. Martin Philippson sah 1889 in der „Darstellung unserer Religionslehre" und der Darbietung der reichen jüdischen Literatur das beste Mittel, „den Indifferentismus zu bekämpfen". Bis 1912 stieg die Zahl dieser Vereine auf 229 an. Sowohl orthodoxe wie liberale Gemeinden beteiligten sich an den Vorträgen zu religiösen, literarischen, historischen, aber auch politischen Stoffen. Die eigene Kultur, aber auch der Anteil an der Gesamtkultur wurde in zahlreichen Vorträgen erörtert.[22]

Daß jüdische Kultur in den öffentlichen Museen kaum präsent war, führte 1898 in Hamburg zu der Initiative des Rabbiners Max Grunwald (1871–1953), eine „Gesellschaft für jüdische Volkskunde" zu gründen. Sie sollte zur Identitätsfindung eines orientierungslos gewordenen Judentums einen Beitrag leisten. Wie der „Verein für jüdische Geschichte und Kultur", so gab auch die „Gesellschaft für jüdische Volkskunde" ein eigenes Jahrbuch heraus; zudem sammelte sie historische Objekte der jüdischen Sachkultur und ließ alte jüdische Friedhöfe bildlich dokumentieren. Wenn es auch bis zum Ersten Weltkrieg nicht gelang, ein eigenes Museum zu gründen, so beteiligte sich die Gesellschaft erfolgreich an diversen Ausstellungen wie 1911 an der Internationalen Hygieneausstellung in Dresden.[23]

Die Etablierung der Wissenschaft vom Judentum als Disziplin an einer deutschen Universität, wie dies seit über hundert Jahren immer wieder gefordert wurde und wie es auch die „Gesellschaft für jüdische Volkskunde" von der 1919 als Reformuniversität gegründeten Universität Hamburg erwartet hatte, erfüllte sich auch während der Weimarer Republik nicht. Jüdische Forscher, unterstützt von entsprechenden Vereinen, übernahmen im außeruniversitären Bereich diese Aufgabe. Seit Isaac M. Josts mehrbändiger „Geschichte der Israeliten", die von 1820 bis 1847 erschien, gab es eine jüdische Historiographie in Deutschland, der später mit Heinrich Graetz' „Geschichte der Juden von den ältesten Zeiten bis auf die Gegenwart" (1853–1876) eine weitere anerkannte Leistung auf diesem Gebiet folgte. Heinrich Graetz, der am Breslauer Jüdisch-Theologischen Seminar lehrte, war aufgrund dieser Leistung von der Universität Breslau zum Honorarprofessor ernannt worden. Zur Erforschung der deutsch-jüdischen Geschichte in Deutschland wurde 1885 unter der Ägide des Berliner Mediävisten Harry Bresslau die „Historische Kommission für die Geschichte der Juden in Deutschland" gegründet, deren Nachfolgeinstitution das 1905 eingerichtete „Gesamtarchiv der deutschen Juden" war. Ziel dieses Instituts sollte es sein, die gesamte schriftliche Überlieferung der deutschen Judenheit in einem Archiv zu erfassen. Es existierte bis 1941.

Akademischen Zeitschriften gleichrangig war die seit 1887 erscheinende „Zeitschrift für die Geschichte der Juden in Deutschland", die es allerdings nur auf fünf Jahrgänge brachte. Erfolgreicher war die Gründung eines jüdischen statistischen Amtes, das seit 1905 die „Zeitschrift für Demographie und Statistik der Juden" herausbrachte. Die wissenschaftlichen Leiter wie auch die Mitarbeiter dieser parauniversitären Institutionen waren an den Universitäten als Professoren oder akademische Lehrer tätig. Diese Institutionen leisteten wichtige Vorarbeiten für die spätere Etablierung der Wissenschaft vom Judentum an den Universitäten in Palästina bzw. Israel.[24]

Die Wissenschaft vom Judentum blieb nach wie vor der Nucleus des jüdischen Kulturverständnisses. Sie hatte sich im 19. Jahrhundert der wissenschaftlichen Methodenvielfalt angepaßt und auf die moderne Entwicklung mit der Einrichtung neuer Disziplinen wie der Statistik und der Demographie reagiert. Sie konnte ihre Gleichrangigkeit mit den akademischen Wissenschaften behaupten, war allerdings in der deutschen Judenheit nicht unumstritten. Für das orthodoxe Judentum, auch die Neoorthodoxie, stellte das Judentum keine Wissenschaft dar. Lebensziel und -inhalt der gläubigen Juden sollte allein die Tora bestimmen. Außerhalb dieses Bereiches konnte sich nichts Jüdisches als eigene Wissenschaft etablieren. Selbst die Einrichtung von Rabbinerschulen, in denen zwar das Talmudstudium überwog, aber auch Mathematik, Latein und andere profane Wissenschaften gelehrt wurden, war umstritten. Doch gelang es auch der Neoorthodoxie nicht, mit dem Torastudium die Totalität des Lebens zu erfassen. Wesentliche Bereiche wie die Rechtsprechung und vor allem die Erziehung mußten sie säkularen Institutionen überlassen. Samson Raphael Hirschs Versuch, die europäische Kultur dem Judentum einzuverleiben, blieb Programm. Auch der gläubige Jude, der sich zur Orthodoxie rechnete, lebte in beiden Kulturkreisen.[25]

Die Betonung der jüdischen Kultur konnte nicht darüber hinwegtäuschen, daß es mit dem jüdischen Schulwesen nicht zum besten stand. Der Hebräischunterricht wurde selbst an den Talmud-Tora-Realschulen wie in Hamburg, Frankfurt/Main und Leipzig in den 1890er Jahren auf sieben Wochenpflichtstunden gekürzt. In den jüdischen Elementarschulen waren es dementsprechend weniger. Die jüdischen Elementarschulen hielten sich vor allem im ländlichen Bereich, gingen deshalb im Zuge der voranschreitenden Urbanisierung immer mehr zurück. Gab es im Deutschen Reich 1898 noch 492 jüdische Schulen, so waren es 1912 nur noch 247, 1933 153. Das Manko dieser Schulen lag nicht in der Ausbildung ihrer Lehrer, die an ihren Lehrerseminaren ein den christlichen Kollegen gleichwertiges Examen ablegten, sondern in der mangelhaften Bezahlung durch die Gemeinden. Ihre Gehälter lagen um 30–50% unter denen ihrer christlichen Kollegen, die auch nicht gerade stattlich besoldet wurden. Viele wechselten sehr häufig ihre Stelle, sobald sich an einem anderen Ort ein paar Mark Bezahlung mehr boten, oder wanderten in andere Berufe, vor allem in die Handelsberufe, ab. Die dadurch verursachte häufige Fluktuation kam den jüdischen Schulen kaum zugute. Dennoch wäre es verkehrt, nur dieses Manko zu sehen. Zahlreichen Biographien ist zu entnehmen, daß das jüdische Schulhaus auf dem Lande den Kindern dieser Familien eine ideale Motivation zum akademischen Aufstieg und damit zum Eintritt in die städtische jüdische Kultur bot.[26]

Nach wie vor demonstrierte die jüdische Kultur ihre Zugehörigkeit zur Allgemeinkultur durch den Bau der Synagogen, die das Stadtbild mitprägten. Doch kann der Bau einer Synagoge nur bedingt als Dokumentation des gemeindlichen Selbstverständnisses gedeutet werden. Zahlreiche externe Bestimmungsfaktoren spielten hier hinein. In den Ausschreibungen machten die Gemeinden zwar Auflagen und wählten unter den Entwürfen aus, aber in den seltensten Fällen waren die Architekten jüdisch. Doch bedeutet dies nicht, daß sich nicht auch in den zahlreichen Synagogenbauten, die während des Kaiserreichs entstanden, eine jüdische Selbstbestimmung dokumentiert. Sowohl von den Reformgemeinden wie von den liberalen, aber auch den orthodoxen Gemeinden wurden sie als eigene jüdische Komponente der Allgemeinkultur verstanden. Umstritten blieb freilich im innerjüdischen Diskurs, was als „jüdischer Stil", als eigene Komponente zu gelten hatte. Die maurischen Stilelemente, die von den liberalen jüdischen Gemeinden, so in Frankfurt/Main und Berlin, als jüdische Baukomponente in der Allgemeinkultur verstanden wurden, waren keine autonom jüdische Schöpfung, sondern vielfach nach Vorgaben staatlicher Behörden, die eine orientalische Komponente im Stadtbild wünschten, entworfen worden. Der jüdische Architekt Edwin Oppler, der einen historisierenden jüdischen Baustil favorisierte und sich dabei auf die romanischen Synagogen von Worms und Prag bezog, lehnte den maurischen Baustil als „Annäherung an den Orient" dezidiert ab. Trotz aller akkulturativen Bestrebungen sollte jedoch auch für Oppler die Synagoge als jüdischer Kultusbau erkenntlich sein. Da sich der romanische Synagogenbau kaum von dem christlichen Sakralbau unterschied, glaubte Oppler besonders durch den Grundriß, der sich am Davidstern orientierte, das Jüdische kenntlich zu machen.[27]

Auch von orthodoxer Seite kamen Stimmen gegen den maurischen Stil. Der orthodoxe Lübecker Rabbiner Salomon Carlebach warnte 1880 anläßlich der Einweihung der nach Vorgaben des dortigen Senats im maurischen Stil errichteten Lübekker Synagoge vor „unjüdischen Bestrebungen“, die mit dem Bau neuer Synagogen verbunden sein könnten. Doch auch orthodoxe Gemeinden bauten nicht mehr in alten Traditionen, wie der Synagogenbau der Frankfurter Austrittsgemeinde von 1882 am Börneplatz zeigt. Dieser Bau glich eher einer Bank bzw. einem Neorenaissance-Palais als einem jüdischen Gotteshaus.[28]

À la longue setzte sich Oppler mit seinen Vorstellungen durch. Um die Jahrhundertwende lehnten auch liberale Rabbiner wie der Hamburger Max Grunwald den maurischen Stil ab. Für Grunwald konnte das 1901 freilich nur eine Klage post festum sein, denn seine Synagoge, die Hamburger Neue Dammtorsynagoge, war erst 1895 sowohl innen wie außen deutlich im maurischen Stil errichtet worden. Dagegen hielt der konservative Essener Rabbiner Salomon Samuel den „orientalischen Stil“ für Synagogen eher angebracht als den romanischen. Einen eigenen „jüdischen Stil“ gab es auch weiterhin nicht. Am Baukörper war selten die Synagoge erkennbar, allenfalls an den äußeren Zeichen wie dem Davidstern, den Gesetzestafeln oder den jüdischen Inschriften. Samuel, der ein glühender deutscher Patriot war, wie seine Predigten aus dem ersten Weltkrieg beweisen, hatte allerdings insofern die Diskussion weitergeführt, als er auch für eine Synagoge in Anspruch nahm, daß sie die „Umgebung beherrsche“ und nur „an sich selbst“ gemessen werden solle, nicht aber an den „christlichen“ Bauten der Umgebung. Seine Vorstellungen scheinen in dem Neubau der Essener Synagoge von 1913 verwirklicht, die in ihrer Sachlichkeit sich deutlich von allen historisierenden christlichen Sakralbauten abhob und auch heute noch neben der Synagoge in der Oranienburger Straße in Berlin, die im maurischen Stil errichtet wurde, zu den beeindruckendsten überkommenen jüdischen Bauwerken der Kaiserzeit zählt.[29]

Die jüdische Frauenbewegung

Im Rahmen einer „Neubesinnung“ auf das Judentum sind auch die Bemühungen des 1904 gegründeten Jüdischen Frauenbundes (JFB) zu sehen, der unter der energischen Leitung seiner charismatischen Vorsitzenden Bertha Pappenheim (1859-1936) unter den jüdischen Frauen einen hohen Organisationsgrad erreichte. Radikalen feministischen Vorstellungen folgte der JFB jedoch nicht, sondern sah sein Ziel darin, „die Männer in ihrem Beruf zu unterstützen, [ihnen] eine sorglose, bequeme, erfreuliche und jüdische Umwelt [zu] schaffen" (Kaplan 1981). Wenn sich die Frau auch nicht allein ihrer Ehe und Familie widmen, sondern sich auch im karitativen Bereich des öffentlichen Lebens beteiligen sollte, blieb der JFB mit seinen Zielen den Vorstellungen der bürgerlichen Familie und damit der Forderung nach Unterordnung der Frau verhaftet.[30] Diese Entwicklung überrascht, da es in der deutsch-jüdischen Geschichte immer wieder tatkräftige Frauen gab, die einen hohen Grad an Selbständigkeit bewiesen. Welche kulturellen Vorstellungen fanden also im JFB ihren Niederschlag?

Die Stellung der Frau im Judentum ist ambivalent. Im orthodoxen Judentum blieb und bleibt die Frau aus der Synagoge völlig ausgeschlossen. Sie zählte weder zur Gemeinde, für deren Existenz die Zahl der Männer ausschlaggebend ist, noch durfte sie im selben Raum wie die Männer dem Gottesdienst beiwohnen. Auch ihr religiöser Unterricht blieb auf ein Minimum beschränkt. Andererseits hatte sie im Haus für eine strenge Einhaltung des jüdischen Gesetzes zu sorgen.[31] Die religiösen Verpflichtungen des Mannes, so das intensive Tora-Studium, gaben ihr aber auch einen Freiraum, der auf das geschäftliche und das gesellschaftlich-kulturelle Leben ausgreifen konnte. So waren die meisten Frauen in der Lage, beim Tod ihres Mannes die Geldgeschäfte, die er betrieb, erfolgreich fortzusetzen. Wir begegnen in der deutsch-jüdischen Geschichte immer wieder Frauen, die sich als erfolgreiche Geschäftsfrauen hervortaten. Am deutlichsten vermitteln uns für das 17. Jahrhundert das Profil einer solchen Geschäftsfrau die Lebenserinnerungen der Glückel von Hameln, zu deren Nachfahren auch Bertha Pappenheim zählte. Glückel sorgte für die Ausbildung und Verheiratung ihrer Kinder, fungierte als Beraterin in den Geschäften ihres Mannes, von denen sie offenkundig mehr verstand als dieser selbst. Er überließ ihr diese dann auch beruhigt, als er 1689 starb. Trotz ihrer dreizehn Kinder führte Glückel die Geschäfte als Geld- und Pretiosenhändlerin weiter, besuchte sogar Messen und gründete eine Strumpffabrik.[32]

Die Eigenständigkeit, die sich viele jüdische Frauen im Laufe der Geschichte erworben hatten, scheint die Tradition des JFB jedoch nicht bestimmt zu haben. In seinem Frauenbild und seinen Familienvorstellungen hatte er sich so sehr dem bürgerlichen Familienideal akkulturiert, daß seine Mitglieder sich in ihren Zielen gemäßigter gaben als die allgemeine deutsche Frauenbewegung. Sie opferten damit auch die Tradition jüdischer Sexualauffassung, die im Gegensatz zur bigotten und sexualfeindlichen christlichen Tradition für sexuelle Gefühle und sexuelle Forderungen der Frau gegenüber dem Mann eintrat. Die bürgerliche Familie folgte hier eher den christlichen Traditionen. Der radikalen Forderung, Frauen generell den Zugang zur höheren Ausbildung und zu den von Männern beherrschten Berufen zu verschaffen, konnten sich die meisten Frauen des JFB nicht anschließen, sondern sahen ihre Aufgabe eher im sozialen Bereich. Auch gegen die für Frauen diskriminierenden jüdischen Ehegesetze kämpften sie lediglich mit sozialen Argumenten, nicht aber mit der Forderung nach Gleichstellung vor dem Gesetz. Auch die Forderung nach gleichberechtigter Stellung in der Gemeinde und in der Synagoge wurde vom JFB bis in die Zeit der Weimarer Republik nicht erhoben, obgleich bereits 1846 eine Rabbinerkonferenz in Breslau unter Leitung des Reformrabbiners Abraham Geiger Männer und Frauen in ihren religiösen Rechten und Pflichten für gleichwertig erklärt hatte. Eine Umsetzung dieser Forderung war von den orthodoxen Gemeinden nicht zu erwarten, und auch die liberalen zögerten bis 1922. Erst damals demonstrierten sie mit der Batmizwa-Zeremonie die weibliche Gleichstellung in der Synagoge. Das Rabbineramt blieb Frauen in Deutschland bis 1934 versagt. Damals wurde als erste Rabbinerin Regina Jonas in Berlin ordiniert.

Trotz der gemäßigten Haltung jüdischer Frauen im Emanzipationsprozeß der Frauen und trotz ihrer Anpassung an allgemeine bürgerliche Familienvorstellungen darf nicht übersehen werden, daß die jüdische bürgerliche Familie der Frau allgemein größere Möglichkeiten für deren kulturelle Entfaltung ließ. Dies gilt auch für die heranwachsenden Töchter, denen schon früh der Besuch der höheren Schulen und seit dem ausgehenden 19. Jahrhundert auch der Universitäten ermöglicht wurde. Jüdische Studentinnen waren deshalb an den Universitäten stark überrepräsentiert. In Preußen machten sie 1911 14% der weiblichen Studierenden aus.[33]

Politische Manifestationen

Auf die zahlreichen Angriffe aus dem Lager der Antisemiten reagierte das liberale Judentum in Deutschland im März 1893 mit der Gründung des „Central-Verein[s] deutscher Staatsbürger jüdischen Glaubens“ (C.V.). Wenn er sich selbst auch nicht als politische Partei verstand, so diente dem C.V. vermutlich das katholische Zentrum als Vorbild, das im Kulturkampf seine Schlagkraft bewiesen hatte. Offiziell lehnte der C.V. es allerdings ab, so etwas wie eine jüdische Zentrumspartei zu sein. Das C.V.-Programm vergleicht die jüdische Gemeinschaft mit der „Gemeinschaft der Katholiken und Protestanten“. Von einer internationalen Verbindung will es nichts wissen. Im Mittelpunkt der Tätigkeit stand die Öffentlichkeitsarbeit. Wenn es auch enge Beziehungen zu den Linksliberalen gab, so war letztlich doch parteiliche Neutralität das Gebot. Doch unterstützte der C.V. die Parteien, die gegen die antisemitischen Kandidaten Stellung bezogen. Damit kamen fast automatisch aufgrund der jüdischen Sozialstruktur nur die Kandidaten des Freisinn bzw. des Fortschritt in Frage. Auch die Fortschrittspartei vertrat jedoch nicht unbedingt die jüdischen Belange, obgleich sie von den Rechtsparteien immer wieder als „Judenschutztruppe“ diffamiert wurde. Zur Sozialdemokratie hielt der C.V. im Kaiserreich zunächst Distanz, unterstützte sie aber dann trotz unterschiedlicher Klasseninteressen bei den Reichstagswahlen von 1912.

Obgleich eine säkulare Verbindung, sprach sich der C.V. gegen die Taufe von Juden aus und verlangte auch von seinen nicht-religiösen Mitgliedern eine jüdische Lebensweise. Am Gründungsprozeß wie dann später an der Führung des C.V. waren jüdische Intellektuelle beteiligt, die auf der einen Seite eine weitgehende Assimilation an das Deutschtum anstrebten, andererseits aber die Widerstände gerade im universitären Bereich erfahren und dadurch zu einer jüdischen Selbstbesinnung gefunden hatten. Bis 1914 gewann der C.V. annähernd 40 000 Mitglieder, die weitgehend aus der „religiös-liberalen, assimilierten deutschgesinnten, mittelständischen jüdischen Bevölkerung" (Paucker) kamen. Die Gründung ging von Berlin aus. Erst ab 1906 entstanden lokale Ortsgruppen, worunter vor allem aufgrund ihrer Mitgliederzahl die in Posen eine wichtige Rolle spielte. Auf Ablehnung stieß der C.V. bei der Orthodoxie. Auch unter den neu zuwandernden „Ostjuden" gewann er keine Anhänger.[34]

Eine Alternative zur absoluten Bejahung des „Deutschtums" durch den C.V. bildete die Idee eines jüdischen Nationalismus und einer jüdischen Selbstemanzipation, wie sie zunächst in Rußland vertreten wurde. In Deutschland hatte sich 1891 der Kölner Rechtsanwalt Max Bodenheimer in einer anonymen Druckschrift für jüdische Ackerbaukolonien in Syrien und Palästina ausgesprochen. Zum Fahnenträger der Idee wurde der Budapester Journalist Theodor Herzl (1860–1904), der in seiner Muttersprache Deutsch 1896 die zionistische Programmschrift „Der Judenstaat" publizierte, in der er sich für die Gründung eines jüdischen Staates aussprach. Er nahm dabei keinerlei Bezug auf die religiöse Zionsidee, noch proklamierte er ein historisches Anrecht auf Palästina. Der erste Zionistenkongreß, der aufgrund der Widerstände deutscher Juden 1896 nicht in München stattfand, sondern ein Jahr später in Basel tagte, proklamierte jedoch bereits „für das jüdische Volk die Schaffung einer öffentlich-rechtlich gesicherten Heimstätte in Palästina". Im Anschluß an den Baseler Kongreß gründeten die deutschen Delegierten die „Zionistische Vereinigung für Deutschland“, der sich bis 1914 in 450 Ortsgruppen fast 10000 Mitglieder anschlossen. Nicht alle deutschen Zionisten vertraten jedoch einen stringenten jüdischen Nationalismus, sondern viele plädierten weiterhin für eine weitgehende Akkulturation.[35]

Trotz aller assimilatorischen Tendenzen zeigte sich das Judentum in Deutschland am Vorabend des Ersten Weltkriegs als selbstbewußte Gemeinschaft, die sich ihrer Identität und der eigenen Wurzeln bewußt war. Unterstützt wurde sie hierin durch geistige Führungspersönlichkeiten wie Hermann Cohen, Martin Buber und Franz Rosenzweig, die das Beste der deutschen Kultur mit dem Besten der jüdischen Tradition zu verbinden versuchten.

2. Periode: 1918–1933
Die Zeit der Weimarer Republik

Der Antisemitismus in der Gesellschaft

Die Revolution von 1918 brachte zwar in der Staatsstruktur einen großen Wandel, in der Mentalität der deutschen Bevölkerung aber lebten alte Strukturen fort. Die Mißerfolge im Ersten Weltkrieg, schließlich die Niederlage und die Revolution gaben alten antisemitischen Voreingenommenheiten neuen Auftrieb. Dabei glaubten die Juden in den Augusttagen 1914 an die nun endgültige Überwindung der alten Judenfrage. „Man war froh, dabei zu sein. Viele von uns Juden beherrschte auch die Vorstellung, daß nun mit einem Schlage und für ewige Zeiten alle Judennot in Deutschland ihr Ende haben würde, zumal nachdem der Kaiser gesagt hatte: ‚Ich kenne keine Parteien mehr, ich kenne nur noch Deutsche‘.“ So erinnert sich 1940 der ehemalige Breslauer Studienrat Willy Cohn an die Augusttage 1914.[36] Es galt für die Juden, gegenüber Deutschland ihre Loyalität zu beweisen, und das galt nicht nur für die Anhänger des C.V., sondern auch für die Zionisten. Beide Verbände riefen ihre Mitglieder zur freiwilligen Kriegsteilnahme auf. Einen Identitätskonflikt scheint es nicht gegeben zu haben. Die Juden begriffen sich als deutscher Stamm, wie es die Sachsen und Bayern auch waren. Die Bezeichnung vom „jüdischen Stamm" in der deutschen Nation taucht während des Ersten Weltkriegs immer wieder in der jüdischen Selbsteinschätzung auf. Doch die jüdischen Frontkämpfer merkten bald, „daß uns das alte Judenschicksal wieder packte, daß letzten Endes alle Opfer, die unsere Gemeinschaft brachte, umsonst sein sollten", so ebenfalls Willy Cohn, der damals an der Westfront kämpfte.[37]

Die antisemitischen Verbände wollten von einem „Burgfrieden" jedoch nichts wissen. Sie polemisierten gegen die angeblichen jüdischen Drückeberger. Ihr Einfluß ging so weit, daß die preußische Regierung 1916 eine statistische Erhebung über die Dienstverhältnisse der deutschen Juden im Krieg anordnete. Das Ergebnis wurde nicht veröffentlicht. Jüdische Statistiker errechneten nach dem Krieg 12000 jüdische Gefallene. Berücksichtigt man die Überalterung der jüdischen Minderheit, so entsprach der Prozentsatz jüdischer Kriegsopfer mit 12,5% in etwa dem allgemeinen mit 13,4%.[38]

Die Geschichte der Juden in der Weimarer Republik ist ambivalent. Die Beschränkungen, die im Kaiserreich noch herrschten, wurden nun beseitigt. Die Weimarer Verfassung bestimmte ausdrücklich, daß die bürgerlichen und staatsbürgerlichen Rechte vom religiösen Bekenntnis unabhängig seien (Art. 136, Abs. 2). Weder Armee noch Verwaltung konnten ihre Vorbehalte aufrechterhalten, was nicht bedeutete, daß nicht auch jetzt noch Karrieren an antisemitischen Vorbehalten scheiterten. Die jüdische Religionsgemeinschaft wurde der christlichen gleichgestellt. Die einzelnen Synagogengemeinden waren nun Körperschaften des öffentlichen Rechts. Auch die einzelnen jüdischen Landesverbände wurden von der Reichs- und den Länderregierungen als solche angesehen. Damit hatte nicht nur der einzelne Jude, sondern die Judenheit als Gesamtheit ihre Anerkennung im Staat erhalten.[39]

Die volle rechtliche Anerkennung korrespondierte jedoch nicht mit der Einstellung eines großen Teils der Gesellschaft. Gerade nach der Niederlage und der Revolution schlug die

Antisemitismuswelle hoch. In der Stabilisierungsphase der Republik 1924–29 ebbte sie dagegen erheblich ab; mit den Auswirkungen der Weltwirtschaftskrise von 1929 nahm sie wieder zu. Es läßt sich jedoch nicht behaupten, daß Hitler durch den Antisemitismus an die Macht gekommen ist. Seine Polemik richtete sich auch nach 1930 primär gegen Versailles, gegen die „Novemberverbrecher", gegen den Marxismus. Ausfälle gegen Juden spielten eine untergeordnete Rolle in seiner Propaganda. Einzelne Gruppen ja, aber die Mehrheit der Bevölkerung ließ sich nicht durch den Antisemitismus für den Nationalsozialismus mobilisieren. Aufrufe zum Boykott jüdischer Geschäfte fanden vor 1933 kaum Beachtung.[40]

In der unsicheren Situation der letzten Kriegsjahre schossen die antisemitischen Bünde wie Pilze aus dem Boden. Zu Beginn der Weimarer Republik gab es über hundert deutschvölkische Zirkel, Verbände und Orden, deren erklärtes Ziel es war, die Juden gänzlich aus der Gesellschaft auszugrenzen. Unter ihnen kommt dem „Deutschen Schutz- und Trutzbund" (DSTB) besondere Bedeutung zu.

Bedingt durch die neue politische Situation nach 1918/19 und den dadurch befürchteten politischen Machtverlust hatten die antisemitischen Bünde vor allem auf breite Massenagitation gesetzt, um von der Straße her auf die politische Elite einzuwirken. Auf die Weimarer Koalitionsparteien SPD, Zentrum und DDP hatten sie damit jedoch kaum Einfluß gewinnen können. Doch die DNVP machte aus ihrem Antisemitismus keinen Hehl. In ihren Grundsätzen hieß es 1920: „Wir wenden uns nachdrücklich gegen die seit der Revolution immer verhängnisvoller hervortretende Vorherrschaft des Judentums in Regierung und Öffentlichkeit. Der Zustrom Fremdstämmiger über unsere Grenzen ist zu unterbinden." Die DNVP war schwerpunktmäßig die Partei der großagrarischen und schwerindustriellen Kreise. Die Gegensätze zum Mittelstand waren damit programmiert. Hier diente vor allem der Antisemitismus als Scharnier. Je nachdem, wie es diesen Interessentenkreisen opportun erschien, nutzte man bald die eine oder die andere Spielart des Antisemitismus, um das Kleinbürgertum, in dessen

Reihen der Antisemitismus besonders verbreitet war, als Massenbasis zu mobilisieren. Vor allem in der neueinsetzenden Wirtschaftskrise nach 1929 spielte die DNVP diese Karte. Sie schloß Juden von der Parteimitgliedschaft aus und verschärfte nun ihre antisemitische Propaganda, so daß die Wähler, die 1932 die DNVP wählten, wohl ähnlich antisemitisch motiviert waren wie die Wähler der NSDAP.[41]

Wie die DNVP rekrutierte auch die DVP, die Partei Stresemanns, ihre Gefolgschaft aus dem protestantischen Milieu. Es waren weitgehend Industrielle und Akademiker, aber auch mittelständische Schichten, in denen der Antisemitismus traditionell eine Rolle spielte. Als integrierende Ideologie nutzte die DVP jedoch nicht den Antisemitismus, sondern den Antimarxismus. Die – wie es auch hier hieß – „Judenfrage" wurde tabuisiert und es damit den Anhängern und Wählern überlassen, wie sie sich gegenüber dem Antisemitismus verhielten.

So sehr der Antisemitismus die politische (Un-)Kultur der Nachkriegsjahre bestimmte, so abrupt ist sein politischer Bedeutungsverlust, den er nach 1923 erlebte und der deutlich macht, daß der Antisemitismus vor allem in Krisenzeiten aktiviert werden konnte und politisch einsetzbar war. Nach 1918 war es ihm jedoch nicht gelungen, wesentlich über das protestantische Milieu hinauszuwirken. Die Zäsur markiert hier der Mord an Außenminister Rathenau am 24. Juni 1922. Das Republik-Schutzgesetz ermöglichte das Verbot des DSTB und entzog damit dem Radau-Antisemitismus eine wichtige Basis. Hinzu kamen erbitterte Machtkämpfe und Rivalitäten in den antisemitischen Bünden, so daß eine gemeinsame, gezielte Agitation nicht mehr möglich war. Der diktatorische Führungsstil der Führungskräfte stieß (noch) auf Ablehnung der Anhängerschaft, so daß der DSTB in den Staaten, in denen er nicht verboten war, wie in Württemberg und Bayern, dennoch zerfiel. Der Mord an Rathenau, der nicht zu Unrecht als Folge des Radau-Antisemitismus gedeutet wurde, löste im Bildungsbürgertum einige Zweifel aus, ob es richtig sei, die Aktionen des DSTB und ähnlicher Organisationen weiterhin zu unterstützen. Auch die DNVP schloß nun ausgesprochene Antisemiten aus, um nicht in den

Geruch zu kommen, allzu eng mit dem Radau-Antisemitismus zusammenzugehen. Allerdings versuchte diese Partei, das Erbe des DSTB anzutreten und dessen Anhängerschaft für sich zu gewinnen. Doch schloß sich dessen ehemalige Klientel in der Deutsch-völkischen Freiheitspartei zusammen, an die, wie in Mecklenburg-Schwerin, die DNVP fast zwei Drittel ihres dortigen Landesverbandes verlor. Immerhin erreichte diese Partei bei den Reichstagswahlen im Mai 1924 mit den Nationalsozialisten zusammen 6,5% der Wählerstimmen und 32 Reichstagsmandate, ihr Stimmenanteil schrumpfte aber bis Dezember 1924 auf 3%.[42]

Insgesamt gewann in der Krisenperiode von 1916 bis 1923 der Antisemitismus an Einfluß auf das protestantische, aber auch auf das katholische Milieu. Er hatte sich allerdings als unfähig erwiesen, eine über die Milieus hinaus geschlossene politische Basis zu bilden, die all die divergierenden antirepublikanisch eingestellten Kräfte zusammengefaßt hätte. In den folgenden Jahren der politischen Stabilisierung (1924–1929) verloren die antisemitischen Bünde und Parteien ihren politischen Einfluß. Es blieben jedoch die antisemitischen Ressentiments, die jederzeit aktiviert werden konnten, wenn in Krisenzeiten für die politisch und sozial komplexen Verhältnisse ‚der Jude' als alles erklärendes Antisymbol herhalten mußte.

Die antisemitische Propaganda dieser Phase hatte äußerst geschickt das Erscheinungsbild der jüdischen Minderheit auf einige Stereotypen reduziert, die in sich widersprüchlich sein mochten, aber vielleicht gerade deshalb als ‚Erklärung' für alles herangezogen werden konnten. Es war das Stereotyp vom Drückeberger, vom Kriegsgewinnler und dazu widersprüchlich das Stereotyp vom armen Ostjuden. Mit der tatsächlichen sozialen Situation der Juden in Deutschland während der Weimarer Zeit hatte dies alles wenig zu tun.

Die Sozialstruktur der jüdischen Minderheit

Die Krise der deutschen Judenheit, die sich im Kaiserreich abzeichnete, war nicht beendet, im Gegenteil, sie verschärfte sich, sowohl was den Geburtenrückgang wie die Überalterung und die Zunahme der Mischehen betraf. Die jüdische Bevölkerungszahl war von 1910 (615021) bis 1925 (564 000) rückläufig, obgleich bereits damals der Anteil der ausländischen Juden, die in der Zählung mit enthalten waren, fast 20% (107 747) betrug. Schon während der Weimarer Republik kam es von seiten der Beamten zu Versuchen, Massenausweisungen vorzunehmen, die sich vor allem gegen die Ostjuden richteten. Bis zum Juni 1933 verminderte sich die jüdische Reichsbevölkerung um weitere 11% auf 499682, so daß der prozentuale Anteil in den letzten 25 Jahren von 0,95% (1910) auf 0,90% (1925) und schließlich auf 0,76% (1933) gesunken war. Der Zug in die Großstädte hatte sich in der Weimarer Zeit noch mehr verstärkt. 1933 lebten schließlich 70% aller jüdischen Bürger in Großstädten, in Berlin allein ein Drittel aller Juden Deutschlands. Schon 1925 wohnten nur noch 17% der deutschen Juden in Gemeinden bis zu 10000 Einwohnern, d.h. also in den Dörfern und kleinen Landstädten, deren Anteil an der Gesamtbevölkerung mit 53% hier noch mehr als die Hälfte ausmachte.[43]

Auch die Sozialstruktur blieb weitgehend die des Kaiserreichs. Die jüdische Minderheit war eine mittelständische Berufsgruppe, die sich weitgehend aus Besitzern kleiner und mittlerer Handelsfirmen und aus den von diesen beschäftigten jüdischen Angestellten zusammensetzte. Bei den Firmen handelte es sich meistens um gut ausgebaute Spezialgeschäfte, vor allem in der Konfektionsbranche. Die Handelszweige waren ebenfalls die alten: Textilien, Pelze, Leder, Agrarprodukte. Daneben bildete der Metallhandel eine wichtige Domäne. Neben den Ladeninhabern waren es vor allem die jüdischen Angestellten, die als Reisende, Verkäufer oder Buchhalter zur Zeit der Weimarer Republik mit 70000 ein wichtiges Element der jüdischen Sozialstruktur bildeten. Zurückgegangen war die Bedeutung jüdischer Unternehmer im Bankbereich, auch wenn es immer noch große Bankiersfamilien wie die Warburgs in Hamburg und die Hirschfelds in Essen gab. 45% aller Privatbanken in Deutschland hatten nach Schätzungen 1920 zwar jüdische Eigentümer, aber in den weit wichtigeren und größeren Aktienbanken lag der Anteil bei nur 1%. Im Bereich Industrie und Handwerk war es ebenfalls der Textilsektor, in dem sich jüdische Fabrikanten etabliert hatten. So waren 40% der Bekleidungsindustrie im Besitz jüdischer Unternehmer. In diesem Bereich gab es auch die meisten jüdischen Handwerker und Arbeiter, nämlich 22 000, die – vielfach waren es Frauen – als Schneider/innen, Näherinnen, Putzmacherinnen, Kürschner und Schuhmacher tätig waren. Nachdem die Familie Rathenau aus der Leitung der AEG ausgeschieden war, gab es außer dem Textilbereich kaum noch Industriebranchen, in denen jüdische Unternehmer führend vertreten waren. Insgesamt fehlte es zur Zeit der Weimarer Republik an großen jüdischen Unternehmerpersönlichkeiten, sieht man vom Verlags- und Pressewesen ab, wo die Zeitungsverlage Mosse und Ullstein in Berlin zwar eine bedeutende, aber nicht monopolartige Stellung hatten. Insgesamt zeigt sich, daß die Rolle jüdischer Unternehmer in der Wirtschaft nach wie vor bedeutend war, daß sie jedoch den Vorsprung, den sie im Kaiserreich hatten, nicht zu halten vermochten. Sie waren weitgehend im „alten Mittelstand“ stecken geblieben; die wirtschaftlichen Diversifikationen, die die Hochindustrialisierung mit sich brachte, nutzten sie kaum.[44] Kriegs- und Inflationsgewinnler, die es auch unter den Juden gab und die gerade unter Juden auf scharfe Kritik und Ablehnung stießen, blieben die Ausnahme. Allerdings wurden eklatante Fälle wie der Sklarek-Skandal 1929 von der antisemitischen Presse werbewirksam ausgeschlachtet, so daß der Eindruck entstehen mußte, daß hauptsächlich Juden sich als Kriegs- bzw. Inflationsgewinnler betätigt hatten. In den ausgehenden 20er Jahren war von den zehn größten Vermögen in Deutschland kein einziges in jüdischer Hand. Geblieben war aufgrund historischer Erfahrung das Streben nach unabhängigen wirtschaftlichen Stellungen. 1933 waren noch 46% in selbständigen Berufen tätig, was auch erklärt, daß sich in den führenden Positionen der Wirtschaft kaum noch Juden fanden. Dagegen verstärkte sich der Drang zum unabhängigen Akademikerberuf, vor allem als Arzt oder Anwalt. 1933 waren

16% aller Anwälte (3937) und 11% aller Ärzte (5557) in Deutschland jüdisch. Auch die Zahl der beamteten Akademiker war in der Weimarer Republik gestiegen. So waren 2,7% aller Richter und 2,6% aller Hochschullehrer jüdisch, während die Zahl der jüdischen Studienräte mit 0,8% und der jüdischen Volksschullehrer mit 0,5% dem Gesamtanteil entsprach bzw. darunter lag. Tendenziell zeichnete sich unter den jüdischen Jugendlichen ein stärkeres Interesse an manuellen Berufen, vor allem in der Landwirtschaft, ab, ohne daß dies statistisch sonderlich zu Buche schlug. Diese Entwicklung ging auf die zionistische Bewegung zurück, die in den sog. Hachschara-Zentren, landwirtschaftlichen Lehrgütern, die Jugendlichen auf die Landarbeit in Palästina vorbereitete.[45]

Entgegen der antisemitischen Propaganda war der „jüdische Reichtum" von den Wirtschaftskrisen der Weimarer Republik nicht unbeeinflußt geblieben. Viele hatten ihr Vermögen durch Kriegsanleihen und Inflation eingebüßt. Nach 1929 stieg vor allem die Arbeitslosigkeit unter den jüdischen Angestellten. In Berlin waren es 1931 allein 14560 Arbeitssuchende, von denen durch die jüdische Arbeitsvermittlung nur ein Drittel vermittelt werden konnte. Dieser sogenannte jüdische Arbeitsnachweis wie auch die Einrichtung von Darlehensbanken und Suppenküchen sind ein Zeugnis jüdischer Selbsthilfe, die der steigenden Armut unter den jüdischen Bürgern entgegenwirken sollte.[46]

Wie die antisemitische Propaganda vom „jüdischen Reichtum", so entsprach auch die von der „Verjudung" der Kultur nicht der Wahrheit, wenn auch die deutschen Juden selbst stolz auf ihre Erfolge verwiesen. Trotz der großen Namen waren 1930 im Bereich des Theaters und der Musik nur 2,4% der dort Beschäftigten jüdisch. Über den bedeutendsten Filmkonzern, die UFA, herrschte der Rechtskonservative Alfred Hugenberg, der 1933 dem Kabinett Hitler angehörte. Selbst im Pressewesen entstammten trotz Mosse und Ullstein die meisten Presseerzeugnisse eher dem rechten Spektrum. Der übrige Bereich war weitgehend konfessionell oder parteimäßig gebunden und bot, von der SPD abgesehen, jüdischen Redakteuren kaum eine Chance. Von den Redakteuren und Schriftstellern waren 1933 deshalb nur 5% jüdisch. Auch unter den meistgelesenen Autoren besetzten nicht Juden die Spitzenstellungen. Dennoch wäre es verkehrt, die Bedeutung jüdischer Künstler und Schriftsteller in der Weimarer Epoche zu bagatellisieren. Ihr qualitativer Anteil ist bedeutend. Die Öde, die nach 1933 vor allem im literarischen und wissenschaftlichen Bereich um sich griff, demonstriert dies recht überzeugend. Heute wird zudem deutlich, daß der Verlust im intellektuellen Bereich viel gravierender war als im künstlerischen. Deutschland verlor nach 1933 seine führende Stellung im wissenschaftlichen Bereich, während die USA hier stark aufholten.[47]

Die jüdischen Gemeinden

Die jüdische Minderheit blieb also auch während der Weimarer Republik aufgrund ihrer Sozialmerkmale eine immer noch deutlich erkennbare Sozialgruppe. Wichtiger aber als die sozialen waren die Merkmale der Religion, der Kultur und des gesellschaftlichen Aufeinanderbezogenseins, die die Juden in den 1920er Jahren als Gruppe kenntlich machten. Trotz dieser Geschlossenheit blieben in den Gemeinden die Spannungen zwischen Orthodoxen und Liberalen. Diese wurden aber nicht in den Synagogen, sondern in den parlamentarischen Vertretungen der Gemeinden, den Repräsentantenversammlungen, und in den von diesen gewählten Vorständen ausgetragen. Obwohl die Orthodoxen bzw. Konservativen im Durchschnitt nur 20% der Gemeindemitglieder stellten, besaßen sie in den Gemeinden doch einen erheblichen Einfluß, zumal nun auch die Zionisten als eigene Gruppe kandidierten. In Berlin gewannen Zionisten und Konservative bei den Wahlen 1926 mit 21 Sitzen die Mehrheit der 40 Sitze und stellten daraufhin den Vorstand, was in der Folgezeit zu heftigen innerjüdischen Auseinandersetzungen führte. In Hamburg, das nach einem recht liberalen Modell die drei Synagogenverbände in einer Gemeinde zusammenschloß, behaupteten die Orthodoxen die größte Synagoge und stellten den Oberrabbiner. Aus den Diskussionen der Repräsentantenversammlungen und des Vorstands versuchte man den Richtungsstreit herauszuhalten, konnte ihn aber nicht umgehen, wenn es um Zuschüsse für die einzelnen Synagogen ging. Im Prinzip hatte man sich darauf verständigt, daß die kulturellen Belange aller drei Verbände sowie die Schul- und Friedhofsfragen einvernehmlich geregelt wurden.

Die jüdischen Gemeinden boten in ihrer politischen Struktur ein getreues Abbild der allgemeinen politischen Kultur. Der Parlamentarismus des 19. Jahrhunderts mit seiner Streitkultur hatte seinen Niederschlag in den jüdischen Repräsentativorganen gefunden. Sogar zu einer Parteienbildung war es in den Gemeinden analog zu den politischen Parlamenten gekommen. So gab es in der Hamburger Repräsentantenversammlung z.B. Liberale, Konservative und Sozialisten neben den Orthodoxen und Zionisten. Die Weiterentwicklung des allgemeinen politischen Systems brachte auch die jüdischen Gemeinden in einen gewissen Zugzwang, vor allem was das Frauen- und das allgemeine Wahlrecht betraf. Nicht alle Gemeinden hatten bis 1930 das allgemeine und das Frauenwahlrecht für ihre Mitglieder eingeführt, manche beließen es beim herkömmlichen Zensuswahlrecht. Umstritten war das Wahlrecht für Ostjuden, die als Ausländer galten. In Sachsen blieben sie vom Wahlrecht ausgeschlossen. In Berlin führte vor allem der Sieg der konservativen Fraktion, zu der auch der Verband der Ostjuden zählte, zu unschönen Reaktionen unter den Liberalen, auf deren Wahlversammlungen „Galizianer“ des Saales verwiesen wurden.[48]

Jüdische Identität in der Weimarer Republik

Die jüdische Identität stand für die Orthodoxen und Konservativen außer Frage. Aber auch auf liberaler Seite strebte man nach Geschlossenheit. Die Reformgruppen begriffen das Judentum „nicht [als] etwas Fertiges, Endgültiges, sondern etwas Lebendiges, das sich in organischer Wandlung befindet“. Dementsprechend sollte die liberale Gemeinde den in „seelische Einsamkeit geratenen Großstadtmenschen [. . .] den Weg über die äußere Gemeinschaft zur seelischen Gemeinschaft" bieten. Ein Problem waren die Mischehen, die in Hamburg in den 1920er Jahren ca. 33% der von jüdischen Partnern geschlossenen Ehen ausmachten. Die Kinder aus diesen Ehen wurden weitgehend christlich erzogen. Die Mischehen bildeten deshalb eine Gefahr, und sogar Reformgemeinden wie die Hamburger korrigierten ihre liberale Haltung gegenüber Mitgliedern, die in einer Mischehe lebten.[49] Doch selbst die Juden, die nicht mehr am Gemeindeleben teilnahmen oder aber nur noch an den großen Feiertagen in die Synagoge gingen, bekannten sich weitgehend, vor allem angesichts des Antisemitismus, zu ihrer jüdischen Identität. Das galt auch für den C.V., der die Juden in Deutschland weiterhin als ein Stamm des deutschen Volkes begriff und somit jüdische und deutsche Identität in Einklang zu bringen versuchte.[50] Dem C.V. nahe stand die wohl bedeutendste jüdische Vereinsgründung der Weimarer Zeit, der 1918 gegründete „Reichsbund jüdischer Frontsoldaten" (RJF). Seine Mitgliederzahl wuchs bis 1933 auf 50000 Mitglieder an. Sein Ziel war es, gegen die antisemitischen Angriffe die Bedeutung der jüdischen Frontsoldaten herauszustellen. Selbst Zionisten gehörten ihm an. Es gab unter den Juden auch ein rechtes Spektrum. 1920 spaltete sich von dem C.V. der „Verband nationaldeutscher Juden" ab, der sogar die antisemitische DNVP unterstützte. Den C.V. attakkierte er als „Zwischenschichtler", dessen Mitglieder sich nach Ansicht dieses Verbandes mehr als „deutsche Juden" denn als „jüdische Deutsche" empfanden. Noch nationalistischer gerierte sich der „Deutsche Vortrupp. Gefolgschaft deutscher Juden", der sich 1933 um den Historiker Hans-Joachim Schoeps (1909–1980) bildete und das „Deutschtum der Juden" betonte. Seine Affinität zum Nationalsozialismus wirkt unverständlich.[51]

Was die jüdische Identität betraf, so hatte die „Zionistische Vereinigung Deutschlands" theoretisch keine Probleme. Für sie war das jüdische Volk nie untergegangen, und der aus Rußland stammende Historiker Simon Dubnow (1860–1941) hatte dies zum erkenntnisleitenden Interesse seiner von 1925 bis 1929 in Berlin erschienenen zehnbändigen „Weltgeschichte des jüdischen Volkes“ gemacht. Doch die Umsetzung der zionistischen Idee, nämlich nach Palästina überzusiedeln und dort die Errichtung eines Judenstaates vorzubereiten, machte Schwierigkeiten. Von den 10000 Mitgliedern, die der Verband während der Weimarer Republik zählte, wanderten ca. 2000 nach Palästina aus, von denen allerdings die Hälfte wieder zurückkam. Doch schien dem zionistischen Ideal die Entwicklung nach 1933 recht zu geben. Unter den deutschen Juden, die sich vor 1933 für die Alya, die Auswanderung nach Palästina, entschlossen, waren vor allem Jugendliche, die in der Pionierorganisation Hechaluz landwirtschaftlich geschult worden waren. Die übrigen, vor allem die älteren Aktivisten des zionistischen Verbandes, sahen ihre Aufgabe primär darin, in Deutschland unter den Jugendlichen die zionistische Idee zu verbreiten.[52]

In dem breiten Spektrum jüdischen Selbstverständnisses bildeten die Ostjuden ein eigenes subkulturelles System. Sie besaßen eigene Synagogen, Wohlfahrts-, Jugend- und Kulturvereine. Der Verband der Ostjuden, in dem diese Vereine zusammengeschlossen waren, betrieb eine ostjüdische Identitätspflege, die nicht so recht zu dem liberalen Selbstverständnis deutscher Juden paßte. Doch besaßen bereits Tausende von Ostjuden die deutsche Staatsangehörigkeit und akkulturierten sich, soweit sie nicht wie im Scheunenviertel zusammenlebten, in ihren Gemeinden. Auch war das kulturelle System der Ostjuden in sich breit gefächert. Von den strengen Orthodoxen unterschieden sich erheblich die weitgehend nichtreligiösen Angehörigen der sozialistischen Arbeiterpartei Poale Zion, die es ebenfalls unter den Ostjuden gab.[53]

Im politischen Spektrum tendierten die deutschen Juden traditionell zum Liberalismus. In der Weimarer Zeit vertrat diesen die DDP, die sich neben der SPD als einzige Partei bereit fand, jüdische Abgeordnete aufzustellen. 1928 waren fünf der 25 DDP-Abgeordneten jüdisch, weshalb sie von den Rechtsparteien als „Judenpartei“ diffamiert wurde. Nach 1930 tendierte diese Partei jedoch immer mehr nach rechts und schloß sich sogar mit dem antisemitischen Jungdeutschen Orden zur Staatspartei zusammen. Viele Juden wählten nun entgegen ihrem bürgerlichen Klassenstandpunkt SPD, wobei jüngere jüdische Wähler noch weiter nach links tendierten. Doch gab es unter den Orthodoxen auch namhafte Persönlichkeiten, die sich offen zum Zentrum bekannten, da dieses eine konfessionell gebundene Kulturpolitik forderte und die Zentrumspresse engagiert Synagogen- und Friedhofsschändungen anprangerte.

Der Zerfall des Liberalismus nach 1929 steigerte den jüdischen Abwehrkampf gegen den immer schärfer werdenden Antisemitismus der Nationalsozialisten. Der C.V. versuchte dies mit einem ausgedehnten Aufklärungsprogramm, das sich durch seinen rationalen und apologetischen Charakter gegen die polemischen Attacken der Nationalsozialisten als nicht sehr wirkungsvoll erwies und unter den jüngeren Mitgliedern, vor allem aber bei den Zionisten, auf Kritik stieß. Die Polemik der Nationalsozialisten gegen die „Judenrepublik“ entbehrte schon deshalb ihrer Logik, weil sich kaum Juden in einflußreichen politischen Positionen befanden. Unter den 200 Reichsministern, die es zur Zeit der Weimarer Republik gab, waren nur fünf jüdischer Herkunft. Ähnlich gering war die Zahl der Juden unter den politischen Beamten.[54]

Wie das jüdische Selbstverständnis, so war auch die jüdische Kultur breit gefächert. Von der Mehrheitskultur hatte sie wesentliche Elemente übernommen und sie mit eigenen Elementen in Verbindung gesetzt. Auch wenn sie so als Subkultur ein eigenständiges System bildete, war sie analog der katholisch geprägten Kultur Süddeutschlands doch ein Teil der Gesamtkultur. Gelehrte wie Franz Rosenzweig (1886–1939), der durch sein Frankfurter Lehrhaus jüdisches Leben zu vermitteln suchte, betonten eine „deutsch-jüdische Harmonie“. Zionistische Gelehrte wie Gershom Scholem (1897–1982) griffen ihn deshalb an. Für orthodoxe Gruppen wie die Hamburger orthodoxe Volkspartei lagen die Zentren der jüdischen Kultur im Osten und in Palästina, während die Liberalen Chancen für eine erfolgreiche Kulturarbeit in einer „Synthese zwischen deutscher Kultur und jüdischem Geistesleben" sahen.[55] Deutlich sollte dieser Gedanke auch 1931 im Synagogenbau des modernen Hamburger Tempels zum Ausdruck kommen. Seine Architekten Felix Ascher und Robert Friedmann versuchten, den Bau als „typischen Ausdruck für ein demütig stolzes und in sich selbst ruhendes Judentum, das sich gleichberechtigt in seine Umwelt eingliedert", zu konzipieren. Deshalb verzichteten sie auf alle historisierenden Elemente und waren bemüht, entsprechend dem Bauprinzip der neuen Sachlichkeit, mit Hilfe der „Technik der Gegenwart" den „Gedanken der reinen Religiösität in reiner Form" zum Ausdruck zu bringen. Sie vermieden alle Anleihen an Vorgaben der christlichen Sakralarchitektur, wie sie für die jüdische Reformbewegung im 19. Jahrhundert noch bestimmend gewesen waren. Es sollte – wie Ascher schreibt – „ein jüdisches Gotteshaus", eine „wirkliche Sammelstätte des modernen Juden" sein. Entsprechend jüdischer Tradition sollten „Männer und Frauen, zwar getrennt, aber doch dem Empfinden unser Zeit entsprechend, gleichberechtigt ihre Plätze finden".[56]

Das Judentum wurde also auch von den Liberalen als „eigenständiges System" begriffen, das freilich nicht fertig und endgültig war, sondern sich in organischer Wandlung befand. Die deutsch-jüdische Kultur stand mit der Mehrheitskultur in einem Austausch, übernahm ihre Formen, wie die jüdischen Volkshochschulen, Bibliotheken, Vereine, Logen, Clubs und Synagogen verdeutlichen, blieb aber doch etwas Eigenständiges. Das breitgefächerte jüdische Vereinswesen, die Aktivitäten vor allem der Jugendvereine, der Logen und jüdischen Volkshochschulen zeugen von einem reichen kulturellen Leben. Momente einer Auflösung, von den Mischehen abgesehen, sind kaum zu sehen. Es gab keine Schwierigkeiten für einen Juden in der Weimarer Republik, sich in der Allgemeinkultur wie in der jüdischen zu entfalten.

VI. Die Verdrängung und Vernichtung

1. Periode: 1933–1941
Die Verdrängung

Die Ausgrenzung durch Staat und Gesellschaft

Die Politik der Nationalsozialisten und der mit ihnen verbündeten Konservativen lief von Anfang an darauf hinaus, die Juden als Fremde, nach nationalsozialistischer Ideologie als „Artfremde", aus der deutschen Gesellschaft auszugrenzen und damit die Entwicklung der letzten 150 Jahre wieder umzukehren. Es gab während der zwölf Jahre der NS-Diktatur kein einheitliches „Judengesetz", sondern eine Vielfalt von über 2000 Gesetzen und Erlassen, die bis 1941 die Juden in Deutschland schrittweise rechtlos machten. Bis zum Herbst 1941 war es das Ziel der Nazi-Politik, die Juden zur Auswanderung aus Deutschland zu zwingen, danach jedoch die erklärte Absicht, alle Juden im deutschen Herrschaftsbereich physisch zu vernichten. Von einer „Planlosigkeit antijüdischer Politik" kann nicht die Rede sein, wenn es auch konkurrierende Interessen zwischen der Bürokratie und den NS-Organisationen gab. Selbst die zahlreichen „Einzelaktionen", von denen sich die politische Führung vielfach aus außenpolitischen Rücksichten nach außen hin distanzierte, waren „integraler Bestandteil der antijüdischen Politik des Regimes" (Rürup). Daß Juden trotz der Boykotte und der Pressionen auf unterer Ebene, die auf eine „Arisierung" der Betriebe hinausliefen, bis 1937 nicht gänzlich aus der Wirtschaft verdrängt wurden, war nicht das Verdienst einzelner Politiker wie Hjalmar Schacht, sondern Teil einer Wirtschaftspolitik, die nach 1933 aus der Depression herausführen sollte.[1] Auch die Ausschaltung aus dem öffentlichen Kulturleben geschah nicht auf einmal. Bei der Einrichtung der Reichskulturkammer im Herbst 1933 enthielt nur das Reichsschriftleitergesetz einen Arierparagraphen. Außen-, aber auch wirtschaftspolitische Rücksichten spielten hierbei eine Rolle. Doch durch zahlreiche Erlasse wurden 1934 auch die Bühnenkünstler und nach ihnen die Musiker aus ihrem Engagement verdrängt.[2]

Erregten Boykottmaßnahmen noch vereinzelt Widerwillen in der Bevölkerung, so stießen die gravierenden Ausschlußgesetze, wie das „Gesetz zur Wiederherstellung des Berufsbeamtentums“ (7. 4. 1933), vor allem die Nürnberger Gesetze (15. 9. 1935), kaum auf Widerstand in der Bevölkerung. Mit dem Gesetz zur Wiederherstellung des Berufsbeamtentums, das schon von seinem Titel her den wahren Sachverhalt verschleierte, wurde unter Zustimmung der Konservativen die Rechtsgleichheit der Juden aus rassistischen Gründen aufgehoben. Die auf Einspruch Hindenburgs von dem Gesetz ausgenommenen ehemaligen Frontkämpfer wurden spätestens im November 1935 entlassen. Auch Hindenburgs Vorbehalte stellten dieses rassistische Gesetz nicht grundsätzlich in Frage. Konsequent arbeiteten nicht nur die NSDAP, sondern v.a. auch die Bürokratie auf die Nürnberger Gesetze hin, die jeglichen sexuellen Verkehr zwischen Juden und „Ariern“ verboten. Daß den Juden gleichzeitig das Hissen der Reichsflagge verboten wurde, war dagegen eine Lappalie. Mit den Nürnberger Gesetzen waren die Juden völlig außerhalb der Gesellschaft gestellt. Intime Beziehungen wurden kriminalisiert. Ausgenommen blieben schon bestehende Ehen. In diesen sogenannten privilegierten Mischehen konnten jüdische und nicht-jüdische Partner auch in den folgenden Jahren zusammenleben. Ein gesetzliches Verbot dieser Ehen hätte vermutlich den Widerstand der nichtjüdischen Partner und ihrer Familien hervorgerufen, was Partei und Bürokratie vermeiden wollten. Obgleich die Juristen die Zugehörigkeit zur „jüdischen Rasse“ nicht rassistisch, sondern durch die Zugehörigkeit der Großeltern zur jüdischen Religion definierten, wurden durch die Rassegesetze auch die betroffen, die zu jüdischen Gemeinden keinen Kontakt mehr hatten oder aber konvertiert waren. Betroffen waren auch die sogenannten Mischlinge, vor allem die sogenannten Halbjuden, die zunächst noch ihre staatsbürgerlichen Rechte behielten, bis sie sie bis 1941 durch zahlreiche Einzelverordnungen verloren. Die Zuordnung, die letztlich über Tod und Leben entschied, war willkürlich. So zählten als „Volljuden“ im Sinne der nationalsozialistischen Ideologie auch die sog. Geltungsjuden. Das waren Juden und Jüdinnen, deren einer Elternteil jüdisch war und die in der jüdischen Religion erzogen worden waren. Für diese Gruppe galt seit 1935 ebenfalls der Arierparagraph. Für Partei- und Staatsinstanzen, vor allem für die Wehrmacht, spielten auch die „Viertel- und Achtel-Juden“ eine Rolle. Was mit ihnen geschehen sollte, wurde über Jahre diskutiert. Als Wehrpflichtige wären „Mischlinge“ ersten und zweiten Grades, das hieß Personen mit zwei oder einem jüdischen Großelternteil, immerhin über 160000 Männer, nicht in Frage gekommen. Während die Wehrmacht auf diese Gruppe nicht verzichten wollte, bremste die NSDAP. Über die Zulassungsanträge von wehrfähigen „Mischlingen“ hatte seit dem 25. Juli 1935 eine Kommission zu entscheiden.[3]

Die Rassegesetze stellten nach ihren Kommentatoren Hans Globke und Wilhelm Stuckart „die blutmäßig bedingte klare Scheidung zwischen Deutschtum und Judentum“ auf eine „gesetzliche Grundlage“. Sie sollten ein jüdisches „Eigenleben in gesetzlichen Grenzen“ garantieren. Als „Staatsangehörige“ befanden sie sich im Gegensatz zu den „Reichsbürgern“ in einer Pariastellung, die für Juden auch in ihrem Berufsleben Konsequenzen hatte. Die Gerichte verweigerten ihnen immer mehr den Rechtsschutz. Das Reichsgericht entschied 1936 gemäß „gesetzlich anerkannten rassepolitischen Grundsätzen“ und konstatierte den „bürgerlichen Tod“ der Juden in Deutschland. Das bedeutete das Ende der Rechtsfähigkeit für jüdische Kläger. Durch Einzelerlasse wurden Juden nach und nach aus den Bereichen des öffentlichen Lebens herausgedrängt: aus Vereinen und Gesellschaften, aus den Universitäten (1937/38), aus dem Börsenhandel (1938). Jüdische Ärzte durften nur noch Juden behandeln, jüdische Rechtsanwälte nur noch für Juden tätig sein. Mit der Verfügung, ihren Vornamen den Namen Israel bzw. Sara hinzuzufügen, und durch den Stempel J im Paß wurden sie amtlich als Juden kenntlich gemacht.[4]

Die NS-Politik versuchte seit 1935 immer stärker, die deutschen Juden zur Auswanderung zu zwingen. Während die Zionisten weitgehend für ihre Ziele agieren konnten, erhielten die Redner des C.V., die auf Versammlungen zum Verbleiben in Deutschland aufforderten, Redeverbot. Der sukzessiven Einschränkung der Rechte folgten nach dem Novemberpogrom 1938 die brutalen wirtschaftlichen Verdrängungsmaßnahmen und die endgültige wirtschaftliche Vernichtung durch die amtliche Ausbeutung des Besitzes jüdischer Eigentümer. Dem diente 1938 die „Sühneleistung" von einer Milliarde Mark. Die Verhaftung von 26000 wohlhabenden männlichen Juden nach dem Novemberpogrom 1938 und ihre Deportation in Konzentrationslager, der Mord an 91 Juden und die brutalen Schikanen zeigten, daß die Juden weitgehend rechtlos geworden waren. Vereinzelte Prozesse, die es in der Folge gab, wurden niedergeschlagen.[5]

Die Verdrängung aus dem Wirtschaftsleben war, wenn auch nicht mit so brutalen Methoden wie nach dem November 1938, kontinuierlich seit 1933 erfolgt. Gab es Ende 1932 noch 50000 Einzelhandelsgeschäfte mit jüdischen Besitzern, so waren es im Juli 1938 nur noch 9000. Von den 8000 jüdischen Ärzten waren seit Sommer 1938 nur noch 709 als „Krankenbehandler" für jüdische Patienten, von den 4500 jüdischen Juristen nur noch 172 als „Rechtskonsulenten" zugelassen. Es ist davon auszugehen, daß zwischen 1933 und 1937 bereits über 60% der jüdischen Betriebe entweder „arisiert" oder aufgegeben worden waren. Lediglich die schmale wirtschaftliche Oberschicht, darunter Privatbankiers wie Warburg in Hamburg, konnte sich bis 1937 behaupten. Seit Herbst 1937 bereitete Göring als Verantwortlicher für den Vier-Jahres-Wirtschaftsplan die konsequente Ausschaltung der Juden aus der Wirtschaft vor.[6]

Mit Hitler und den Konservativen waren 1933 Politiker an die Macht gekommen, in deren Programmen der Antisemitismus ein konstitutives Element bildete, das alle internen sozialen Gegensätze kaschierte. Der Glaube daran, daß durch die Segregation der Juden aus der „Volksgemeinschaft“ alle Probleme gelöst würden, hatte einen fast pseudo-religiösen Charakter. Dennoch war das Lager der Antisemiten nicht so groß, daß es die ganze Bevölkerung erfaßt hätte. Für die Mehrheit der Deutschen, die 1933 der neuen Regierung zur Macht verholfen hatten, war der Antisemitismus nicht unbedingt ausschlaggebend. Selbst unter den Nationalsozialisten waren nur 20% der Mitglieder der Gruppe der fanatischen Judenhasser zuzurechnen. Dies waren vor allem die „Alten Kämpfer“. Nach der Machtergreifung und der weitgehenden Entmachtung der SA 1934 bildeten für sie die antisemitischen Kampagnen fast die einzige Möglichkeit, sich aktiv hervorzutun und damit auch die Ministerialbürokratie, die nicht aus ihren Reihen kam, unter Druck zu setzen. Die „Arisierung“ jüdischen Besitzes versprach zudem reiche Beute für die Parteigenossen, die nach 1933 zu kurz gekommen waren. So gab es nach dem ersten großen Boykott vom 1. April 1933 vor allem im Frühjahr und Sommer 1935 zahlreiche Boykottaktionen und Ausschreitungen, die am 20. August 1935 aus staatspolitischen Gründen durch den Reichsinnenminister unterbunden wurden. Doch seit 1937 drängte das Judenreferat des SD-Hauptamtes darauf, Pogrome zur „Lösung der Judenfrage“, d.h. zur erzwungenen Auswanderung, durchzuführen. Von dem von Julius Streicher 1937 in Nürnberg inszenierten Weihnachtsboykott bis zu den Berliner Unruhen vom 18. Juni 1938 bot sich den „Alten Kämpfern“ die Möglichkeit zu aggressiven Aktionen gegen Juden, die dann im Novemberpogrom 1938 ihren brutalen Höhepunkt fanden, da den „Alten Kämpfern“ freie Hand gelassen wurde.[7]

Den Anlaß für das Pogrom bot das Attentat des siebzehnjährigen Herschel Grünspan vom 7. November 1938 auf den deutschen Legationssekretär Ernst vom Rath in Paris. Die Eltern Grünspans zählten zu den ca. 1700 polnischen Juden, die am 27. Oktober 1938 von der Gestapo über die polnische Grenze abgeschoben werden sollten, nachdem die polnische

Regierung alle Pässe vom 31. Oktober 1938 ab für ungültig erklärt hatte. Die Abschiebung geschah mit großer Brutalität. Das Attentat Grünspans wurde von der NS-Propaganda mit dem Attentat auf den in der Schweiz agierenden NS-Funktionär Wilhelm Gustloff in Verbindung gebracht, das 1936 durch den jüdischen Studenten David Frankfurter in Davos verübt worden war. Damals mußte die Partei wegen der Olympiade auf Pogromaktionen verzichten. Nun aber konstruierte sie daraus eine jüdische Verschwörung gegen den deutschen Staat und die Partei. Als vom Rath am 9. November 1938 seinen Verletzungen erlag, gab Hitler, der in München mit den „Alten Kämpfern" den Jahrestag seines mißglückten Putsches von 1923 feierte, Goebbels freie Hand für das Pogrom. Nach den außenpolitischen Erfolgen des Jahres 1938 (Anschluß Österreichs und des Sudetengaus) brauchte Hitler außenpolitisch kaum noch Rücksicht zu nehmen. Dennoch hielt er sich bei dem geplanten Pogrom nach außen hin zurück.[8]

Goebbels' Rede an diesem Abend wurde als Fanal zum Losschlagen verstanden. Allerdings sollte es sich um „antijüdische Aktionen handeln", die aus der „tiefen Empörung des deutschen Volkes" kamen, so die Anweisung an die gelenkte Presse. Die Partei sollte damit offiziell nichts zu tun haben. Die Anweisung zu Pogromen wurde von den Gaupropagandabehörden an die Kreisleiter und Ortsgruppenleiter der NSDAP weitergegeben. Diese hatten damit freie Hand für die Zerstörung der Synagogen, die brutalen Grausamkeiten an den jüdischen Einwohnern und die Einweisung besonders begüterter Juden in die Konzentrationslager. Bei dem generalstabsmäßig durchgeführten „Rachefeldzug" der SA wurden 91 Menschen, darunter allein 26 in Nürnberg/Fürth, dem Bezirk des berüchtigten antisemitischen Gauleiters Julius Streicher, ermordet. Über 250 Synagogen wurden verwüstet bzw. in Brand gesteckt, 7500 Geschäfte und Wohnungen jüdischer Bürger geplündert und zerstört und 25000 Juden in die Konzentrationslager im Reich eingeliefert. Die Zerstörungen gingen Hand in Hand mit Plünderungen und Diebstählen. Für die

Wiederherstellung der mehrere hundert Millionen RM betragenden Schäden mußten die Juden selbst aufkommen („Verordnung über die Wiederherstellung des Straßenbildes" vom 12. 11. 1938), zudem mußten sie eine „Sühneleistung" von 1 Mrd. RM aufbringen, während ihnen gleichzeitig ihre Geschäfte und Handwerksbetriebe weggenommen, d.h. „arisiert" wurden. Die Anklagen wegen der Morde, Plünderungen und Vergewaltigungen, die Parteigenossen bei den Pogromen verübt hatten, wurden der öffentlichen Gerichtsbarkeit entzogen und dem NSDAP-Gericht übertragen.[9]

Die deutsche Bevölkerung reagierte in ihrer Mehrheit mit Abscheu auf diese Ereignisse. Doch nur wenige waren darüber empört, daß jüdische Menschen gequält oder Gotteshäuser verwüstet wurden. Die Ablehnung geschah eher aus Mißbilligung des Vandalismus gegen Sachwerte. Doch mangelnde Zivilcourage und das Wegschauen bei eventueller stiller Mißbilligung waren vorherrschend. Vereinzelter Protest gegen die Zerstörung jüdischer Gotteshäuser wurde von den Kirchen nicht unterstützt, die hier noch am ehesten hätten Widerstand leisten können.[10] Die jahrhundertealte antijüdische Tradition der Kirchen prädisponierte nicht zum Widerstand. Selbst die rassistischen Ausgrenzungsgesetze hatten in den Kirchen keine nennenswerten Reaktionen ausgelöst, was wiederum Staat und Partei in ihrem rücksichtslosen Vorgehen bestärkte. Der katholische Episkopat unter dem Breslauer Kardinal Bertram betrieb eine Doppelstrategie. Auf der einen Seite wandte er sich in Eingaben an die Regierung gegen die Anwendung des „Arierparagraphen" auf kirchliche Ämter, ferner gegen die Verunglimpfung des Alten Testaments, in den offiziellen Hirtenschreiben aber wurde kein Protest laut. Die katholische Kirche nahm auch die Eingriffe in die kirchliche Rechtsgewalt hin, als die Nürnberger Gesetze verboten, katholische Paare zu trauen, von denen ein Partner jüdischer Herkunft war. Gerade in der schweigenden Hinnahme der Nürnberger Gesetze sehen Forscher den „tiefsten und folgenreichsten Kniefall der christlichen Kirchen vor dem nationalsozialistischen Staat" (Nellessen). Die katholische Amtskirche war nach 1933 geschwächt durch die Zerschlagung des katholischen Vereinswesens, das seit dem Kulturkampf ein wichtiges Machtinstrument der Kirche darstellte. Obgleich die katholische Partei, das Zentrum, bis 1933 weitgehend seine politische Anhängerschaft halten konnte, hatte der Nationalsozialismus, der sich zunächst sehr kirchenfreundlich gerierte, eine nicht unbedeutende Anhängerschaft auch unter den Katholiken gewonnen. Auf dem rechten Flügel katholischer Theologen gab es eine gewisse Affinität zum rassistischen Antisemitismus, so wenn der katholische Theologe Anton Orel bei den Juden eine „rassenhaft gewordene Steigerung der Erbsündigkeit" ausmachte. Das führende katholische Lexikon aus dem Herder-Verlag beklagte den „schädlichen kulturellen Einfluß" der Juden. Viele einfache Katholiken sahen in den antijüdischen Greueltaten der Nationalsozialisten in den 1930er Jahren die Strafe dafür, daß die Juden Gott verraten und den Gottessohn ans Kreuz geschlagen hatten, wie es in der Karfreitagsliturgie immer wieder drastisch vermittelt wurde. Von dem „jüdischen Haß", vom „Gottesmord" und dem „verworfenen, verstoßenen und verfluchten Volk" der Juden war auch in den Fastenhirtenbriefen der 1930er Jahre die Rede. Die antisemitischen Exzesse der Nationalsozialisten erklärte sich mancher Christ als Bestrafung für die Schuld der Juden. Erst sehr spät, nämlich bei Erlaß der Judensternverfügung am 15. September 1941, nahm der Episkopat Stellung zur Segregation der katholischen Gläubigen, die durch diesen Erlaß betroffen waren. In einem Hirtenwort und Rundschreiben an die deutschen Bischöfe vom 17. September 1941 sprach sich Kardinal Bertram gegen eine „Absonderung der katholischen Nichtarier in der Kirche bzw. im Gottesdienst" aus. Eine solche wäre gegen die christliche Liebe. Sondergottesdienste für katholische „Nichtarier" sollten nur dann abgehalten werden, wenn sich größere Schwierigkeiten ergäben, so durch das Fernbleiben von Beamten und Parteigenossen oder bei ostentativem Verlassen der Gottesdienste. Hatte die katholische Amtskirche schon Schwierigkeiten, bis 1941 ihre eigenen Mitglieder gegen die NS-Rassenpolitik gefeit zu halten, so unterblieb fast gänzlich eine Intervention zugunsten der jüdischen Gemeinden. Eine Ausnahme bildet hier der katholische Raphaelverein, der auch Mitgliedern jüdischer Gemeinden zur Auswanderung verhalf.[11]

Insgesamt blieben die Reaktionen der katholischen Kirche auf die brutale Judenpolitik der Nationalsozialisten schwach. Doch gelang es ihr, rassistisches Gedankengut aus ihrer Verkündigung weitgehend fernzuhalten. Die protestantische Kirche tat sich da schwerer. Die Versuche einer „Germanisierung des Christentums" und damit verbunden die Verbannung des Alten Testaments aus der christlichen Verkündigung hatten in der evangelischen Kirche seit dem 19. Jahrhundert Tradition. Der Flensburger Pfarrer F. Anders, der als Agitator auf Veranstaltungen des Deutschen Schutz- und Trutzbundes auftrat, hatte einen „Bund für deutsche Kirche" begründet, der die nordische Herkunft Jesu betonte. Aus dieser Ideenwelt war die Bewegung Deutsche Christen hervorgegangen. Es gab allerdings auch Gegenbewegungen wie die des Stuttgarter Stadtpfarrers Lamparter, der sich schon 1928 gegen die NS-Rassenlehre aussprach. Mit dem Anwachsen des Nationalsozialismus wuchs auch die Bewegung der Deutschen Christen (DC), die sich schon 1932 in einer Denkschrift für den NS-Rassismus aussprach. Als 1933 im Beamtenrecht der Arierparagraph eingeführt wurde, übernahmen diesen auch fast alle evangelischen Landeskirchen. In einem Gutachten war der evangelische Theologe P. Althaus zu der Erkenntnis gekommen, daß es „vor Gott keinen Unterschied zwischen Juden und Christen" gäbe, daß aber „die allen Christen gemeinsame Gotteskindschaft [...] die biologischen und gesellschaftlichen Unterschiede nicht" aufhebe. Als Gegenbewegung gegen dieses nationalsozialistische evangelische Kirchentum hatte sich bereits 1934 die „Bekennende Kirche" (BK) gebildet, die das Christentum „für alle Völker ohne Unterschied der Rasse" zugänglich erklärte.[12]

Die kirchliche Führungsschicht wurzelte traditionell im deutschen Konservativismus, der weitgehend antisemitisch bestimmt war. Seit 1933 war die Nationalsynode der neugebildeten Deutschen Evangelischen Kirche deutsch-christlich beherrscht, so daß alle offiziellen Stellungnahmen gegen die nationalsozialistischen Judenaktionen unterblieben. Der 1933 aus Vertretern der BK gebildete Pfarrernotbund sah dagegen im Arierparagraphen eine „Verletzung des Bekenntnisstandes". Doch als am 9. November 1938 die Synagogen brannten, schwieg auch der Bruderrat; nur einzelne Prediger äußerten ihren Protest. Die deutsch-christlich beherrschten Landeskirchen schlossen 1939 die „Nichtarier" aus. Geholfen wurde den „evangelischen Nichtariern", wenn sie auswandern wollten. Das von dem Berliner Pfarrer Grüber organisierte Auswanderungsbüro agierte zunächst im Einverständnis mit der Gestapo. Am 19. Dezember 1940 schloß diese jedoch Grübers Büro und deportierte ihn in ein Konzentrationslager. Mitglieder der jüdischen Gemeinden hatten in diesem Büro jedoch kaum Hilfe zu erwarten.[13]

In der Kirche, zumindest in der BK, führte die Kennzeichnungsvorschrift vom 15. September 1941 noch einmal zu einer Diskussion über das Verhältnis zu den Judenchristen. Aber auch hier waren es nur einzelne wie die Breslauer Stadtvikarin Katharina Staritz, die eine deutlich sichtbare Solidarität mit diesen forderten. Kirchenbeamte sollten sich im Gottesdienst ihrer annehmen. Doch die evangelische Kirchenleitung von Schlesien distanzierte sich in einem Flugblatt von diesen Vorschlägen.[14]

Noch stärker als die Mitglieder der jüdischen Gemeinden waren nach 1933 die Christen jüdischer Abstammung in die Vereinsamung geraten. Viele Protestanten und Katholiken betrachteten sie mit unverkennbarer Distanz, während die Kirchenleitungen sich willig den staatlichen Repressionen auch in der Kirche beugten. Die jüdische Gemeinschaft aber hatten sie verlassen und galten als Abtrünnige, so daß sie auch hier keinen Rückhalt finden konnten. Deutlich wird dies am Schicksal der Karmeliternonne Edith Stein.[15] Hatten die Kirchen schon Schwierigkeiten, die Folgen des rassistischen Antisemitismus in den eigenen Reihen abzuwehren, um wieviel weniger waren sie bereit, sich solidarisch für die verfehmten jüdischen Gemeinden einzusetzen.

Dem rassistischen Antisemitismus sollte sich auch eine andere wichtige gesellschaftliche Institution öffnen: die Universität. Jüdische oder „jüdisch versippte" Hochschullehrer, so bedeutend auch ihr Ruf war, wurden bereits im Sommersemester 1933 durch das neue Beamtengesetz aus den Universitäten verdrängt. Die jüdischen Studierenden konnten zwar bis 1937 noch an deutschen Universitäten promovieren, aber ihr Studium wurde fortwährend durch die Aktionen des NS-Studentenbundes gestört.[16]

Zahlreiche Fachdisziplinen verstanden ihren Lehr- und Forschungsauftrag als „Beitrag zur Errichtung von Volk und Rasse". An der Universität Hamburg wurde nach der Vertreibung von Ernst Cassirer dessen Lehrstuhl für Philosophie in einen Lehrstuhl für Rassenbiologie umgewandelt. Die Rassenkunde sollte die Grundwissenschaft auch für andere Fachdisziplinen sein; die Rassengesetze sollten auf die Kulturgeschichte, Volkskunde, Psychologie, ja auch auf die Sprachforschung angewendet werden. Vor allem die Juristen zeigten sich an Ergebnissen der „Rassenforschung" interessiert. Vertreter dieses Lehrstuhls wurden bereits 1933 zur Schulung der Richter in nationalsozialistischer Weltanschauung herangezogen. Für die Studenten der Rechtswissenschaft wurde Rassenbiologie zum Pflicht- und Prüfungsfach.[17]

Da sich die Professoren der Universitäten wohl nicht genügend in einer rassistisch geprägten Wissenschaftsauffassung im Sinne der NSDAP engagierten, richtete die Partei eigene Institute ein wie das „Reichsinstitut für Geschichte des neuen Deutschlands". Dieses hatte es sich unter seinem Leiter Walter Frank zum Ziel gesetzt, nicht mehr „Judenkunde" zu schreiben, sondern die Geschichte der „Judenfrage". Die historische Forschung sollte sich nach Franks Auffassung vor allem mit dem Assimilations-Judentum befassen, das seinen Zersetzungsprozeß betrieb, ohne daß das deutsche Bürgertum die Lage überblickte. Die Historikerzunft aber forderte Frank anläßlich der Eröffnung der Forschungsabteilung für die Judenfrage 1936 in München auf, eine „Schuld an den Führer abzutragen" und das früher Versäumte – nämlich die historische Auseinandersetzung mit der „Judenfrage" – nachzuholen.

Es hing von der Charakterfestigkeit oder dem Geschichtsverständnis des einzelnen Historikers ab, ob und wie schnell er dieser Aufforderung nachkam. Auch wenn sich die meisten Universitätsprofessoren nun nicht explizit in ihren Forschungen im Sinne von Frank mit der „Judenfrage" beschäftigten, so bleibt doch bedenklich, daß manch einer von ihnen wohl nicht ganz in Übereinstimmung mit seinem wissenschaftlichen Gewissen manchem überzeugten nationalsozialistischen Studenten aufgrund einer wissenschaftlich unhaltbaren Doktorarbeit zur „Judenfrage" dennoch das Doktorat zuerkannt hat. Manche taten dies freilich auch in voller Überzeugung. Die Zahl *der* Dissertationen nahm zu, die nachzuweisen versuchten, wie schädlich schon immer der Einfluß der Juden auf das deutsche Volk gewesen war. In seinem Bericht „Zur Geschichte der Judenfrage" konnte Frank 1940 in der *Historischen Zeitschrift* auf eine Reihe von Dissertationen hinweisen, die „brauchbar", zum Teil sogar „wertvoll" waren. Die Anpassung der Geschichtswissenschaft an die nationalsozialistischen Forderungen erfolgte jedoch nicht so schnell, wie man annehmen könnte, zumal bis zum April 1937 auch jüdische Studenten mit jüdischen Themen promovieren und ihre Dissertationen publizieren konnten.[18]

An keiner Universität gab es 1933 Widerstand gegen den Ausschluß jüdischer Kollegen. Wie im Schuldienst, so nahm auch im Bereich der Universität der arbeitslose Nachwuchs die freigewordenen Stellen nur allzugern in Anspruch. Ähnlich verhielt es sich auch in den übrigen akademischen Berufssparten, bei den Juristen und Medizinern z. B., die seit dem Berliner Antisemitismusstreit der 1870er Jahre in ihrer Mehrzahl antisemitisch geprägt waren. 1933 mußten im Deutschen Reich 574 jüdische Richter und Staatsanwälte den Dienst quittieren. Allein in Preußen wurde tausend jüdischen Rechtsanwälten die Zulassung entzogen. Protest gab es nicht, auch 1935 nicht, als noch einmal 239 jüdische Juristen, die zum Teil seit Jahrzehnten im Juristendienst tätig gewesen waren, entlassen wurden. Die deutsche Justiz stellte sich willig in den Dienst der rassistischen Gesetzgebung. Der Strafbestand im Sinne des „Gesetzes zum Schutze des deutschen Blutes und der deutschen Ehre" wurde extensiv ausgelegt, der Begriff „geschlechtlicher Verkehr" durch die „Befriedigung des Geschlechtstriebes" auch ohne Beischlaf gewertet. Im gesamten Reich wurden zwischen 1935 und 1940 allein 1911 Personen wegen Verstoßes gegen das Blutschutzgesetz verurteilt. Die Urteilsbegründungen lassen vermuten, daß überzeugte Nationalsozialisten und fanatische Judenhasser diese Urteile fällten.[19]

Auch jüdische Ärzte fanden unter ihren Berufskollegen nach 1933 keine Solidarität, obgleich sie in den Jahren davor vielfach in hohe Positionen der Standesverbände gewählt worden waren. Schon vor 1933 dominierten rassistische Positionen in der Verbandszeitung der Ärzte Deutschlands, auch wenn diese zunächst noch nicht gegen die Juden, sondern gegen die „minderwertigen, gebrechlichen, asozialen Existenzen" polemisierten. Jüdische Ärzte wurden seit 1933 nicht mehr approbiert, am 30. September 1938 verloren alle übrigen jüdischen und „jüdisch versippten" Ärzte ihre Approbation, ohne daß von den Standesvertretungen dagegen Einspruch erhoben worden wäre. Für die Beliebtheit jüdischer Ärzte spricht, daß sich auch nach 1933 „arische" Patienten von ihnen behandeln ließen.[20]

Wie die Standesvertretungen, so waren auch zahlreiche Vereine bald nach der Machtergreifung ohne äußere Veranlassung bemüht, „Nichtarier" aus ihren Reihen auszuschließen. Lehrer benachteiligten oder quälten nichtarische Kinder in ihren Klassen. Je kleiner die Orte waren, um so größer war die bald einsetzende Isolierung oder gar Verfolgung. Vorauseilender Gehorsam war häufiger als Widerstand. Diesen gab es nur vereinzelt beim Boykott am 1. April 1933, wenn einzelne Kunden es wagten, bei jüdischen Kaufleuten ins Geschäft zu gehen.[21] Widerstand oder auch nur Kritik blieb auch bei den Nürnberger Gesetzen aus, obgleich sie allen sittlichen und rechtlichen Normen widersprachen, die sich in der europäischen Gesellschaft seit der Aufklärung herausgebildet hatten. Im Gegenteil, die bürgerliche Gesellschaft in Deutschland war froh darüber, daß es nun im Hinblick auf die jüdische Minderheit klar definierte rechtliche Normen gab. Entsprechend war auch das Verhalten der deutschen Bevölkerung nach dem Greuel der Pogromnacht 1938, als von der nun erzwungenen „Arisierung“ jüdischen Eigentums nicht nur die Partei und der Staat, sondern auch eine breite Schicht von „Aufkäufern“ ihren Gewinn hatte.

Mit dem Novemberpogrom 1938 demonstrierte das Deutsche Reich nun ungeniert, daß es kein Rechtsstaat mehr war. In einer Sitzung am 12. November 1938 bestimmte Göring in Übereinstimmung mit Hitler den weiteren Kurs der NS-Judenpolitik. Nach der Enteignung durch die „Arisierung“ jüdischen Besitzes, dem weitgehenden finanziellen Ruin durch „Sühneleistungen“, sollten die Juden endgültig aus der deutschen Gesellschaft ausgegrenzt werden. Man erwog eine Eingrenzung des Bewegungsfreiraums, eine besondere Kennzeichnung durch ein Abzeichen, nachdem bereits die Pässe durch ein rotes J gekennzeichnet waren. Der Kontakt von Juden und Nichtjuden konnte für beide Seiten mit Einweisung in ein Konzentrationslager bestraft werden.[22] Doch ließen sich nicht alle Deutschen dadurch einschüchtern und blieben in Kontakt zu jüdischen Freunden oder ehemaligen Kollegen. Eine totale Segregation war schon deshalb nicht möglich, weil Göring als Beauftragter für den Vierjahresplan die Arbeitskraft der aus ihren Berufen gedrängten jüdischen Arbeitslosen auch gegen den Widerstand in der Partei auszubeuten gedachte. Kreisleiter befürchteten, daß bei einem Einsatz von Jüdinnen in der Landwirtschaft eine Einhaltung der Rassengesetze illusorisch sei. Doch die „Anarchie“ auf dem Arbeitsmarkt nach dem Abzug deutscher Arbeitskräfte an die Front machte den Widerstand hinfällig. Insgesamt wurden bis Anfang 1941 etwa 30000 Juden im Alter zwischen 15 und 65 Jahren, zum größten Teil in der Rüstungsindustrie, zwangsverpflichtet. Die Leistungen der „deutschen Betriebsgemeinschaft“ entfielen für Juden selbstverständlich. Es gab keine Familienzulagen oder Gratifikationen. Bezahlter Urlaub und Lohnfortzahlung im Krankheitsfall kamen nicht in Frage. Auch gab es keinen Kündigungs- und Arbeitsschutz, weder Arbeitslosenhilfe noch

Altersversorgung. Entlohnt wurden Juden mit dem niedrigsten Lohnsatz, wovon sie seit dem Sommer 1940 noch eine Sondersteuer von 15% als sogenannte Sozialausgleichsabgabe zu entrichten hatten. Auf dem Werksgelände durften sich Juden nur unter Aufsicht in geschlossener Kolonne bewegen. Das Verhalten der deutschen Aufseher, auch wenn sie nicht der Partei angehörten, war unterschiedlich. Erträglich bis gut fühlten sich jüdische Zwangsarbeiter in den Berliner Siemenswerken behandelt, dagegen schlecht bis erbärmlich in den Betrieben des IG-Farben-Konzerns. Als „durchweg einwandfrei" wird die Behandlung in den Breslauer Linke-Hoffmann-Werken geschildert.[23]

Nach dem Novemberpogrom 1938 wurde die Segregation nun zügig betrieben. Juden mußten ihre Kraftfahrzeuge und Führerscheine abliefern. Seit dem 15. November 1938 durften jüdische Schüler keine deutschen Schulen mehr besuchen, obwohl weiterhin Schulpflicht für sie bestand. Ab Januar 1939 mußten Juden ihren Vornamen den Namen Israel, Jüdinnen den Namen Sara hinzufügen. Im Sommer 1940 wurden allen Juden die Fernsprechanschlüsse gekündigt; der Zutritt zu öffentlichen Theatern, Kinos, Museen ab November 1938 verboten. Nach dem Kriegsbeginn am 1. September 1939 bestand ein nächtliches Ausgehverbot. Inwieweit Juden die öffentlichen Verkehrsmittel benutzen durften, war nach Orten verschieden. Als Verbote für die jüdischen Einwohner Breslaus konstatiert Willy Cohn 1940: „Betreten der meisten Grünanlagen und Kinderspielplätze, das Sitzen auf öffentlichen Bänken (mit Ausnahme derer der Straßenbahnen). Autofahren [. . .]".[24]

Sukzessive wurden die Nahrungszuweisungen reduziert. Die Reste an Grundnahrungsmitteln, die 1941 noch übrig blieben, waren absolut unzureichend. Die mit J gekennzeichneten Lebensmittelkarten, die von den einzelnen jüdischen Gemeinden ausgegeben wurden, durften in den großen Städten nur in „Judenläden" eingelöst werden. Durch die Zehnte Verordnung zum Reichsbürgergesetz vom 4. Juli 1939 wurden alle unter die Nürnberger Gesetze fallenden Deutschen, auch wenn sie nicht jüdisch waren, Zwangsmitglieder der „Reichsvereinigung der

Juden in Deutschland". Vom September 1941 ab mußten alle Juden und Jüdinnen über sechs Jahren den gelben Judenstern tragen.[25] Ferner durften Juden ohne polizeiliche Erlaubnis nicht mehr ihre Wohnquartiere verlassen. Goebbels propagierte diese Maßnahmen als „hygienische Vorschrift", damit Juden als „Volksverräter" und „Volksfremde" sich nicht „unerkannt in unsere Reihen einschlichen". Protestaktionen nichtjüdischer Menschen, wie sie in Westeuropa gegen das Tragen des Judensterns unternommen wurden, fanden in Deutschland nicht statt, doch blieben individuelle Sympathiebezeugungen nicht aus.[26]

Bis zum Herbst 1941 war es das Ziel der NS-Politik, die Juden aus Deutschland zu verdrängen; doch sollten sie ihr Hab und Gut weitgehend in Deutschland lassen, was für viele eine Auswanderung illusorisch machte. Entgegen standen der Auswanderung auch die starke Überalterung der jüdischen Minderheit, ihre einseitige Berufsstruktur und die nicht gerade große Aufnahmebereitschaft europäischer und amerikanischer Staaten, wie 1938 das Ergebnis einer internationalen Konferenz in Evian gezeigt hatte. Aufnahmebereit zeigte sich vor allem Argentinien, wohin ca. 20000–30000 jüdische Emigranten auswanderten. Bis 1936 hatte Palästina 34700 Personen aufgenommen. Die meisten Emigranten, nämlich 132000, nahmen die USA auf, obgleich sie ein sogenanntes Affidavit, d.h. eine Bürgschaft durch einen in den USA in gesicherten wirtschaftlichen Verhältnissen lebenden Bürger, verlangten. Zudem fielen die jüdischen Einwanderer unter die Quotenregelung der Zuwanderer aus den einzelnen europäischen Ländern. Großbritannien lockerte nach dem Novemberpogrom seine Einwanderungsbestimmungen und nahm unter anderem 8000 Kinder auf, die ohne Eltern einwanderten.[27]

Bis zum Auswanderungsverbot im Herbst 1941 hatten mehr als die Hälfte der deutschen Juden, nämlich 254000, das Land verlassen. Die Auswanderungszahlen für die einzelnen Jahre von 1933 bis 1939 differierten stark, was mit den unterschiedlich starken antijüdischen Aktionen der Nationalsozialisten in diesen Jahren zusammenhängt. 1933 gingen die politisch Gefährdeten, aber auch die überzeugten Zionisten und ca. 12000 ausländische Juden, die in Deutschland lebten. Viele Emigranten kamen auch wieder zurück, was nicht im Interesse der Nationalsozialisten lag, so daß 1935 für Rückwanderer Lagerhaft angedroht und auch praktiziert wurde. Bis 1935 gingen die jährlichen Auswandererquoten zurück, da die Nationalsozialisten aus wirtschaftlichen und außenpolitischen Gründen auf spektakuläre antijüdische Aktivitäten verzichten mußten. Die Auswanderungszahlen stiegen wieder an, als Ende 1937 die Segregationsbestimmungen verschärft und die Verdrängung aus Beruf und Besitz mit bis dahin ungeahnter Brutalität durchgeführt wurde. Nach dem Novemberpogrom kam es zu einer Massenflucht, so daß 1939 mit 78000 die höchste Jahresquote erreicht wurde. Der beginnende Weltkrieg reduzierte die Auswanderungsmöglichkeiten, so daß 1940 nur noch 15000 und bis zum Auswanderungsverbot im Oktober 1941 nur noch 8000 auswandern konnten. Doch selbst nach dem Auswanderungsverbot gelang bis 1945 noch 8500 Menschen die Flucht aus Deutschland. Eine der letzten Möglichkeiten bot die Auswanderung nach Schanghai, wohin die jüdischen Emigranten bis zur deutschen Kriegserklärung an die Sowjetunion mit der transsibirischen Eisenbahn über Wladiwostock gelangten.[28]

Innerjüdisches Leben unter dem Nationalsozialismus

Mit Hitler war am 30. Januar 1933 einer der schlimmsten Antisemiten an die Macht gekommen. Aus seinem Judenhaß hatte er nie einen Hehl gemacht. Daß er seine antijüdischen Parolen als Reichskanzler in die Realität umsetzen könnte, vermuteten jedoch die wenigsten. Zu stark war der Glaube der meisten Juden an das Recht und das Bewußtsein der tiefen Verwurzelung in der deutschen Gesellschaft. Sie fühlten sich als Deutsche. Daß irgend jemand sie zu „Fremden" in ihrem eigenen Land machen könnte, lag außerhalb des Vorstellungsvermögens. Das Fronterlebnis vieler jüdischer Männer im Ersten Weltkrieg hatte ihr deutsches Nationalbewußtsein noch erheblich gesteigert. Auf die neue politische Situation reagierten die meisten mit einem „Ruhig abwarten!". Im übrigen hoffte man auf den Reichspräsidenten. Doch 25000 verließen bereits 1933 Deutschland.[29]

Nach wie vor bildete die jüdische Minderheit weder sozial noch in ihren Anschauungen eine homogene Gruppe. Die religiösen Gegensätze zwischen Orthodoxen und Liberalen waren auch angesichts der immer stärker werdenden Pressionen nicht zu überwinden. Die Orthodoxen deuteten die sich abzeichnende Verfolgung als höhere Fügung, um die Juden wachzurütteln und sie zu den Gesetzen der Tora zurückzuführen. Die Liberalen verwiesen auf die jüdische Geschichte, in der Gott immer wieder die, die gegen die Juden aufgestanden waren, vernichtet hatte. Auch die zahlreichen politischen Vereinigungen im Judentum fanden aufgrund ihrer politischen Divergenzen kaum zusammen. Die Zionisten forderten angesichts der neuen Situation ein bewußteres und stolzes Bekenntnis zum Judentum. Den Boykott vom 1. April 1933 beantwortete der Chefredakteur der zionistischen „Jüdischen Rundschau", Robert Welsch, mit der Losung: „Tragt ihn mit Stolz den gelben Fleck!" Während die Zionisten die politische Situation als Chance für einen Neubeginn im Zeichen des Zionismus deuteten, verbreitete die C.V.-Zeitung Durchhalteparolen und Appelle an das Selbstbewußtsein. Trotz unterschiedlicher Einschätzung der neuen politischen Situation kam es im Herbst 1933 zu einem Zusammenschluß der unterschiedlichen Vereinigungen in einem Dachverband zur Selbsthilfe und Selbstbehauptung. Damit verschwanden zwar nicht die weltanschaulichen Differenzen, aber man fand einen gemeinsamen Nenner in der Selbsthilfe und in der jüdischen Kultur. Zugunsten der Selbsthilfe war bereits im April 1933 der „Zentralausschuß der deutschen Juden für Hilfe und Aufbau" entstanden, der über alle inneren Gegensätze hinweg zur Hilfe für die durch die Wirtschaftskrise in Not geratenen Juden in Deutschland aufrief. Im Zentrum standen Arbeitsbeschaffung, Umschulung sowie Wohlfahrtsleistungen.[30]

Eine weitere Basis für einen Zusammenschluß bildete die „Arbeitsgemeinschaft der jüdischen Landesverbände des Deutschen Reiches", die sich bereits im September 1928 konstituiert hatte. Von ihr ging die Initiative zu einer Reichsvertretung aus, die für alle bedeutenden jüdischen Verbände sprechen sollte. Am 25. April 1933 wurde eine Fünf-Männer-Kommission gebildet, der neben dem Rabbiner Leo Baeck und dem Bankier Carl Melchior Vertreter der drei großen Verbände, nämlich des C.V., der Zionistischen Vereinigung und des Reichsbunds jüdischer Frontsoldaten angehörten. Die Idee, eine Reichsvereinigung für deutsche Juden zu bilden, fand nicht nur Beifall, da viele vor allem in Berlin sich als jüdische Deutsche zur deutschen „Volksgemeinschaft" zählten. Doch der Wunsch nach einem Zusammenschluß kam auch aus der Provinz, vor allem aus Essen. Nach längeren Auseinandersetzungen, in die die Bankiers Georg Hirschland (Essen) und Max Warburg (Hamburg) vermittelnd eingriffen, erfolgte am 17. September 1933 die Gründung der ‚Reichsvertretung der deutschen Juden', an deren Spitze Leo Baeck als Präsident und ein Ausschuß standen, in dem die gewählten Vertreter des C.V., der Zionistischen Vereinigung, des Reichsbunds jüdischer Frontsoldaten, der Gemeindeorthodoxie und der Liberalen saßen.

Die Reichsvertretung wurde bald auch von den in Distanz Stehenden, etwa den orthodoxen Austrittsgemeinden, als Sprecherin für die deutschen Juden anerkannt, zumal sie im Rahmen der Selbsthilfe zahlreiche Aufgaben wie Wirtschaftshilfe, Wohlfahrtspflege, Auswanderungshilfe, Erziehung und Bildung zu erfüllen hatte. Sie vertrat die deutschen Juden sowohl vor der Reichsregierung wie auch vor den ausländischen Hilfsorganisationen, so in den USA, von denen sie Unterstützung erhielt.[31]

Je stärker sich die nationalsozialistischen Ausgrenzungsstrategien für die Juden auswirkten, um so mehr wuchs die Bedeutung der Reichsvertretung, auch wenn es noch immer keine Übereinstímmung der einzelnen Gruppen in den politischen Anschauungen gab. Der Reichsbund jüdischer Frontsoldaten glaubte, aufgrund der Verdienste seiner Mitglieder im Ersten Weltkrieg von der allgemeinen Nationalismuswoge profitieren zu können. Seine starke Abgrenzung gegenüber den Ostjuden mußte in dieser politischen Situation als besonders peinlich empfunden werden. Noch peinlicher war das Auftreten des „Verbands nationaldeutscher Juden" und des „Deutschen Vortrupps", die sich den Nationalsozialisten geradezu aufdrängten, von diesen aber höhnisch zurückgewiesen wurden.[32]

Die Nürnberger Gesetze brachten eine scharfe Zäsur, obgleich man sich auch in der Reichsvertretung der deutschen Juden über die Konsequenzen täuschte und in den Maßnahmen eine Chance sah, zwar rechtlich eingeschränkt, doch ein einigermaßen wirtschaftlich und kulturell unabhängiges jüdisches Leben führen zu können. Aber Juden waren nun keine Reichsbürger mehr, sondern nur noch „Staatsangehörige". An die Stelle der bis dahin gewählten Reichsvertretung trat nun die zwangsweise gebildete „Reichsvereinigung der Juden in Deutschland" (RV). Diese war allerdings personell mit der ehemaligen Reichsvertretung identisch. Gemäß Verordnung vom 10. Juli 1939 unterstand sie dem Reichsminister des Inneren, das hieß der Gestapo und damit dem Judenreferat des Reichssicherheitshauptamtes, das seit Ende 1933 Adolf Eichmann leitete. Der Spielraum der RV war sehr eingegrenzt, wenn sie versuchte, gegenüber dieser Behörde die Belange der Juden zu vertreten. Letztlich lief es darauf hinaus, daß sie Befehle der Gestapo zu vermitteln hatte. Die RV war nun die einzige jüdische Organisation. Ihr unterstanden auch die jüdischen Kultusgemeinden, die ihre Rechtsfähigkeit verloren hatten und nun bis auf die Berliner als Bezirksstellen der RV fungierten. Unterstellt waren ihr auch die „Juden" nach den Bestimmungen des Nürnberger Gesetzes, d.h. Personen, die zu den jüdischen Gemeinden keinerlei Kontakt hatten oder aber konvertiert waren. Sie machten ungefähr 8,5% der Gesamtgruppe aus. Die RV konzentrierte sich vor allem auf die Sozialaufgaben und die Kulturarbeit. Die Sozialaufgaben stiegen ins Unermeßliche, da über 66% der noch in Deutschland lebenden Juden über 45 Jahre alt waren und weitgehend von Ersparnissen, Sozialrenten und Wohlfahrtsunterstützung ihren Unterhalt bestreiten mußten. Insgesamt lebten im Sommer 1941 167245 Juden in Deutschland. Das waren nur noch 30% der 1933 registrierten jüdischen Bürger.[33]

Eine wichtige Aufgabe wuchs der RV auf dem Bildungssektor zu, da seit 1938 jüdische Kinder keine öffentlichen Schulen mehr besuchen durften, aber weiterhin der Schulpflicht unterstanden. Bereits seit 1933 hatte sich die RV um das jüdische Schulwesen gekümmert, wie die Ausgaben beweisen. Gerade für den Schulbereich war es recht schwierig, ein gemeinsames Programm zu finden, das von allen Richtungen getragen wurde. Die 1933 von Adolf Leschnitzer, dem Leiter der Schulabteilung in der RV, entworfenen Richtlinien betonten die „besondere Prägung aus dem doppelten Urerlebnis, das jedes in Deutschland lebende jüdische Kind in sich trägt: dem jüdischen und dem deutschen". Dennoch sollte die Schule „von einem sich selbst begreifenden jüdischen Geiste durchdrungen sein". Diese „Zwei-Seelen-Theorie" wurde vor allem vom C.V. getragen, während der „Verband nationaldeutscher Juden" sie als „jüdisch-völkische Tendenz" vehement ablehnte. Die Orthodoxen vermißten dagegen „die Erziehung zum glaubensstarken, thoratreuen, für die Ideale unserer Sittenwelt begeisterten Juden".[34] Solange die Verhältnisse für die jüdischen Kinder auf den öffentlichen Schulen noch einigermaßen erträglich waren, schickten die Eltern sie dorthin. Doch selbst in größeren Städten wie in Dortmund war das kaum noch der Fall, um wieviel weniger in kleineren Städten. In mehreren öffentlichen Schulen gab es seit den Nürnberger Rassengesetzen „Judenbänke". Diese Diffamierung provozierte geradezu die Grausamkeit der übrigen Kinder gegen ihre jüdischen Mitschüler.[35]

Die Schwierigkeit eines Schulwechsels lag vor allem auch darin begründet, daß die meisten jüdischen Schüler eine Oberschule besuchten, es aber nur wenige jüdische Oberschulen gab, so daß 1933 von den 60000 schulpflichtigen jüdischen Kindern nur 5000 auf jüdische höhere Schulen gingen. Ungefähr 10000 Schüler besuchten die ca. siebzig jüdischen Volksschulen, die noch existierten. Es galt deshalb, zunächst neue jüdische Schulen einzurichten, was zumindest insofern nicht schwierig war, als durch die Entlassung jüdischer Beamter genügend arbeitsuchende Lehrer zur Verfügung standen. Soweit diese an bestehende jüdische Volks- oder Oberschulen gingen, brachte dies freilich für die liberal eingestellten Lehrer ziemliche Integrationsprobleme mit sich, da die meisten bestehenden Schulen entweder zionistisch orientiert oder orthodox geführt wurden. Alle neu eingestellten jüdischen Lehrer mußten sich deshalb verpflichten, „im Unterricht und in der Öffentlichkeit nicht gegen das Religionsgesetz zu verstoßen“.[36]

Der Aufbau neuer Schulen stellte eine große Leistung jüdischer Selbsthilfe dar. 1934 gab es bereits 130, 1935 160 jüdische Volksschulen. Die innerjüdische Kontroverse wurde dadurch jedoch nicht überwunden, so daß es wie in Breslau 1937 sogar zur Spaltung des Lehrerkollegiums in eine liberale und eine orthodoxe Gruppe kam. Die RV mußte deshalb 1937 eine Überarbeitung der Richtlinien veranlassen, aus denen nun alle Formulierungen, die sich auf die „Zwei-Seelen-Theorie“ bezogen, getilgt wurden. Im Kind sollten nun „ein lebendiges Verständnis für die Ewigkeitswerte der jüdischen Religion und für das jüdische Leben der Gegenwart, insbesondere für das Aufbauwerk in Palästina ... geweckt und gepflegt werden“. Durch die Nationalsozialisten verschuldet, war nun auch in der Pädagogik das Ende einer gemeinsamen deutsch-jüdischen Geschichte herbeigeführt worden. Mit insgesamt 167 Schulen, ca. 1200 Lehrern und 23670 Schülern erreichten die jüdischen Schulen 1937 ihren Höhepunkt. Nach dem Novemberpogrom 1938 durften jüdische Kinder nur noch jüdische Schulen besuchen, was für viele weite Anreisewege bedeutete. Zudem wurden den jüdischen Schulen trotz der Schulpflicht alle staatlichen Zuschüsse gestrichen. Trotz der Neuzugänge reduzierte sich die Zahl der Schüler, bedingt durch die Emigration, Anfang 1939 auf 19800. Im Oktober desselben Jahres waren es nur noch 9521. Über die Hälfte davon wurden in den Großstädten Berlin, Frankfurt/Main, Breslau, Köln und Hamburg beschult, wo es auch jüdische Gymnasien gab, die aber seit Juni 1940 keine Reifezeugnisse mehr ausstellen durften. Die letzten jüdischen Schulen mußten am 30. Juni 1942 geschlossen werden. Bedenkt man die Schwierigkeiten, unter denen das jüdische Schulwerk unter dem Nationalsozialismus entwickelt und gefördert wurde, so ist darin neben der Wohlfahrtspflege wohl einer der wichtigsten Zweige jüdischer Selbsthilfe zu sehen.[37]

Zum Bildungs- und Kulturbereich zählten nach wie vor die jüdischen Institutionen, die sich mit der jüdischen Wissenschaft, vor allem aber mit der Geschichtsforschung befaßten. Die Forschungen, die diese seit dem Kaiserreich betrieben, brachen 1933 nicht unmittelbar ab; doch geriet die deutsch-jüdische Geschichtsforschung in eine Sinnkrise, da es eine deutsch-jüdische Geschichte nicht mehr geben durfte. Die Wurzeln dieser Sinnkrise reichen allerdings weiter zurück. Historiker wie S. Dubnow oder J. Katz hatten durch die Betonung national-jüdischer oder zionistischer Deutungsmuster den Ansatz einer integralen deutsch-jüdischen Geschichtsforschung, wie ihn Selma Stern oder Eugen Täubler vertraten, schon vor 1933 in Frage gestellt. Die Hinwendung zur jüdischen Geschichte brachte noch einmal bedeutende Ergebnisse jüdischer Forscher. Der antisemitisch verzerrten „Forschung" des „Reichsinstituts für die Geschichte des neuen Deutschlands" aber konnten sie nicht mehr entschieden entgegentreten. Mutige Versuche, wie sie Raphael Straus in der „Zeitschrift für die Geschichte der Juden in Deutschland" unternahm, führten unweigerlich zu Repressionen. Der Freiraum wurde immer enger, bis nach dem Novemberpogrom 1938 alle wissenschaftlichen jüdischen Institutionen, die Lehranstalt für die Rabbinerausbildung ausgenommen, geschlossen wurden und jüdische Gelehrte deutsche Archive und Bibliotheken nicht mehr benutzen durften. Doch wissen wir aus den Tagebüchern von Willy Cohn, daß die RV unter Leo Baeck noch 1941 die Arbeiten für die Germania Judaica, eine historische Darstellung aller jüdischen Gemeinden in Deutschland, förderte, bis auch hier die beginnenden Deportationen ein Ende setzten.[38]

Eine der wichtigsten Schöpfungen jüdischer Selbsthilfe unter dem Nationalsozialismus bildet der „Kulturbund Deutscher Juden", der Mitte Juli 1933 „mit Genehmigung der Regierungsbehörden" in Berlin gegründet wurde. Er sollte einmal den von den deutschen Bühnen ausgeschlossenen Künstlern eine Wirkungsstätte schaffen, zum anderen dem jüdischen Publikum eine Alternative zu dem Repertoire der öffentlichen Bühnen bieten, die sich in ihren Darbietungen immer mehr dem „Zeitgeist“ anpaßten. Die Initiative hierfür ging auf den Regisseur Kurt Baumann und den Neurologen Kurt Singer zurück. Letzterer war ein passionierter Musiker und bis zu seiner Entlassung im März 1933 Intendant der Städtischen Oper Berlin. Den Nationalsozialisten lag daran, daß die entlassenen jüdischen Künstler nicht arbeitslos wurden. In der jüdischen Bevölkerung stieß der Kulturbund auf breites Interesse. Um an den Veranstaltungen teilnehmen zu können, mußte man Mitglied des Kulturbundes werden. Im Januar 1934 waren es bereits 20000, die das Theater-, Opern- und Konzertangebot wahrnahmen. Auch in anderen Großstädten wie in München und Hamburg entstanden Kulturbundorganisationen, die auch die Provinz mit Aufführungen versorgten.[39]

Bis 1935 erhielten die Kulturbünde ihre Anweisungen von den lokalen nationalsozialistischen Behörden, ab Mai 1935 wurden sie dem Reichspropagandaministerium unterstellt. Die Direktiven kamen nun für alle von dem von Goebbels ernannten „Reichskulturwalter“ Hans Hinkel. Die einzelnen Kulturbünde mußten sich in dem „Reichsverband jüdischer Kulturbünde“ zusammenschließen und alle jüdischen Künstler ihm angeschlossen sein. Die Nationalsozialisten nutzten den Reichsverband insofern für ihre Propagandazwecke, als sie seine Gründung im Ausland als „humanitären Akt“ den Juden gegenüber darstellten. Ihr eigentliches Ziel war es, die Juden aus der „deutschen Kultur“ hinauszudrängen. So wurden Goethe, Beethoven und die Klassiker 1936 auf eine schwarze Liste gesetzt und durften von jüdischen Künstlern nicht mehr aufgeführt werden. Nach dem Reichspogrom 1938 waren generell „arisch“-deutsche Autoren und Komponisten für die jüdischen Bühnen tabu. Gespielt werden durften nur noch jüdische und ausländische Autoren und Komponisten, soweit für sie keine Tantiemen, das meint Devisen, gezahlt werden mußten. Daß der jüdische Kulturbund bis 1941 noch agieren durfte, hing mit dem Interesse der Nationalsozialisten zusammen, eine jüdische „Verproletarisierung“ zu verhindern. Deshalb wiesen sie ihnen auch jetzt noch einen beschränkten Tätigkeitsbereich zu. Ausgebaut wurde nach 1938, nachdem zahlreiche jüdische Künstler Deutschland verlassen hatten und das Bühnen- und Konzertangebot nur mühsam aufrechterhalten werden konnte, vor allem die Spiel- und Kulturfilmabteilung. Ebenfalls vom Kulturbund verwaltet wurde nach Auflösung der jüdischen Verlage eine Verlagsabteilung. Der Handel mit jüdischen Büchern wurde in einem eigenen Buchring betrieben. Neben den Veranstaltungen der Synagogengemeinden bildete das Angebot des Kulturbunds die einzige Möglichkeit, eine Abwechslung in dem immer drückender werdenden jüdischen Alltag zu finden. Wie erfolgreich der Kulturbund damit war, zeigt der finanzielle Überschuß von 32000 RM, den er im ersten Halbjahr 1939 aufzuweisen hatte und den er auf Befehl der Gestapo auf ein Sonderkonto für Auswanderungszwecke überweisen mußte. Am 4. Juli 1939 wurde der Kulturbund organisatorisch der RV unterstellt. Trotz der großen Schwierigkeiten brachte die Schauspielbühne in der Spielzeit 1940/41 noch fünf Neuinszenierungen heraus, und im Konzertprogramm gab es vom September 1940 bis Mai 1941 noch acht große Konzerte, die 18mal gespielt wurden. Am 11. September 1941 wurde der Kulturbund ohne Vorankündigung durch die Gestapo aufgelöst. Trotz der Direktiven und Einschränkungen, die von Hinkel und der Gestapo kamen, wurde der „positive Wert des Kulturbundes“ auch in Erez Israel anerkannt. Die Funktionäre des Kulturbundes waren auf keinen Fall Erfüllungsgehilfen der Nationalsozialisten. Ein Nachwirken des Kulturbundes gab es sogar noch in den Konzentrationslagern Theresienstadt und Westerbork.[40]

So wichtig Kultur und Bildung nach wie vor im jüdischen Selbstverständnis waren, die bedeutendsten Leistungen jüdischer Selbsthilfe unter dem Nationalsozialismus lagen in den Bereichen Wohlfahrt und Auswanderungsvermittlung. Durch Kreditvergabe versuchte die Zentralstelle für jüdische Wirtschaftshilfe erwerbslos gewordenen Kleinunternehmern zu einer neuen Existenz zu verhelfen. 1936 gab es allein 68 solcher Kreditinstitute. Am 1. Januar 1939 mußten sie jedoch schließen. Weitere Zweige bildeten die Arbeitsvermittlungen, die ca. 31% der männlichen und 32% der weiblichen, insgesamt 27000 der jüdischen Arbeitslosen vermitteln konnten. Verstärkt wurde auch eine Berufsumschichtung betrieben, die vor allem auf die Auswanderung nach Erez Israel abzielte. Kaufleute, Studenten und Akademiker sollten ein Handwerk oder den Landwirtschaftsberuf erlernen, bevor sie nach Palästina auswanderten. Mitte 1934 befanden sich bereits 6771 Personen in der sogenannten Hachschara, das meint in den jüdischen Ausbildungsstätten.[41]

Durch die Auswanderung und die Überalterung steigerte sich in den 1930er Jahren kontinuierlich die Zahl der jüdischen Hilfsbedürftigen. Lag der Anteil der Über-Vierzigjährigen 1933 bei 48%, so betrug er 1939 57%. Für die Hilfsbedürftigen sorgten die Zentralwohlfahrtsstelle und andere jüdische Stiftungen und Anstalten, bevor am 4. Juli 1939 die RV zum alleinigen Träger der jüdischen Wohlfahrtspflege wurde. Für die jüdische Winterhilfe mußten alle jüdischen Lohn- und Gehaltsempfänger 10% der Lohnsteuer entrichten; ein Drittel der 1935 erbrachten 3,64 Mio. RM kamen aus Sammlungen und Spenden. Zur Verteilung gelangten vor allem Kohle und Kleidung. 1937/38 waren ca. 21% der jüdischen Bürger beihilfebedürftig. Es waren vor allem Kinder, Jugendliche und alte Menschen.

Für die Auswanderungsbereiche gab es drei Organisationen, die bis einschließlich 1939 104000 Auswanderer berieten. Am besten organisiert war die zionistische Emigration, die primär auf Palästina ausgerichtet war. Aber auch dorthin war die Auswanderung beschränkt, da infolge der jüdisch-arabischen Unruhen von der britischen Mandatsmacht die Einwanderungsquote nach 1936 erheblich gesenkt worden war. Es gab drei Arten von Zertifikaten, die von der Mandatsregierung ausgegeben und durch die Jewish Agency in Berlin an die Auswanderer verteilt wurden. Unter die erste Kategorie fielen die sogenannten „Kapitalisten", Personen, die über 12000 RM verfügten. Über ein Drittel der etwa 55000 deutschen Juden, die nach

Palästina einwanderten, fielen unter diese Kategorie. Eine weitere Kategorie bildeten die Handwerker und Arbeiter, die die Hachschara ausgebildet hatte. Eine besondere Einwanderungsgruppe stellten die 5300 Jugendlichen, die ohne Begleitung ihrer Eltern ins Land kamen, um hier eine Ausbildung zu erhalten.

Da Deutschland seit 1931 Devisenbewirtschaftung hatte, konnten die erforderlichen 12000 RM nicht ohne weiteres nach Palästina transferiert werden. Der Jewish Agency gelang es, mit der deutschen Regierung ein Transfergeschäft auszuhandeln. Die Auswanderer zahlten ihre Summe auf ein Sonderkonto ein, für dessen Gegenwert Deutschland Waren nach Palästina lieferte. Auf diese Weise wurden 140 Mio. RM transferiert. In Palästina wurde die entsprechende Summe dann an die Einwanderer ausgezahlt. Auf diese Weise betrug der Transferverlust bis 1936 für Palästinaauswanderer nur 15%, von 1936 bis 1939 jedoch 70%. Für jüdische Auswanderer in andere Länder lag er jedoch bereits 1934 bei 60%. Er stieg bis 1939 auf 96%. Nach 1938 kam für alle Auswanderer, die über 50000 RM besessen hatten, die Fluchtsteuer in Höhe von einem Viertel des Vermögens hinzu. Von den „großen Vermögen" blieb nicht mehr viel übrig, was manche von der Auswanderung abhielt oder sie nicht ernsthaft betreiben ließ. Als am 23. Oktober 1941 Himmler das Auswanderungsverbot erließ, lebten ca. 180000 Juden in Deutschland. Zu diesem Zeitpunkt hatten die Deportationen in den Osten bereits begonnen.[41]

2. Periode: 1941–1945
Die Vernichtung des deutschen Judentums

Der Mordplan und seine Verwirklichung

Die physische Vernichtung des deutschen Judentums taucht als kaum noch verhüllte Drohung in Hitlers Reden seit dem Januar 1939 auf. Ohne daß von ihm ein direkter Mordbefehl gegeben wurde, nahmen seine nächsten Helfershelfer diese Drohung auf und setzten sie in Vernichtungsaktionen um, für die sie in den folgenden zwei Jahren eine perfekte Tötungsmaschinerie in den Konzentrationslagern entwickelten. Der Weg nach Auschwitz erfolgte in einzelnen grausamen Etappen. Seit Sommer 1941 ist unverkennbar, daß die Ermordung einziges Ziel war, auch wenn für die Deportationen ökonomische Ziele, der „Arbeitseinsatz“ im Osten, vorgegeben wurden. Weder die dringend benötigten jüdischen Arbeitskräfte in der Rüstungsindustrie noch die Ausbeutung der letzten Kräftereserven jüdischer Deportierter durch die deutsche Industrie in den Konzentrationslagern hatten hier Vorrang. Selbst die Tarnsprache des Eichmann-Protokolls der Wannsee-Konferenz vom 21. Januar 1942 läßt daran keinen Zweifel. Die Juden sollten „im Zuge der Endlösung [. . .] im Osten zum Arbeitseinsatz kommen und soweit sie nicht durch natürliche Verminderung ausfallen“, sollte der „allfällig verbleibende Restbestand [. . .] entsprechend behandelt werden“, damit er nicht im Falle einer Freilassung zur „Keimzelle eines neuen jüdischen Aufbaus“ werden könne. Auf der Wannsee-Konferenz wurde nicht die „Endlösung“ beschlossen – sie war bereits beschlossene Sache –, sondern mit den Schreibtischtätern der einzelnen Ministerien das Procedere organisiert.[43]

Hitlers Drohung vom Januar 1939 übernahm nicht nur Göring. Auch im SS-Organ „Das Schwarze Korps“ wurde bereits im November 1939 „das Ende des Judentums, seine restlose Vernichtung“ diskutiert. Hitlers Wunsch, das Altreich „judenfrei“ zu machen, kamen die Gauleiter willig nach. Schon im Februar 1940 erfolgten die ersten Massendeportationen aus Wien und Stettin in die polnischen Ghettos, die in Warschau, Lodz, Krakau, Lublin und Radom für die polnischen Juden eingerichtet wurden. Diese waren als Übergangsmaßnahme gedacht, wie Heydrich am 21. September 1939 zu verstehen gab, für ein „Endziel, welches längere Fristen beansprucht“. Die Einrichtung und Infrastruktur der überfüllten Ghettos bedeuteten für viele ihrer Bewohner den Tod. Im April 1941 mußten die Ghettos wegen Überfüllung geschlossen werden. Zunächst wurde nun das Ziel einer „territorialen Endlösung“

angestrebt. Die Juden sollten entweder nach Sibirien oder Madagaskar deportiert werden und durch die klimatischen Extrem-Verhältnisse und mangelnde Ernährung zu Tode kommen. Doch diese Pläne führten nicht zu dem von den Nationalsozialisten angestrebten Ziel. Die Kriegserklärung an die Sowjetunion am 22. Juni 1941 und die ersten Kriegserfolge im europäischen Teil der Sowjetunion ermöglichten den Nationalsozialisten im Sommer 1941 die endgültige „Endlösung", wie es in der NS-Tarnsprache hieß, die brutale Ermordung in den Konzentrationslagern. Der Kreuzzug gegen den Bolschewismus bedeutete für die Nationalsozialisten den Kreuzzug gegen das „Weltjudentum" und seine Vernichtung. Für diese Mordaktionen ließ sich auch die Führung der Wehrmacht gewinnen, nachdem sie gegen die antijüdischen Mordaktionen in Polen noch Widerstand geleistet hatte. Die NS-Führungsspitze hatte damit freie Hand. Göring erteilte am 31. Juli 1941 „auf Befehl Hitlers" Heydrich die Order, „alle erforderlichen Vorbereitungen in organisatorischer, sachlicher und materieller Hinsicht zu treffen für eine Gesamtlösung der Judenfrage im deutschen Einflußgebiet in Europa". Damit hatten SS, SD und Sicherheitspolizei eine Art Generalvollmacht und Himmler, Heydrich und Eichmann freie Hand, Europa – und nicht mehr nur Deutschland – „judenfrei" zu machen. Sie benötigten und fanden dafür einen großen Kreis von Helfershelfern, denn die Mordaktionen an über einer Million Juden wurden zunächst durch Erschießungen ausgeführt. Parallel dazu wurde unter der Tarnbezeichnung „Aktion Reinhard" (nach Reinhard Heydrich) mit Massenvergasungen experimentiert. Im KZ Belzec ermordeten die SS und ihre Helfershelfer vom März 1942 bis Dezember 1942 mindestens 600000 Opfer durch Kohlenmonoxid, das durch Automotoren erzeugt wurde. Wenig später entstanden die Vernichtungslager Chełmno (ab Dezember 1941), Sobibor (ab Mai 1942) und Treblinka (ab Juli 1942), in denen die SS mit Hilfe mobiler Gaswagen mordete. Seit Sommer 1942 führte die SS ihre Mordaktionen in den Vernichtungslagern Majdanek und Auschwitz-Birkenau mit Zyklon B in den Gaskammern durch. Die Vernichtungsmaschinerie wurde nun industriell betrieben. Die Deportationszüge rollten auf die Selektionsrampe, ohne daß sie Zwischenstation in den Ghettos machten. Für den Arbeitseinsatz wurden lediglich 10–15% der Ankommenden ausgesondert; die größte Zahl der Deportierten, die Alten, Kranken und Kinder, wurden gleich nach der Ankunft unter dem Vorwand, in Duschräume geführt zu werden, in den Gaskammern ermordet.[44]

Die Mörder und ihre Helfershelfer

Für HistorikerInnen bleibt es schwierig, die Motive der Mörder und ihrer Helfershelfer zu deuten. Da ist einmal die Bürokratie und ihr technischer Apparat bis hin zum einfachen Lokführer, die bereitwillig der SS und Gestapo bei den Transporten zuarbeiteten und sich durch (eine mörderische) Effizienz hervorzutun versuchten. Nur wenige von ihnen waren vermutlich von dem „Sinn" der „Endlösung" überzeugt, aber sie beruhigten ihr Gewissen durch die Pseudolegalisierung eines „Befehlsnotstands". Die Forschung hat gezeigt, daß es eine nicht kleine Gruppe war, die den nationalsozialistischen Vernichtungsapparat unterstützte. Es waren Offiziere und Mannschaften der Wehrmacht, Organisatoren und Durchführende der Deportationstransporte, Industrielle und Ingenieure in den Vernichtungslagern. Sie alle beriefen sich darauf, nur in ihrem kleinen Bereich ihre Pflicht getan zu haben, indem sie zum Beispiel nur den Fahrplan eines Deportationszuges ausgearbeitet haben. Das war aber – so ihre Auffassung – nicht nur ihre Pflicht, sondern durchaus rechtens. Die Deportationen waren von der Gestapo und den Eisenbahnverwaltungen minutiös geplant. Für den Deportationszug, der am 31. März 1942 nach Lublin ging, war genau vorgeschrieben: eingesetzt in Gelsenkirchen um 12.12 Uhr, wo er 400 Juden der Stapo Leitstelle Münster aufnimmt, um 18.15 Uhr Ankunft in Hannover, Bahnhof Fischerhof, wo „die Zuladung der für Hannover (Hildesheim) abzuschiebenden 500 Juden und die Einrangierung der benötigten Güterwagen und des B-Wagens für das

Begleitkommando der Schutzpolizei" erfolgt. Um 18.36 Uhr fuhr der Transportzug weiter nach Braunschweig, wo er um 20.05 Uhr eintraf. Dort „ladet die Staatspolizeileitstelle Braunschweig die von ihr für den Transport vorgesehen Juden (116) und das zugehörige Gepäck zu, so daß die endgültige Weiterfahrt ... um 20.16 Uhr erfolgen kann".[45]

Hier wird deutlich, wie viele Mittäter und Mittäterinnen aus der Verwaltung und aus dem einfachen Bahnpersonal an den Deportationen beteiligt waren. Die Verwaltung, wie die von Münster, führte die den Deportierten abgenommene Hinterlassenschaft unter Wahrung der „Rechtsgrundsätze" einer „ordnungsgemäßen Verwertung" zu, wie das Protokoll einer Sitzung unter Leitung des Oberbürgermeisters Hillebrands und im Beisein des städtischen Rechtsrats Sasse aufweist. Am 25. November 1941 war durch eine Verordnung allen Deportierten die deutsche Staatsbürgerschaft entzogen worden, so daß ihre Hinterlassenschaft dem Staat zufiel. Aus all diesen kleinen Mittätern setzte sich jedoch der gesamte Vernichtungsapparat zusammen.[46]

Für den Durchschnittsbürger spielte sich der Mord außerhalb seines unmittelbaren Erfahrungskreises ab. Er mochte sich damit trösten, daß die vor seinen Augen deportierten Juden zum „Arbeitseinsatz" kamen, wie im Krieg eben jeder mehr oder weniger durch „Arbeitseinsätze" betroffen war. Die Shoa ereignete sich zudem in einer Periode großer persönlicher Nöte, als Krieg und Bombardierung, Gestapoterror, aber auch intensive ideologische Bearbeitung zu Verengungen der Wahrnehmung und zur Verdrängung des eigentlich Unfaßbaren führten. Hinzu kam, daß nicht nur die NSDAP-Wähler, die Hitler an die Macht gebracht hatten, korrumpiert waren. Die Mehrheit der Bevölkerung ließ sich nach 1935 von den Scheinerfolgen der Nationalsozialisten in der Innen- und Außenpolitik blenden und fand die Ausgrenzung der jüdischen Bürger aus dem politischen, dem Kultur- und Wirtschaftsleben durchaus rechtens oder sogar begrüßenswert. Der Historiker Herbert Strauss hebt zu Recht hervor, daß eine „seit 1933 intensiv eingehämmerte Ideologie eine Subkultur von radikaler Immoralität geschaffen hat, in der Kadavergehorsam und Karrierismus zu jener Mentalität verschmolzen, die in Himmlers Reden, in den Eichmann- und Stangl-Prozessen oder im Höß-Tagebuch klar zu Tage treten". Die Denunziationen oder Anzeigen in Erwartung von oder aus Enttäuschung über nicht erhaltene „Arisierungs"objekte, Arbeitsplätze bzw. Wirtschafts- oder Führungspositionen, die in den Archiven überliefert sind, sprechen eine deutliche Sprache und machen verständlich, daß in dieser Subkultur kein Widerstand gegen die, wenn auch nicht gewußte, so doch vermutete physische Vernichtung der Juden wachsen konnte.[47]

Die lange Tradition des Antisemitismus, vor allem die rassistische Deutung hatten zu einer „Entmoralisierung" geführt und zum Widerstand unfähig gemacht. Für viele mochte der rassistische Fundamentalismus, der mit der Beseitigung des imaginären Weltjudentums eine Welt ohne Not und Widersprüche verhieß, durchaus plausibel sein. Selbst die direkten Mörder versuchten sich nicht erst im nachhinein in Pseudolegalisierungen. Für sie waren die Juden „Ungeziefer" oder „Parasiten", von denen es die Welt zu befreien galt. Überzeugt von der Stimmigkeit der rassistischen Ideologie ignorierten oder verdrängten auch sie, daß ihre Opfer Menschen waren. Aufschlußreich ist hier ein Interview, das die britische Historikerin Gitta Sereny mit dem ehemaligen Kommandanten des Vernichtungslagers Treblinka führte. Die Opfer waren für die Mörder keine Menschen. Stangl bezeichnet sie relativ neutral als „Ware".[48] Geläufiger war auch ihm vermutlich die Gleichsetzung mit Tieren, vor allem mit Ungeziefer. Die Ungeziefer-Metapher für die Juden in der Gesellschaft hat in der deutschen Literatur eine lange Tradition. Sie findet sich im 19. Jahrhundert in amtlichen Stellungnahmen preußischer Landräte, in Trivialromanen und natürlich auch in dem Buch, in dem als erstem in der deutschen Literatur die physische Vernichtung der Juden gefordert worden war, in Hundt-Radowskys „Judenspiegel" von 1819.[49]

Die Gleichsetzung der Opfer mit Ungeziefer, ihre Entmenschlichung, setzte bei vielen KZ-Mördern die Hemmschwelle sehr tief und „legalisierte“ gleichsam die Ermordung. Auch der Auschwitzer Lagerkommandant Höß rechtfertigte sich 1943 gegenüber seinem Schwager, der von ihm eine Erklärung des Begriffs „Untermensch“ verlangte: „Sieh dir die Menschen doch an. Sie sind nicht wie wir. Sie sind anders. Sie sehen ganz anders aus. Sie haben kein menschliches Benehmen [...].“[50]

Die KZ-Mörder stellen einen besonderen Typ dar. Wenn auch die wenigsten unter ihnen kriminell oder sadistisch prädisponiert waren, so hatte sie die NS-Ideologie „immunisiert“, so daß sie nach Himmlers perverser Deutung den Mord „gewissenhaft“ ausführten und dabei „anständig“ geblieben sind. Als dieses Gesetz nicht mehr galt, folgten sie in der Nachkriegszeit bereitwillig neuen, nun nicht mehr kriminellen Anforderungen. Sie lebten als KZ-Mörder auf einem „anderen Planeten“, wie Rudolf Höß meinte. Wenn sich die KZ-Mörder in ihrem (klein)bürgerlichen Habitus kaum von dem Gros der übrigen Deutschen unterschieden, so waren sie doch, wie Tom Segev zu Recht betont, „mitnichten Deutsche wie alle anderen Deutschen“. Sie kennzeichnet vielmehr „ihre innere Identifikation mit dem Bösen“.[51] Fraglich bleibt allerdings, ob sie dieses Böse auch als das Böse erkannten, oder sich nicht mit einer „Pseudolegalisierung“ gegen die Erkenntnis schützten, die ihre Tat zur Pflicht machte und ihr damit sogar einen „ethischen Anstrich“ gab. Die „ethische“ Begründung, die Himmler für den Mord an Kindern und Frauen vor hohen SS-Offizieren 1943 in Posen gab, indem er den Verweigerer zum „Mörder“ an „deutschen Soldaten“ stempelte, konnte freilich nur dem eine ethische Begründung liefern, der die pervertierte „Ethik“ des NS-Staates voll akzeptierte.[52]

Doch finden sich unter den Mördern auch „ordinary men“, gewöhnliche Menschen, die nicht durch die NS-Ideologie geprägt waren und sich dennoch zum Judenmord bereit erklärten. Christopher R. Browning hat in seiner aufschlußreichen Studie die Motivation der „Polizisten“ des Reserve-Polizei-Bataillons 101 untersucht, die das Massaker von Jozefow durchgeführt haben. Das Überraschende der Untersuchung ist, daß, obgleich der Bataillons-Chef den Polizisten freistellte, an der „Erschießung“ der Juden teilzunehmen, nur rund ein Dutzend zurücktrat. Ungefähr weitere 10–20% erklärten, als die Exekution begann, nicht dazu in der Lage zu sein, Frauen und Kinder zu erschießen. Doch 80% der Polizisten führten freiwillig die Erschießung von 1500 Juden – sowohl Männern wie Frauen und Kindern – durch.

In den 1960er Jahren durch den Staatsanwalt nach ihren Motivationen befragt, gaben sie weitgehend als Motiv für ihre Teilnahme an dieser Mordaktion an: Sie wollten nicht als Feiglinge von ihren Kameraden angesehen werden, nicht ihr Gesicht verlieren oder als zu weich gelten. Groteske Pseudorationalisierungen und Pseudolegalisierungen fehlen auch bei diesen „gewöhnlichen“ Polizisten für die Mordaktionen nicht. So die absurde Behauptung eines 35jährigen Polizisten, er habe deshalb die Kinder erschossen, weil sie ohne ihre Eltern nicht überlebt hätten.[53]

Es bleibt sehr schwierig, für die zahlreichen Einzelmotive dieser Täter ein allgemein gültiges Erklärungsmodell zu finden.

Die Opfer des nationalsozialistischen Mordplans

Die Kennzeichnung durch den gelben Stern im September 1941 unterschied nun deutlich die Juden von den übrigen Deutschen. Als „Volksverräter“ und „Volksfeinde“ sollten sie – so die Goebbelssche Propaganda – aus der deutschen Gesellschaft ausgestoßen werden.[54] Für die meisten deutschen Juden bedeutete diese öffentliche Kennzeichnung eine „tiefe Verletzung“, hinzu kam die Angst, jederzeit verhaftet werden zu können. Die Verzweiflung trieb viele in den Freitod. Ausgenommen von der Kennzeichnung blieben die meisten in Mischehen lebenden Juden.[55] Juden durften zudem ohne polizeiliche Erlaubnis ihren Wohnort nicht verlassen. Parallel zur Kennzeichnung lief ab Oktober 1941 die sukzessive Ghettoisierung in den sogenannten Judenhäusern, wo die jüdischen Bewohner in drangvoller Enge leben mußten. Mit der Verteilung des Wohnraums in den sogenannten Judenhäusern wurde ein Mitglied der RV beauftragt. Die Ghettoisierung erleichterte der SS die Deportationen, mit denen sie in Berlin am 18. Oktober und in Hamburg am 25. Oktober 1941 begann. Deportationen aus weiteren Städten wie Bielefeld, Münster, Breslau folgten im November. Die ersten Deportierten wurden in die Ghettos von Riga und Kaunas (Kowno) verschleppt und durch Erschießung ermordet.[56]

Gestapo und staatliche Verwaltung bezogen die RV gezielt in ihre Planung ein. Ihre Vertreter hatten den von der Gestapo auf die Liste Gesetzten die bevorstehende Deportation mitzuteilen. Damit kamen sie in einen unlöslichen Konflikt. Für viele Betroffene wurden sie zum langen Arm der Gestapo. Doch den Widerstand, den Mitglieder der RV bei den ersten Deportationen leisteten, so ihre heimliche Information an die ausländische Presse, mußte ein Vorstandsmitglied mit dem Tod in Sachsenhausen büßen. Auch der Geschäftsführer der RV, Otto Hirsch, wurde verhaftet und nach Mauthausen deportiert, wo er umkam. Die Mitteilung von der bevorstehenden Deportation durch die RV ermöglichte manchem das Untertauchen in die Illegalität. Über 10000 Menschen suchten ein geheimes Versteck, 5000 allein in Berlin; manchen gelang noch die Flucht in die Schweiz. Nicht wenige wurden von jüdischen „Greifern“ an die Gestapo verraten. Es handelte sich bei den „Greifern“ um demoralisierte jüdische Frauen und Männer, die, um ihr Leben zu retten, mit der Gestapo zusammenarbeiteten.

Andere, die den Deportationsbefehl erhielten, wählten den Freitod. In Berlin lag der Anteil bei 4% der für die Deportation Vorgesehenen. Meist waren es ältere Menschen aus dem gehobenen Bürgertum wie in Hamburg der ehemalige Staatsrat Leo Lippmann, die dieses „Gegenmittel“, wie der Freitod in jüdischen Kreisen genannt wurde, wählten.[57]

Wußten die Deportierten von ihrem Schicksal, das sie erwartete? Leo Baeck, der noch am 19. Juni 1941 in Breslau in einem Gespräch mit einem Mitglied der dortigen Gemeinde davon ausging, daß „nach dem endgültigen Siege die Juden auswandern müssen“, muß wenig später die ersten Hinweise von den

Vernichtungsaktionen erhalten haben; dennoch hütete er sich, dieses Wissen an Gemeindemitglieder weiterzugeben.[58] In den wenigen überkommenen Briefen der für die Deportation Vorgesehenen wird von „Reise“, „Wohnungswechsel“, „Umzug“ gesprochen. Hoffnungslosigkeit wechselt mit Hoffnung und auch einem starken Durchhaltewillen, den „Arbeitseinsatz“ durchzustehen.[59] Aber es gibt auch Briefe aus dem Ghetto, die mit dem Satz beginnen: „Wenn Euch dieser Brief erreicht, weiß ich nicht, ob ich noch leben werde [. . .]“. Aus den Erwartungen zu Haus war in den Ghettos Todesangst geworden, so als die im Dezember 1941 nach Riga Deportierten im dortigen Ghetto auf die Spuren der am Rigaer Blutsonntag (30. November 1941) ermordeten lettischen Juden stießen.[60]

Das größte Ausmaß erreichten die Deportationen 1942, als die Gestapo die deutschen Juden nun direkt in die Todeslager deportierte. Zurück blieben fast ausschließlich Juden, die in Mischehen lebten und zunächst von den Deportationen ausgenommen wurden. In Hamburg waren dies am 31. Dezember 1944 noch 865 „Volljuden“. Sie wurden, soweit noch arbeitsfähig, in der Rüstungsindustrie zwangsverpflichtet. Als in Berlin am 27./28. Februar 1943 auch von diesen etwa 7000 aus den Fabriken abgeholt und deportiert werden sollten, kam es zu der sogenannten Fabrikaktion. Die nicht-jüdischen Ehepartnerinnen und vielfach auch deren Verwandte demonstrierten daraufhin über eine Woche vor dem Sammellager Rosenstraße und erreichten durch diese im Dritten Reich einmalige Widerstandsaktion die Entlassung ihrer Männer.[61]

Ab 1944 verstärkte sich der Druck, jüdischen KZ-Häftlingen in den Vernichtungslagern nicht nur eine kurze Überlebensspanne zu einer letzten Ausbeutung ihrer Arbeitskraft zu lassen, sondern sie nun möglichst intensiv in der deutschen Kriegswirtschaft einzusetzen. Während die SS weiterhin Alte, Kranke und Kinder in den Gaskammern ermordete, wurden Juden als Rüstungsarbeiter in das als „judenfrei“ erklärte Altreich zurückgebracht und hier „vorübergehend“ in der Rüstungsindustrie eingesetzt. Die schwere Arbeit – so wurden sie beim Stollenbau für die in Bunker verlegte Rüstungsindustrie eingesetzt – und die mangelnde Ernährung bedeuteten aber auch für viele von ihnen den sicheren Tod. Jüdische Frauen wurden zur Trümmerbeseitigung verpflichtet.[62]

Deutschland war – trotz großer Propaganda – also nie wirklich „judenfrei“, auch wenn bis März 1945 die Deportationen fortgesetzt wurden, die zumeist Partner oder Kinder aus den sogenannten privilegierten oder nichtprivilegierten Mischehen betrafen. Sie wurden weitgehend nach Theresienstadt deportiert, das als „Alters-“ oder „Prominenten“-Lager galt. Um den Nachlaß der zumeist älteren Juden nicht an den Fiskus abzuführen, zwang das Reichssicherheitshauptamt die RV, mit den alten Menschen sogenannte Heimeinkaufsverträge abzuschließen, die ihnen angeblich eine lebenslängliche Versorgung garantierten. Doch von den 42000 aus Deutschland nach Theresienstadt Deportierten starb über die Hälfte an den katastrophalen Lebensbedingungen. Die meisten Überlebenden wurden in die Vernichtungslager nach Osten weiterdeportiert. Nur 5120 Menschen erlebten 1945 in Theresienstadt die Befreiung. Unter ihnen war auch Leo Baeck, der am 28. Januar 1943 nach Theresienstadt deportiert worden war, noch bevor am 10. Juni 1943 sämtliche Bezirksstellen der RV außerhalb Berlins aufgelöst wurden. Von den dreizehn leitenden Persönlichkeiten der RV überlebten nur zwei die Deportation.[63]

Als im Januar 1945 die Sowjetarmee zu den in Polen und in den baltischen Staaten gelegenen Vernichtungslagern vorstieß, zwang die SS die ausgehungerten und ausgemergelten Inhaftierten zu einem Todesmarsch in die in Deutschland gelegenen Konzentrationslager Neuengamme, Ravensbrück, Sachsenhausen, Bergen-Belsen, Buchenwald, Flossenbürg, Dachau und Mauthausen. Für viele bedeutete diese Aktion den sicheren Tod, selbst wenn sie eines der westlichen Lager erreichten. In Bergen-Belsen, dessen Häftlingszahl in den letzten vier Kriegsmonaten von 18000 auf 60000 angestiegen war, starben allein im März und April 1945 fast 28000 Häftlinge. Nach der Befreiung am 15. April 1945 waren es noch einmal 14000, die den Folgen der KZ-Haft erlagen. Insgesamt wurden etwa 50000 jüdische Menschen aus den Konzentrationslagern, die in Deutschland lagen, befreit.[64]

Trotz der Auflösung der Organisationen und der fortgesetzten Deportationen blieben Reste jüdischen Lebens in einigen Großstädten erhalten. In Berlin existierte unter Aufsicht der Gestapo das jüdische Krankenhaus weiter, das zum Teil als Gefängnis benutzt wurde. Auch der jüdische Friedhof Weißensee wurde weiterhin genutzt. Er unterstand der RV. Hier wirkte bei Beerdigungen der Prediger der Jüdischen Gemeinde, Martin Riesenburger, der in Mischehe lebte. Er hielt hier für die verbliebenen Juden geheime Gottesdienste ab, an denen auch Untergetauchte teilnahmen. Im Herbst 1944 errichteten sie sogar, versteckt im Gebüsch, eine Laubhütte. Sie trugen – wie Rabbiner Riesenburger in seinen Memoiren schreibt – die Gewißheit im Herzen: Das Licht verlöschte nicht. In der Friedhofskapelle Weißensee fand nach der Befreiung im Mai 1945 der erste jüdische Gottesdienst in Freiheit statt. In Verstecken untergetaucht oder als Partner privilegierter Ehen überlebten ungefähr 5000–7000 deutsche Juden die Shoa. Von den etwa 134000 in die Vernichtungslager deportierten deutschen Juden erlebten nur ungefähr 8000 die Befreiung aus den Konzentrationslagern.[65]

VII. Juden in Deutschland nach 1945

Jüdisches Leben in den DP-Camps

Es nimmt sich wie eine Ironie der Geschichte aus, daß das durch die Shoa verfemte Deutschland noch einmal für kurze Zeit zu einem Zentrum des aschkenasischen Judentums wurde. Zu den aus den Konzentrationslagern befreiten Juden, die nun als ‚Displaced Persons' (DP) in Lagern lebten, kamen mehr als 140000 Juden, die nach erneuten Pogromen in Polen illegal in die drei Westzonen gelangten. 1947 stieg deshalb die Zahl der jüdischen DPs von 40000 (1946) auf etwa 182000 Personen an, die in den Lagern mehrere Jahre auf eine Auswanderungsmöglichkeit nach Israel oder in die USA warten mußten. Die DP-Camps lagen weitgehend in der US-Zone. In den Camps von Ulm, Landsberg, Bad Reichenhall, Pocking und Kassel lebten 4000–6000 Insassen, in der britischen Zone im Lager Bergen-Hohne 9000 jüdische DPs. In den Camps herrschte drangvolle Enge. Mehrere Familien mußten sich eine Wohnung teilen, doch wurde mit Hilfe amerikanischer Juden für eine ausreichende Verpflegung gesorgt.

Obgleich das Leben in einem Lager nicht dazu angetan war, die psychischen Folgen der Konzentrationslagerhaft möglichst bald zu überwinden, zeugt das kulturelle und soziale Leben in diesen Camps von einem ungeheuren Optimismus in die Zukunft. Das kulturelle Leben blühte auf, es bildeten sich Sportvereine, Volkshochschulen und Schulen, Zeitungen, Theater- und Gesangsgruppen, mehrere jüdische Religionsschulen (Jeschiwot) wurden gegründet und Oberrabbinate eingerichtet. Es war eine autonome Kultur, die auf der jiddischen Sprache basierte und kaum etwas mit der deutsch-jüdischen Kultur der 1930er Jahre zu tun hatte. In Erwartung der Auswanderung nach Israel entstanden Hachschara-Kibbuzim. Die aus demokratischen Wahlen hervorgegangenen Komitees nahmen die

Selbstverwaltung in die Hand. Am 1. Juli 1945 konstituierte sich ein Zentralkomitee der befreiten Juden in der amerikanischen Zone; bereits im Juni 1945 hatte sich ein „Vereinigter zionistischer Verband“ gebildet. Von dem Optimismus in die Zukunft zeugt vor allem die hohe Geburtenrate in den Camps.

Die meisten jüdischen DPs (rund 118 000 von 133 000) wünschten die Auswanderung nach Palästina und die Gründung eines eigenen jüdischen Staates. Doch die antijüdische Palästinapolitik Großbritanniens verhinderte eine baldige Realisierung dieses Vorhabens. Erst die Gründung des Staates Israel 1948 brachte das Ende des Lagerlebens. Vom April 1949 bis zum Oktober desselben Jahres ging die Zahl der jüdischen DPs von 165 000 auf 30 000 zurück; 1952 waren es noch 12 000. 1957 wurde mit Föhrenwald das letzte DP-Lager geschlossen. Die verbliebenen 12 000–15 000 DPs, die weitgehend aus osteuropäischen Ländern stammten, und eine ebenso große Zahl deutscher Juden, die die Shoa überlebt hatten, bildeten die Keimzelle für die wieder entstehenden jüdischen Gemeinden in Deutschland.[1]

Die Einstellung von Politik und Gesellschaft gegenüber den Juden

Das Umfeld, in dem diese Gemeinden sich bildeten, war trotz des allgemeinen Entsetzens über die Greuel, die die Nationalsozialisten in den KZ verübt hatten, keineswegs sehr judenfreundlich. Wenn auch die führenden Politiker sich gegen jede Art von Antisemitismus aussprachen, machten viele der aus den Konzentrationslagern zurückkehrenden Juden in ihrer ehemaligen Heimat die Erfahrung, daß trotz Shoa der Antisemitismus unter ihren ehemaligen deutschen Mitbürgern ungebrochen war. Die nationalsozialistische Propaganda und Erziehung wirkten fort. Ungefähr 30–40% der Deutschen waren immer noch extrem judenfeindlich eingestellt.[2] Das schlechte Gewissen, das viele aufgrund ihres Verhaltens gegenüber ihren ehemaligen jüdischen Mitbürgern empfanden, kompensierten sie mit Aufrechnung des eigenen Schicksals.

Die hartnäckig tradierten antijüdischen Stereotypen wurden trotz des durch Deutsche verübten Mords an sechs Millionen Juden keineswegs korrigiert. Das Wiederhervortreten ehemaliger Nazis in der Politik und Kultur sowie die Debatte um die Wiedergutmachung führten periodisch zu antisemitischen Bekundungen, sei es in Form von aggressiven Leserbriefen oder aber als Beifallsbekundungen, wenn ehemalige nationalsozialistische Kulturgrößen wie Veit Harlan im Prozeß freigesprochen wurden. Die Schändungen jüdischer Friedhöfe rissen nicht ab. Zwischen 1945 und 1950 wurden fast 200 der 400 jüdischen Friedhöfe geschändet. Verbale und tätliche Aggressionen richteten sich auch gegen die DPs, deren Schwarzmarktaktivitäten mit entsprechenden antisemitischen Stereotypen verurteilt wurden. Bei ihren Demonstrationszügen gegen antisemitische Vorfälle wurden Teilnehmer tätlich angegriffen.[3]

Mit der Gründung der Bundesrepublik Deutschland (1949) und dem Wegfall der alliierten Oberhoheit nahmen die Beleidigungen und öffentlichen Bedrohungen von Juden sogar noch zu, so daß der jüdische Weltkongreß die deutsche Regierung in Bonn aufforderte, mit schärferen Maßnahmen gegen ein Wiederaufleben des Antisemitismus vorzugehen. In seiner ersten Regierungserklärung am 20. September 1949 verurteilte Bundeskanzler Adenauer die „anscheinend hervorgetretenen antisemitischen Bestrebungen [...] aufs schärfste", äußerte aber für die Regierung keinerlei Schulderklärung. Erst in seiner Regierungserklärung vom 27. September 1951 akzeptierte er teilweise eine historische Verantwortung. Der erste Bundespräsident der Republik, Theodor Heuss, der durch die Shoa keineswegs ein Ende der deutsch-jüdischen Geschichte gekommen sah, lehnte zwar eine pauschale Kollektivschuld ab, sprach aber von der „Kollektivscham", die alle Deutschen gegenüber dem jüdischen Volk empfänden.[4] Während weiterhin um die Wiedergutmachung am jüdischen Volk diskutiert wurde, schuf die Bundesregierung 1951 durch ein Gesetz zum Artikel 131 GG die Voraussetzung, daß alle ehemaligen nationalsozialistischen Beamten, soweit sie nicht rechtskräftig verurteilt worden waren, wieder eingestellt werden konnten.

150000 ehemalige NS-Beamte kehrten in den öffentlichen Dienst zurück, was vielfach zu der grotesken Situation führte, daß Beamte, die 1938 die „Arisierung" des Besitzes von Juden zu verantworten hatten, nun die Wiedergutmachung regeln sollten. Den Unrechtscharakter ihres einstigen Vorgehens wollten sie nicht wahrhaben, was in ihren Formulierungen deutlich wird, so wenn von der „Verwertung der beweglichen Gegenstände eingezogener Werte" die Rede ist. Entsprechend schikanös gingen diese Beamten unter Vorgabe ihrer Verpflichtung zur Sparsamkeit gegen jüdische Antragsteller vor, denen vielfach betont falsche Angaben und Geldgier unterstellt wurden. Vereinzelte Betrugsfälle, die es auch gab, wurden verallgemeinert.[5]

Für Adenauer war die Wiedergutmachungsfrage ein primär politischer Akt, von dem er sich eine Rehabilitierung Deutschlands in den Augen der westlichen Öffentlichkeit versprach. Die Ratifizierung des Luxemburger Abkommens vom September 1952, das den Rahmen für Wiedergutmachungszahlungen regelte, kam im Deutschen Bundestag im März 1953 nur mit Hilfe der nicht zur Regierung gehörenden SPD zustande, da in Adenauers eigener Partei, der CDU, der Widerstand gegen eine Regelung sehr groß war. Doch führten das Wirtschaftswunder der 50er Jahre, die allmähliche Westintegration, aber wohl auch die offiziell propagierte antikommunistische Ideologie zu einem allmählichen Rückgang antijüdischer Einstellungen, wenn auch auf Befragungen immer noch über 20% der Befragten angaben, daß es besser für Deutschland sei, keine Juden im Land zu haben. Antisemitische Äußerungen von Lehrern und Richtern zeigten, daß im öffentlichen Dienst antisemitische Gesinnungen präsent waren. Ende der 50er Jahre eskalierten erneut Hakenkreuzschmierereien und Friedhofsschändungen, so daß sich nach der spektakulären Schändung der wiedererrichteten Kölner Synagoge 1959 die Bundesregierung und die Länder zum Handeln veranlaßt sahen. Die Kritik am mangelhaften Geschichtsunterricht führte zu zahlreichen Neuerungen durch die Kultusminister, so zur Einführung des Faches Gemeinschaftskunde und zur Betonung der Zeitgeschichte in der Lehrerausbildung. Die Schmierwelle 1959/60 bewirkte jedoch auch eine stärkere Sensibilisierung der politischen Öffentlichkeit und des kulturellen Lebens gegen judenfeindliche Äußerungen. Zahlreiche Theaterstücke der 60er Jahre setzten sich mit dem Antisemitismus auseinander. In der politischen Kultur wurde nun der Anti-Antisemitismus zu einem wesentlichen Faktor. Zur Aufklärung antisemitischer Vorfälle trugen vor allem die Presse und andere Medien bei, die im Gegensatz zur Zeit der Weimarer Republik nun eindeutig gegen den Antisemitismus Stellung bezogen. Die Kirchen hielten sich in dieser Angelegenheit zunächst sehr zurück und leisteten kaum etwas zur Aufarbeitung ihres eigenen Verhaltens im Hinblick auf die Verbrechen an den Juden im Dritten Reich.[6]

Die katholische Amtskirche berief sich im August 1945 im ersten gemeinsamen Hirtenwort der Bischöfe auf ihren aktiven Widerstand gegen den Nationalsozialismus und die „christliche Liebe", die „Volksgenossen fremden Stammes" erwiesen worden sei. Diese selbstgefällige Haltung stieß auch in den eigenen Reihen auf Kritik; dies führte aber bis zum Zweiten Vatikanischen Konzil (1965) zu keiner Überprüfung der eigenen antijüdischen Haltung, die auch weiterhin in der Liturgie deutlich wurde. Erst in Folge des Konzils kam es zur Überprüfung der katholischen Lehre auf antijüdische Inhalte. Die Evangelische Kirche Deutschlands (EKD) bat zwar in der Stuttgarter Erklärung (1945) die Juden um Vergebung, hielt aber an der traditionellen Theologie der Verwerfung Israels, das „den Messias kreuzigte", fest. Auch hier führten erst 1967 die Ergebnisse der EKD-Studienkommission „Kirche und Judentum" zur Revision judenfeindlicher Positionen.[7]

Die Gesellschaften für christlich-jüdische Zusammenarbeit, die später zum bedeutendsten Forum des jüdisch-christlichen Gesprächs werden sollten, waren in den endvierziger Jahren nicht auf deutsche Initiative hin, sondern im Rahmen des amerikanischen ‚Reeducation'-Prozesses entstanden. Sie wurden von oben nach unten organisiert und waren weitgehend eine Sache der Honoratioren, die als Multiplikatoren und als Vorbild dienen sollten. In den ersten Jahren ihres Bestehens trugen die Gesellschaften kaum zur Aufarbeitung der Verbrechen am jüdischen Volke bei. Sowohl von seiten der jüdischen wie der christlichen Mitglieder scheute man sich, die „Judenfrage“, das Wiederaufleben des Antisemitismus und die massive Verdrängung der eigenen Vergangenheit öffentlich zu thematisieren. Die jüdischen Mitglieder der Gesellschaften begriffen ihre Teilnahme als Aufgabe, tatkräftig am Wiederaufbau des Landes mitzuwirken, nicht aber, um zur Aufarbeitung des geschehenen Unrechts beizutragen. Erst in den 50er Jahren überwanden die Gesellschaften für christlich-jüdische Zusammenarbeit die bis dahin gepflegten Tabuisierungen.[8]

Mit der Studentenbewegung der späten Sechziger Jahre rückte mit der Aufarbeitung der NS-Vergangenheit Deutschlands auch die Vernichtung der Juden noch einmal in den Mittelpunkt intellektuellen Interesses. In der öffentlichen Meinung war der Antisemitismus bald kein Thema mehr, auch wenn es nach wie vor – so stellte 1974 die einzige Umfrage zwischen 1960 und 1979 zu diesem Problem fest – eine große antisemitisch eingestellte Minderheit (ca. 20% der Befragten) gab. Eine neue Form von Antisemitismus gerierte sich als Antizionismus in der extremen Linken. Er bestimmte auch die politische Ideologie des zweiten deutschen Teilstaats, der DDR. Das jüdische Volk wurde als rassistisch und imperialistisch diffamiert. Doch hielt man sich in der DDR einen starken Antifaschismus zugute, der aber eine Auseinandersetzung mit der NS-Vergangenheit oder aber gar eine Wiedergutmachung für die NS-Verbrechen verhinderte, so daß der Besitz ehemaliger jüdischer Institutionen bzw. Bürger weiterhin verstaatlicht blieb.[9]

Seit Mitte der 80er Jahre aber kam das Thema Antisemitismus wieder auf die Tagesordnung. Antisemitische Äußerungen von CSU- und CDU-Funktionären signalisierten das „Ende der Schonzeit“. Die linksliberale Öffentlichkeit reagierte sensibel auf dergleichen Äußerungen wie auch auf die mißglückte politische Symbolik, die Bundeskanzler Kohl auf dem Soldatenfriedhof in Bitburg, auf dem auch Angehörige der Waffen-SS liegen, mit dem amerikanischen Präsidenten Reagan inszenierte. Verstärkt wurden dergleichen instinktlose politische Demonstrationen durch die Diskussion in Historikerkreisen über einen Schlußstrich unter die Geschichte der NS-Zeit bzw. über die Relativierung der NS-Verbrechen an den Juden in Relation zu den Kriegsverbrechen am deutschen Volk.[10]

In der Beziehung zur inneren Entwicklung ist das Verhältnis der Bundesrepublik Deutschland zu dem fast gleichzeitig entstandenen Staat Israel (gegründet 1948) zu sehen. Bundeskanzler Adenauer sah in der materiellen Wiedergutmachung an den jüdischen Opfern des NS-Regimes ein wichtiges Mittel, „daß der neue deutsche Staat in der Welt Vertrauen, Ansehen und Glaubwürdigkeit [. . .] wiedergewinnen werde". Auf die Bereitschaft dazu, die Adenauer im November 1949 erklärt hatte, antwortete im Januar 1951 die israelische Regierung angesichts ihrer schwierigen wirtschaftlichen Situation mit einer Note an die vier Alliierten, in der sie 1 Mrd. US-$ von Westdeutschland und 500 Mio. US-$ von Ostdeutschland forderte. Während die UdSSR und die DDR die Note unberücksichtigt ließen, nahm die Bundesrepublik Deutschland die Verhandlungen auf, die 1952 zum Luxemburger Abkommen führten, das dem Staat Israel 3 Mrd. DM und der Claims Conference, die die Opfer außerhalb Israels vertrat, 500 Mio. DM zusprach. Mit der Ratifizierung im Bundestag, die am 18. März 1953 erfolgte, hätte auch die Aufnahme diplomatischer Beziehungen einhergehen können, die zu diesem Zeitpunkt von Jerusalem aber noch abgelehnt wurden. Auch von deutscher Seite wurden sie kaum ernsthaft angestrebt, um sich die Sympathien in den arabischen Staaten nicht zu verscherzen. Als sie dann doch endlich 1965 zustande kamen, waren sich beide Seiten im klaren darüber, daß es aufgrund der historischen Ereignisse zwischen Israel und Deutschland keine „normalen" Beziehungen geben konnte. Die antisemitischen Vorkommnisse in der Bundesrepublik, die Versuche, die Prozesse gegen KZ-Mörder an der Verjährungsfrist scheitern zu lassen, noch ehe sie eigentlich begonnen hatten, aber auch die Tätigkeit deutscher Raketenspezialisten für Ägypten belasteten zudem die Beziehungen. Erst die Sympathiewelle in der Bundesrepublik während des 6-Tage-Krieges zugunsten Israels und ein gegenseitiges Wirtschaftsabkommen führten zu einer stärkeren Annäherung. Belastet waren die Beziehungen aber auch weiterhin durch die distanzierte Haltung der Bundesrepublik gegenüber Israel infolge des arabischen Ölboykotts und des Eintretens des EG-Rats für das Selbstbestimmungsrecht der Palästinenser (1977), ein Beschluß, der von Frankreich im Zusammenspiel mit der BRD herbeigeführt worden war. Verstärkt wurde das gegenüber Israel unfreundliche Verhalten der deutschen Bundesregierung durch Waffenverkäufe an arabische Staaten, durch die sich Israel bedroht sah. Waffenverkäufe und Technologietransfer aus der Bundesrepublik an aggressiv gegen Israel eingestellte Staaten wie Libyen oder den Irak verursachten bis in die 90er Jahre eine latente Belastung der deutsch-israelischen Beziehungen und führten zur Wiederbelebung der Kollektivschuld-These durch den israelischen Ministerpräsidenten Begin (1982). Der Niedergang der DDR und die bevorstehende Wiedervereinigung fanden in Israel keinen ungeteilten Beifall, rechnete man doch damit, daß ein größeres Deutschland noch unsensibler in der Beziehungsfrage operieren könnte.[11]

Mit dem Ende des „real existierenden Sozialismus" und der Wiedervereinigung der neuen Bundesländer der ehemaligen DDR mit der alten Bundesrepublik erreichten die antisemitischen Demonstrationen in der Tat einen neuen Höhepunkt. Übergriffe gegen jüdische Friedhöfe, Denkmale und Synagogen nahmen zu. Besondere Aufmerksamkeit erregten die Brandanschläge auf die „jüdische Baracke" in dem ehemaligen KZ Sachsenhausen, vor allem aber auf die Synagoge in Lübeck im März 1994. Das Anwachsen des rechtsextremen Wählerpotentials, das ungenierte und aggressive Auftreten von Neonazis in der Öffentlichkeit, nicht zuletzt die bedrohlichen Anschläge auf Leben und Eigentum von Ausländern ließen vor allem im Ausland an Vorkommnisse in der niedergehenden Weimarer Republik erinnern. Doch gab es gegen diese Ereignisse demonstrative Gegenaktionen, die deutlich machten, daß Antisemitismus und Ausländerfeindlichkeit nicht bestimmende Faktoren der politischen Kultur in der neuen Bundesrepublik waren. Die Öffentlichkeit reagierte sehr sensibel auf antisemitische Äußerungen von Politikern oder judenfeindliche Gerichtsurteile und bewies damit, daß die Schwelle zur Skandalisierung sich über Jahrzehnte hin gesenkt hatte. Judenfeindliche Äußerungen, die in den 1950er Jahren noch von einer allgemeinen Plausibilität getragen wurden, stießen nun auf große Ablehnung. Das rechtliche Instrumentarium wurde dahingehend verbessert, daß judenfeindliche Äußerungen wie die Auschwitzlüge nun automatisch zur Anklage durch den Staatsanwalt führten. Der Lernprozeß, der nach den Synagogenschmierereien 1959/60 einsetzte, kann als erfolgreich angesehen werden. Zwar gibt es in einem immer noch beachtlichen Teil der Bevölkerung ein antisemitisches Vorurteil, aber es wird nicht mehr von der allgemeinen Öffentlichkeit getragen. In ihr ist der allgemeine anti-antisemitische Konsens gewachsen. Versuche, die Verbrechen der Shoa zu relativieren, werden von der breiten Öffentlichkeit nicht getragen. Was im öffentlichen Lernprozeß noch nicht gelungen ist, ist die Übertragung der hier gewonnenen Erkenntnisse auf andere Opfergruppen der NS-Politik (Sinti, Roma, Homosexuelle, Zwangssterilisierte, Zwangsarbeiter etc.).[12]

Die neuen jüdischen Gemeinden

Die jüdischen Gemeinden, die nach 1945 außerhalb der DP-Camps entstanden, beruhten nicht auf einer „offen bewußten Entscheidung zur Fortsetzung und Neugründung jüdischer Existenz in Deutschland“ (Ginsburg). Es hatte sich so ergeben. Und selbst als sie sich zehn oder fünfzehn Jahre später einigermaßen etabliert hatten, rechnete kaum jemand damit, daß jüdisches Leben in Deutschland für die Zukunft gesichert sei. Die jüdische Gemeinschaft in Deutschland galt als bald aussterbende Restgemeinde.[13] Eine Kontinuität mit den jüdischen Gemeinden in Deutschland vor 1941 war kaum gegeben, auch wenn man, wie bei der Wiedergründung der Gemeinde in

Hamburg z.B. im September 1945, an die große Tradition des etwa 300 Jahre alten Hamburger Judentums anknüpfen wollte. Einen ähnlichen Anspruch formulierte in der Nachkriegszeit der Herausgeber der Allgemeinen Jüdischen Wochenzeitung, Karl Marx, sogar für die gesamte Judenheit in Deutschland.[14] In den jüdischen Gemeinden dominierte bald die „deutsche" Restgruppe, obwohl die jüdischen Zuwanderer aus den osteuropäischen Ländern oder aus den DP-Camps in den Gemeinden eine gleich große, wenn nicht gar größere Gruppe stellten. In den süddeutschen Gemeinden waren sie zweifelsohne in der Mehrheit. Spannungen blieben nicht aus. Aus der deutschen Restgruppe, die weitgehend als jüdische Ehepartner in „privilegierten" Mischehen oder als „Untergründler" überlebt hatten, und aus den DPs, die in Deutschland zurückgeblieben waren, bildeten sich die neuen Gemeinden. 1949 waren beide Gruppen in den Gemeinden gleich stark vertreten. Im Laufe der Zeit kamen die Rückwanderer hinzu, so daß bis 1959 die Zahl aller Gemeindemitglieder auf 21500 in 80 Gemeinden anstieg.[15] Dennoch blieb der Charakter des Provisorischen. Obgleich die Vertreter des politischen Lebens die Herausbildung der neuen jüdischen Gemeinden großzügig förderten, hatten diese von Anfang an mit erheblichen Schwierigkeiten zu kämpfen. Von den internationalen jüdischen Organisationen wurden sie ausgegrenzt und ihre Existenzberechtigung bestritten. Nach der Auflösung der DP-Camps und dem allmählichen Rückgang der deutschen Restgruppe sollten sie wieder aufgelöst werden. Die Jewish Agency forderte im August 1950 sogar in einem Ultimatum, alle Juden in Deutschland sollten innerhalb von sechs Wochen ihre Koffer packen. Nie wieder, so hatte der Jüdische Weltkongreß schon im Juli 1948 gefordert, sollten sich Juden „auf dem blutgetränkten deutschen Boden ansiedeln". Die Ressentiments gegen die in Deutschland lebenden Juden blieben auch in den folgenden Jahrzehnten erhalten und verstärkten vor allem unter den Gemeindemitgliedern aus den ehemaligen DP-Camps die Schuldgefühle. Innerhalb der Gemeinden blieb die Inhomogenität der unterschiedlichen Gruppen mit ihren unterschiedlichen Kulturmustern ein

Problem. Wenn es sich auch bei den neugegründeten Gemeinden weitgehend um Großstadtgemeinden handelte, lebten doch große Teile ihrer Mitglieder über das Land zerstreut und hier vielfach in Isolation zu den übrigen Deutschen. Die neuen Gemeinden waren vielfach als „Interessengemeinschaft von Geschädigten" entstanden, die meisten Überlebenden der deutschen Restgruppe, die in „privilegierter" Mischehe überlebt hatten, standen dem Judentum innerlich fern. Ehepartner und Kinder waren häufig christlich, sollten aber mit in das Gemeindeleben integriert werden. Vielleicht hängt es auch damit zusammen, daß die Zahl der Mischehen zwischen 1951 und 1958 gravierend zunahm. Auf hundert jüdische Ehen kamen fast 300 Mischehen. Erst mit dem Heranwachsen der nach 1945 in Deutschland geborenen jüdischen Kinder änderte sich das Heiratsverhalten. Diese stammten fast ausschließlich aus ehemaligen DP-Familien, verstärkt durch die Kinder der Rückwandererfamilien, die ebenfalls stärker in der jüdischen Tradition verankert waren.[16] Das geringe Wissen um die jüdische Tradition, das in den jüdischen Gemeinden bis in die 1960er Jahre vorherrschte, lag sicher auch darin begründet, daß es kaum Rabbiner gab, nachdem die Jeschiwot mit Auflösung der DP-Camps nach Israel verlegt worden waren. Leo Baeck setzte sich dafür ein, daß für die „Scherit Hapleta", die „letzten Entronnenen", wie die nach einem Jesaja-Wort verbliebenen Juden bezeichnet wurden, auch geistlich gesorgt wurde. Auf seine Initiative hin gingen einige Rabbiner wieder nach Deutschland. Direkt nach 1945 versahen Militärrabbiner zumindest an den hohen Feiertagen den geistlichen Dienst. Von den ehemaligen Gemeinderabbinern, soweit sie überlebt hatten, kehrten zunächst nur wenige zurück. Dies änderte sich erst in den 50er Jahren, so daß sich nun wieder ein religiöses Leben in den Gemeinden entwickeln konnte. Doch blieb die Zahl der Rabbiner beschränkt. 1960 amtierten sieben ausgebildete Rabbiner in Deutschland. Das bedeutete, gerade die Hälfte der insgesamt fünfzehn Landesverbände und Landesgemeinden wurde durch einen fest angestellten Rabbiner betreut. Daneben gab es noch einige weitere, die dieses Amt im

Nebenberuf versahen. Die seit 1952 tagende Rabbinerkonferenz tendierte eher in die liberale Richtung, wie auch zunächst in den Gemeinden der liberale Gottesdienst vorherrschte und auf eine Trennung zwischen männlichen und weiblichen Gottesdienstbesuchern kaum geachtet wurde.[17] Mit der Einrichtung der neuen Synagogen in den 1960er Jahren betonten die Gemeinden wieder stärker die orthodoxe Tradition, auch wenn diese Synagogen in der Mehrzahl von christlichen Architekten errichtet wurden. Die Gemeinden verzichteten im Gegensatz zur Zeit vor 1933 bei den Synagogenplänen auf programmatische Vorgaben, beschränkten sich weitgehend nur auf ein Raumprogramm, das aber, wie in Hamburg, Geschlechtertrennung und die Einrichtung einer Mikwa, d.h. eines rituell vorgeschriebenen Bades, vorsah, eine Entscheidung für die musikalische Begleitung des Synagogalgesanges aber offen ließ. Wichtiger war, daß die neuen Synagogen im Rahmen von Gemeindezentren entstehen sollten, was aber auch bei den christlichen Gemeinden im Trend der Zeit lag. Fast alle Gemeindevorstände verzichteten auf den Einbau einer Orgel in den neuerrichteten Synagogen, so daß, bedingt durch die Zurückdrängung des liberalen Ritus, in den 1990er Jahren nur noch eine Synagoge – in Berlin – existierte, in der der liberale Gottesdienst durch Orgelmusik begleitet und in der auch die musikalische Tradition der Synagogalmusik gepflegt wird. Das Reformjudentum, das einst von Deutschland ausging, hat hier in der allernächsten Zukunft nur geringe Entwicklungschancen. Der insulare Charakter, der für die jüdischen Gemeinden in Deutschland typisch ist, beeinträchtigte eine Weiterentwicklung sowohl des orthodoxen wie des religiös-liberalen Judentums in Deutschland. Der Generationswechsel, der in den Führungsgruppen der jüdischen Gemeinden in den späten 80er Jahren vor sich ging, bewirkte zu Beginn der 90er Jahre eine Diskussion über einen liberalen Gottesdienst und die gleichberechtigte Stellung der Frau im Gottesdienst. In der, wenn auch kleinen, Gemeinde Oldenburg wurde 1995 zum ersten Mal seit den 1930er Jahren in Deutschland wieder eine Rabbinerin in dieses Amt berufen, was allerdings von dem Vorsitzenden des

Zentralrats mißbilligt wurde, wiewohl er dahingehend keine Entscheidungsbefugnis besitzt noch beansprucht. Doch geht die Entwicklung des religiösen Lebens in den Gemeinden noch sehr schleppend voran, zumal von diesen kaum hinreichend Religionsunterricht angeboten werden kann. Die 1979 durch den Zentralrat gegründete Hochschule für Jüdische Studien hat ihren zuweilen formulierten Zweck, nämlich Rabbiner und Religionslehrer auszubilden, kaum erfüllt, da sie nicht, wie von manchen intendiert, als Jüdisch-Theologische Hochschule etabliert wurde. Sie übt dagegen auf nicht-jüdische Studierende eine starke Anziehungskraft aus. Bemerkenswert ist die Wiedergründung jüdischer Schulen im Grundschul- wie im gymnasialen Bereich in Frankfurt/Main und insbesondere in Berlin, wo im Jahre 1994 das traditionsreiche Gymnasium in der Großen Hamburger Straße wieder eröffnet wurde und die den Namen von Heinz Galinski tragende Grundschule 1995 einen architektonisch anspruchsvollen Neubau bezog.[18]

Außerdem floriert in den heutigen Großgemeinden das kulturelle Angebot durch die Etablierung jüdischer Volkshochschulen oder fester Vortragsprogramme. Auch dies wird sehr stark von nicht-jüdischen Interessenten in Anspruch genommen. Dahinter verbirgt sich ein starkes säkulares Interesse am Judentum in Deutschland, wovon das reiche Buchangebot zum jüdischen Leben und zur jüdischen Kultur zeugt. Auch die akademische historische Forschung, die sehr lange die deutsch-jüdische Geschichte ignorierte, entwickelte seit den ausgehenden 1960er Jahren ein starkes Interesse an diesem Forschungsgebiet. In vielen Hochschulen gehört ein breites Angebot zur jüdischen Kultur und Geschichte zum ständigen Lehrangebot. Für die Gemeinden kann dieses gewachsene Interesse von Bedeutung sein, um die langjährige Isolierung zu überwinden und zu einem lebendigen Austausch zwischen jüdischen Gemeinden und nicht-jüdischer Umwelt beizutragen. Die symbolische Bedeutung, die die jüdischen Gemeinden im politischen Kalkül der Bundesrepublik haben und die in offiziellen Feierstunden während der Woche der Brüderlichkeit betont augenfällig demonstriert wird, hat eher zu einer Erstarrung als zu einem lebendigen Austausch mit der nicht-jüdischen Umwelt geführt. Sie dienen vielfach als Nachweis für die neue, demokratisch bestimmte politische Kultur in Deutschland und werden entsprechend funktionalisiert. Die politische Bedeutung, die die jüdischen Gemeinden seit der Adenauer-Ära haben, bewirkte jedoch auch eine Entkrampfung in den Beziehungen zu den jüdischen Auslandsorganisationen, für die sie nun im Rahmen des Wiedergutmachungsprozesses eine gewisse Mittlerrolle einnahmen. Selbst die Exekutive der zionistischen Organisation befürwortete 1954 die Gründung eines Landesverbandes in Deutschland.[19] Diese Funktion nimmt seitdem der 1950 gegründete Zentralrat der Juden in Deutschland wahr, dessen Gründung als Dachverband der jüdischen Gemeinden in Deutschland von den jüdischen Gemeinden seit langem gefordert worden war. Bis 1990 vertrat der Zentralrat ca. 90 Gemeinden mit über 30 000 registrierten Mitgliedern, die zum größten Teil polnischer, rumänischer, tschechischer und in jüngster Zeit sowjetischer Herkunft waren. Der Anteil der jüdischen Restgruppe aus Deutschland betrug nur noch 10%. Während die Zahl der jüdischen Gemeindemitglieder, vor allem durch Zuwanderung, darunter 60% aus Israel, kontinuierlich anstieg und dadurch die hohe Mortalitätsrate ausgeglichen werden konnte, ging die Zahl der Gemeindemitglieder in der DDR von 3100 (1945) auf 350 (1990) kontinuierlich zurück. Neben der Überalterung trugen hierzu auch die staatlich gelenkten Antisemitismuskampagnen der 50er Jahre bei, die viele Juden zur Flucht veranlaßten. Bei Auflösung der DDR existierten nur noch acht Gemeinden, die sich in zwei Landesgemeinden vereinigt hatten. Sie schlossen sich im September 1990 dem Zentralrat der Juden in Deutschland an. Der Generalsekretär, später Vorsitzender, des Zentralrats gilt in der deutschen Öffentlichkeit als offizieller Sprecher der Judenheit in Deutschland. Profiliert hat sich in dieser Funktion Heinz Galinski, seit 1949 Vorsitzender der jüdischen Gemeinde Berlin, wenn auch sein autokratischer Stil und sein bisweilen schroffes Auftreten ihm kaum Sympathien verschafften. Dies gelang dagegen seinem Nachfolger Ignatz Bubis, der seit 1992 als Vorsitzender einen „vorsichtigen Pluralismus nach innen" ermöglichte und in der allgemeinen Öffentlichkeit große Popularität und Sympathie besaß, die sich auch zugunsten der jüdischen Gemeinschaft in Deutschland auswirkte. Bubis, KZ-Überlebender wie Galinski, gehörte noch der alten Gründergeneration an, die in den meisten Gemeinden die Leitung inzwischen an die jüngere Nachkriegsgeneration abgetreten hat. Dadurch wurden, wie in Hamburg und München z.B., nun auch stärker Frauen in Führungspositionen gewählt.[20]

Ignatz Bubis verstarb im August 1999. Das Fazit, das er kurz vor seinem Tod in einem Interview zog, klang sehr pessimistisch: „Ich habe nichts, fast nichts erreicht." Angesichts der Popularität, die er genoß, überraschte diese Feststellung in der Öffentlichkeit. Zu seinem Nachfolger wurde am 9.1.2000 Paul Spiegel gewählt. Auch er – wie seine Vorgänger – ein Vertreter der Holocaust-Generation. Als Kind war er von einer belgischen Familie in der Nähe von Brüssel vor den Verfolgungen der Nationalsozialisten versteckt worden und hatte so überlebt. Programmatisch erklärte der neue Vorsitzende, den Weg Bubis fortzusetzen, um „das deutsche Judentum zu konsolidieren [...] nicht zuletzt durch die Integration unserer Glaubensgenossen aus der früheren Sowjetunion und die Versöhnung mit der nicht-jüdischen Gesellschaft".[21] Die Integration der aus den GUS-Staaten zugewanderten Juden, durch die die Zahl der Juden in Deutschland in nur zehn Jahren verdreifacht wurde und so auf fast 100000 anstieg, ist heute die wichtigste Aufgabe der Gemeinden und des Zentralrats. Sie kann geleistet werden, da die Generation der in der Bundesrepublik herangewachsenen Juden sich voll und ganz in die Gesellschaft integriert hat. Diese Generation, deren Eltern nichts mehr mit dem deutschen Judentum verband und die nach der Shoa dessen assimilatorischen Kurs bewußt ablehnten, mußte eine eigene Identität finden. Das schlechte Gewissen, im Land der Mörder zu leben, führte zunächst zu einer starken Identifizierung mit Israel. Die nachwachsende Generation lehnte es entschieden ab, „deutsche Juden" zu sein, sondern begriff sich als „Juden in Deutschland". Die Bundesrepublik hatte für sie immer noch einen provisorischen Charakter, solange es keinen Friedensvertrag gab und den Alliierten, wenn auch sehr eingeschränkt, eine gewisse Oberhoheit zuerkannt werden mußte. Mit dem Deutschlandvertrag 1990 aber entfiel dieser mentale Vorbehalt und führte unter der jüngeren Generation noch einmal zu einer Auseinandersetzung im Hinblick auf das „Leben in Deutschland“. Es zeigte sich dabei jedoch eine Tendenz, die in Ansätzen bereits in den 1980er Jahren deutlich wurde, daß die „zweite“ in Deutschland aufgewachsene Generation sich viel stärker mit Deutschland identifizierte als die Generation ihrer Eltern und sich zunehmend die Frage stellte, ob das deutsch-jüdische Erbe auch für sie als identitätsstiftend zu verstehen sei. Wie Ignatz Bubis, der bewußt in einem autobiographischen Gespräch auf die alte C.V.-Formulierung zurückgriff: „Ich bin ein Deutscher jüdischen Glaubens“, spricht auch Paul Spiegel vom „deutschen Judentum“.[22] Trotz dieser Voraussetzungen bringt die Integration der Neu-Zuwandernden erhebliche soziale und auch geistliche Probleme mit sich. Den wenigsten dieser Zuwanderer gelingt es, sich in ihren ehemaligen, vielfach akademischen Berufen zu etablieren, so daß sie auf Sozialhilfe angewiesen sind. Auch verzichten viele von ihnen auf den Kontakt mit den jüdischen Gemeinden. Den Mitarbeitern der Gemeinden fehlt es an Räumen, Sachmitteln und auch Lehrern, um wenigstens eine notdürftige soziale, kulturelle und auch religiöse Grundversorgung der Zuwanderer zu gewährleisten. Diese hatten in der atheistischen Sowjetunion kaum Gelegenheit, jüdische Kultur und Religion kennenzulernen.[23] Doch auch in den jüdischen Gemeinden der Bundesrepublik war nach 1945 bis zur Gegenwart das geistliche Angebot nicht immer gewährleistet. Es fehlte an Rabbinern, vor allem an der Möglichkeit, sie in Deutschland auszubilden. Um dem abzuhelfen, ist 2001 an der jüdischen Hochschule in Heidelberg ein Rabbiner-Lehrstuhl eingerichtet worden. Im selben Jahr wurde mit dem Abraham-Geiger-Institut an der Universität Potsdam ein liberal ausgerichtetes Rabbiner-Seminar eröffnet. Doch ist die Zustimmung des Zentralrats zu dieser Institution eher verhalten; freilich fungiert der Zentralrat nur als politische Vertretung und stellt nicht das höchste religiöse Organ dar, als das eher die Rabbinerkonferenz zu sehen ist. Im Bestreben, die Gemeinden als Einheitsgemeinden zu erhalten, nimmt die Rabbinerkonferenz sehr stark auf orthodoxe Vorstellungen Rücksicht.[24]

Die „Versöhnung mit den nicht jüdischen Deutschen", die Paul Spiegel als weiteres Ziel seiner Politik anführte, ist durch wachsende antisemitische und fremdenfeindliche Aktionen der Rechtsradikalen in den Jahren 2000 und 2001, aber auch durch antisemitische Äußerungen aus dem intellektuellen Milieu sowie politischen Kreisen schwer belastet. Als Aktion gegen den wachsenden Antisemitismus und die radikale Fremdenfeindlichkeit initiierte Bundeskanzler Gerhard Schröder am 9.11.2000 eine Demonstrationsveranstaltung vor dem Brandenburger Tor, auf der auch Paul Spiegel sprach.[25] Bei allen Gesten der Versöhnung, wie sie häufig von Politikern demonstriert werden, ist es dem Zentralrat darum zu tun, nicht als „Versöhnungsmaschine" mißbraucht zu werden, um mit Verweis auf die Versöhnung mit den Juden in Deutschland im politischen Bereich die Demokratiefähigkeit der Deutschen zu beweisen.[26]

Neben der Aufklärung durch die Schule und allgemeine Bildungseinrichtungen kommt der Erinnerungskultur die wichtige Aufgabe zu, das Besondere deutsch-jüdischer Geschichte im Bewußtsein der Öffentlichkeit wach zu halten. Dies ist eine komplexe Aufgabe; denn einerseits soll sie die Verantwortung wachhalten, die aus der Shoa erwächst, andererseits aber die Juden aufgrund ihrer Leistungen in der langen gemeinsamen Geschichte nicht nur als Opfer darstellen. Nach den bisweilen peinlichen Debatten um das Holocaust-Mahnmal in Berlin hat der Deutsche Bundestag 1999 deutlich gemacht, daß ein Holocaust-Mahnmal für die Hauptstadt des wiedervereinten Deutschland unverzichtbar ist.[27] Nicht nur an die Shoa, sondern an die deutsch-jüdische Geschichte mit ihrer langen Tradition soll eine andere Stätte erinnern: das Anfang September 2001 neueröffnete jüdische Museum in Berlin. Der Architekt Daniel Libeskind sah es als sein Ziel, mit der eigenwilligen Architektur dieses Baues „die Bedeutung des Holocaust physisch und geistig in das Bewußtsein und Gedächtnis der Stadt zu integrieren", aber auch die „enormen intellektuellen, wirtschaftlichen und kulturellen" Leistungen der jüdischen Bürger Berlins der Öffentlichkeit deutlich zu machen.[28]

In ihrer über tausendjährigen Geschichte steht die deutsche Judenheit heute nach ihrer Revitalisierung seit 1945 in einem schwierigen Entwicklungsprozeß. Aber trotz aller Schwierigkeiten, die ihnen immer wieder bereitet werden, setzen die jüdischen Bürger auf eine Zukunft in Deutschland. Ob sie diese Zukunft haben werden, das hängt, wie Paul Spiegel bemerkt, von den nicht-jüdischen Deutschen ab.[29]

Anhang

Abkürzungen

AZJ	Allgemeine Zeitung des Judentums
GJ	Germania Judaica
MJ	Monumenta Judaica
HZ	Historische Zeitschrift
LBYB	Leo Baeck Institute Year Book
WA	Weimarer Ausgabe

Anmerkungen

I. Die Juden im mittelalterlichen Deutschland

1 Thieme (1961), S. 49 ff.; Stow, S. 6 ff.
2 Frank, S. 37 ff.
3 Elbogen, S. XVII ff.; Ristow, S. 33 ff.; Tykocinski, S. 269 ff.; Pinthus, S. 8 ff.; Lotter (1991), S. 23 ff.; Battenberg (1990) I, S. 45 ff.
4 Marcus, S. 60 ff.
5 Lotter (1991), S. 33 ff.; Mertens, S. 58 ff.; Ristow, S. 49 ff.
6 Elbogen, S. XVII; siehe Karte in GJ I (Anhang).
7 Edelmann, S. 671 ff.
8 Awerbuch, S. 53 ff. (Zitat S. 61); Dan, S. 127 ff.; Edelmann, S. 680 ff.; Scholem, S. 87 ff.; Stow, S. 102 ff.; Marcus, S. 70 ff.
9 Krautheimer, S. 100 ff.; Künzl, S. 61 ff.; Schnurrer, S. 478 (Zitat); Metzger, S. 9 ff.
10 Elbogen, S. XXXII ff.
11 Elbogen, S. XXVII ff.; Toch (1/1981), S. 79 ff.; Toch (1988), S. 86; Herzig (2/1984), S. 6.
12 Mayer, S. 18 ff.; Browe (1973), S. 17 (Zitat); Blumenkranz (1965), S. 11 ff.
13 Salfeld/Bein, S. 176 ff.; Greive (1980), S. 66; Eckert (1961), S. 97 (Zitat).
14 Eckert (1961), S. 100 (Zitat); Awerbuch, S. 59 ff.
15 Roth, S. 61; Salfeld/Bein, S. 181.
16 Siehe Karte in GJ II. 2 (Anhang); Elbogen, S. XVIII ff.; Maimon (1968), S. 109, 499; Aschoff (1/1979), S. 58; Haverkamp (1991), S. 18.

17 Herde (2/1988), S. 71 ff.; Elbogen, S. XXXV ff.
18 Blumenkranz (1965), S. 61; Eckert (1963), S. 152.
19 Pfeiffer I, S. 363.
20 Battenberg (1/1987), S. 549 ff.; Mertens, S. 61; Stow, S. 231 ff.
21 Kisch, S. 71 ff.; Dilcher, S. 24; Eckert (1961), S. 109; Elbogen, S. XXXIII ff.
22 Browe (1938), S. 48 ff.; J. Cohen, S. 242 ff.; Pfeiffer I, S. 401 (Zitat).
23 Roth/Ristow/Eckert, S. 68.
24 Haverkamp (1991), S. 14 ff.; Lotter (1988), S. 387 ff.; Eckert (1963), S. 155 ff.; Herde (1/1988), S. 22; Lotter (1991), S. 63 f.; Ben-Sasson, S. 124.
25 K. Arnold, S. 40 ff. (hier auch das Zitat); Ben-Sasson, S. 124; Lotter (1988), S. 385 ff.; Herde (1/1988), S. 24.
26 Jenks, S. 332 f.
27 Graus (1981), S. 68 ff.; Graus (1987), S. 13 ff.; Haverkamp (1981), S. 27 ff. (hier auch die Zitate); Seibt, S. 192 ff.; Herde (1/1988), S. 24 ff.; Bulst, S. 45 ff.; Andernacht, S. 5 ff.

II. Die lange Krise (1350–1650)

1 Wenninger, S. 31 ff.; Kracauer I, S. 114 ff.; Kisch, S. 166 ff.
2 Toch (2/1981), S. 283 ff.; Kracauer I, S. 65 ff.; Hayek, S. 334; Wenninger, S. 42 ff.; Irsigler, S. 121 ff.
3 Edelmann, S. 668 ff.; Yuval (1991), S. 173 ff.
4 Wenninger, S. 240 ff.; Resmini, S. 76 ff.; Heyen, S. 628; Eckstein (1898), S. 10 ff.; Aufgebauer, S. 26 ff.; Reuter, S. 63; Zitate: Wenninger, S. 178; Altmann, S. 177.
5 Stobbe, S. 192 ff.; v. d. Brincken, S. 305 ff.; Yuval (1992), S. 59 ff.; Wenninger, S. 124 (Zitat).
6 Meuthen, S. 477 ff.; Eckstein (1898), S. 11, 282; Kracauer I, S. 195 (Zitat); Flade, S. 178; Reuter, S. 90 f.; Eckert (1968), S. 224 ff.; Toch (2/1981), S. 284 f.
7 Haverkamp (1991), S. 29; Lexikon f. Theol. u. Kirche (1961), Bd. VI, S. 928 f.; Hofer I, S. 419 ff.; II, S. 209 ff. (tendenziöse Darstellung); Brann I, S. 115 ff.; Eckert (1963), S. 157; Boockmann, S. 398 f.; Hsia (2/1989), S. 58 ff.; Rohrbacher/Schmidt, S. 269 ff.
8 Beispiele bildlicher Darstellungen in: Schuder-Hirsch, S. 405 ff.; Hsia (1988), S. 25 ff.; Holtze, S. 54 ff.; Wohlfeil, S. 35 ff.
9 Frey (1991), S. 36 ff.; Eckert (1963), S. 153 ff.; Güdemann III, S. 140 ff.; v. d. Brincken, S. 305 ff.; Eckstein (1898), S. 282; Sauer, S. 58 ff.; Blumenkranz (1965), S. 23 ff.
10 Ulshöfer, S. 154 ff. (Zitat S. 158); B. Moeller, S. 10 ff. (Zitat S. 15); Angerstorfer, S. 161 ff.; Schmid, S. 589 ff.; Maimon (1981), S. 208 ff.; Battenberg (1/1987), S. 568; Battenberg (1992), S. 5 ff.

11 Oberman (1981), S. 32 ff.; Oberman (1993), S. 40 ff.; Lotter (1993), S. 65 ff.; Eckert (1963), S. 180 ff.; Straus (1960), Nr. 988, S. 355 ff. (Quellenzitat); W. Maurer (1952), S. 542.

12 Luther, Tischreden, Bd. 1, S. 357; WA Bd. 53, S. 527 (1. Zitat); Briefwechsel, Bd. 8, S. 89 ff. (2. Zitat); WA Bd. 53, S. 520 ff.; WA Bd. 51, S. 195 f.; Oberman (1981), S. 59 ff.; S. Stern (1969), S. 148 ff.

13 Walz, S. 34 ff.; Hsia (1988), S. 147; Luther, WA Bd. 53, S. 53; Kracauer I, S. 369; Reuter, S. 76; Oberman (1981), S. 140 ff.; Ehrlich, S. 72 ff.; Frey (1987), S. 188; Battenberg (1989), S. 340; Ries (1984), S. 639 ff.; Ries (1994), S. 287 ff.; Battenberg (2/1987), S. 3 ff.; Aufgebauer, S. 103; Güdemann III, S. 144; G. Müller, S. 455 ff.; Bucer, S. 345 ff.; Osiander, S. 1 ff.

14 Aufgebauer, S. 77 ff.; Frey (1987), S. 177 ff.; Eck, 1., 22. und 24. Kap. (Zitate); Schreiner, S. 68 ff.; Hsia (1988), S. 29 ff., 128; Vollständige Sammlung, S. 221 f.; Veit/Lenhart, S. 61; Wittstadt, S. 162 ff.; Schormann, S. 122; Hsia (1/1989), S. 127 f. (Timpe-Zitat).

15 Israel, S. 16 ff.

16 Eckert (1968), S. 285 ff.; Israel, S. 5 ff.; Wittstadt, S. 158 ff.; Battenberg (1995), S. 247 ff.; Bohrer, S. 53 ff. (Zitat S. 70); Wirsbergs Ausweisungs-Edikt von 1567 in: Staatsarchiv Würzburg, Judensachen 9/50, fol. 10 f.; Echters Rechtfertigungsschreiben an Kaiser Maximilian II. vom 14.7.1575 in: Ebd., Judensachen 10/191, fol. 57–73; seine Haltung in der Friedhofsfrage in der Eingabe an den Kaiser vom 10.11. 1576 in: Ebd. fol. 95–98, fol. 98; die Eingabe der Juden in: Ebd., fol. 102–107, (Zitate fol. 106 f.); Echters Judenmandate von 1574 und 1575 in: Ebd., Libr. div. form. 32, fol. 100–121.

17 Eck, 22. Kap. (Zitat); Aschoff (2/1979), S. 139 ff.; Die Judenordnungen geistlicher Territorialstaaten: Köln (1599, 1614, 1700): Vollständige Sammlung, S. 216 ff. (Zitat S. 228); Trier (1618): Scotti, S. 591 ff.; Minden u. Halberstadt (1621): Staatsarchiv Hannover, Celle Br. Ar. Des 27, Nr. 420 b; Bamberg (1644): Eckstein (1898), S. 317 f.; Münster (1662): Aschoff (2/1979), S. 181 ff.; Essen (1664): Samuel, S. 98 ff.; Würzburg (1750): Staatsarchiv Würzburg, Amtsbücherei H.-B. 994 II, S. 579 ff.; Resmini, S. 93 ff.; Würfel, S. 3 ff.; Renda, S. 225 ff.; Battenberg (1992), S. 8 ff.; Bohrer, S. 78 ff.; Aufgebauer, S. 102.

18 Eck, 24. Kap. (Zitat); Staatsarchiv Würzburg, Judensachen 10/191, fol. 9, 59, 65 (Zitate); Eckstein (1898), S. 15 ff.; Resmini, S. 86 (Zitat); Aschoff (2/1979), S. 155 (Zitat).

19 S. Stern (1969), S. 60 ff. (Zitate).

20 Herzig (1/1994), S. 128 f.; Bohrer, S. 90.

21 Ben-Sasson, S. 400 ff.; Walz, S. 47 ff.

22 Stadtarchiv Hildesheim, Bestand 100–84, Nr. 7; Hof- und Staatsarchiv Wien, 41 Jud. misc. J 1, fol. 40–45; Aufgebauer, S. 92 f.; Herzig (1/1994), S. 128.

23 Hof- und Staatsarchiv Wien, 41 Jud. misc. J 1, fol. 27–38.

24 Press, S. 247 ff.; Maimon (1981), S. 205 ff.; Brilling (1979), S. 185 ff.; Battenberg (1992), S. 5 ff.
25 Staatsarchiv Detmold, L 37 IX Sec. 5 Nr. 3 b (Zitat); Herzig (1/1994), S. 129 ff.
26 Press, S. 247 ff.; D. Cohen, S. 223; Kracauer I, S. 311 ff.; Battenberg (3/1987), S. 410; Löwenstein, S. 420, 429; Seitz, S. 480; Kießling, S. 158; Rohrbacher (1995), S. 80 ff.; Illian, S. 209 ff.; Deventer, S. 10 ff.; Aschoff (1980), S. 86; Ries (1994), S. 300 ff.; Rabin (1927), passim.
27 Kellenbenz, S. 225 f.; Herzig (2/1994), S. 133 ff. (hier die Zitate).
28 Rohrbacher (1995), S. 95 ff.
29 Rohrbacher (1995), S. 96 ff.; D. Cohen, S. 221 ff.; Edelmann, S. 686; Brilling (1973), S. 213; Kracauer I, S. 389 ff.
30 Eckstein (1898), S. 19; Stadtarchiv Freiburg/Br., 1A7 (Zitat); Waldhoff, S. 12 ff.; Kracauer I, S. 358 ff.; Reuter, S. 84 ff.; Herzig (1/1994), S. 130.
31 Bohrer, S. 119 ff.; Schnee 1, S. 28 ff., 40 ff.; Aufgebauer, S. 78 ff.; Luther, WA Bd. 53, S. 524 (Zitat); Kracauer I, S. 317 f.; Brilling (1973), S. 218; Ries (1994), S. 497 ff.; Reuter, S. 75.
32 Kracauer II, S. 1 ff. (Zitat); Aufgebauer, S. 109 ff. (Zitat); Waldhoff, S. 23; Krieg, S. 130 ff.; Schedlitz, S. 24; Böhm, S. 21 ff.; Weger, S. 125 ff.; Israel, S. 96 ff.; Glückel von Hameln, S. 14 ff. (Zitat); Battenberg (1990) I, S. 44.

III. Die Zeit der Konsolidierung (1650–1806)

1 S. Stern (1962 ff.) I. 1, S. 11 ff. (Zitate); Bruer, S. 39 ff.
2 S. Stern (1962 ff.) II. 1, S. 10 ff. (Zitat); Bruer, S. 46 ff., 394 f.
3 Rürup (1991), S. 86.
4 Wehler I, S. 397 ff.
5 J. Müller, S. 100 ff.
6 Böhm, S. 21 ff. (Zitat).
7 Siehe Beiträge in: Herzig/Rohde, S. 41 ff.; Text der Judenordnung von 1710 in: Freimark/Herzig, S. 312 ff.; Glückel von Hameln, S. 16.
8 Herzig (1/1988), S. 150 ff.
9 Staatsarchiv Würzburg, G. 15330 (Zitat); Preising, S. 23.
10 Herzig (1/1988), S. 170 (Zitat).
11 Graupe (1977), S. 52 f.; Battenberg (1990) II, S. 1 ff.; Toury, S. 9.
12 Battenberg (1990) II, S. 38 ff.; Glückel von Hameln, S. 60 ff. 13 (Zitat); Graupe (1977), S. 41 ff.
13 Richarz (1974), S. 6; Hayoun, S. 229.
14 Mecklenburgisches Landeshauptarchiv Schwerin, Judenangelegenheiten M.-Schwerin (Acta judaeorum) 11, Nr. 699.
15 Richarz (1974), S. 10 ff.; Walz, S. 48 ff.; Graupe (1977), S. 89 ff.; Shocham, S. 31 ff.
16 Graupe (1973), S. 86; Herzig (1/1988), S. 164 ff.

17 Mühlinghaus, S. 138 ff.; Eschwege, S. 86; Hammer-Schenck I, S. 17 ff.; Rabin (1926), S. 160 f.; Rohde, S. 145 ff.
18 Gerber, S. 128 ff. (Zitate).
19 Schnee III, S. 100 ff.
20 Bruer, S. 76 ff.
21 Schedlitz, S. 5 f.
22 H. Arnold, S. 132 ff.; Herzig (1992), S. 58 ff.
23 Staatsarchiv Hamburg, Cl VII Lit L b Nr. 18.
24 Sabelleck, S. 92 (Zitat).
25 S. Stern (1962 ff.) II. 1, S. 131 ff.
26 Staatsarchiv Bamberg, B 71 I Nr. 2 (Zitate); Endres, S. 67 ff.
27 Endres, S. 70 ff. (Zitate).
28 Endres, S. 79 f. (Zitat).
29 Graupe (1977), S. 73 f.; Friedrich, S. 141 f.; König, S. 142 ff. (Zitat).
30 Herzig (2/1984), S. 22 (Zitate); Weger, S. 182; Herzig (1993), S. 228.
31 Schrader, S. 71 ff.
32 Staatsarchiv Würzburg, Miscell. 2872 (Zitate); Erb, S. 117 ff.; Rohrbacher/Schmidt, S. 273 f.
33 Friedrich, S. 135 f.; Sächsisches Hauptstaatsarchiv Dresden, Loc 589 (Zitat); Herzig (1993), S. 237 ff.
34 Herzig (2/1988), S. 10 ff.; Dohm, S. 3 ff.; H. Möller, S. 119 ff.
35 Katz, S. 95 ff. (Knigge-Zitat); Herzig (1991), S. 134 ff. (Fichte-Zitat); M. Meyer (1/1992), S. 26 ff.
36 Rürup (1991), S. 87; Sorkin, S. 21 ff.
37 Herzig (2/1988), S. 10 ff. (Zitate).
38 Katz, S. 131 ff.; Gidal, S. 126.

IV. Der lange Weg zur Emanzipation (1806–1871)

1 Koselleck, S. 59 ff.
2 Vogel, S. 79.
3 Krohn, S. 15.
4 Berding (1983), S. 23 ff.
5 Herzig (1/1984), S. 72 ff. (Zitat).
6 Erb/Bergmann, S. 97 ff.; Rönne/Simon, S. XI; Vogel, S. 224 ff.; Toury, S. 36, Östreich, S. 36 ff.; Rohrbacher (1993), S. 294.
7 Toury, S. 42, 244 ff.; Rürup (1975), S. 37 ff.; Treml, S. 247 ff. (Zitat).
8 Langewiesche, S. 153 ff. (Zitat); Herzig (1/1984), S. 81; Brammer, S. 251 ff.; Holeczek, S. 150 ff.
9 Herzig (1/1984), S. 75 (Zitat).
10 Krohn, S. 16; Berding (1983), S. 41.
11 Herzig (2/1988), S. 10 ff.; Barkai (1988), S. 32 ff.; Toury, S. 100 ff.; Battenberg (1990) II, S. 110 ff.
12 Gehring-Münzel, S. 376 f.; Herzig (2/1984), S. 66 (Zitat); M. Meyer (1988), S. 40 ff.; Battenberg (1990) II, S. 156; Gidal, S. 199.

13 Graupe, S. 128 ff.; Breuer, S. 15 ff.; M. Meyer (1988), S. 28 ff.; Toury, S. 289 ff.; Volkov, S. 21 ff.; Sorkin, S. 138 f.
14 M. Meyer (1994), S. 186 ff.; Sorkin, S. 134 ff.; Herzig (2/1988), S. 16 ff. (Zitat).
15 Richarz (1976), S. 49 ff.
16 Wirtz, S. 60 ff.; Zimmermann (1983), S. 89 ff.
17 Erb/Bergmann, S. 225 ff. (Zitat); Rohrbacher (1993), S. 94 ff.
18 Zimmermann (1983), S. 91; Berding (1988), S. 66 ff.
19 Herzig (1973), S. 83 ff. (Zitat); Zur Motivation der antijüdischen Haltung im Vormärz siehe vor allem Rohrbacher (1993), S. 284 ff.
20 Frühwald, S. 72 ff.
21 Bayerdörfer, S. 92 ff. (Zitate).
22 Bayerdörfer, S. 104.
23 Erb/Bergmann, S. 177 ff. (Zitate).
24 Langewiesche, S. 158.
25 Herzig (1/1984), S. 82 f.
26 Rürup (1991), S. 89 ff.
27 Rohrbacher (1993), S. 181 ff.
28 Volkov, S. 37 ff. (Zitat).
29 Hamburger, S. 189 ff.; Toury, S. 288 ff.
30 Toury, S. 289 ff. (Zitat); Rürup (1981), S. 28 ff.
31 Rürup (1981), S. 20 ff.
32 Volkov, S. 111 f.
33 Herzig (1983), S. 38.
34 Zimmermann (1979), S. 188 (Zitat); Toury, S. 307 ff.
35 Prestel, S. 135 ff.; Richarz (1976), S. 31 ff.
36 Herzig (1983), S. 39 (Zitat).
37 Herzig (1983), S. 47 ff. (Zitate).
38 Gehring-Münzel, S. 477 f. (Zitat); Herzig (1973), S. 118.
39 Toury, S. 124 ff.; Sorkin, S. 124 ff.
40 Hirsch, S. 131 ff.; Na'aman (1986), S. 285 ff.; Na'aman (1991), S. 163 ff.
41 Hammer-Schenk I, S. 165 ff.
42 Hammer-Schenk I, S. 188 f.; Rohde (1/1991), S. 155 ff. (Zitat).
43 Hammer-Schenk I, S. 199 f. (Zitat S. 202); Sorkin S. 5 f.
44 Shedletzky, S. 201 ff.
45 Horch, S. 107 ff., 126, 132, 137, 150.
46 Zimmermann (1979), S. 207.
47 Herzig (1973), S. 116 (Zitate).
48 Toury, S. 309.
49 Herzig (1973), S. 116 f. (Zitate).
50 Gehring-Münzel, S. 475 (Zitate).
51 Prawer, S. 364 ff. (Zitate); Gradenwitz, S. 190.
52 Volkov, S. 44 f.; Denkler, S. 150 ff. (Zitate).
53 Berding (1988), S. 140 ff.; Zimmermann (1979), S. 223 f. (Zitate); Rürup (1987), S. 476.

V. Deutsch-jüdische Geschichte im Kaiserreich und in der Weimarer Republik

1 Jochmann, S. 389 ff.; Volkov, S. 120.
2 Herzig (1973), S. 121 ff.
3 Kampe, S. 205 ff.; Boehlich, S. 5 ff. (Zitat S. 11); Volkov, S. 48; Richarz (1979), S. 39 ff.
4 Jochmann, S. 413 ff.; Pulzer, S. 100 f. (Zitat S. 101).
5 Suchy (1983), S. 205 ff.
6 Richarz (1976), S. 32; Pulzer, S. 101 (Zitat); van Rahden, S. 21 ff.
7 Berding (1988), S. 167 ff.; Zechlin, S. 527 ff.
8 Volkov, S. 48 (Zitat); Jochmann, S. 389 ff.
9 Berding (1988), S. 142 ff. (Zitate).
10 Volkov, S. 116; Richarz (1979), S. 21 f.
11 Richarz (1979), S. 14 f.
12 Richarz (1979), S. 35; Volkov, S. 53, 115; Barkai (1988), S. 72; Herzig (3/1994), S. 510 f.
13 Richarz (1979), S. 24.
14 Volkov, S. 115.
15 Richarz (1979), S. 27 ff.; Barkai (1988), S. 52.
16 Kampe, S. 101.
17 Cohn (1995), Einleitung, S. 4 (Zitat N. Elias); M. Meyer (2/1992), S. 384 ff. (Zitate); M. Meyer (1988), S. 100 ff.
18 Breuer, S. 91 ff., 206 ff.; Lorenz (1991), S. 89 ff.
19 Breuer, S. 58 ff., Volkov, S. 58.
20 Volkov, S. 57.
21 Zechlin, S. 20 (Zitat); van Rahden, S. 5.
22 Breuer, S. 140 ff.; Aschoff (1988), S. 205 ff.
23 Daxelmüller, S. 362 ff.
24 Herzig (1987), S. 112 ff.; Volkov, S. 76.
25 Breuer, S. 34 ff.
26 Breuer, S. 108 f.; Richarz (1991), S. 184 ff.
27 Hammer-Schenk I, S. 300, 313.
28 Hammer-Schenk I, S. 325 (Zitat).
29 Hammer-Schenk I, S. 483 f. (Zitat).
30 Kaplan (1981), S. 25 ff. (Zitat).
31 Navé Levinson (1992), S. 155 ff.; Frishman, S. 90 ff.
32 Kaplan (1981), S. 40; Glückel von Hameln, S. 111 ff.; Herweg, S. 128 ff.
33 Richarz (1992), S. 59 ff.; Kaplan (1981), S. 28 ff.; Kaplan (1991), S. 137 ff.; Frishman, S. 97 f.; Navè Levinson (1992), S. 155 ff.; Carlebach/Kaplan, S. 156 ff.; T. Maurer (1992), S. 143 ff.
34 Paucker (1976), S. 479 ff. (Zitate).
35 Volkov, S. 60 ff.; Schoeps, S. 19.
36 Cohn (1995), S. 210 (Zitat).

37 T. Maurer (1991), S. 104 ff.; Cohn (1995), S. 225 (Zitat).
38 Paucker (1966), S. 435 f.
39 T. Maurer (1991), S. 109; Cohn (1995), S. 259, 293 f.
40 Winkler, S. 286.
41 Berding (1988), S. 169 ff., 213 f. (Zitat); Greive (1983), S. 132 ff.
42 Berding (1988), S. 213 f., 187 ff.
43 T. Maurer (1991), S. 112; Richarz (1982), S. 18.
44 Barkai (1/1986), S. 334; Richarz (1982), S. 20 ff.
45 Barkai (1/1986), S. 334 ff.; Richarz (1982), S. 24; Hermand, S. 32; Harsch, S. 193 ff.
46 Richarz (1982), S. 25.
47 Hermand, S. 32.
48 Richarz (1982), S. 32 f.; Lorenz (1991), S. 86 ff.
49 Lorenz (1987) I, S. 693 f. (Zitate), S. C. XXX.
50 Richarz (1982), S. 26 f.
51 Hermand, S. 18 f.
52 Hermand, S. 23; Richarz (1982), S. 23.
53 T. Maurer (1991), S. 117; Richarz (1982), S. 35.
54 Richarz (1982), S. 30 f.; Paucker (1966), S. 413; Lowenthal, S. 55.
55 M. Brocke, S. 134 ff. (Zitate).
56 Lorenz (1987) I, S. 690 ff. (Zitate).

VI. Die Verdrängung und Vernichtung

1 Rürup (1986), S. 103 ff.
2 Dahm, S. 82.
3 Berding (1988), S. 233 ff.; Noakes, S. 72.
4 Blasius, S. 131 ff. (Zitate); Zeittafel zur Judenpolitik des NS-Regimes: Diskriminierung, Entrechtung, Verfolgung, Vernichtung, in: Benz (Hg.) (1989), S. 739 ff.
5 Mommsen, S. 163 ff.
6 Barkai (2/1986), S. 155 ff.; Wistrich, S. 154; Berding (1988), S. 235.
7 Mommsen, S. 165 ff.
8 Benz (1989), S. 499 ff.; Wistrich, S. 162.
9 Benz (1989), S. 499 ff.; Ophir/Wiesemann, S. 212.
10 Benz (1989), S. 537; Rohde (1994), S. 85 f.; Tausk, S. 178.
11 Nellessen, S. 261 ff. (Zitat); Thieme (1965), S. 278 ff. (Zitate); Jonca, S. 140; Kwiet, S. 623 f.
12 Kraus, S. 254 ff. (Zitat S. 267).
13 Greschat, S. 274 ff.; Thieme (1965), S. 277 ff.
14 Jonca, S. 138; Kwiet, S. 623.
15 Kaiser, S. 63.
16 Golczewski, S. 363 ff.; Adam, S. 159.
17 Hünemörder, S. 1158 ff.; H. Hofmann, S. 223 ff.
18 Herzig (1990), S. 209 ff. (Zitate).

19 Johe, S. 180 ff. (Zitate).
20 Grennville, S. 192 ff. (Zitate).
21 Büttner, S. 74.
22 Benz (1989), S. 541 ff.; Richarz (1982), S. 61.
23 Kwiet, S. 574 ff.; Cohn (1984), S. 124.
24 Cohn (1984), S. 125 (Zitat).
25 Kwiet, S. 614 ff.
26 Kwiet, S. 614 ff. (Zitate); Cohn (1984), S. 100; Klemperer 2, S. 671 ff.
27 Wetzel, S. 417 ff.; Margaliot, S. 303 ff.
28 Wetzel, S. 417 ff.; Richarz (1982), S. 53.
29 Richarz (1982), S. 40; Benz (1989), S. 17; Blasius, S. 122.
30 Benz (1989), S. 28 ff.; Richarz (1982), S. 43.
31 Plum, S. 49 ff.; Richarz (1982), S. 45.
32 Richarz (1982), S. 46; Strauss (1986), S. 125 ff.
33 Plum, S. 66 ff.; Richarz (1982), S. 46 ff.
34 Vollnhals, S. 343 ff. (Zitate); Walk, S. 239 ff.
35 Bericht von Marta Appel, in: Richarz (1982), S. 231 ff.
36 Vollnhals, S. 348 ff. (Zitat).
37 Vollnhals, S. 384 f. (Zitate); Walk, S. 243 ff.
38 C. Hoffmann, S. 146 ff.; Cohn (1984), S. 21, 71.
39 Dahm, S. 83 ff. (Zitate); Freeden, S. 56 ff.; Müller-Wesemann, S. 325 ff.
40 Dahm, S. 108, 115, 223 ff.; Braun, S. 155 ff.; Geisel, S. 189 ff.
41 Kramer, S. 174 ff.; Vollnhals, S. 383 ff.
42 Vollnhals, S. 383 ff.; Richarz (1982), S. 52 ff.
43 Wendt, S. 48 ff.; Berding (1988), S. 246 ff. (Zitat).
44 Dazu eingehend: Wendt, S. 48 ff. (Zitate).
45 Möllenhoff (2/1994), S. 159 (Zitat).
46 Faksimile des Protokolls, in: Herzig/Teppe/Determann, S. 137–142.
47 Strauss (1985), S. 215 ff. (Zitat).
48 Segev, S. 259 ff. (Zitate).
49 Erb/Bergmann, S. 198 ff.
50 Segev, S. 257 (Zitat).
51 Segev, S. 260 ff.
52 Segev, S. 257 (Zitat); Himmlers Rede (Auszug) in: Segev, S. 109 f.; Friedländer, S. 83 ff.
53 Browning, S. 105 ff.
54 Kwiet, S. 619 ff.
55 Simon, S. 252 ff.; Cohn (1984), S. 99 f.; Klemperer 1, S. 671 ff.; Richarz (1982), S. 63; Kwiet, S. 628 ff.
56 Kwiet, S. 631 ff.
57 Richarz (1982), S. 62 f.; Kwiet, S. 651 ff.; Simon, S. 255.
58 Cohn (1984), S. 70 f. (Zitat); Kwiet, S. 613.
59 Möllenhoff (1/1994), S. 134 (Zitat).
60 Nordsiek, S. 153 ff. (Zitat).
61 Richarz (1982), S. 62 f; Lorenz (1992), S. 237; Stoltzfus, S. 218 ff.

62 Garbe, S. 194 f.
63 Kwiet, S. 691 ff.; Richarz (1982), S. 64.
64 Brenner, S. 13 ff.
65 Kwiet, S. 700; Simon, S. 262 f.

VII. Juden in Deutschland nach 1945

1 Brenner, S. 19 ff.; Jacobmeyer, S. 31 ff.
2 F. Stern, S. 100 ff.; Bergmann, S. 64 ff.
3 Becker/Jeggle, S. 316; Bergmann, S. 65 ff.; Foschepoth, S. 237; Brenner, S. 79.
4 Foschepoth, S. 237 f. (Zitat); Shafir, S. 218 ff.; F. Stern, S. 297 f.
5 Becker/Jeggle, S. 322 ff. (Zitat); zu den in der Öffentlichkeit Aufsehen erregenden Betrugsfällen von Philipp Auerbach und Werner Nachmann siehe Brenner, S. 191 ff.
6 Bergmann/Erb, S. 52 ff.
7 Foschepoth, S. 233 ff. (Zitate); E. Brocke, S. 263 f.
8 Foschepoth, S. 240 f.; F. Stern, S. 267 ff.
9 Bergmann/Erb, S. 54.
10 Bergmann, S. 81 ff.
11 Wolffsohn, S. 88 ff.; Bodemann, S. 57 ff. (Zitat); Ginsburg, S. 111 ff.
12 Bergmann, S. 81 ff.; Bergmann/Erb, S. 62.
13 Ginsburg, S. 111; Richarz (1988), S. 15.
14 Lorenz/Berkemann, S. 634 ff.; Maor, S. 153; Brenner, S. 104; Richarz (1988), S. 23.
15 Brenner, S. 70; Maor, S. 29; Richarz (1988), S. 16.
16 Bodemann, S. 58; Brenner, S. 99; Richarz (1988), S. 24; Maor, S. 153, 143, 20.
17 Brenner, S. 104 f.; Maor, S. 103 ff.; Navè Levinson (1988), S. 151; Karl E. Grözinger danke ich für wertvolle Hinweise zur Entwicklung der Gemeinden.
18 Rohde (2/1991), S. 669 ff.; M. Meyer (2/1992), S. 386; Navè Levinson, S. 142 ff.; Brenner, S. 207; Der Spiegel 31/1995, S. 17; Interview mit Ignatz Bubis in: Brenner, S. 224 ff.
19 Brenner, S. 214; Kugelmann, S. 166.
20 Maor, S. 91; Brenner, S. 196 (Zitat).
21 Spiegel, S. 228 (Zitat), S. 241 ff. (Zitat, S. 256).
22 Gay, S. 239 ff.; Brenner, S. 205; Bubis-Zitate: ebd., S. 224; Spiegel-Zitat: Spiegel, S. 246.
23 Schoeps / Jasper / Vogt, S. 102 ff.; Hess / Kranz, S. 239 ff.
24 Paul Spiegel: Zweifel und ein Neuanfang. Juden in Deutschland nach 1945, in: Tribüne, 40. Jg., Heft 160, 4. Quartal 2001, S. 135–146; Abraham Geiger Kolleg. Rabbiner für Europa, Potsdam 2000.
25 Spiegel, S. 264 ff.

26 Zitat: Tribüne, 40. Jg., Heft 160, 4. Quartal 2001, S. 145.
27 Reichel, S. 207f.
28 Daniel Libeskind: Between the Lines. Das jüdische Museum, in: Jüdisches Museum Berlin (Hg.): Jüdisches Museum Berlin, Berlin 1998, S. 6–11 (Zitate).
29 Tribüne, 40. Jg., Heft 160, 4. Quartal 2001, S. 148.

Quellen und Literatur

Archivalien

Staatsarchiv Bamberg
- B 71 I Nr. 2

Staatsarchiv Detmold
- L 37 IX Sec. 5 Nr. 3 b

Sächsisches Hauptstaatsarchiv Dresden
- Loc 589

Stadtarchiv Freiburg/Br.
- 1 A 7

Staatsarchiv Hamburg
- Cl VII Lit L b Nr. 18

Saatsarchiv Hannover
- Celle Br. Ar Des 27, Nr. 420b

Stadtarchiv Hildesheim
- Bestand 100 – 84, Nr. 7

Mecklenburgisches Landeshauptarchiv Schwerin
- Judenangelegenheiten M.-Schwerin 11, Nr. 699

Hof- und Staatsarchiv Wien
- 41 Jud. misc. J 1

Staatsarchiv Würzburg
- Judensachen 9/50
- Judensachen 10/191
- Libr. div. form. 32
- Amtsbücherei H.-B. 994 II
- G 15330
- Miscell. 2872

Zeitgenössische Schriften

Bucer, Martin: Ob Christlicher Oberkeit gepuren müge, das sie die Judden under den Christen zu wonen gedulden, und wo sie zudulden, welcher gestalt und wais, in: Robert Stupperich (Hg.), Martin Bucers Deutsche Schriften, Bd. 7, S. 343–390, Gütersloh 1964.

Cohn, Willy (1984): Als Jude in Breslau 1941, hg. von Joseph Walk, Gerlingen 1984.

Ders. (1995): Verwehte Spuren. Erinnerungen an das Breslauer Judentum vor seinem Untergang, hg. von Norbert Conrads, Köln, Weimar u. Wien 1995.

Dohm, Christian Wilhelm: Über die bürgerliche Verbesserung der Juden, 2 Teile in einem Band (1781/1783), [Reprint] Hildesheim u. New York 1973.

Eck, Johann: Ains Juden büechlins verlegung: Darin ain Christ/gantzer Christenhait zu schmach/will es geschehe den Juden unrecht in bezichtigung der Christen kinder mordt, Ingolstadt 1541.

Glückel von Hameln: Denkwürdigkeiten der Glückel von Hameln. Aus dem Jüdisch-Deutschen übersetzt, mit Erläuterungen versehen und herausgegeben von Alfred Feilchenfeld, Frankfurt/M. 1987.

Klemperer, Victor: Ich will Zeugnis ablegen bis zum letzten. Tagebücher 1933–1941 und 1942–1945, hg. von Walter Nowojski und Hadwig Klemperer, 2 Bde., Berlin 1995.

König, Anton Balthasar: Annalen der Juden in den deutschen Staaten besonders in der Mark Brandenburg, Berlin 1790 [Reprint 1912].

Luther, Martin: Werke. Kritische Gesamtausgabe (Weimarer Ausgabe (= WA), Bd. 11, Weimar 1900, S. 314–336: Daß Jesus Christus ein geborner Jude sei (1523); Bd. 50, Weimar 1914, S. 309–337: Ein Brief D. Mart. Luther. Wider die Sabather an einen guten Freund (1538); Bd. 53, Weimar 1920, S. 412–552: Von den Jüden und ihren Lügen (1543); Bd. 51, Weimar, S. 195 f.: Eine Vermanung wider die Juden (aus der Predigt vom 15.2.1546); Tischreden, 1. Bd., Weimar 1912; Briefwechsel, 8. Bd., Weimar 1938.

Müller, Johann: Dr. Johann Müllers, Seniors des Hamburgischen Ministerii, Bedenken wegen Duldung der Juden E. Hochw. Rathe der Stadt Hamburg erteilt. Hamburg, d. 15.10.1649, in: Ziegra (Christian), Sammlung von Urkunden . . . zur hamburgischen Kirchenhistorie, Bd. I, Hamburg 1764, S. 98–114.

[Osiander, Andreas:] Ob es war und glaublich sey/daß die Juden der Christen kinder heymlich erwürgen/und jr blut gebrauchen/ein treffliche schrift/auff eines jeden urteyl gestelt, o.O. o.J. (1540), in: Andreas Osianders Schrift über die Blutbeschuldigung, wiederaufgefunden und im Neudruck hg. von Moritz Stern, Kiel 1893, S. 1–44.

Scotti, J. J.: Sammlung der Gesetze und Verordnungen, welche in dem vormaligen Churfürstentum Trier [. . .], 1. Theil, Düsseldorf 1832.

Spiegel, Paul: Wieder zu Hause? Erinnerungen, München 2001.

Tausk, Walter: Breslauer Tagebuch 1933–1940, hg. von Ryszard Kincel, Leipzig 1995.

Vollständige Sammlung deren die Verfassung des Hohen Erzstiffts Cölln betreffende Stücke [. . .], Cölln 1772.

[Würfel, A.]: Historische Nachricht von der Judengemeinde in dem Hofmarkt Fürth, 2 Teile, Frankfurt u. Prag 1754.

Sekundärliteratur

Adam, Uwe Dietrich: Judenpolitik im Dritten Reich, Düsseldorf 1972.

Altmann, Alexander: Geschichte der Juden in Stadt und Land Salzburg von den frühesten Zeiten bis auf die Gegenwart, 2 Bde., Berlin 1913 (2. erg. Aufl. in einem Band, Salzburg 1990).

Andernacht, Dietrich: Die Verpfändung der Frankfurter Juden 1349, Zusammenhang und Folgen, in: Archiv für Frankfurts Geschichte und Kunst 53 (1973), S. 5–20.

Angerstorfer, Andreas: Von der Judensiedlung zum Ghetto in der mittelalterlichen Reichsstadt Regensburg, in: Treml/ Kirmeier, S. 161–172.

Arnold, Hermann: Bemerkungen über die soziale Grundschicht des deutschen Judentums im 18. und frühen 19. Jahrhundert, in: Wort und Wirklichkeit. Festschrift für E. L. Rapp, Meisenheim 1976, S. 132–152.

Arnold, Klaus: Die Armledererhebung in Franken 1336, in: Mainfränkisches Jb. 26 (1974), S. 34–62.

Aschoff, Diethard (1/1979): Das Pestjahr und die Juden in Westfalen, in: Westf. Zeitschr. 129 (1979), S. 57–67.

Ders. (2/1979): Das Münsterländische Judentum bis zum Ende des Dreißigjährigen Krieges. Studien zur Geschichte der Juden in Westfalen, in: Theokratia. Jb. d. Institutum Judaicum Delitzschianum 3 (1979), S. 125–184.

Ders. (1980): Die Juden in Westfalen zwischen Schwarzem Tod und Reformation (1350–1530), in: Westf. Forschungen 30 (1980), S. 78–106.

Ders. (1988): Die westfälischen Vereine für jüdische Geschichte und Literatur im Spiegel ihrer Jahrbücher, in: Freimark/Richtering, S. 205–217.

Aufgebauer, Peter: Die Geschichte der Juden in der Stadt Hildesheim im Mittelalter und in der frühen Neuzeit, Hildesheim 1984.

Awerbuch, Marianna: Weltflucht und Lebensverneinung der „Frommen Deutschlands“, in: Arch. f. Kulturgesch. 60 (1978), S. 53–93.

Barkai, Avraham (1/1986): Die Juden als sozio-ökonomische Minderheitsgruppe in der Weimarer Republik, in: Grab/Schoeps, S. 330–346.

Ders. (2/1986): Der wirtschaftliche Existenzkampf der Juden im Dritten Reich 1933–1938, in: Paucker/Gilchrist/Suchy, S. 153–166.

Ders. (1988): Jüdische Minderheit und Industrialisierung. Demographie, Berufe und Einkommen der Juden in Westdeutschland 1850–1914, Tübingen 1988.

Battenberg, Friedrich (1/1987): Des Kaisers Kammerknechte. Gedanken zur rechtlich-sozialen Situation der Juden im Spätmittelalter und früher Neuzeit, in: HZ 245 (1987), S. 545–599.

Ders. (2/1987): Judenverordnungen in Hessen-Darmstadt. Das Judenrecht eines Reichsfürstentums bis zum Ende des Alten Reiches. Eine Dokumentation, Wiesbaden 1987.

Ders. (3/1987): Friedberg, in: GJ III. 1, S. 407–413.

Ders. (1989): Reformation, Judentum und landesherrliche Gesetzgebung, in: Festschrift L. Graf zu Dohna, hg. von A. Mehl/W.C. Schneider, Darmstadt 1989, S. 315–346.
Ders. (1990): Das europäische Zeitalter der Juden. Zur Entwicklung einer Minderheit in der nichtjüdischen Umwelt Europas. In zwei Teilbänden, Teilband I: Von den Anfängen bis 1650, Teilband II: Von 1650 bis 1945, Darmstadt 1990.
Ders. (1992): Das Reichskammergericht und die Juden des Heiligen Römischen Reiches. Geistliche Herrschaft und korporative Verfassung der Judenschaft in Fürth im Widerspruch (Schriftenreihe der Gesellschaft für Reichskammergerichtsforschung, Heft 13), Wetzlar 1992.
Ders. (1995): Jews in Ecclesiastical Territories of the Holy Roman Empire, in: Hsia/Lehmann, S. 247–274.
Bayerdörfer, Hans-Peter: „Harlekinade in jüdischen Kleidern?“ – Der szenische Status der Judenrollen zu Beginn des 19. Jahrhunderts, in: Horch/Denkler II, S. 92–117.
Becker, Franziska/Jeggle, Utz: Im Dorf erzählen – Vor Gericht bezeugen. Zur inneren Logik von Sagen und Aussagen über NS-Gewalt gegen Juden, in: Herzig/Lorenz/Rohde, S. 311–332.
Ben-Sasson, Haim Hillel (Hg.): Geschichte des jüdischen Volkes, 2. Bd.: Vom 7.–17. Jahrhundert. Das Mittelalter, von Haim Hillel Ben-Sasson, München 1979.
Benz, Wolfgang: Der Novemberpogrom, in: Benz (1989), S. 499–544.
Ders. (Hg.) (1989): Die Juden in Deutschland 1933–1945. Leben unter nationalsozialistischer Herrschaft, München 1989.
Ders. (Hg.) (1995): Antisemitismus in Deutschland. Zur Aktualität eines Vorurteils, München 1995.
Berding, Helmut (1983): Die Emanzipation der Juden im Königreich Westfalen (1807–1813), in: Arch. f. Sozialgesch. 23 (1983), S. 23–50.
Ders. (1988): Moderner Antisemitismus in Deutschland, Frankfurt/M. 1988.
Bergmann, Werner: Antisemitismus in öffentlichen Konflikten 1949–1994, in: Benz (1995), S. 64–88.
Bergmannn, Werner/Erb, Rainer: Wie antisemitisch sind die Deutschen? Meinungsumfragen 1945–1994, in: Benz (1995), S. 47–63.
Blasius, Dirk: Zwischen Rechtsvertrauen und Rechtszerstörung. Deutsche Juden 1933–1935, in: Blasius/Diner, S. 121–137.
Blasius, Dirk/Diner, Dan (Hg.): Zerbrochene Geschichte. Leben und Selbstverständnis der Juden in Deutschland, Frankfurt/M. 1991.
Blumenkranz, Bernhard (1965): Juden und Judentum in der mittelalterlichen Kunst, Stuttgart 1965.
Ders. (1968): Die Entwicklung im Westen zwischen 200 und 1200, in: Rengstorf/von Kortzfleisch, S. 84–135.
Bodemann, Michael Y.: Staat und Ethnizität: Der Aufbau der jüdischen Gemeinden im Kalten Krieg, in: Brumlik u. a., S. 49–69.

Boehlich, Walter (Hg.): Der Berliner Antisemitismusstreit, Frankfurt/M. 1965.
Böhm, Günter: Die Sephardim in Hamburg, in: Herzig/Rohde, S. 21–40.
Bohrer, Marcus: Die Juden im Hochstift Würzburg im 16. und am Beginne des 17. Jahrhunderts, Diss. (Maschschr.) Freiburg/Br. 1922.
Boockmann, Hartmut: Der Streit um das Wilsnacker Blut. Zur Situation des deutschen Klerus in der Mitte des 15. Jahrhunderts, in: Ztschr. f. hist. Forschung 9 (1982), S. 385–408.
Boockmann, Hartmut/Moeller, Bernd/Strackmann Karl (Hg.): Lebenslehren und Weltentwürfe im Übergang vom Mittelalter zur Neuzeit, Göttingen 1989.
Brammer, Annegret H.: Judenpolitik und Judengesetzgebung in Preußen 1812 bis 1847 mit einem Ausblick auf das Gleichberechtigungsgesetz des Norddeutschen Bundes von 1869, Berlin 1987.
Brann, Marcus: Geschichte der Juden in Schlesien I–V: Von den Anfängen [. . .] bis zum Ende des 16. Jahrhunderts. Wissenschaftliche Beilage zum Jahresbericht des jüdisch-theologischen Seminars Fraenckel'scher Stiftung, Breslau 1896–1910.
Braun, Bernd: Bücher im Schluss-Verkauf. Die Verlagsabteilung des Jüdischen Kulturbunds, in: Geschlossene Vorstellung, S. 155–168.
Brenner, Michael: Nach dem Holocaust. Juden in Deutschland 1945–1950, München 1995.
Breuer, Mordechai: Jüdische Orthodoxie im Deutschen Reich 1871–1918. Die Sozialgeschichte einer religiösen Minderheit, Frankfurt/M. 1986.
Brilling, Bernhard (1973): Die Entstehung der jüdischen Gemeinde in Emden (1570–1613), in: Westfalen. Hefte für Geschichte, Kunst und Volkskunde 51 (1973), S. 210–224.
Ders. (1979): Die Prager Jüdische Gemeinde als Fürsprecherin und Vertreterin des deutschen Judentums im 16. und 17. Jahrhundert, in: Theokratia. Jb. d. Institutum Judaicum Delitzschianum 3 (1979), S. 185–198.
van den Brincken, Anna-Dorothee: Das Rechtfertigungsschreiben der Stadt Köln wegen Ausweisung der Juden im Jahr 1424. Zur Motivierung spätmittelalterlicher Judenvertreibungen in West- und Mitteleuropa, in: Mitt. aus d. Stadtarchiv Köln 60 (1971), S. 305–339.
Brocke, Edna: Kirche und Judentum, in: Neues Lexikon des Judentums, S. 261–264.
Brocke, Michael: Franz Rosenzweig und Gerhard Gershom Scholem, in: Grab/Schoeps, S. 127–152.
Browe, Peter (1938): Die religiöse Duldung der Juden im Mittelalter, in: Archiv für katholisches Kirchenrecht 118 (1938), S. 3–76.
Ders. (1973): Die Judenmission im Mittelalter und die Päpste, Rom 1973.
Browning, Christopher R.: Ganz normale Männer. Das Reserve-Polizeibattaillon 101 und die ›Endlösung‹ in Polen, Reinbek 1994.
Bruer, Albrecht A.: Geschichte der Juden in Preußen (1750–1820), Frankfurt/M. u. New York 1991.

Brumlik, Micha u. a. (Hg.): Jüdisches Leben in Deutschland seit 1945, Frankfurt/M. 1988.
Bulst, Neithard: Der Schwarze Tod. Demographische, wirtschafts- und kulturgeschichtliche Aspekte der Pestkatastrophe von 1347–52, in: Saeculum 30 (1979), S. 45–67.
Büttner, Ursula: Die deutsche Bevölkerung und die Judenverfolgung 1933–1945, in: Büttner (Hg.), S. 67–88.
Dies. (Hg.): Die Deutschen und die Judenverfolgung im Dritten Reich, Hamburg 1992.
Büttner, Ursula/Johe, Werner/Voß, Angelika (Hg.): Das Unrechtsregime. Internationale Forschung über den Nationalsozialismus, Bd. 2: Verfolgung – Exil – Belasteter Neubeginn, Hamburg 1986.
Carlebach, Julius (1981): Family Structure and the Position of Jewish Women. Comment by Marion Kaplan, in: Mosse/Paucker/Rürup, S. 156–203.
Ders. (Hg., 1992): Wissenschaft des Judentums. Anfänge der Judaistik in Europa, Darmstadt 1992.
Cohen, Daniel: Die Entwicklung der Landesrabbinate in den deutschen Territorien bis zur Emanzipation, in: Haverkamp/Heit, S. 221–242.
Cohen, Jeremy: The Friars and the Jews. The Evolution of medieval Anti-Judaism, Ithaca u. London 1984.
Dahm, Volker: Kulturelles und geistiges Leben, in: Benz (Hg.) (1989), S. 75–267.
Dan, Joseph: Das Entstehen der Jüdischen Mystik im mittelalterlichen Deutschland, in: Grözinger, S. 127–172.
Daxelmüller, Christoph: Die ›Gesellschaft für jüdische Volkskunde in Hamburg‹, in: Herzig/Rohde, S. 361–382.
Denkler, Horst: Verantwortungsethik. Zu Wilhelm Raabes Umgang mit Juden und Judentum, in: Horch/Denkler II, S. 148–168.
Deventer, Jörg: Jüdische Minderheit und christliche Gesellschaft im Alten Reich am Beispiel der Fürstabtei Corvey (1550–1807), Phil. Diss. Hamburg 1995.
Dilcher, Gerhard: Die Stellung der Juden in Recht und Verfassung der mittelalterlichen Stadt, in: Grözinger, S. 17–35.
Duchardt, Heinz: Karl VI., die Reichsritterschaft und der ‚Opferpfennig' der Juden, in: Zeitschr. f. hist. Forschung 10 (1983), S. 149–167.
Düwell, Kurt/Köllmann, Wolfgang (Hg.): Rheinland-Westfalen im Industriezeitalter, Bd. 2, Wuppertal 1984.
Eckert, Willehad Paul (1961): Geehrte und geschändete Synagoge. Das kirchliche Mittelalter vor der Judenfrage, in: Marsch/Thieme, S. 67–114.
Ders. (1963): Das Verhältnis von Christen und Juden im Mittelalter und Humanismus, in: MJ Handbuch, S. 131–198.
Ders. (1968): Hoch- und Spätmittelalter. Katholischer Humanismus, in: Rengstorf/v. Kortzfleisch, S. 210–306.

Eckstein, Adolph (1898): Geschichte der Juden im ehemaligen Fürstbistum Bamberg: bearbeitet auf Grund von Archivalien nebst urkundlichen Belegen, Bamberg o. J. (1898).
Ders. (1905): Der Kampf der Juden um ihre Emanzipation in Bayern, Fürth 1905.
Ders. (1907): Geschichte der Juden im Markgrafentum Bayreuth, Bayreuth 1907.
Edelmann, R.: Jüdisches Geistesleben am Rhein von den Anfängen bis 1945, in: MJ Handbuch, S. 668–712.
Ehrlich, Ernst L.: Luther und die Juden, in: Kremers, S. 72–88.
Elbogen, Ismar: Deutschland, in: GJ I, S. XVII–XLVII.
Elm, Kaspar: Johann Kapistrans Predigtreise diesseits der Alpen (1451–1456), in: Boockmann/Moeller/Strackmann, S. 500–519.
Endres, Rudolf: Ein antijüdischer Bauernaufstand im Hochstift Bamberg im Jahre 1699, in: Historischer Verein Bamberg. 117. Bericht (1981), S. 67–81.
Erb, Rainer: Der gekreuzigte Hund. Antijudaismus und Blutaberglaube im fränkischen Alltag des frühen 18. Jahrhunderts, in: Aschkenas 1 (1992), S. 117–150.
Erb, Rainer/Bergmann, Werner: Die Nachtseite der Judenemanzipation. Der Widerstand gegen die Integration der Juden in Deutschland 1780–1860, Berlin 1989.
Eschwege, Helmut: Die Synagoge in der deutschen Geschichte, Wiesbaden 1980.
Flade, Roland: ›Jene einem rebenreichen Weinstock verglichene Gemeinde‹. Zur Situation der Juden im mittelalterlichen Würzburg, in: Treml/Kirmeier, S. 173–182.
Foschepoth, Josef: Das Kreuz mit dem Davidstern. Christen und Juden nach dem Holocaust, in: Herzig/Teppe/Determann, S. 231–244.
Frank, Karl Suso: ›Adversus Judaeos‹ in der Alten Kirche, in: Martin/Schulin, S. 30–45.
Freeden, Herbert: Die jüdische Presse im Dritten Reich, Frankfurt/M. 1987.
Freimark, Peter (Hg.): Juden in Preußen – Juden in Hamburg, Hamburg 1983.
Freimark, Peter/Richtering, Helmut (Hg.): Gedenkschrift für Bernhard Brilling, Hamburg 1988.
Freimark, Peter/Herzig, Arno (Hg.): Die Hamburger Juden in der Emanzipationsphase 1780–1870, Hamburg 1989.
Freimark, Peter/Jankowski, Alice/Lorenz, Ina (Hg.): Juden in Deutschland. Emanzipation, Integration, Verfolgung und Vernichtung, Hamburg 1991.
Frey, Winfried (1987): Ritualmordlüge und Judenhaß in der Volkskultur des Spätmittelalters, in: Dinzelbacher, Peter/Mück, Hans Dieter (Hg.), Volkskultur des europäischen Spätmittelalters, Stuttgart 1987, S. 177–198.

Ders. (1991): Das Bild des Judentums in der deutschen Literatur des Mittelalters, in: Grözinger, S. 36–59.
Friedländer, Saul: Die ›Endlösung‹. Über das Unbehagen in der Geschichtsdeutung, in: Pehle, S. 81–93.
Friedrich, Martin: Zwischen Abwehr und Bekehrung. Die Stellung der deutschen evangelischen Theologie zum Judentum im 17. Jahrhundert, Tübingen 1988.
Frishman, Judith: Als Mann und Frau erschuf sie sie. Feminismus und Tradition, in: Nachama/Schoeps/van Voolen, S. 86–107.
Frühwald, Wolfgang: Antijudaismus in der Zeit der deutschen Romantik, in: Horch/Denkler II, S. 72–91.
Garbe, Detlef: Absonderung, Strafkommandos und spezifischer Terror: Jüdische Gefangene in nationalsozialistischen Konzentrationslagern, in: Herzig/Lorenz/Rohde, S. 173–266.
Gay, Ruth: Das Undenkbare tun. Juden in Deutschland nach 1945, München 2001.
Gehring-Münzel, Ursula: Vom Schutzjuden zum Staatsbürger. Die gesellschaftliche Integration der Würzburger Juden 1803–1871, Würzburg 1992.
Geisel, Eike: Da Capo in Holland, in: Geschlossene Vorstellung, S. 189–214.
Gerber, Barbara: Jüd Süß. Aufstieg und Fall im frühen 18. Jahrhundert. Ein Beitrag zur historischen Antisemitismus- und Rezeptionsforschung, Hamburg 1990.
Germania Judaica (= GJ): Band I: Von den ältesten Zeiten bis 1238, hg. von Ismar Elbogen/Aron Freimann/H. Tykocinski, Tübingen 1963; Band II. 1 und II. 2: Von 1238 bis zur Mitte des 14. Jahrhunderts, hg. von Zwi Avneri, Tübingen 1968; Band III. 1: 1350–1519, hg. von Arye Maimon, Tübingen 1987; Band III. 2: 1350–1519, hg. von Arye Maimon S. A., Mordechai Breuer und Yacov Guggenheim, Tübingen 1995.
Geschlossene Vorstellung. Der Jüdische Kulturbund in Deutschland 1933–1941, hg. von der Akademie der Künste, Berlin 1992.
Gidal, Nachum T.: Die Juden in Deutschland von der Römerzeit bis zur Weimarer Republik, Gütersloh 1988.
Ginsburg, Hans Jakob: Politik danach – Jüdische Interessenvertretung in der Bundesrepublik, in: Brumlik u. a., S. 108–118.
Golczewski, Frank: Jüdische Hochschullehrer an der neuen Universität Köln vor dem Zweiten Weltkrieg, in: Köln und das rheinische Judentum. Festschrift Germania Judaica 1959–1984, hg. von Jutta Bohnke-Kollwitz u. a., Köln 1984, S. 363–396.
Grab, Walter (Hg.): Deutsche Aufklärung und Judenemanzipation (Jb. d. Inst. f. deutsche Gesch., Beiheft 3), Tel-Aviv 1980.
Grab, Walter/Schoeps, Julius H. (Hg.): Juden in der Weimarer Republik, Stuttgart u. Bonn 1986.

Gradenwitz, Peter: „So singet uns von Zijons Gang!“ Jüdische Musik und Musiker in ihrer Umwelt, in: Nachama/Schoeps/van Voolen, S. 185–202.
Graupe, Heinz Mosche (Hg.) (1973): Die Statuten der drei Gemeinden Altona, Hamburg und Wandsbek, Teil I: Einleitung und Übersetzungen, Hamburg 1973.
Ders. (1977): Die Entstehung des modernen Judentums. Geistesgeschichte der deutschen Juden 1650–1942, 2. revid. u. erweiterte Auflage, Hamburg 1977.
Graus, František (1981): Judenpogrome im 14. Jahrhundert. Der Schwarze Tod, in: Martin/Schulin, S. 68–84.
Ders. (1987): Pest-Geißler-Judenmorde. Das 14. Jahrhundert als Krisenzeit, Göttingen 1987.
Greive, Hermann (1980): Die Juden. Grundzüge ihrer Geschichte im mittelalterlichen und neuzeitlichen Europa, Darmstadt 1980.
Ders. (1983): Geschichte des modernen Antisemitismus in Deutschland, Darmstadt 1983.
Grenville, John A. S.: Juden, ›Nichtarier‹ und ›Deutsche Ärzte‹. Die Anpassung der Ärzte im Dritten Reich, in: Büttner, S. 191–206.
Greschat, Martin: Die Haltung der deutschen evangelischen Kirchen zur Verfolgung der Juden im Dritten Reich, in: Büttner, S. 272–292.
Grözinger, Karl E. (Hg.): Judentum im deutschen Sprachraum, Frankfurt/M. 1991.
Güdemann, Moritz: Geschichte des Erziehungswesens und der Cultur der abendländischen Juden, 3 Bde. [Nachdruck], Amsterdam 1966.
Hamburger, Ernest: Juden im öffentlichen Leben Deutschlands. Regierungsmitglieder, Beamte und Parlamentarier in der monarchischen Zeit, Tübingen 1968.
Hammer-Schenk, Harold: Synagogen in Deutschland. Geschichte einer Baugattung im 19. und 20. Jahrhundert (1780–1933), 2 Teile, Hamburg 1981.
Harsch, Donna: Der Sklarek-Skandal 1929 und die sozialdemokratische Reaktion, in: Heid/Paucker, S. 193–214.
Haverkamp, Alfred (1981): Die Judenverfolgungen zur Zeit des Schwarzen Todes im Gesellschaftsgefüge deutscher Städte, in: Haverkamp/Heit, S. 27–93.
Ders. (1991): Lebensbedingungen der Juden im spätmittelalterlichen Deutschland, in: Blasius/Diner, S. 11–31.
Haverkamp, Alfred (Hg.)/Heit, Alfred (Red.): Zur Geschichte der Juden im Deutschland des späten Mittelalters und der Frühen Neuzeit, Stuttgart 1981.
Haverkamp, Alfred/Ziwes, Franz-Josef (Hg.): Juden in der christlichen Umwelt des späten Mittelalters (Zeitschrift für Historische Forschung, Beiheft 13), Berlin 1992.
Hayek, Werner: Geschichte der Juden in Löwenberg/Schlesien (bis 1453) (Manuskript 1933), erscheint in: Aschkenas 6/2 (1996), S. 295–351.

Hayoun, Maurice R.: Rabbi Ja'akov Emdens Autobiographie oder der Kämpfer wider die sabbatianische Häresie, in: Grözinger, S. 222–236.
Heid, Ludger/Knoll, Joachim H. (Hg.): Deutsch-jüdische Geschichte im 19. und 20. Jahrhundert, Stuttgart u. Bonn 1992.
Heid, Ludger/Paucker, Arnold (Hg.): Juden und deutsche Arbeiterbewegung bis 1933, Tübingen 1992.
Herde, Peter (1/1988): Von der mittelalterlichen Judenfeindschaft zum modernen Antisemitismus, in: Müller/Wittstadt, S. 11–69.
Ders. (2/1988): Die Kirche und die Juden im Mittelalter, in: Treml/Kirmeier, S. 71–84.
Hermand, Jost: Juden in der Kultur der Weimarer Republik, in: Grab/Schoeps, S. 9–37.
Herweg, Rachel Monika: Die jüdische Mutter. Das verborgene Matriarchat, Darmstadt 1995.
Herzig, Arno (1973): Judentum und Emanzipation in Westfalen, Münster 1973.
Ders. (1983): Die Juden in Preußen im 19. Jahrhundert, in: Freimark, S. 32–58.
Ders. (1/1984): Die jüdische Minderheit Rheinland-Westfalens im Assimilationsprozeß (1780–1860), in: Düwell/Köllmann, S. 72–85.
Ders. (2/1984): ›Schutzjuden – Bürger – Verfolgte‹. Die Geschichte der jüdischen Minderheit in Iserlohn (Quellen und Dokumente zur Stadtgeschichte, Heft 2), Iserlohn 1984.
Ders. (1987): Juden und Judentum in der sozialgeschichtlichen Forschung, in: Wolfgang Schieder/Volker Sellin (Hg.), Sozialgeschichte in Deutschland, Bd. IV: Soziale Gruppen in der Geschichte, Göttingen 1987, S. 108–132.
Ders. (1/1988): Berührungspunkte und Konfliktzonen von jüdischer Minderheit und christlicher Gesellschaft im 18. Jahrhundert am Beispiel der beiden westfälischen Kleinstaaten Paderborn und Limburg, in: Freimark/Richtering, S. 150–189.
Ders. (2/1988): Das Assimilationsproblem aus jüdischer Sicht (1780–1880), in: Horch/Denkler I, S. 10–28.
Ders. (1990): Zur Problematik deutsch-jüdischer Geschichtsschreibung, in: Menora. Jb. f. deutsch-jüd. Geschichte 1 (1990), S. 209–234.
Ders. (1991): Die erste Emanzipationsphase im Zeitalter Napoleons, in: Freimark/Jankowski/Lorenz, S. 130–147.
Ders. (1992): Das jüdische Armenwesen im ausgehenden Ancien regime, in: Heid/Knoll, S. 45–62.
Ders. (1993): Salomon Ludwig Steinheims Herkunft aus dem Westfalen des Ancien regime, in: Julius H. Schoeps u. a. (Hg.), „Philo des 19. Jahrhunderts". Studien zu Salomon Ludwig Steinheim, Hildesheim u.a. 1993, S. 225–252.
Ders. (1/1994): Die Judischheit teutscher Nation. Zur Krise der deutschen Judenheit im Reich im 16. und 17. Jahrhundert, in: Aschkenas 4/1 (1994), S. 127–132.

Ders. (2/1994): Die Hamburger Sephardim und ihr Taktieren um Niederlassungsrechte im Reich zu Beginn des 17. Jahrhunderts, in: Aschkenas 4/1 (1994), S. 133–140.
Ders. (3/1994): Die unruhige Provinz. Schlesien zwischen 1806 und 1871, in: Norbert Conrads, Deutsche Geschichte im Osten Europas. Schlesien, Berlin 1994, S. 465–552.
Ders. (Hg. in Zusammenarbeit mit Saskia Rohde): Die Juden in Hamburg 1590–1990. Wissenschaftliche Beiträge der Universität Hamburg zur Ausstellung ›Vierhundert Jahre Juden in Hamburg‹, Hamburg 1991.
Herzig, Arno/Lorenz, Ina (Hg. in Zusammenarbeit mit Saskia Rohde): Verdrängung und Vernichtung der Juden unter dem Nationalsozialismus, Hamburg 1992.
Herzig, Arno/Schoeps, Julius H. (Hg. in Zusammenarbeit mit Saskia Rohde): Reuchlin und die Juden, Sigmaringen 1993.
Herzig, Arno/Teppe, Karl/Determann, Andreas (Hg.): Verdrängung und Vernichtung der Juden in Westfalen (Forum Regionalgeschichte 3), Münster 1994.
Hess, Rainer/Kranz, Jarden: Jüdische Existenz in Deutschland heute. Probleme des Wandels der jüdischen Gemeinden in der BRD infolge der Zuwanderung russischer Juden nach 1989, Berlin 2000.
Heyen, Franz-Josef: Koblenz, in: GJ III. 1, S. 624–632.
Hirsch, Erika: Jüdische Vereine in Hamburg, in: Herzig/Rohde, S. 131–141.
Hofer, J.: Johannes Kapistran, 2 Bde., Heidelberg 1964.
Hoffmann, Christhard: Jüdische Geschichtswissenschaft in Deutschland: 1918–1939. Konzepte, Schwerpunkte, Ergebnisse, in: Carlebach (1992), S. 132–152.
Hofmann, Hasso: „Die deutsche Rechtswissenschaft im Kampf gegen den jüdischen Geist“, in: Müller/Wittstadt, S. 232–240.
Holeczek, Heinz: Die Judenemanzipation in Preußen, in: Martin/Schulin, S. 131–160.
Holtze, Friedrich: Das Strafverfahren gegen die märkischen Juden im Jahre 1510, Berlin 1884.
Horch, Hans Otto: Auf der Suche nach der jüdischen Erzählliteratur. Die Literaturkritik der ‚Allgemeinen Zeitung des Judentums‘ (1837–1922), Frankfurt/M. 1985.
Horch, Hans Otto/Denkler, Horst (Hg.): Conditio Judaica. Judentum, Antisemitismus und deutschsprachige Literatur vom 18. Jahrhundert bis zum Ersten Weltkrieg; 1. Teil (I), Tübingen 1988; 2. Teil (II), Tübingen 1989; 3. Teil (III), Tübingen 1993.
Hsia, Ronni Po-chia (1988): The Myth of Ritual Murder. Jews and Magic in Reformation Germany, New Haven u. London 1988.
Ders. (1/1989): Gesellschaft und Religion in Münster 1535–1618, Münster 1989.
Ders. (2/1989): Die Sakralisierung der Gesellschaft: Blutfrömmigkeit und

Vererbung der Heiligen Familie vor der Reformation, in: Peter Blickle/Johannes Kunisch (Hg.), Kommunalisierung und Christianisierung. Voraussetzungen und Folgen der Reformation 1400–1600 (Zeitschrift für Historische Forschung, Beiheft 9), Berlin 1989, S. 57–76.
Hsia, Ronni Po-chia/Lehmann, Hartmut (Hg.): In and out of the Ghetto: Jewish-gentile Relations in Late Medieval and Early Modern Germany, Ann Arbor 1995.
Hünemörder, Christian: Biologie und Rassenbiologie in Hamburg 1933 bis 1945, in: Krause/Huber/Fischer, S. 1155–1196.
Illian, Martina: Die jüdischen Landgemeinden in Schwaben. Ihre Entstehung und Entwicklung in der frühen Neuzeit, in: Treml/Kirmeier, S. 209–217.
Irsigler, Franz: Juden und Lombarden am Niederrhein im 19. Jahrhundert, in: Haverkamp/Heit, S. 121–161.
Israel, Jonathan I.: European Jewry in the Age of Mercantilism 1550–1750, Oxford 1985.
Jacobmeyer, Wolfgang: Die Lage der jüdischen Displaced Persons in den deutschen Westzonen 1946/47 als Ort jüdischer Selbstvergewisserung, in: Brumlik u. a., S. 31–48.
Jenks, Stuart: Judenverschuldung und Verfolgung von Juden im 14. Jahrhundert: Franken bis 1349, in: Vierteljahrsschr. f. Sozial- u. Wirtschaftsgesch. 65 (1978), S. 309–365.
Jersch-Wenzel, Stefi: Die Herausbildung eines spezifischen Judentums 1671–1815, in: Freimark, S. 11–31.
Jochmann, Werner: Struktur und Funktion des deutschen Antisemitismus, in: Mosse/Paucker (1976), S. 389–477.
Johe, Werner: Die Beteiligung der Justiz an der nationalsozialistischen Judenverfolgung, in: Büttner, S. 179–190.
Jonca, Karol: Schlesiens Kirchen zur ›Lösung der Judenfrage‹, in: Büttner/Johe/Voß, S. 123–148.
Kaiser, Jochen-Christoph: ‚Nichtarische' Christen in der Westfälischen Provinzialkirche, in: Herzig/Teppe/Determann, S. 62–75.
Kampe, Norbert: Studenten und „Judenfrage" im Deutschen Kaiserreich, Göttingen 1988.
Kaplan, Marion A. (1981): Die jüdische Frauenbewegung in Deutschland. Organisation und Ziele des Jüdischen Frauenbundes 1904–1938, Hamburg 1981.
Dies. (1991): The Making of the Jewish Middle Class. Women and German-Jewish Identity in Imperial Germany, Oxford 1991.
Katz, Jacob: Aus dem Ghetto in die bürgerliche Gesellschaft. Jüdische Emanzipation 1770–1870, Frankfurt/M. 1986.
Kellenbenz, Hermann: Sephardim an der unteren Elbe. Ihre wirtschaftliche und politische Bedeutung vom Ende des 16. bis zum Beginn des 18. Jahrhunderts, Wiesbaden 1958.
Kießling, Rolf: Zwischen Vertreibung und Emanzipation – Judendörfer in

Ostschwaben während der Frühen Neuzeit, in: Kießling/Ullmann, S. 154–182.
Kießling, Rolf (Hg.)/Ullmann, Sabine (Red.): Judengemeinden in Schwaben im Kontext des Alten Reiches (Colloquia Augustana 2), Berlin 1995.
Kisch, Guido: Forschungen zur Rechts- und Sozialgeschichte der Juden in Deutschland während des Mittelalters, Stuttgart 1955.
Koselleck, Reinhart: Preußen zwischen Reform und Revolution. Allgemeines Landrecht, Verwaltung und soziale Bewegung von 1791 bis 1848, Stuttgart 1975.
Kracauer, Isidor: Geschichte der Juden in Frankfurt am Main, 2 Bde., Frankfurt/M. 1925 ff.
Kramer, David: Jewish Welfare Work under the Impact of Pauperisation, in: Paucker/Gilchrist/Suchy, S. 173–188.
Kraus, Hans-Joachim: Die evangelische Kirche, in: Mosse/Paucker (1965), S. 249–269.
Krause, Eckhart/Huber, Ludwig/Fischer, Holger (Hg.): Hochschulalltag im ›Dritten Reich‹. Die Hamburger Universität 1933–1945, Berlin u. Hamburg 1991.
Krautheimer, Richard: Mittelalterliche Synagogen, Berlin 1927.
Kremers, Heinz (Hg.): Die Juden und Martin Luther – Martin Luther und die Juden. Geschichte, Wirkungsgeschichte, Herausforderung, Neukirchen-Vluyn 1985.
Krieg, Martin: Die Juden in der Stadt Minden bis zum Stadtreglement von 1723, in: Westfäl. Zeitschr. 93 (1937) II. Abteilung, S. 113–196.
Krohn, Helga: Die Juden in Hamburg 1800–1850. Ihre soziale, kulturelle und politische Entwicklung während der Emanzipationszeit, Frankfurt/M. 1967.
Künzl, Hannelore: Der Synagogenbau im Mittelalter, in: Schwarz, S. 61–88.
Kugelmann, Cilly: Gemeindeleben in Deutschland nach 1945, in: Neues Lexikon des Judentums, S. 165–167.
Kwiet, Konrad: Nach dem Pogrom: Stufen der Ausgrenzung, in: Benz (1985), S. 545–659.
Langewiesche, Dieter: Liberalismus und Judenemanzipation im 19. Jahrhundert, in: Freimark/Jankowski/Lorenz, S. 148–163.
Löwenstein, Hans-Jürgen: Fulda, in: GJ III. 1, S. 419–421; Gelnhausen, in: GJ III. 1, S. 427–433.
Lorenz, Ina (1987): Die Juden in Hamburg zur Zeit der Weimarer Republik. Eine Dokumentation, 2 Teile, Hamburg 1987.
Dies. (1991): Die jüdische Gemeinde Hamburg 1860–1943. Kaiserreich – Weimarer Republik – NS-Staat, in: Herzig/Rohde, S. 77–100.
Dies. (1992): Das Leben der Hamburger Juden im Zeichen der ›Endlösung‹ (1942–1945), in: Herzig/Lorenz/Rohde, S. 207–247.
Lorenz, Ina/Berkemann, Jörg: Kriegsende und Neubeginn. Zur Entstehung der neuen Jüdischen Gemeinde in Hamburg 1945–1948, in: Herzig/Rohde, S. 633–656.

Lotter, Friedrich (1988): Die Judenverfolgung des ›König Rintfleisch‹ in Franken um 1298, in: Ztschr. f. Hist. Forschung 4 (1988), S. 385–422.
Ders. (1991): Geltungsbereich und Wirksamkeit des Rechts der kaiserlichen Judenprivilegien im Hochmittelalter, in: Aschkenas 1/1991, S. 23–64.
Ders. (1993): Der Rechtsstatus der Juden in den Schriften Reuchlins zum Pfefferkornstreit, in: Herzig/Schoeps/Rohde, S. 65–88.
Lowenthal, Ernst G.: Die Juden im öffentlichen Leben, in: Mosse/Paucker (1965), S. 51–85.
Maimon, Arye (1968): Braunschweig, in: GJ II, S. 108–124; Lüneburg, in: GJ II, S. 498–501.
Ders. (1981): Der Judenvertreibungsversuch Albrechts II. von Mainz und sein Mißerfolg (1515/16), in: Haverkamp/Heit, S. 205–220.
Maor, Harry: Über den Wiederaufbau der Jüdischen Gemeinden in Deutschland seit 1945, Phil. Diss. Univ. Mainz, Mainz 1961.
Marcus, Ivan G.: Die politischen Entwicklungen im mittelalterlichen deutschen Judentum, ihre Ursachen und Wirkungen, in: Grözinger, S. 60–88.
Margaliot, Abraham: Emigration – Planung und Wirklichkeit, in: Paukker/Gilchrist/Suchy, S. 303–315.
Marsch, Wolf-Dieter/Thieme, Karl (Hg.): Christen und Juden. Ihr Gegenüber vom Apostelkonzil bis heute, Mainz u. Göttingen 1961.
Martin, Bernd/Schulin, Ernst (Hg.): Die Juden als Minderheit in der Geschichte, München 1981.
Maurer, Trude (1991): Die Juden in der Weimarer Republik, in: Blasius/Diner, S. 102–120.
Dies. (1992): Die Entwicklung der jüdischen Minderheit in Deutschland (1780–1933). Neuere Forschungen und offene Fragen (Internationales Archiv für Sozialgeschichte der deutschen Literatur, 4. Sonderheft), Tübingen 1992.
Maurer, Wilhelm (1952): Reuchlin und das Judentum, in: Theol. Literaturzeitung (1952), S. 535–544.
Ders. (1953): Kirche und Synagoge, Stuttgart 1953.
Mayer, Hans Eberhard: Geschichte der Kreuzzüge, Stuttgart 1973.
Mertens, Dieter: Christen und Juden zur Zeit des ersten Kreuzzuges, in: Martin/Schulin, S. 46–67.
Metzger, Therèse/Metzger, Mendel: Jüdisches Leben im Mittelalter nach illuminierten hebräischen Handschriften vom 13.–16. Jahrhundert, Würzburg 1983.
Meuthen, Erich: Die deutsche Legationsreise des Nikolaus von Kues 1451/1452, in: Boockmann/Moeller/Strackmann, S. 421–499.
Meyer, Michael A. (1988): Response to Modernity. A History of the Reform Movement in Judaism, New York 1988.
Ders. (1/1992): Jüdische Identität in der Moderne, Frankfurt/M. 1992.
Ders. (2/1992): Reformjudentum, in: Neues Lexikon des Judentums, S. 384–386.

Ders. (1994): Von Moses Mendelssohn zu Leopold Zunz. Jüdische Identität in Deutschland 1749–1824, München 1994.

Meyer, Michael A. (Hg.) unter Mitwirkung von Michael Brenner: Deutsch-jüdische Geschichte in der Neuzeit, 4 Bde., München 2001.

Möllenhoff, Gisela (1/1991): Vor der Deportation. Briefe Münsteraner Eltern an ihre Kinder in der Fremde, in: Herzig/Teppe/Determann, S. 125–152.

Dies. (2/1991): „Versucht bitte alles, um zu erfahren, was aus mir geworden ist“, in: Herzig/Teppe/Determann, S. 156–168.

Moeller, Bernd: Reichsstadt und Reformation, Berlin 1987.

Möller, Horst: Aufklärung, Judenemanzipation und Staat. Ursprung und Wirkung von Dohms Schrift „Über die bürgerliche Verbesserung der Juden“, in: Grab, S. 119–149.

Mommsen, Hans: Die Funktion des Antisemitismus im ›Dritten Reich‹. Das Beispiel des Novemberpogroms, in: Blasius/Diner, S. 161–171.

Monumenta Judaica (= MJ): 2000 Jahre Geschichte und Kultur der Juden am Rhein. Handbuch, hg. von K. Schilling, Köln 1963.

Mosse, Werner/Paucker, Arnold (Hg.) (1965): Entscheidungsjahr 1932. Zur Judenfrage in der Endphase der Weimarer Republik. Ein Sammelband, Tübingen 1965.

Dies. (Hg.) (1976): Juden im Wilhelminischen Deutschland 1890–1914, Tübingen 1976.

Mosse, Werner/Paucker, Arnold/Rürup, Reinhard (Hg.): Revolution and Evolution. 1848 in German-Jewish History, Tübingen 1981.

Mühlinghaus, Gerhard W.: Der Synagogenbau des 17. und 18. Jahrhunderts, in: Schwarz, S. 115–156.

Müller, Gerhard: Protestantische Orthodoxie, in: Rengstorf/v. Kortzfleisch, S. 453–504.

Müller, Karlheinz/Wittstadt, Klaus (Hg.): Geschichte und Kultur des Judentums, Würzburg 1988.

Müller-Wesemann, Barbara: ›Mit der Freude zieht der Schmerz treulich durch die Zeiten‹. Die jüdische Kulturgeschichte des Hauses Hartungstr. 9–11, in: Herzig/Rohde, S. 323–332.

Na'aman, Shlomo (1986): Jüdische Aspekte des deutschen Nationalvereins (1859–1867), in: Tel Aviver Jb. f. deutsche Gesch. 15 (1986), S. 285–308.

Ders. (1991): Die Bedeutung der Judenfrage in der frühen Arbeiterbewegung, in: Tel Aviver Jb. f. deutsche Gesch. 20 (1991), S. 163–180.

Nachama, Andreas/Schoeps, Julius H./van Voolen, Edward (Hg.): Jüdische Lebenswelten, Essays, Frankfurt/M. 1991.

Navè Levinson, Pnina (1988): Religiöse Richtungen und Entwicklungen in den Gemeinden, in: Brumlik u. a., S. 140–171.

Dies. (1992): Die Frau im Judentum, in: Neues Lexikon des Judentums, S. 155–158.

Nellessen, Bernd: Die schweigende Kirche. Katholiken und Judenverfolgung, in: Büttner, S. 259–272.

Neues Lexikon des Judentums, hg. von Julius H. Schoeps, Gütersloh u. München 1992.
Noakes, Jeremy: Wohin gehören die „Judenmischlinge"? Die Entstehung der ersten Durchführungsverordnungen zu den Nürnberger Gesetzen, in: Büttner/Johe/Voß, Bd. 2, S. 69–90.
Nordsiek, Marianne: Die Deportation Mindener Jüdinnen und Juden 1941 nach Riga, in: Herzig/Teppe/Determann, S. 143–155.
Oberman, Heiko A. (1981): Wurzeln des Antisemitismus. Christenangst und Judenplage im Zeitalter von Humanismus und Reformation, Berlin o. J. (1981).
Ders. (1993): Johannes Reuchlin: Von Judenknechten zu Judenrechten, in: Herzig/Schoeps/Rohde, S. 39–64.
Östreich, Cornelia: Posener Juden nach Amerika – eine Minderheit im Umbruch und ihre Auswanderung (bis 1870), Phil. Diss. Hamburg 1994.
Ophir, Baruch Zwi/Wiesemann, Falk (Hg.): Die jüdischen Gemeinden in Bayern 1918–1945. Geschichte und Zerstörung, München 1979.
Paucker, Arnold (1965): Der jüdische Abwehrkampf, in: Mosse/Paucker (1965), S. 405–499.
Ders. (1976): Zur Problematik einer jüdischen Abwehrstrategie in der deutschen Gesellschaft, in: Mosse/Paucker (1976), S. 479–548.
Paucker, Arnold/Gilchrist, Sylvia/Suchy, Barbara (Hg.): Die Juden im Nationalsozialistischen Deutschland. The Jews in Nazi Germany 1933–1943, Tübingen 1986.
Pehle, Walter H. (Hg.): Der historische Ort des Nationalsozialismus. Annäherungen, Frankfurt/M. 1990.
Pfeiffer, Franz (Hg.): Berthold von Regensburg. Vollständige Ausgabe seiner Predigten, 2 Bde., Wien 1862.
Pinthus, Alexander: Studien über die bauliche Entwicklung der Judengassen in den deutschen Städten, in: Ztschr. f. d. Gesch. d. Juden in Deutschland 2 (1930), S. 101 ff., 197 ff., 284 ff.
Plum, Günter: Deutsche Juden oder Juden in Deutschland?, in: Benz (1989), S. 35–74.
Prawer, Siegbert S.: Heine's Portraits of German and French Jews on the Eve of the Revolution, in: Mosse/Paucker/Rürup, S. 353–383.
Preising, Rudolf: Zur Geschichte der Juden in Werl, Werl 1971.
Press, Volker: Kaiser Rudolf II. und der Zusammenschluß der deutschen Judenheit. Die sogenannte Frankfurter Rabbinerverschwörung von 1603 und ihre Folgen, in: Haverkamp/Heit, S. 243–293.
Prestel, Claudia: Zwischen Tradition und Moderne – Die Armenpolitik der Gemeinde zu Fürth (1826–1870), in: Tel Aviver Jb. f. deutsche Gesch. 20 (1991), S. 135–162.
Pulzer, Peter: Die Entstehung des politischen Antisemitismus in Deutschland und Österreich 1867–1914, Gütersloh 1966.
Rabin, Israel (1926): Die Juden in Zülz, in: Johannes Chrząszcz (Chrzonz),

Geschichte der Stadt Zülz in Oberschlesien, Neustadt/OS. 1926, S. 117–161.
Ders. (1927): Vom Rechtskampf der Juden in Schlesien (1582–1713), Breslau 1927.
van Rahden, Till: Etablierte Außenseiter. Die jüdische Integration in die städtische Gesellschaft Breslaus 1871–1914, Manuskript Unversität Bielefeld 1995.
Reichel, Peter: Vergangenheitsbewältigung in Deutschland. Die Auseinandersetzung mit der NS-Diktatur von 1945 bis heute, München 2001.
Renda, Gerhard: Fürth, das ›bayerische Jerusalem‹, in: Treml/Kirmeier, S. 225–236.
Rengstorf, Karl Hinrich/v. Kortzfleisch, Siegfried (Hg.): Kirche und Synagoge, Handbuch zur Geschichte von Christen und Juden. Darstellung mit Quellen, Bd. I, Stuttgart 1968.
Resmini, Bertram: Juden am Mittelrhein im 16. Jahrhundert, in: Jb. für Westdeutsche Landesgeschichte 7 (1981), S. 75–104.
Reuter, Fritz: Warmaisa. 1000 Jahre Juden in Worms, Frankfurt/M. 1984.
Richarz, Monika (1974): Der Eintritt der Juden in die akademischen Berufe. Jüdische Studenten und Akademiker in Deutschland 1678–1848, Tübingen 1974.
Dies. (Hg.) (1976): Jüdisches Leben in Deutschland. Selbstzeugnisse zur Sozialgeschichte 1780–1871. Einführung, S. 11–69, Stuttgart 1976.
Dies. (Hg.) (1979): Jüdisches Leben in Deutschland. Selbstzeugnisse zur Sozialgeschichte im Kaiserreich. Einführung, S. 7–62, Stuttgart 1979.
Dies. (Hg.) (1982): Jüdisches Leben in Deutschland. Selbstzeugnisse zur Sozialgeschichte 1918–1945. Einführung, S. 13–73, Stuttgart 1982.
Dies. (1988): Juden in der Bundesrepublik Deutschland und in der Deutschen Demokratischen Republik seit 1945, in: Brumlik u. a., S. 13–30.
Dies. (1991): Jüdische Lehrer auf dem Lande im Kaiserreich, in: Tel Aviver Jb. f. deutsche Gesch. 20 (1991), S. 181–194.
Dies. (1992): In Familie, Handel und Salon. Jüdische Frauen vor und nach der Emanzipation der deutschen Juden, in: Frauengeschichte – Geschlechtergeschichte, hg. von Karin Hausen und Heide Wunder (Reihe Geschichte und Geschlechter, Bd. 1), Frankfurt/M. 1992, S. 57–66.
Ries, Rotraud (1984): Zum Zusammenhang von Reformation und Judenvertreibung: Das Beispiel Braunschweig, in: Civitatum Communitas. Festschrift für Heinz Stoob, hg. von H. Jäger/F. Petri/ H. Quirin, Köln u. Wien 1984, S. 630–654.
Dies. (1994): Jüdisches Leben in Niedersachsen im 15. und 16. Jahrhundert, Hannover 1994.
Ristow, Günter: Zur Frühgeschichte der rheinischen Juden. Von der Spätantike bis zu den Kreuzzügen, in: MJ Handbuch, S. 33–59.
Rönne, Ludwig v./Simon, Heinrich: Die früheren und gegenwärtigen Verhältnisse der Juden in den sämtlichen Landestheilen des preußischen Staates, Breslau 1843.

Rohde, Saskia (1/1991): Synagogen im Hamburger Raum 1680–1943, in: Herzig/Rohde, S. 143–175.
Dies. (2/1991): Synagoge und Gemeindezentrum der neuen Jüdischen Gemeinde in Hamburg, in: Herzig/Rohde, S. 669–678.
Dies. (1994): Zwischen Verfolgung und Shoah. Die Zerstörung der Synagogen in Westfalen, in: Herzig/Teppe/Determann, S. 76–90.
Rohrbacher, Stefan (1993): Gewalt im Biedermeier. Antijüdische Ausschreitungen in Vormärz und Revolution (1815–1848/49), Frankfurt u. New York 1993.
Ders. (1995): Medinat Schwaben. Jüdisches Leben in einer süddeutschen Landschaft in der Frühneuzeit, in: Kießling/Ullmann, S. 80–109.
Rohrbacher, Stefan/Schmidt, Michael: Judenbilder, Kulturgeschichte antijüdischer Mythen und antisemitischer Vorurteile, Reinbek 1991.
Roth, Ernst, unter Mitarbeit von Günter Ristow und Willehad Paul Eckert: Die Geschichte der jüdischen Gemeinden am Rhein im Mittelalter. Von der Epoche der Kreuzzüge bis zur Auflösung der Großgemeinden im 15. Jahrhundert, in: MJ Handbuch, S. 60–130.
Rürup, Reinhard (1975): Emanzipation und Antisemitismus, Göttingen 1975.
Ders. (1981): The European Revolutions of 1848 and Jewish Emancipation, in: Mosse/Paucker/Rürup, S. 1–53.
Ders. (1986): Das Ende der Emanzipation: Die antijüdische Politik in Deutschland von der „Machtergreifung" bis zum Zweiten Weltkrieg, in: Paucker/Gilchrist/Suchy, S. 97–114.
Ders. (1987): Emanzipationsgeschichte und Antisemitismusforschung. Zur Überwindung antisemitischer Vorurteile, in: Erb, Rainer/Schmidt, Michael (Hg.): Antisemitismus und jüdische Geschichte. Studien zu Ehren von Herbert A. Strauss, Berlin 1987, S. 467–478.
Ders. (1991): Jüdische Geschichte in Deutschland. Von der Emanzipation bis zur nationalsozialistischen Gewaltherrschaft, in: Blasius/Diner, S. 79–101.
Sabelleck, Rainer: Aufenthalt auf Abruf – Zur Praxis der Schutzbriefgewährung im Kurfürstentum und im Königreich Hannover, in: Ders. (Hg.), Juden in Südniedersachsen. Geschichte – Lebensverhältnisse – Denkmäler, Hannover 1994, S. 83–100.
Salfeld, Siegmund/Bein, Alex: Mainz, in: GJ I, S. 174–223.
Samuel, Salomon: Geschichte der Juden in Stadt und Synagogenbezirk Essen, Essen 1913.
Sauer, Paul: Die jüdischen Gemeinden in Württemberg und Hohenzollern, Denkmale, Geschichte, Schicksale, Stuttgart 1966.
Schedlitz, Bernd: Leffmann Behrens. Untersuchungen zum Hofjudentum im Zeitalter des Absolutismus, Hildesheim 1984.
Schmid, Alois: Die Judenpolitik der Reichsstadt Regensburg im Jahre 1349, in: Ztschr. f. bayr. Landesgesch. 43 (1982), S. 589–612.
Schnee, Heinrich: Die Hoffinanz und der moderne Staat, 6 Bde., Berlin 1953 ff.

Schnurrer, Ludwig: Die Wallfahrt zur Reinen Maria in Rothenburg (1520–1525), in: Würzburger Diözesan-Geschichtsblätter 42 (1980), S. 463–500.
Schoeps, Hans Julius (Hg.): Zionismus. Einleitung, S. 9–45, München 1973.
Schoeps, Hans Julius/Jasper, Willi/Vogt, Bernhard (Hg.): Ein neues Judentum in Deutschland? Fremd- und Eigenbilder der jüdischen Einwanderer, Potsdam 1999.
Scholem, Gershom: Die jüdische Mystik in ihren Hauptströmungen, Zürich 1957.
Schormann, Gerhard: Der Krieg gegen die Hexen. Das Ausrottungsprogramm des Kurfürsten von Köln, Göttingen 1991.
Schrader, Hans-Jürgen: Sulamiths verheißene Wiederkehr. Hinweise zu Programm und Praxis der pietistischen Begegnung mit dem Judentum, in: Horch/Denkler I, S. 71–107.
Schreiner, Stefan: Was Luther vom Judentum wissen konnte, in: Kremers, S. 58–71.
Schuder, Rosemarie/Hirsch, Rudolf: Der gelbe Fleck, Köln 1988.
Schwarz, H. P. (Hg.): Die Architektur der Synagoge, Stuttgart 1988.
Segev, Tom: Die Soldaten des Bösen. Zur Geschichte der KZ-Kommandanten, Reinbek 1992.
Seibt, Ferdinand: Karl IV. Ein Kaiser in Europa 1346 bis 1378, München 1978.
Seitz, Reinhard H.: Günzburg, in: GJ III. 1, S. 478–482.
Shafir, Shlomo: Der Jüdische Weltkongreß und sein Verhältnis zu Nachkriegsdeutschland (1945–1967), in: Menora. Jb. f. deutsch-jüd. Geschichte 3 (1992), S. 210–240.
Shedletzky, Itta: Die Heine-Rezeption der jüdischen Kritik in Deutschland 1840 bis 1918, in: Horch/Denkler I, S. 200–213.
Shocham, Chaim: Altona-Hamburg-Wandsbek als Ort der Haskala, in: Freimark/Herzig, S. 22–40.
Simon, Hermann: Die Berliner Juden unter dem Nationalsozialismus, in: Herzig/Lorenz/Rohde, S. 249–266.
Sorkin, David: The Transformation of German Jewry 1780–1840, New York u. Oxford 1987.
Stern, Frank: Im Anfang war Auschwitz. Antisemitismus und Philosemitismus im deutschen Nachkrieg. (Schriftenreihe des Instituts für Deutsche Geschichte. Universität Tel Aviv 14), Gerlingen 1991.
Stern, Selma: Der preussische Staat und die Juden. Erster Teil: Die Zeit des Großen Kurfürsten und Friedrichs I., erste Abteilung: Darstellung, Tübingen 1962 (I. 1), Zweiter Teil: Die Zeit Friedrich Wilhelms I., erste Abteilung: Darstellung, Tübingen 1962 (II. 1), Dritter Teil: Die Zeit Friedrichs des Großen, erste Abteilung: Darstellung, Tübingen 1971 (III. 1).
Dies. (1969): Josel von Rosheim. Befehlshaber der Judenschaft im Heiligen Römischen Reich Deutscher Nation, Stuttgart 1969.
Stobbe, Otto: Die Juden in Deutschland während des Mittelalters, (Nachdruck) Amsterdam 1968.

Stoltzfus, Nathan: Widerstand des Herzens. Der Protest in der Rosenstraße und die deutsch-jüdische Mischehe, in: Geschichte und Gesellschaft 21 (1995), S. 218–247.

Stow, Kenneth R.: Alienated Minority. The Jews of Medieval Latin Europe, Cambridge (Mass.) u. London 1992.

Strauss, Herbert A. (1985): Der Holocaust. Reflexionen über die Möglichkeiten einer wissenschaftlichen und menschlichen Annäherung, in: Strauss/Kampe, S. 215–233.

Ders. (1986): Jewish Autonomy within the Limits of National Socialist Policy. The Communities and the Reichsvertretung, in: Paucker/Gilchrist/Suchy, S. 125–152.

Strauss, Herbert A./Kampe, Norbert (Hg.): Antisemitismus. Von der Judenfeindschaft zum Holocaust, Frankfurt/M. u. New York, 1985.

Straus, Raphael (1932): Die Judengemeinde Regensburg im ausgehenden Mittelalter. Auf Grund der Quellen kritisch untersucht und neu dargestellt, Heidelberg 1932, (Nachdruck) Nendeln u. Liechtenstein 1979.

Ders. (1960): Urkunden und Aktenstücke zur Geschichte der Juden in Regensburg 1453–1738, München 1960.

Suchy, Barbara (1983): The Verein zur Abwehr des Antisemitismus (I). From its Beginnings to the First World War, in: LBYB 28 (1983), S. 205–239.

Thieme, Karl (1961): Spaltung und Spannung vom Apostelkonzil bis zu Abogard von Lyon, in: Marsch/Thieme, S. 38–58.

Ders. (1965): Deutsche Katholiken, in: Mosse/Paucker (1965), S. 271–287.

Toch, Michael (1/1981): Die soziale und demographische Struktur der jüdischen Gemeinde Nürnbergs im Jahre 1489, in: Wirtschaftskräfte und Wirtschaftswege. Festschrift für H. Kellenbenz, Bd. 5, Stuttgart 1981, S. 79–91.

Ders. (2/1981): Der jüdische Geldhandel in der Wirtschaft des Spätmittelalters: Nürnberg 1350–1499, in: Blätter für deutsche Landesgesch. 117 (1981), S. 283–310.

Ders. (1988): Jüdische Geldleihe im Mittelalter, in: Treml/Kirmeier, S. 85–94.

Toury, Jacob: Soziale und politische Geschichte der Juden in Deutschland 1847–1871. Zwischen Revolution, Reaktion und Emanzipation, Düsseldorf 1977.

Treml, Manfred: Von der ›Judenmission‹ zur ›Bürgerlichen Verbesserung‹. Zur Vorgeschichte und Frühphase der Judenemanzipation in Bayern, in: Treml/Kirmeier, S. 247–266.

Treml, Manfred/Kirmeier, Josef (Hg. unter Mitarbeit von Evamaria Brockhoff): Geschichte und Kultur der Juden in Bayern. Aufsätze. (Veröffentlichungen zur Bayerischen Geschichte und Kultur Nr. 18/88), München 1988.

Treml, Manfred/Weigand, Wolf (Hg. unter Mitarbeit von Evamaria Brockhoff): Geschichte und Kultur der Juden in Bayern. Lebensläufe

(Veröffentlichungen zur Bayerischen Geschichte und Kultur Nr. 18/88), München 1988.
Tykocinski, H.: Prag, in: GJ I, S. 269–281.
Ulshöfer, Kuno: Zur Situation der Juden im mittelalterlichen Nürnberg, in: Treml/Kirmeier, S. 147–160.
Varnhagen, Rahel: Gesammelte Werke, hg. von Konrad Feilchenfeld, Band IV: Briefwechsel, München 1983.
Veit, Ludwig/Lenhart, Ludwig: Kirche und Volksfrömmigkeit im Zeitalter des Barock, Freiburg/Br. 1956.
Vogel, Barbara: Allgemeine Gewerbefreiheit. Die Reformpolitik des preußischen Staatskanzlers Hardenberg (1810–1820), Göttingen 1983.
Volkov, Shulamit: Die Juden in Deutschland 1780–1918, München 1994.
Vollnhals, Clemens: Jüdische Selbsthilfe bis 1938, in: Benz (1989), S. 314–411.
Waldhoff, Johannes: Die Geschichte der Juden in Steinheim, Steinheim 1980.
Walk, Joseph: Erziehung als geistiger Widerstand, in: Paucker/Gilchrist/Suchy, S. 239–247.
Walz, Rainer: Lage und Selbstverständnis der deutschen Juden im 16. Jahrhundert, in: Blasius/Diner, S. 32–52.
Weger, David: Die Juden im Hochstift Würzburg während des 17. und 18. Jahrhunderts, Phil. Diss. (Masch.), Würzburg 1920.
Wehler, Hans-Ulrich: Deutsche Gesellschaftsgeschichte 1750–1815 (I), 1815–1845/49 (II), München 1987.
Wendt, Bernd Jürgen: Der ›Holocaust‹ im Widerstreit der Deutungen, in: Herzig/Lorenz/Rohde, S. 29–74.
Wenninger, Markus J.: Man bedarf keiner Juden mehr. Ursachen und Hintergründe ihrer Vertreibung aus den deutschen Reichsstädten im 15. Jahrhundert, Wien u. a. 1981.
Wetzel, Juliane: Auswanderung aus Deutschland, in: Benz (1989), S. 412–498.
Winkler, Heinrich August: Die deutsche Gesellschaft der Weimarer Republik und der Antisemitismus, in: Martin/Schulin, S. 271–289.
Wirtz, Reinhard: ›Widersetzlichkeiten, Excesse, Krawalle, Tumulte und Skandale‹. Soziale Bewegung und gewalthafter sozialer Protest in Baden 1815–1848, Frankfurt/M. 1981.
Wistrich, Robert: Der antisemitische Wahn. Von Hitler bis zum Heiligen Krieg gegen Israel, München 1987.
Wittstadt, Klaus: Die Juden unter den Würzburger Fürstbischöfen und Bischöfen – Vom Mittelalter bis zur Gegenwart, in: Müller/Wittstadt, S. 151–174.
Wohlfeil, Rainer: Die Juden in der zeitgenössischen bildlichen Darstellung, in: Herzig/Schoeps/Rohde, S. 21–38.
Wolffsohn, Michael: Die deutsch-israelischen Beziehungen, in: Brumlik u. a., S. 88–107.
Yagod, Levi J.: Worms Jewry in the seventeenth century, Phil. Diss., New York 1967.

Yerushalmi, Yosef Hayim: Zachor: Erinnere Dich! Jüdische Geschichte und jüdisches Gedächtnis, Berlin 1988.
Yuval, Israel Jacob (1991): Magie und Kabbala unter den Juden im Deutschland des ausgehenden Mittelalters, in: Grözinger, S. 173–189.
Ders. (1992): Juden, Hussiten und Deutsche. Nach einer hebräischen Chronik, in: Haverkamp/Ziwes, S. 59–102.
Zechlin, Egmont: Die deutsche Politik und die Juden im Ersten Weltkrieg, Göttingen 1969.
Zimmermann, Mosche (1979): Hamburgischer Patriotismus und deutscher Nationalismus. Die Emanzipation der Juden in Hamburg 1830–1865, Hamburg 1979.
Ders. (1983): Antijüdischer Sozialprotest? Proteste von Unter- und Mittelschichten 1819–1835, in: Herzig, Arno/Langewiesche, Dieter/Sywottek, Arnold (Hg.): Arbeiter in Hamburg, Hamburg 1983, S. 89–94.

Namenregister

Ortsregister

Sachregister